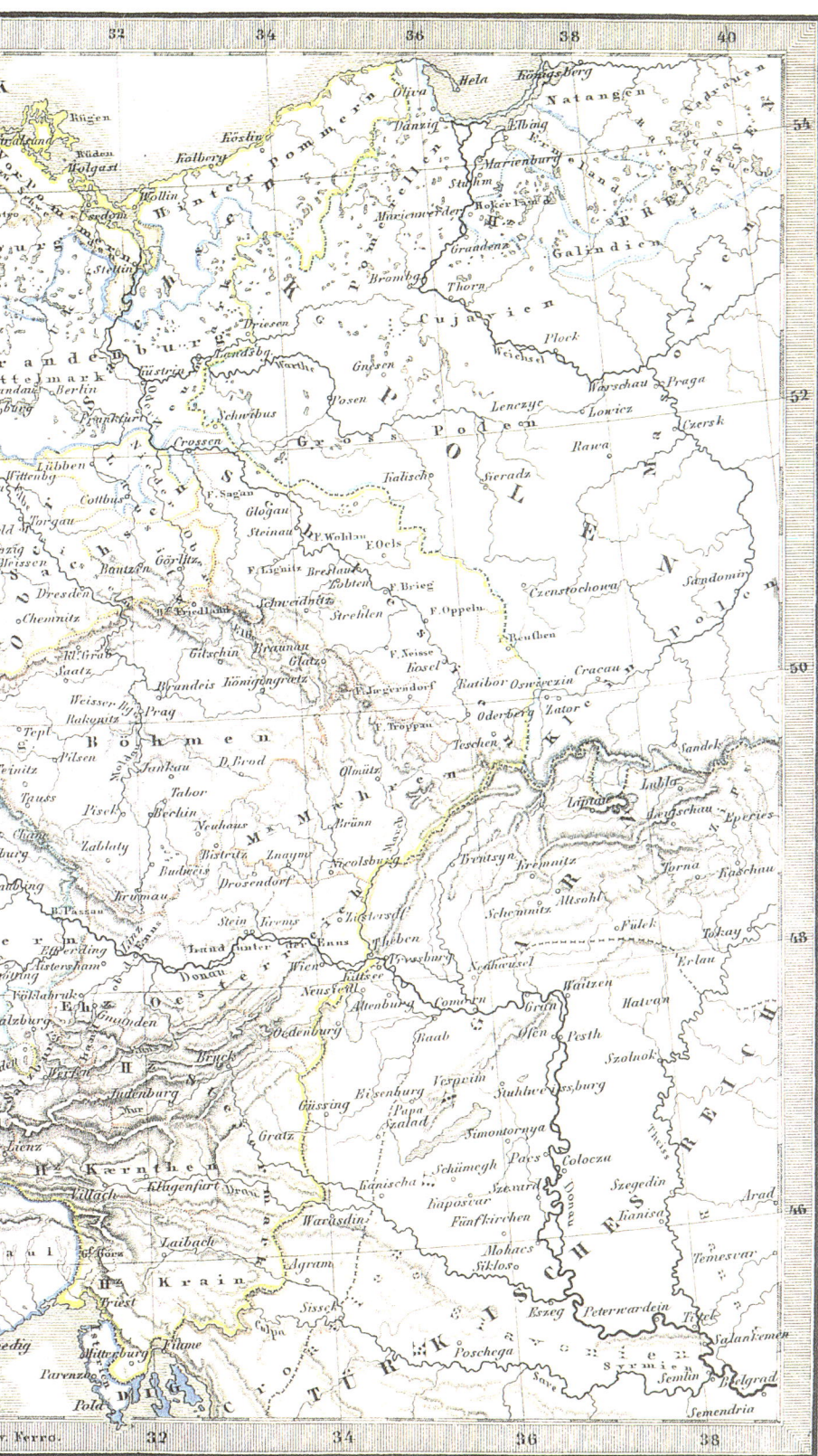

Hagen Schulze · Kleine Deutsche Geschichte

새로 쓴 독일 역사

하겐 슐체 지음

반성완 옮김

知와 사랑

Kleine Deutsche Geschichte by Hagen Schulze
ⓒ C.H. Beck'sche Verlagsbuchandlung(Oscar Beck), Müchen 1996.
All rights reserved.
Translation copyright ⓒ 2000 by Jiwa Sarang Publishing Co.
This translated edtion published by arrangement with C.H.Beck che Verlagsbuchandlung, Müchen through Shin Won Agency, Seoul

이 책의 한국어판 저작권은 Shin Won Agency를 통해 C.H. Beck'sche Verlagsbuchandlung과의 독점계약으로 지와 사랑에 있습니다.
신저작권법에 의해 한국 내에서 보호를 받는 저작물이므로 무단전제와 무단복제를 금지합니다.

새로 쓴 독일역사

초판발행 · 2000년 3월 25일
초판 7쇄 · 2021년 2월 26일

지은이 · 하겐 슐체
옮긴이 · 반성완

펴낸이 · 김광우
펴낸곳 · 知와 사랑
경기 고양시 일산동구 고양대로 1021번길 33 스타타워 3차 402호
전화 (02)704-5040
팩시밀리 (031)901-2965
e-mail : jiwa908@chol.com
등록번호 제2011-000074호
등록일 1999.1.23

ISBN 978-89-89007-52-4
값 24,000원

차 례

서문 7

1장 | 로마 제국과 독일 땅 (1400년까지) 11
2장 | 출발과 단절의 과도기 (1400-1648) 43
3장 | 제국의 황혼 (1648-1806) 81
4장 | 독일 민족의 탄생 (1806-1848) 113
5장 | 피와 철의 시대(1848-1871) 135
6장 | 독일 통일의 가능성들 - 하나의 역사적 추론 161
7장 | 유럽 중앙의 민족국가(1871-1890) 169
8장 | 제국의 내부통일과 세계강대국을 향한 꿈 185
9장 | 세계대전과 그 결과로서의 독일 내전 207
10장 | 바이마르 공화국의 영광과 종말(1924-1933) 231
11장 | 대독일의 망상 261
12장 | 제3제국의 종말과 새로운 시작(1942-1949) 293
13장 | 분단국가(1949-1990) 315
14장 에필로그 | 독일이라는 조국은 무엇인가? 347

역자후기 357
독일사 연구에 필요한 참고문헌 360
인명색인 357

서문

이전 세대의 독일인들에게는 독일 역사가 무엇인가라는 것은 전혀 의문의 대상이 되지 않았다. 그들에게 독일 역사는 게르만족과 게르만족들이 벌였던 로마와의 싸움에서 시작되었다. 서기 9년에 게르만족의 한 부족인 케루스커족의 헤르만이 토이토부르거 숲 전투에서 로마군을 대파한 독일의 영웅이라는 것을 의심하는 사람은 아무도 없었다. 데트몰트 근처에 세워진 그의 기념탑에 있는 칼에는 황금으로 된 문자로, "독일의 통일 ― 그것은 곧 나의 힘이고, 나의 힘 ― 그것은 곧 독일의 힘"이라는 문구가 새겨져 있다. 헤르만과 그가 승리한 전투에서 시작해서 오늘날에까지 이르는 독일 역사에는 일사불란하게 나아가는 하나의 커다란 선이 그어지고 있다. 여기에는 독일의 전설이나 동화에서 '베른의 디트리히'로 칭송되고 있는 고텐족의 왕인 테오데리히가 나오고 그 다음에는, 훗날 로마 황제가 되어 로마인들의 제국을 일종의 독일 제국으로 바꾸어 놓았던 칼 대제가 등장한다. 그 뒤를 이어서는 호헨슈타우펜 왕가의 황제 프리드리히 바바로사와 그의 손자였던 프리드리히 2세가 나타나는데, 이 두 황제는 신비스럽게도 하나의 인물로 합쳐져서, 마법의 산인 키프호이저에 잠들어 있다가 곤궁에 처한 독일을 구하기 위해, 어느날엔가는 다시 나타난다고 사람들은 믿고 있었다.

그 다음에는 '독일의 나이팅게일'이라고 불리는 마르틴 루터와, 그의 제국에서는 해가 지지 않았다는 황제 칼 5세, 그리고 프리드리히 대왕과 마리아 테레지아 여황제가 등장하고 있다. 프로이센의 왕과 오스트리아의 여황제가 싸움을 벌였을 때는 독일인들 사이의 내분이 최고조에 달한 때였다. 그 후에는 슈타인 백작과 '진격의 장군'이라는 별명을 가졌던 프로이센의 명장 블뤼허 장군, 그리고 마지막으로 '철혈 재상' 비스마르크가 등장하는데, 그는 옛 독일 신성로마 제국의 직접적 후계자라고 할 수 있는 새로운 독일 제국을 만드는 데 견인차 역할을 하였다. 독일인들은 유구하게 이어져온 독일 역사의 대열에 서 있는 대표적 인물들의 면면에 대해 대단한 자긍심을 가지고 있었다.

그러나 그 다음에는 독일 역사가 프리드리히 마이네케가 '독일의 파국'이라고 불렀던 히틀러 제국과 제2차 세계대전으로 이어졌고, 이로 인해 1945년 이후의 독일 민족국가는 점령과 분단이라는 최악의 상황을 맞이하였다. 한때 스위스의 역사가 야콥 부르크하르트는, 독일의 역사를 '승리의 색깔로 칠하는' 독일 역사가들의 성향을 비꼰 적이 있지만, 이제는 그 승리의 색깔도 빛이 바래졌거나 사라져버렸다. 그리고 이와 동시에 독일 역사를 일정한 의미의 연관관계 속에서 파악했던 역사서술도 사라져버렸다. 일사불란하게 상승하기만 했던 게르만―독일 제국의 황금빛 신화는 완전히 실패한 잘못된 독일의 역사발전, 즉 독일의 '특수한 길(Sonderweg)'이라는 검은 신화에 의해 대치되었다. 이러한 상황 속에서 어떤 사람은 독일의 민족사를 쓴다는 것이 아무런 의미가 없다고 생각하기도 했고 또 어떤 사람은 알프레드 호이스의 표현대로 '역사의 상실'을 한탄하기도 했지만, 그래도 독일의 역사를 '특수한 길'의 역사로 파악했던 사람들의 눈에는 독일의 진정한 실체는 제3제국과 제3제국의 만행에 있는 것처럼 비추어질 수밖에 없었다.

한동안 서독 국민들은 고도의 산업성장과 점증하는 물질적 풍요 속에서 과거의 역사를 의식 속에서 배제하거나 지워버리고 현재만을 즐기는 데 만족하였다. 그러면서 서독 국민들은 세계의 다른 곳에서 민족적 정체성의 원칙이 변함없이 존재하고 있고 또 날마다 그 효력을 발휘하고 있다는 사실을 약간은 놀라운 눈으로 바라보았다. 독일인들은 세계 정치의 최전방에 살고 있었지만, 그들이 내린 정치적 결정에서 내심으로 진정 원했던 것은 제발 혼자 내버려두고, 어떠한 결정도 강요하지 말라는 것이었다. 다른 한편 동독 국민들은 공산당 정치국, 당의 이데올로기 이론가들이 만들어서 강요하는 역사를 아무런 토론이나 비판없이 그대로 받아들였고 또 이렇게 해서 받아들여진 역사시각은 정치적 상황의 변화에 맞추어 수시로 변하였다.

그러나 베를린 장벽이 무너지고 새로운 독일 국가가 탄생하게되자 안락했던 국내적 번영의 상황과 일체의 외교적 책임에서 벗어날 수 있었던 행복한 상황은 하루아침에 사라지고 말았다. 새로운 독일 국가가 존재하고 있다는 사실만으로도 유럽이 변하고 있는 상황에서 독일로서는 자신들의 시민들에게는 물론 유럽 시민들에게도 독일이 스스로를 어떻게 이해하고 있는가를 설명해 줄 필요가 있다. 유럽의 한복판에서 독일이 하나의 미래를 갖기 위해서는 모름지기 우리는 독일의 현재가 놓여 있는 과거를 알지 않으면 안 된다. 우리는 전혀 새롭게 시작할 수는 없고, 언제나 과거와의 연결을 통해 삶과 역사를 이어갈 수 있을 뿐이다. 다시 말해, 전혀 새로운 것을 할 수 있다고 믿는 사람들은 실제로는 그들이 정작 무엇을 하고 있는지를 알지 못하는 사람들이다.

유럽의 이웃들에 대해서도 독일 스스로가 '독일 문제'가 무엇인가 하는 의문에 대답을 해주기 위해서라도 우리는 독일은 무엇이며, 독일은 어떻게 될 수 있고 또 독일은 어떻게 되어야 하는가를 설명해야만 한다. 이를 위해서 우리는 독일 역사를 또다시 이야기하지 않을 수 없게 된 것이다. 하지만 모든 사람이 다 여러 권의 방대한 역사서술을 일일이 다 읽을 시간이나 끈기를 가지고 있는 것은 아닐 터이기 때문에, 본인은 가장 본질적인 측면에 초점을 맞춘 짧은 독일사를 이야기하고자 한다.

이같은 짧은 독일사도 많은 분들의 도움이 없었더라면 완성되기 힘들었을 것이다. 이나 울리케 파울, 우베 푸쉬너 그리고 나의 처 잉그리드는 원고를 꼼꼼히 읽고 일일이 교정을 해주었고, 요아힘 엘러스(Joachim Ehlers)는 제1장을 비판적으로 읽고 많은 도움을 주었다. 데틀레프 펠켄(Detlef Felken)은 독일 역사에 대한 해박한 지식을 가지고 매우 성실하게 이 책의 편집작업을 맡아주었다. 그리고 이 책에 사용된 그림이나 자료를 제공해주고 또 이 책의 저술에 시종 격려를 보내준 베를린 역사박물관 소장인 크리스토프 슈텔즐(Christoph Stölzl)에게도 큰 힘을 입었다. 이 모든 분들에게 깊은 감사를 드린다.

1장

로마 제국과 독일 땅 (1400년까지)

독일 역사는 게르만의 원시림이 아니라 로마에 그 시원을 두고 있다. 독특한 도시국가였던 로마는 그 전성기에는 지중해 연안 전체와 라인강, 다뉴브강 그리고 로마인이 세웠던 제국의 북쪽 경계선 리메스(Limes)에까지 이르는 유럽을 지배하였다. 다양한 지방색을 띠었던 로마 문명은 하나의 통일적 힘으로 작용하였고 고대의 사람들에게는 뚜렷한 윤곽을 지닌 하나의 보편적 세계였다. 로마 시민이 되는 것보다 더 명예로운 일은 없었다. 로마와의 관계에서 많은 점에서 차이가 났지만, 사도 바울은 물론 케루스커족의 대장이었던 아르미니우스도 로마 시민이 되는 것을 자랑스럽게 생각하였다. 〈아에네스〉라는 작품으로 로마의 국가신화를 만들었던 시인 버질(Virgil)은, 세계를 통치하는 것, 평화의 시기에는 법과 문명을 만들며, 피정복자를 아끼고, 반란자를 징벌하는 것이 로마의 임무라고 선언하였다. 이러한 로마 제국(Imperium Romanum)은 오늘날의 우리에게도 '멀리 있는 거울' 구실을 한다. 독일을 위시한 유럽의 모든 나라들은 바로 이 거울 속에서 오늘날

토이토부르그 숲의 전투
미술작품 사진본, 1903년

서기 9년 로마 군대는 케루스크족의 지도자 아르미니우스의 지휘 하에 모인 게르만족 연합군과의 전투에서 괴멸적인 패배를 당하였다. 오늘날의 오스나부르크 근처쯤에서 실제로 벌어졌던 이 '토이토부르그 숲의 전투'는 그후 역사적 전환점으로 간주되었다. 이 전투 이후로는 로마 제국의 라인강 동쪽으로의 확장이 사실상 중단되었다. 19세기의 민족주의적 성향을 지닌 시민들은 이 전투를 로마로부터의 해방 혹은 독일 역사의 시작으로 간주하였다. 훗날 헤르만이라고 불린 아르미니우스는 이러한 관점에서 보면 독일 해방의 첫 번째 영웅이었다. 견해를 달리 하는 사람들의 관점에서 보면 (비단 서유럽 사람들뿐만 아니라) 이 전투는 로마가 중부유럽을 문명화시키는 데 실패한 사건이었고 또 오늘날까지 이어지는 독일의 특수한 문화적, 정치적 발전의 시작을 의미한다. 그렇지만 이 시기는 아직 독일 역사를 운위할 단계는 전혀 아니다.

에 이르는 자신의 모습을 찾아볼 수 있는 것이다. 국가와 법의 기초, 도시적 삶의 방식, 언어와 사유형식, 건축술, 문자와 책, 한마디로 오늘날 우리들 생활세계의 기본전제가 되는 것들이란, 로마 문명 없이는, 그리고 로마 문명과 밀접하게 관련되어 있는 고전적 그리스 문명과 헬레니즘적 동방문명 없이는 상상할 수 없을 정도이다.

"영원한 제국" 로마는 오랫동안 지속되기도 했지만, 그만큼 커다란 변화를 겪기도 하였다. 서기 400년이 경과하면서 로마에는 두 가지의 엄청난 변화가 일어났다. 콘스탄틴 대제(306-337)가 통치하는 동안 인간의 구원을 믿는 오리엔트의 한 종교, 즉 기독교가 공식적인 국가종교가 되었다. 또 같은 기간 동안 광대한 규모의 영토를 더이상 한 곳에서 통치할 수 없게 된 제국이 두 개의 국가, 즉 로마를 근거지로 하여 라틴어를 사용하는 서로마 제국과 비잔틴을 근거지로 하여 그리스어를 사용하는 동로마 제국으로 분열되었다. 제국의 분열은 또한 교회에까지 영향을 미쳤다. 동방의 그리스정교가 서방의 라틴적 기독교로부터 분리됨으로써, 유럽의 정치적 분리는 종교적 분리에 의해 더욱 심화되었다.

이 사건은 서방세계에 오랫동안 지속된 정치적, 종교적, 이데올로기적 분열의 시발점이었다. 유럽이라는 땅 위에 서로 명확히 구분되는 두 개의 문명이 태어나, 서로 마찰을 일으키고 계속해서 접촉을 했지만 한 문명이 다른 문명을 완전히 침투하거나 흡수하지는 못하였다. 즉 로마와 비잔틴, 라틴 카톨릭과 그리스정교, 자유주의적인 서구와 친(親)슬라브적인 동구라는 두 개의 문명이 태어나, 종국적으로는 민주주의와 인권을 바탕으로 하는 서구문화와 소비에트 연방의 볼세비즘이라는 20세기의 대립적 양상으로까지 발전한 것이다. 그런데 동구가 무너지는 것을 목도한 우리의 눈에는 천여 년 이상 유럽을 갈라놓았던 간극이 이제는 메꿔지고 있는 것처럼 보이기도 한다. 하지만 이러한 변화의 의미를 우리는 아직 완전히 이해하고 있지는 못하는 듯하다.

동쪽의 비잔틴 제국이 제국의 분열 이후에도 1,000년이 넘게 영광스럽게 존속하다가 서서히 그 힘을 잃고, 1453년 터키가 콘스탄티노플을 점령하면서 비로소 멸망했다면, 서로마 제국은 오래 지속되지 못했다. 안

개끼고 척박한 북쪽으로부터 점점 빈도를 더해가면서 야만인들이 쳐들어왔다. 이들은 열악한 자연환경과 과잉인구, 그리고 동쪽으로부터 밀려드는 이민족의 압박에 못 이겨 로마 제국으로 옮겨와 자리를 잡거나, 로마 제국을 방위하는 일에 참여하였다. 로마에 사는 사람들은 이들 북방의 야만인들을 게르만족이라 불렀다. 이 말은 본래 갈리아 사람들이 라인강 저편으로부터 자기 땅으로 쳐들어오는 거친 종족들을 일컬었던 것인데, 갈리아를 정복했던 시저가 이 이름을 그대로 물려받아 사용한 것이다. 시저는 또한 이 종족들의 이름에서 라인강과 도나우강 저편의 지역을 일컫는 게르마니아(Germania)라는 지역명칭까지 따왔다. 어떤 사람이 게르만이라는 것은 사람들에게 잘 알려져 있지 않은 라인강 저편에서 왔다는 것을 말해주는 출신지 명칭 외에 아무 것도 아니었다. 어쨌거나 오늘날에도 학자들 사이에는 게르만족의 민족적, 언어적 동질성에 대한 의견이 분분하다.

하지만 하나 분명한 것은, 북방에서 밀려들어온 이들 일군의 종족들이 그들의 뛰어난 전투능력으로 군사적 분야에서 두각을 나타내기 시작했다는 점이다. 황제를 호위하는 근위대의 대다수를 곧 게르만인이 차지하게 되었고 그들에게는 제국변방에 정주할 수 있는 권한과 로마 시민권을 얻을 수 있는 자격까지 부여되었다. 그런데 이러한 종류의 보호는, 보호를 받는 대상인 황제와 제도, 제국 자체가 약화되었을 때나, 외국의 전쟁전문가들에게 지나치게 의존하게 되었을 때는 쉽게 위협으로 돌변할 소지가 있는 것이었다. 게르만 출신의 사령관이나 게르만 군부대가 황제를 뽑는 일이 빈번해지면서 급기야는 서기 476년 게르만의 용병대장 오도아케르(Odoaker)가 시로마의 마지막 황제인 로물루스 아우구스툴루스(Romulus Augustulus)를 폐위시키고 군대를 동원해 자신을 왕이라고 부르도록 하였다.

이로써 또다시 로마가 몰락하였지만, 이 사건은 로마 제국의 종말이 아니라 새로운 변화의 시작이었다. 민족대이동 시기의 게르만 종족들, 예컨대 이탈리아의 고트족과 랑고바르트족, 스페인과 프랑스의 서고트족, 영국의 앵글로색슨족, 갈리아 지방의 부르군트족과 프랑크족은 자기

칼 대제
슈트라스부르크 성당의 스테인글라스, 1180년

보석이 박힌 황금의자에 칼 대제가 앉아 있다. 이상적인 기독교 황제의 모습을 하고 있는 그는 왕홀과 십자가가 있는 지구의를 들고 있고, 왕관을 쓰고 있는 그의 머리 위에는 후광이 비추이고 있다. 1165년 황제 프리드리히 바바로사는 자기 가문의 왕권을 확고히하고 또 교황에 비해 황제가 우월하다는 것을 강조하기 위해 자기 조상이라고 여겼던 칼(샤를마뉴) 대제를 성인의 반열로 올려놓았다. 이 시대는 전 유럽에 걸쳐 자국의 왕을 민족적 성인으로 격상시키던 시대였다. 그러나 성인의 반열에 올려진 헝가리, 보헤미아, 노르웨이의 왕들이 민족통합을 위한 효과적인 상징이 되었다면 칼 대제에 대한 숭배는 라인강 지역에 한정되었다. 그런데다가 프랑스 왕가와 신성로마 제국은 칼 대제의 전통을 누가 계승하고 또 기독교 세계의 맏형 노릇을 누가 하느냐 하는 문제를 놓고 서로 쟁투를 벌이고 있었다.

들 스스로가 로마의 새로운 주인행세를 하려고 했다. 즉 그들은 무너져 가는 제국의 빈터에 자리를 잡고는 고대 후기의 복잡하고도 세련된 로마 및 근동의 문명을 자신들의 단순한 문화에 동화시키려 노력하였다. 이러한 노력의 결과로 비록 단순한 형식이기는 하지만 그들은 로마의 전통적인 행정제도를 수용하였고, 게르만 왕들의 통치양식을 로마 군주제로 바꾸었다. 그리고 로마 성문법을 모델로 삼아 게르만의 전통적인 관습법을 문자로 고정된 성문법으로 바꾸었다. 이로써 서방세계에서 로마 황제라는 타이틀이 사라지긴 했지만, 게르만 왕들 중 누구도 로마 제국이 계속되고 있다는 사실을 의심하지는 않았다.

다른 관점에서 보더라도 로마는 변화된 모습으로 계속 살아남았다. 티베르 강변에 위치했던 로마는 퇴락하고 인구는 급격하게 감소했지만, 또 도시의 광장에서는 가축들이 풀을 뜯고 도시적 삶은 고사했지만, 로마 주교는 사도 베드로의 후계자 자격으로 교황의 지위를 획득하였고, 그럼으로써 서방교회의 수장이 되었다. 로마는 훗날 게르만족들이 믿게 되는 카톨릭 교회의 정신적 센터로 발전했을 뿐만 아니라, 어떤 의미에서는 교회가 제국의 행정제도를 흡수함으로써 로마 제국의 통치방식 역시 상당 부분 교회의 조직 속에 살아남게 되었다. 오늘날 카톨릭 신부들이 입고 있는 미사복은 로마 관리들이 입던 제복에서 유래한 것이다. 거기다 라틴어는 교회, 정치, 문학의 용어로 그대로 수용되어 서방세계의 문화가 통일성을 유지하는 계기를 마련해 주었다. 교회의 수도원에서 수도사들이 경건하게 읽었던 책들 중에는 어김없이 키케로나 버질의 글이 포함되어 있었다. 이처럼 로마 제국은 하나의 이념으로, 약화된 제도 속에서, 그리고 무엇보다도 승승장구하는 교회 속에서 계속 존재했다.

제국과 교회라는 서로 맞물린 두 이념이 얼마나 오랫동안 지속되었는가를 말해주는 하나의 사건은, 로마의 마지막 황제인 아우구스툴루스가 폐위된 지 300년이 지난 시점에 와서 로마에 다시 새로운 황제가 등장했다는 사실이다. 훗날 '대제'라고 불리워진 프랑켄족의 왕 칼의 등장이 그것이다. 작센족과 랑고바르트족을 물리치고 서유럽의 가장 막강한 통치자가 된 칼(샤를마뉴) 대제는 로마 교황과의 지속적인 동맹을 통하여 자신의 권력을 굳히고자 하였다. 아버지 피펜 3세가 교황에게 물려줌으로써 훗날 교황령의 기초가 된 땅을 칼 대제가 재차 확인해준 데 대한 보답으로 교황 레오 3세는 서기 800년 성탄절에 성 바실리카 성당에서 칼 대제를 황제로 대관시켜주었다. 그가 무릎을 꿇었던 반암질의 석대는 오늘날에도 성 베드로 성당에서 볼 수 있다. 칼 대제의 연대기 기록자인 아인하르트에 의하면, 칼 대제가 기도에 몰두하고 있는 사이에 그의 의지와 관계없이 교황 레오 3세가 뒤에서 몰래 왕관을 씌워줌으로써 황제가 되었다고 하며 또 그는 그렇게 해서 얻은 황제의 지위가 언젠가는 당시 기독교계의 유일한 합법적 황제였던 비잔틴의 황제와 갈등을 일으킬 수밖에 없다는 것을 잘 알고 있었다고 한다. 어쨌든 간에 칼은 시저와 콘스탄틴 대제의 후계자로 등극하였고, 스스로를 '아우구스투스' 황제라 칭했으며 로마 제국을 혁신한다는 의미에서 그의 인장에 '혁신 로마 제국(Renovatio Imperii Romani)'이라는 문구를 새겨넣었다. 이 문구는 그 나름의 정당성을 지니고 있다는 것이 입증되었는데, 왜냐하면 이때부터 1,000여 년에 이르는 장구한 기간동안 로마 황제의 타이틀이 거의 중단 없이 존재했기 때문이다. 실제로 로마 제국은 1806년 합스부르크가의 마지막 황제 프란츠 2세가 세인의 주목을 거의 받지 못한 채 황제라는 타이틀을 내려놓을 때까지 계속되었다.

  고대 로마 제국과 칼 대제의 제국을 비교해보더라도 양자 사이에 큰 차이는 없었는데, 왜냐하면 칼 대제는 스칸디나비아와 브리타니아를 제외한 거의 모든 게르만 왕국들과 유럽의 공국들을 묶어 자신의 지배하에 두었기 때문이다. 제국의 영토는 아이더강(독일, 덴마크 국경)에서 티베르강까지, 엘베강에서 에브로강(스페인 동북부)까지, 영불해협에서 프라텐호수(헝가리)까지 뻗어 있었다. 칼 대제는 로마 문명이 남긴 유산을 활용하여 정치 및 교회의 행정제도, 교통과 달력계산법, 예술과 문학, 그리고 모든 것의 기본이 되는 문자와 언어를 개혁하는 일에 착수했다. 그는 문화 문제를 자문하는 수석 고문관에 앵글로색슨 사람인 알쿠인 폰 요크(Alkuin von York)를 초빙했고, 스페인과 이탈리아의 학자들에게 자문을 구하기도 했다. 칼 대제가 재위하는 동안의 카롤링거 르네상스는 유럽 전역에 자극을 주고 활기를 불어넣었다. 칼 대제의 이러한 모든 노력은 이른바 '새로운 황금 로마'를 만드는 데 크게 기여하였다. 오늘날 우리가 고전적 라틴어 작가들을 읽을 수 있게 된 것도 카롤링거 시대 필경사들의 열정과 근면성 덕분이다. 이들은 고대 운율에 맞춰 직접 시를 쓰기도 했는데, 이들이 쓴 시는(그 중에는 빼어난 시들도 많다) 중세의 훌륭한 글모음집인 네 권의 방대한 『게르만 역사서 *Monumenta Germaniae Historica*』에 수록되어 있다.

프랑크 제국의 서쪽에 위치했던 갈리아 지방과 이탈리아에서는, 칼 대제 시대에도 여전히 옛 로마 행정의 일부 조직이 그대로 기능하고 있었다. 반면 라인강 동쪽에 위치한 게르만족의 거주지역은 그들 자체의 느슨한 행정조직망을 형성하고 있었다. 다시 말해, 이들 지역은 종족 행정구역인 가우(Gau) 이외에도 교회조직들인 수도원, 주교구, 그리고 교회에 속하면서도 또한 세속적 성격을 띤 장원들로 구성되어 있었다. 칼 대제는 두카티(ducati)라고 부르는 행정구역을 만들어 그 최고 책임자로 둑스(dux)를 두었다. 행정구역의 수장인 둑스는 그러니까 종족지도자인 공(公)이 아니라 프랑크족 귀족출신의 관리였다. 이 고급관리의 명칭은 콘스탄틴 대제의 행정개혁에서 유래한 것이었다. 칼 대제는 '통치 사절(missi dominici)'이라는 명칭의 사절을 보내 제국의 행정을 감시하게 했고 또 그가 임명한 주교를 통해서는 보조 감시자의 역할을 맡도록 했다.

하지만 그의 이런 모든 노력에도 불구하고 제국은 지속적으로 유지될 수가 없었다. 칼 대제의 상속자들 사이에 분쟁이 일어나지 않았더라도 제국은 몰락할 수밖에 없었을 터인데, 왜냐하면 라인강의 북쪽에 있는 아헨(Aachen)에 거주하고 있던 황제의 지시가 그 목적지인 로마에 도착하는 데 무려 2개월이 걸렸기 때문이다. 현지의 행정담당관들은 너무 긴 시간을 자신들의 재량에 따라 업무를 처리할 수밖에 없었다. 이러한 상황에서 어떻게 제국을 한 덩어리로 묶을 수 있었겠는가? 칼 대제의 세 손자들은 자기들끼리 제국을 나누어 가졌다. 루드비히가 동쪽을, 칼이 서쪽을, 로타르는 중앙, 즉 로트링겐 지역을 차지하였다. 왕의 이름을 따 붙여진 로트링겐은 라인강 하구에서 이탈리아에 이르는 지역까지 걸쳐 있

왕좌에 앉아 있는 황제 오토 3세
라이헤나우 복음서, 10세기 말

제국의 지배권이 고대 로마 황제로부터 칼 대제와 그 후계자들인 동프랑크 왕들로 넘어가는, 이른바 '황제 전위(轉位, Translatio imperii)'의 장면이 인상적으로 그려지고 있다. 오토 3세가 제국의 상징인 왕홀과 십자가가 새겨진 지구의를 들고 황제좌에 앉아 있다. 그의 양쪽 옆에는 제국의 귀족을 대표하는 두 명의 공작과 제국의 교회를 대표하는 두 명의 주교가 그를 옹립하고 있다. 그리고 고대 후기의 그림을 본받아 네 명의 여자들이 충성을 맹세하기 위해 황제에게 접근하고 있는데, 이 네 명의 여자들은 그가 다스리고 있던 네 지역, 즉 로마, 갈리아, 게르마니아, 스칼라비니아(슬라브 지역)를 상징한다.

었다. 870년 로타르 가계가 끊어지자 루드비히는 이 지역을 자신의 동쪽 영역에 편입시켰다. 앞으로 전개될 1,200년 동안의 유럽 역사의 기본구도는 이렇게 만들어졌다. 즉 이때부터 대륙의 중심부는 둘로 나누어지게 되었고, 서프랑크족과 동프랑크족의 형제 왕국들은 제각기 다른 살림을 차리게 되었으며, 이 두 왕국으로부터 오늘날의 프랑스와 독일이라는 나라가 생겨나게 되는 것이다. 이 두 나라는 로마와 칼(샤를마뉴) 대제의 유산을 함께 물려받았고, 또 오랜 기간 동안 동·서프랑크의 중간에 놓여 있던 로트링겐(로렝)의 영토를 서로 자기 것이라고 주장하면서 싸움을 벌이기도 하였다. 이 싸움으로 인해 독일과 프랑스는 앞으로 1,200여 년 동안 적대관계를 맺게 된다.

교황과 황제 그리고 로마
로마의 코로나티 성당에 있는 프레스코 벽화, 1250년경

로마는 서방 기독교의 중심지로서 황제와 교황의 권력이 이 중심에서 나왔다. 그러나 황제는 필요한 경우 칼로써 그의 권리를 주장할 수 있었던 반면, 교황은 단지 옛 권리에 호소할 수밖에 없었다. 중세의 교황은 자신의 주장이 옳다는 것을 확실히 해두기 위해서는 이를 뒷받침해줄 무엇인가를 필요로 하였다. '콘스탄틴의 선물'이 바로 그런 경우이다. 그것에 의하면 콘스탄틴 황제가 교황에게 로마와 서로마 제국을 통치할 수 있는 최고의 권위를 부여하고 있다. 그것은 교황이 황제보다 더 우위에 있다는 것을 주장할 수 있는 결정적인 법적 근거를 마련해 주었다. 순종하는 듯한 몸짓으로 황제는 교황의 말고삐를 끌고 있다. 15세기에 와서야 비로소 인문주의 학자들은 오토 3세 이래 황제들이 주장해온 사실, 즉 콘스탄틴의 선물이 위조라는 사실을 증명했다.

이때부터 우리가 학교에서 배워 익히 알고 있는 독일 역사가 시작된다. 첫 번째 등장인물은 작센공(公) 하인리히이다. 19세기에 쓰여진 어떤 순진무구한 발라드에 의하면, 그가 어느 날 새사냥에 몰두하고 있을 때, 갑자기 어떤 사절이 "하인리히 폐하 만세, 작센의 별이신 폐하 만세"라고 외쳐댐으로써 그만 사냥을 망쳐버렸다고 한다. 작센족과 프랑크족에 의해 선출된 하인리히 1세(919-936)는 작센 왕조 혹은 오토 왕조의 창시자로 역사에 기록되고 있다. 물론 이때 그는 황제가 아닌 왕으로 선출되었다. 군사적 위협과 타협을 통하여 그는 그의 왕권을 슈봐벤과 바이에른 사람들이 받아들이도록 했고, 로트링겐과 보헤미아, 엘베강 지역의 슬라브인 거주지역을 자신의 영향권으로 편입시켰으며, 카롤링거 시대의 서프랑크족들에게서도 왕권을 보장받았다.

하인리히의 아들이자 후계자인 오토(936-973)가 만장일치로 왕이 됨으로써 동프랑크 제국의 지속적 지배가 가능하게 되었다. 그의 제국은 한때 칼 대제의 제국이 그랬던 것과는 달리 상속문제나 상속에 따른 영토분할과 같은 분쟁에 휩쓸리지 않았다. 955년 오토 1세는 레히 평원에서 헝가리인들을 격파했고 그 이후부터는 대제라는 명칭으로 불리어졌다. 그리고 7년 후에는 로마에서 교황에 의해 대관식을 갖고 로마 황제가 되었으며, 그럼으로써 로마를 보호하는 황제의 입지를 새롭게 하였다. 오토는 비잔틴을 설득해서 자신을 황제로 인정하게 했고 또 자기 아들이자 상속인인 훗날의 오토 2세(961-983)를 비잔틴의 공주와 결혼시키기도 했다. 이때부터는 왕이라는 타이틀과 황제라는 타이틀이 항상 맞물려 사용되었다. 칼 대제의 전통에 따라 그의 손자 오토 3세(983-1002)는 로마 제국을 혁신하려는 원대한 계획에 착수하

였다. 하지만 그는 21살의 나이로 로마 근교에서 요절하였고, 아헨으로 옮겨져 매장되었다.

자리에르 왕조의 황제들이 지배하던 100여 년의 시기(1024-1125)는 무엇보다도 황제와 교황간의 드라마틱한 투쟁이 그 서막을 올린 시기로 알려져 있다. 11세기까지만 해도 유럽의 왕들과 황제들은 자신들이 직접 뽑은 사람들로 교회의 고위직을 채울 수 있는 권한을 행사하였다. 그러나 10세기 동안 부르군트 지방의 배네딕트 종단 소속인 끌뤼니(Cluny) 수도원에서 개혁운동이 일어나면서 교회 지도자들 사이에서는 전지전능한 신과 불완전한 세속권력자 사이를 매개해주는 과제를 교회가 맡아야 한다는 견해가 지배적이 되었다. 이러한 견해로부터 그들은, 교회가 지닌 보다 높은 신의 법이 세속적 권력 위에 있어야 하고, 그러기 위해서는 교

회 성직자를 임명하는 데는 세속적 권력의 영향력이 배제되어야 한다는 결론을 이끌어내었다.

그런데 오토 대제 이후 교회는 제국을 떠받치는 하나의 중요한 지주가 되어 있었다. 그렇기 때문에 오토 왕가와 자리에르 왕조의 왕들은 교황을 선출하는 데 막강한 영향력을 행사했고 교황국가의 행정에도 깊이 간여하였다. 이런 이유로 1075년부터는 교황과 황제 사이의 갈등이 노골적으로 불거지게 되었다. 교황 그레고르 7세(1073-1085)는 하인리히 4세에게 주교와 수도원장을 임명하는 것을 금지하는 명령을 내렸고, 이에 왕은 그 요구를 무시하고 그레고르를 폐위시키는 것으로 대응하였다.

이 싸움은 확대되어 당사자들의 범위를 훨씬 뛰어 넘어 그들의 사후에도 계속되었다. 그도 그럴 것이 이 싸움은 궁극적으로는 종교적 권력과 세속적 권력 사이의 관계가 어떻게 설정되어야 하는가 하는 세계의 기본적 질서와 연관된 싸움이었기 때문이다. 밀고 당기는 긴 싸움 끝에 황제와 교황은 모두 패배자가 되면서 결국은 갈라서게 되었고, 이 사건으로 인해 근대 유럽 국가의 출현과 근대 유럽 정치문화의 발전에 중요한 두 가지 기본원칙이 마련되었다. 세속적 권력의 강제가 없는 종교의 자유와 교회의 속박이 없는 정치적 자유가 곧 그것이다.

최근의 일반적인 역사인식을 통해 알 수 있듯이, 중세 독일 황제의 최전성기와 그 몰락기는 호헨슈타우펜 왕조(1152-1254)와 연결되어 있다. 동시대의 이탈리아 사람들이 붉은 수염을 가졌다 해서 바바로사(Barbarossa)라고 불렀던 프리드리히 1세는 동시대 사람들은 물론 후세 사람들의 기억 속에서도 가장 민중적인 중세의 황제로 남게 되었다. 당시 그의 궁정의 화려함, 부르군트의 베아트릭스와의 결혼, 승리와 패배를 거듭한 그의 이탈리아 원정, 반항적인 도전자였던 사자후 하인리히에 맞서 거둔 승리, 그리고 마지막으로 제3차 십자군 원정 도중 소아시아에서 맞이한 그의 신비스러운 죽음 — 이 모든 것들은 신화가 자라날 수 있는 풍부한 토양을 제공하였다. 그 어느 황제도 그 만큼 후세사람들의 상상력을 자극하지는 못했다. 19세기의 낭만적 시인이었던 뤼케르트는, 황제는 죽지 않았으며 되돌아올 때까지 다만 마법의 산인 키프호이저(Kyffhäuser)

키프호이저 산의 프리드리히 바바로사
빌헬름 폰 카울바흐의 드로잉에 따라 새긴 동판화, 1841년

힘든 시절에 자기 나라를 구하기 위하여 이 세상에 도래한다는 영웅의 신화는 독일역사에서는 호헨슈타우펜가의 황제 프리드리히 바바로사라는 인물에 집중되고 있다. 본래의 전설에 의하면, 마법의 산에 잠들어 있다는 황제는 바바로사가 아니라 프리드리히 2세였다. 그러나 시간이 지나면서 민중적 영웅으로 그가 누린 대중적 인기, 십자군 원정에서 맞이한 그의 신비한 죽음으로 인해 바바로사는 그의 손자 프리드리히 2세를 대신하여 키프호이저 산에 묻히는 바가 되었다. 19세기 초엽 독일 민족주의 운동의 열렬한 지지자들은 바바로사를 잠들어 있지만 언젠가는 곧 깨어날 민족의 상징적 인물로 간주하였다. 이에 따라 1871년 빌헬름 독일제국의 선동가들은 바바로사(Barbarossa, '붉은 수염을 가진' 황제)를 '흰 수염을 가진(Barbar-blanca)' 황제였던 빌헬름 1세와 연결시키려고 노력하였다. 이런 식으로 그들은 호헨쫄레른가와 바바로사의 호헨슈타우펜가를 연결시켜 제국의 역사적 연속성을 강조하고자 했던 것이다.

산에 잠들어 있다는 전설을 다음과 같이 노래하고 있다.

> 제국의 영광과 권력을 가지고
> 그는 저 깊은 곳으로 사라져 버렸네.
> 그러나 언젠가 영광스러운 시대가 오면
> 그는 다시 깨어난다네.

바바로사는 19세기 초반 민족적 통일을 향한 독일 국민의 열망을 말해주는 상징이 되었다. 물론 새로운 모습을 하고 등장하게 될 제국을 통해 독일의 미래상을 실현시키려고 했던 독일인들의 꿈은 실제의 호헨슈타우펜보다는 낭만적 상상력과 더 깊은 관계가 있었다. 그리고 키프호이저 산에 잠들어 있다는 황제에 관한 본래 전설의 주인공은 실제로는 바바로사가 아니라 그의 손자인 프리드리히 2세였다. 이상스러울 정도로 이국적이고 비독일적이었던 호헨슈타우펜가의 프리드리히 2세는 그의 어머니 콘스탄체로부터 노르만족의 왕국인 시실리를 유산으로 물려받아, 그곳에서 로마 문화와 비잔틴 문화, 노르만 문화와 아랍 문화에 기초를 둔 행정제도와 통치체제를 발전시켰다. 프리드리히는 자기 한 사람의 강력한 의지에 의해 마치 제도판에 설계를 하듯 철두철미하게 합리적으로 조직된 국가를 세우려는 원대한 계획을 세웠지만, 그것은 당시의 시대상황과는 전혀 맞지 않는 시도였고 또 그것은 이를테면 하나의 예술작품과 같은 국가를 건설한다는 계획이었다. 따라서 그가 죽자 그의 계획은 곧 수포로 돌아갔다.

엄청난 능력과 다재다능한 재능으로 인해 위대한 르네상스 군주들의 선구자처럼 보이기도 했던 프리드리히는, 제2의 콘스탄틴 황제가 되기를 원했고 또 평화의 황금시대를 열려고 하였다. 그는 이렇게 동시대 사람들을 매혹시키기도 했지만 또한 경악시키기도 했다. 교황과 싸울 수 밖에 없었던 그의 입장은, 그때까지 기독교계에서 유례가 없었던 격렬한 권력투쟁과 프로파간다 투쟁으로 이어졌다. 황제측의 선전이 그를 메시아적 풍모를 지닌 세계역사의 마지막 황제로 묘사했다면, 교황측의 반대

선전은 그를 묵시록에 나타나는 괴물로, 적(敵)그리스도로 묘사했다. 1256년 그가 죽자 교황의 편을 들었던 쪽의 전설은 그를 불을 뿜는 지옥의 산인 에트나로 추방해버린 반면, 때가 오면 다시 통치하게 될 황제의 도래를 기대했던 중세 말기 사람들의 열망은 프리드리히 2세의 안식처를 키프호이저 산으로 옮겨놓았다. 키프호이저 산으로 옮겨진 프리드리히는 수세기가 지나는 동안 바바로사의 이미지와 합쳐지게 되었다.

프리드리히 2세의 죽음과 함께 호헨슈타우펜 제국의 영광도 끝이 났고, 합리적 제국을 건설하려던 계획도 수포로 돌아갔다. 교황은 시실리 봉토의 지배권을 프랑스 왕의 형제였던 안쥬(Karl von Anjou)에게 넘겨주었다. 프리드리히의 아들인 콘라드 4세(1237-1254)는 4년 후 황제가 되지도 못한 채 이탈리아에서 죽었고, 그의 아들인 콘라딘(1252-1268) 역시 시실리 상속권을 관철시키기 위해 이탈리아로 원정을 갔다가 탈리아코쪼 전투에서 안쥬에게 포로로 잡혀, 16세의 나이로 나폴리에서 처형당했다.

이로부터 20여 년에 걸쳐 이른바 '황제 없는 끔찍한 시대' 인 대공위시대(大空位時代, 1254-1273)가 개막되었다. 이 시기에는 제국의 중앙권력이 급격하게 약화되었다. 제국의 중앙권력은 1273년에 가서야 합스부르크가의 루돌프(1273-1291)가 황제로 선출되면서 부분적으로나마 다시 회복되었다. 대공위시대 이후에는 제국의 존립 자체가 심각하게 위협받지 않은 상태에서 제국 내의 정치적, 행정적 조직망이 느슨해지는 시대가 계속되었다. 그리고 이 시대의 특징적인 점은 비교적 개방적으로 왕을 선출하는 일이었다. 이 선출에 의해 합스부르크가(家), 나싸우가(家), 비텔스바하가(家), 룩셈부르크가(家)로부터 다양한 왕이 차례로 나왔고 룩셈부르크가의 하인리히 7세(1308-1313) 이후에는 다시 독일 왕들이 황제의 타이틀을 차지하게 되었다.

교과서는 지금까지 우리가 다루어온 시대를 일반적으로 중세 독일제국의 시대로 소개하고 있다. 그런데 여기서 잠시 멈춰 한번 되짚어야 할 문제가 있다. 하인리히 1세에서 오토 대제까지 이르는 이들 왕들과 황제들이 과연 어느 정도 실제로 독일적이었느냐 하는 것이다. 이 시기에는 아직 도이칠란트(Deutschland)라는 말이 존재하지 않았다. 이 말이 처음 생겨난 것은 15세기의 일이고, 그나마 그 말이 관철되기까지는 앞으로도 수백 년이라는 세월을 더 필요로 하였다. 라인강 동쪽에 살던 사람들은 수세기 동안 그들이 독일인이라는 사실에 대해서는 아무 것도 알지 못했다. 그 이유는, 예컨대 프랑크족이나 앵글로색슨족의 경우와는 달리 하나의 '독일' 민족이라는 것이 실제로 존재하지 않았기 때문이다. 그 대신 9세기가 지나는 동안 카롤링거 제국이 해체되면서 라인강 동쪽에 생겨난 것은 제각기 다른 종족 그룹이 살고 있던 일련의 공작령들로 튀링겐, 바이에른, 알레만, 작센이 바로 그것이었다. 이들 공작령에 살고 있던 사람들은 민족대이동기의 다양한 종족들과는 서로 일치하지 않았다. 이들은 진정한 의미의 종족 그룹이 아니라 칼 대제가 제국을 분할하면서 만들었던 행정조직의 산물이었던 것이다.

  로마 시대 이래 게르마니아라고 불리었던 라인강 동쪽 지역을 하나의 정치세력권으로 묶고 있었던 것은 '독일 종족들'이 아니라 프랑크 제국에서 형성된 귀족계층이었다. 이 귀족계층은 833년 이후 프랑크 제국의 동쪽 부분을 지배하고 있던 칼 대제의 손자 루드비히의 통치권을 인정함으로써 라인강 동쪽에 위치한 여러 나라들의 왕이라는 의미에서 그를 '게르마니아 왕(rex Germaniae)'이라고 불렀다. 하지만 이는 19세기 이래 민족주의적 성향의 역사가들이 불러왔던 '독일인 루드비히'와는 거리가 먼 것이었다. 라인강 동쪽의 이 지역은 11세기에 이르기까지 계속 스스로를 프랑크 제국이라고 이해하였다. 다시 말해, 동프랑크 사람들은 그들의 뿌리를 카롤링거와 메로빙거 왕조의 전통에서 찾았고, 심지어는 더 소급해서 로마와 트로이에서 찾았다. 마찬가지로 서프랑크 사람들 역시 그들의 뿌리를 칼(샤를마뉴) 대제 제국의 전통 속에서 찾았다.

  동프랑크 왕들은 자신들의 타이틀에 좁은 개념의 종족적 수식어를 다는 것을 피했다. 그들은 단지 자신들을 '왕(rex)'이라고 불렀지, '프랑크족의 왕(rex Francorum)'이라든가 아니면 '독일인들의 왕(rex Teutonicorum)'이라고 부르지 않았다. 919년 하인리히 1세가 작센 왕조의 왕관을 획득하고 난 이후에는 프랑크족이라는 이름 대신에 작센족이라는 이름이 100여 년이 넘게 전면에 등장하였다. 작센의 역사, 그 중에서도 특히 오토 1세의 통치기간을 주로 기술한 수도승 비두킨트 폰 코르베이(Widukind von Corvey)는 제국을 '모든 프랑크족과 작센족의 제국'으로 이해했다. 그는 독일이라는 나라에 대해서는 아무 것도 알지 못했던 것이다.

962년 교황 요하네스 12세가 오토 1세에게 황제의 타이틀을 씌워주고 난 이후 오토-작센 왕조의 지위는 더욱 격상되었다. 오토-작센 왕조는 칼 대제의 전통을 이어받고 또 이를 통해 신성로마 제국의 전통을 이어받음으로써 세속적 문제에 대해, 중세의 권력자들이 지금까지 알지 못했던 최고의 권위와 정통성을 갖게 되었다. 성(聖) 아우구스티누스는 세계사에서 로마 제국이 차지하는 중요성을 강조하면서 동시에 로마 제국은 구원을 향한 인류발전사의 연장선 위에 있다는 점을 역설하였다. 로마 제국은 이 지상을 지배하기 위하여 신이 직접 부여한 하나의 보편적 권력이었다. 1157년 이후부터 계속해서 황제가 내린 칙서에 '신성로마 제국(Das Heilige Römische Reich)'이 언급되고 있는 것은 바로 이런 이유 때문이다. 그러한 개념은 동프랑크족이나 훗날의 독일을 훨씬 뛰어 넘어서는 지평과 전망을 열어주었다. 따라서 당시의 제국을 통합했던 이념은 독일이 아니라 로마였던 것이다.

'독일어(deutsch)'라는 말은 티우티스크(thiutisk) 혹은 라틴어인 테오디스쿠스(theodiscus)에서 유래한 말로 처음에는 단순히 '민중들이 사용하는 언어'를 의미하였다. 하지만 이 말은 어느 특정한 통일적 언어를 뜻하는 것이 아니라 교회에서 유식한 라틴어를 사용하는 사람들과는 구별되는 보통사람들에 의해 사용되는 언어나 아니면 단순히 로만어나 슬라브 계열의 언어와 구별되는 언어를 의미하는 것이었다. 예를 들면, 이 언어에는 알레만어, 고대 작센어, 바이에른어나 동프랑크 언어가 속했다. 티우티스크 혹은 테오디스쿠스는 역사적 문헌에 거의 나타나지 않고, 786년 브리타니아의 메르시아에서 개최된 종교회의의 결과를 교황에게 낭독하는 카롤링거 주교의 보고서에 처음으로 등장한다. 이때 종교회의에서 채택된 내용이 라틴어뿐만 아니라 모든 사람들이 이해할 수 있는 민중어(theodisce)로도 낭독되었다고 한다. 물론 이때의 민중어는 고대 앵글로색슨어였다.

그 민중어들 중의 몇몇으로부터 중요한 문학작품들이 쓰여지게 되었다. 오늘날 고대 독일어(Althochdeutsch)로 알려진 언어는 라인강 연안에서 처음 생겨난 언어로, 카롤링거의 궁정에서 사용되었다. 하지만 이 언어는 게르마니아 지역의 권력이 작센의 오토 왕조로 넘어가던 10세기경에 사라져 버렸다. 대체로 1150년경부터 시작되는 중세 전성기의 시는 여러 지방에서 사용되던 다양한 형태의 방언들인 중고 독일어(Mittelhochdeutsch)로 쓰여졌다. 그 중에서 라인강 근처의 림부르크 지역의 방언과 독일의 남서쪽 지방에서 사용하던 알레만어가 특히 성공적이었다. 오늘날에도 프랑스인들이 독일어를 알레만어(Allemand)라고 부르는 것도 바로 이에서 비롯한다. 하지만 라인강 동쪽의 다양한 지역 사람들이 누구나 이해할 수 있는 하나의 공통어로서의 독일어는 존재하지 않았다. 오랜 기간 동안, 작센 사람들이 알레만 사람과 대화를 나누려 했지만 라틴어를 모를 경우, 그들은 부득이 서프랑크어, 즉 서유럽과 중부 유럽의 언어인 프랑크어를 사용할 수밖에 없었다. 현대 프랑스어는 바로 이 프랑크어로부터 발전한 것이다. 그리고 오늘날 세계어라는 보통명사로 쓰이는 프랑크어(lingua franca)라는 말도 이렇게 해서 생겨났다.

중고독일어의 변형인 디우취(diutsch)라는 말은 1080년경에 만들어진 아노 가곡본(Annolied)에 나타나는데, 이 텍스트에는 디우체 란트(diutsche lant)라는 복수 명사, 즉 '독일 땅들'이라는 말이 언급되고 있다. 이 말은 하나의 땅이 아니라 슈봐벤, 바이에른, 작센, 프랑켄의 땅들을 의미하는 것으로, 이 지역을 묶고 있는 것은 이 지역 주민들이 비슷한 민중어를 사용하고 있다는 사실 정도였다. 따라서 독일어(Deutsch)라는 말은 순전히 언어적 개념이었고 그 후로도 오랫동안 그런 의미에서 사용되었다.

9세기 중반 이래 줄곧 사용되었던 독일어의 라틴어 번역인 '토이토니쿠스(teutonicus)'라는 말 역시 잘못된 것이다. 기원전 102년 아쿠아 섹스티아에서 로마의 장군 마리우스에 의해 완전히 패배한 이후 역사에서 사라져버린 독일 종족인 튜톤족과 당시에 사용되던 독일 언어들 사이에는 사실상 아무런 관련이 없다. 하지만 이 독일 종족의 최초의 침공으로 야기된 공포의 기억은 북부 이탈리아 사람들의 뇌리에 오랫동안 남게 되었다. 그들은 게르마니아로부터 온 사람들을 튜톤족이라고 불렀고 또 로마 황제의 타이틀이 바로 이 튜톤족에게 넘어갔다고 주장하였다. 이 말 속에는 튜톤족의 투박하고 야만적인 모습에 대한 경멸과 조소가 깃들어 있었다. 그리고 1076년 서임권 분쟁이 최고조에 달했을 때 교황 그레고리 7세가 장차 황제가 될 하인리히 4세를 튜톤 왕이라고 언급함으로써 튜톤이라는 말은 정치적 의미를 갖게 되었다. 교황이 이 말을 했을 때 그가 의도했던 것은 황제가 이제 구원의 역사에서 자신이 차지하고 있던 영원한 지위를 박탈당해야 하고 이제는 단순히 헝가리나 덴마크 왕과 같은 보통의 기독교 통치자의 지위로 격하되어야 한다는 것이었다.

'토이토니쿠스'라는 말은 원래부터 비호의적인 뉘앙스를 지니고 있었다. 이탈리아, 프랑스, 영국 사람들은 게르마니아로부터 온 사람들이나 지배자들에게 조소와 거부감을 표시할 때 이 말을 사용하였다. 예를 들어 1160년 샤트르의 주교였던 요한 폰 솔즈베리는 영국이나 프랑스의 지지를 받지 못한 사람을 교황으로 선출하려는 바바로사의 시도에 화를 내면서 "도대체 누가 독일인들이 다른 민족들을 재판하도록 만들었단 말인가? 누가 저 거칠고 폭력적인 인간들에게 자기들 마음대로 선량한 사람들의 머리 위에 지배자를 둘 수 있는 전권을 주었단 말인가?"라며 독일인들에 대한 강한 거부감을 표명한 바 있다.

제국은 계속해서 로마 제국으로 불리웠지만(1157년 이후에는 '신성로마 제국'으로) 티우티스크 혹은 토이토니쿠스라는 말 역시 서서히 그 사용범위를 넓혀갔는데, 왜냐하면 동프랑크 왕국의 왕은 로마 황제의 자격으로 통치하기도 했지만 다른 한편으로는 여러 독일 종족의 수장이기도 했기 때문에 이를 지칭해줄 또 하나의 명칭이 필요했기 때문이다. '프랑크'라는 명칭은 서쪽 이웃나라들에서 이미 자리를 잡고 있었기 때문에 이와 구분되면서도 동시에 이탈리아, 로마 교황청과도 구분되는 명칭이 필요했던 것이다. 그래서 11세기와 12세기가 지나는 동안 왕국(regnum)이라는 말과 독일(teutonicum)이라는 말이 서로 합쳐지게 되었다. 하지만 독일 국가라는 개념은 여전히 불투명한 상태로 남게 되었는데, 왜냐하면 호헨슈타우펜 왕조의 몰락 이후 수세기가 지나도록 독일의 왕관을 지켜줄 만한 하나의 강력한 왕조가 독일에서는 출현하지 않았기 때문이다. 영국이나 프랑스 왕조들이 13세기가 지나는 동안 하나의 강력한 핵을 중심으로 국가형성세력들이 결집함으로써 국가의 권력을 공고히 하는 데 성공했다면 독일의 왕권은 그렇지 못함으로써 취약성을 면치 못했다. 독일 국가는 여전히 신화로 가득 찬 강력한 신성로마 제국의 그늘 아래 있었고, 그들이 사용하던 중요한 정치적 상징들, 예컨대 신성한 창, 왕관, 아헨의 성당에 있는 칼 대제의 황제관 등은 모두 제국과 관련된 것들로, 독일 왕국과는 관련이 없었다. 독일의 역사학자 칸토르비츠(Ernst Kantorowicz)는 1927년에 출간된 호헨슈타우펜 황제 프리드리히 2세에 관한 그의 전기에서 13세기를 두고 다음과 같이 기술하고 있다.

> 십자군 원정이나 순례를 위한 화려하고 장엄한 공식 행사 때 당시의 작센, 프랑켄, 슈봐벤, 바이에른 사람들은 그들이 하나라는 자부심을 느끼며 대단한 열광을 보여주었다. 하지만 그런 때에도 그들이 독일인이라고 느낀 것은 아니었다. 기껏해야 그들은 시저 제국의 상속자로 한자리에 있다는 느낌을 가졌고, 트로이 사람들의 후예라는 자부심을 가졌으며 때로는 자신들 스스로를 로마 시민이라고 부르기도 하였다.

 따라서 독일인들은 독일인으로 불리워지는 것에 서서히 익숙해져 갔고 또 그들 스스로가 그렇게 불렀을 때에도 그 말에 특별한 의미를 부여하지 않았다.
 요약하면 우리가 다루었던 시대는 독일 중세나 '독일' 황제의 전성기라고 부를 수 없을 뿐더러 독일 역사의 시작이라고 말 할 수도 없는데, 이유는 당시의 사람들은 독일인이라는 개념을 아직 알지 못했기 때문이다. 오히려 우리가 여기서 다루었던 것은 독일의 전사(前史), 혹은 아직도 그 주인공이 무대에 등장하지 않고 있었던 연극의 서막이다. 하지만 그것을 아는 것은 꼭 필요한데, 그것을 알지 못하면 훗날에 펼쳐질 독일 역사의 전개과정을 제대로 알 수 없기 때문이다. 잘 알다시피, 신성로마 제국은 다양한 변신을 거듭하면서 현대의 문턱에 이르기까지 지속되었으며, 1871년 비스마르크의 독일 제국은 제3제국을 거치면서 이상스러울 정도로 변형된 모습을 보이다가 1945년에 멸망하였다. 그리고 독일인의 거주공간, 독일의 지정학적 위치, 독일 헌법의 중요한 기본 골격, 독일 문화의 언어적 전제조건들 — 이 모든 것들 역시 우리가 통상적으로 중세라고 부르는 시대에(비록 독일이나 독일인이라는 구체적 실체는 거의 찾아보기 힘들지만) 발전하였던 것이다.

11세기와 12세기가 경과하는 동안 점점 더 자주 독일왕으로 불리워졌던 동프랑크 왕들은 마인강 연안을 따라 살던 프랑크족의 거주지역, 작센, 프리젠, 튀링엔, 바이에른, 슈바벤의 지역, 그리고 또한 대부분의 사람들이 독일어가 아닌 프랑스어를 사용했던 라인강 서쪽의 로트링겐족과 부르군트족의 지역을 통치하였다. 10세기가 시작되면서부터는 이들 왕들은 엘베강을 넘어 동쪽으로 통치영역을 확장하였다. 일반적으로 동방식민지화(Ostkolonisation)라고 일컫는 이러한 확장정책은 심대한 결과를 초래하였다. 덴마크, 폴란드, 보헤미아와 경쟁하면서 제국은 10세기 이래 약 250여 년 동안(900-1150년) 발트해와 알프스의 동쪽 지역 사이에 있었던 작은 서(西)슬라브 거주지역을 처음에는 정치적, 종교적으로, 나중에는 라인 지방과 플랑드르, 튀링엔으로부터 이주자들을 유입시키면서 언어적, 문화적으로 종속시켰다. 라인강 연안을 따라 형성된 좁다란 독일어 사용지역과는 별도로, 라인강 서쪽 지역이 로만어와의 관계를 계속 유지했다면, 엘베강 동쪽에서는 슬라브적 요소와 독일적 요소가 점차 혼용되면서 슬라브 주민 그룹들은 결국 독일적 요소에 동화되고 새로운 독일 종족과 독일 언어권의 일부가 되었다. 하나의 예외가 있다면, 독일의 라우지츠(Lausitz)와 오스트리아의 케른텐(Kärnten) 지역으로, 이들 지역은 슬라브어를 사용했다. 오늘날에도 이 지역 주민은 부분적으로 슬라브어를 사용하고 있다. 따라서 오늘날의 독일인과 오스트리아인은 게르만족과 켈트족 이외에도 슬라브족을 그들의 조상으로 갖고 있는 셈이다. 독일인과 오스트리아인들 속에는 북유럽과 남유럽, 서유럽과 동유럽

이 상호 교차하고 있다. 다시 말해 유럽의 중앙에 위치하고 있던 그들의 생활공간에 상응하여 고대나 중세의 여러 유럽 종족집단들이 독일 땅에서 혼합되면서 오늘날의 독일인들을 형성하게 된 것이다.

유럽 중앙에서 전개된 이 공동체는 처음에는 분명히 정의내리기 힘든 불투명한 형태를 띠고 있었다. 독일, 부르군트, 랑고바르드-이탈리아, 보헤미아 왕국으로 구성되었던 신성로마 제국은 전 중세에 걸쳐 오늘날 우리가 국가라고 부르는 것과는 너무 거리가 먼 것이었다. 중세의 통치자들이 직접적으로 정치적 관계를 맺고 있던 사람들은 비교적 소수에 지나지 않았다. 통치자의 권력은 자신이나 친척이 소유한 땅으로부터 나왔고 또 다른 땅 소유자들이 그를 가장 강력한 실권자로 인정해서 그의 권위에 기꺼이 복종하겠다고 서약할 때 나오는 것이었다. 이러한 상황에서 개인적 관계가 생겨나고 이러한 개인적 관계는 계약의 형식으로 강화되고 정착되었다. 봉건 영주는 자신의 봉건 신하(Lehnsmann, Vasall)를 보호하겠다는 서약을 하고 봉건 신하(봉신)는 자신의 봉건 영주에 충성을 다할 것을 서약하였다. 시간이 지나면서는 봉건 영주는 충성을 서약하는 대가로 자신의 봉건 신하에게 땅이나 관직과 같은 권한을 넘겨주는 것이 상례가 되었다. 봉건 신하는 또다시 자기보다 힘이 없는 사람들에게 몇몇의 특권을 나누어주는 식으로 해서 스스로가 봉건 영주가 되기도 하였다. 이렇게 해서 법적 관계이자 순전히 개인적 관계의 복잡다단한 위계질서적 체계, 즉 중세의 봉건제도가 생겨나게 되었던 것이다.

당시 유럽 대부분의 통치는 이러한 봉건적 토대에 바탕하고 있었다. 중세의 유럽 사람들은 특정한 영토라는 기초 위에 세워진 국가라는 것은 알지 못했고, 단지 개인적 충성서약에 의해 형성된 개인들의 연합체만을 알고 있었을 따름이다. 오늘날 우리가 익히 알고 있는 국가라는 것이 개인을 넘어서서 제도나 행정기구에 묶여 있는 것이라면, 이와 대조적으로 중세의 개인적 연합체는 구성원들이 살아 있는 기간에 한정되어 존속했으며, 그 구성원이 죽으면 새로운 봉건 영주와 봉건 신하의 서약에 의해 그 관계가 언제나 다시 갱신되어야만 하는 것이었다.

그러한 봉건관계가 실제로 어떻게 기능했는가를 보여주는 것은

신성로마 제국의 위계질서
하르트만 쉐델이 편찬한 쉐델 세계연대기, 뉘른베르크, 1493년
제국이 마치 인간의 몸같이 묘사되어 있다. 즉 황제가 머리이고, 일곱 선제후가 양쪽 옆에서 그를 옹위하고 있다. 반면 각각 네 명의 대표자로 구성된 귀족계급은 몸의 지체를 형성하고 있다.

사자후 하인리히(1129-1195)의 경우이다. 벨프가의 공작이었던 그는 프리드리히 1세, 즉 바바로사의 봉건 신하였음에도 불구하고 작센과 바이에른의 거대한 영토를 마치 왕처럼 통치하였다. 그리고 그는 1176년 랑고바르트 도시를 치려는 황제의 원정계획과 군대징발을 거부하기까지 하였다. 이러한 명령거부로 인해 그는 황제의 주도하에 뷔르츠부르크에서 열린 제국 제후들의 궁정회의 심판대에 오르게 되었고, 작센과 바이에른의 봉토를 박탈당하였다. 그러나 그의 가족이 소유하고 있던 브라운슈바이크와 뤼네부르크 근처의 영지는 벨프가의 지배 하에 그대로 남게 되었다. 그 결과 하노버 공국(훗날 하노버 왕국)은 1866년 프로이센에 의해 합병될 때까지, 브라운슈바이크는 하나의 독립된 공국으로 1946년까지 존속되었다.

그런데 바바로사가 하인리히로부터 물려받은 제국의 봉토를 그의 직속 영지에 편입시키지 않았던 것은 특이한 현상이었다. 만약 그랬더라면 호헨슈타우펜 왕가의 권력은 훨씬 더 강화되었을 것이다. 이와 비슷한 상황에 있던 영국과 프랑스의 왕들은 대체로 그러한 영지를 자기들 소유로 만들었다. 근대 서유럽 국가들의 시작은 왕의 직영 소유지를 더 확대하고 공고히 했던 것과 직접적인 관련을 맺고 있다. 바바로사는 이러한 조처를 취하지 않고 그 대신 주인이 없게 된 봉토를 다른 제국 제후들에게 나누어주었는데, 그것은 아마도 그의 세력이 절정에 도달했을 때조차 제국 제후들의 지원 없이는 자신의 권력을 유지할 수 없었기 때문일 것이다. 앞으로 전개될 독일의 역사가 서유럽 국가들의 발전으로부터 멀어지게 된 결정적인 전환점은 이처럼 바바로사가 제국 제후들의 영지를 직접 통치하지 않았기 때문이라는 몇몇 역사학자들의 견해는 대체로 맞는 말일 것이다. 추측컨대, 바바로사로서는 그렇게 하는 것 말고는 다른 길이 없었을 것이다. 제국 내의 막강한 제후들을 제어하고 통치하기에는 황제의 힘이 너무 미약했던 것이다.

이처럼 제후들과 귀족계층에 맞서 제국의 권력을 공고히 하려던 호헨슈타우펜 왕가의 시도는 실패로 끝이 났다. 제국의 방대한 규모는 일사불란한 통치를 매우 어렵게 만들었다. 거기다 바바로사가 1190년 십자군 원정에서 죽고, 1198년에는 하인리히 6세가 요절하고, 그의 아들인 프리드리히 2세마저 이탈리아 영지 경영에 온 힘을 쏟게 되자 제국의 권력은 더욱 약화되었다. 교황과의 길고 지루한 싸움, 이탈리아 원정을 통한 힘의 소모, 수많은 라이벌 세력들, 서유럽에 비해 뒤쳐진 문화적 발전 — 바로 이러한 요소들로 인해 제국은 자기 혁신을 하지 못하고 낡은 옛 제도에 묶여 있게 되었다. 서유럽의 이웃국가들이 비교적 명확한 경계를 지닌 영토를 갖고 또 경제적, 문화적 중심지인 왕궁이나 수도를 가지고 있었던 반면, 신성로마 제국은 그 경계가 불분명한 상태로 그대로 남아 있었고, 제국이 종언을 고하는 1806년에 이르기까지 런던이나 파리에 비견될 만한 수도를 갖지 못하였다. 제국은 중심부에 중앙권력을 갖지 못하고, 여기저기에 할거하고 있던 영방국가들과 권력을 나누어가지고 있었다. 제국을 구성하고 있었던 것은 넓은 지역에 펼쳐 있던 막강한 귀족가

문, 명목상으로는 황제의 통치지역이었으나 독립적 체제를 가지고 있었던 제국도시들, 그리고 점점 더 제국의 통제권에서 벗어나고 있던 이탈리아의 자치도시들이었다.

　　　이렇게 해서 유럽의 중심부에는 두 가지 차원의 정치권력이 생겨나게 되었다. 그 중 하나는 제국 자체로서, 그 수장인 황제는 실질적 권력보다는 상징적 권력을 행사하였다. 다른 하나는 종교적 제후와 세속적 제후들에 의해 주도되는 제국신분제 대표자회의로서, 여기에는 13세기 이래 왕의 선출권을 독점함으로써 특별한 지위를 누렸던 선제후들을 비롯하여 제국 직속의 도시들과 공작령, 기사령들이 속했다. 그들은 제국의 궁정에서 제국궁정회의라는 모임을 가졌고, 12세기 이후에는 황제가 제국의 대소사를 다룸에 있어 이들 영방 대표자들의 동의를 구해야 한다는 원칙이 관철되었다. 이러한 제국궁정의 모임으로부터 생겨난 것이 곧 제국회의(Reichstag)였다. 이 제국회의는 15세기에 이르면서 하나의 정례적인 제도로 발전함으로써 정책결정에 중요한 역할을 담당했다.

　　　하지만 여기서 하나 의문시되는 것은, 선제후와 제국의 신분제 대표자들의 지원을 받아 선출된 지도자를 가진 이 허약한 체제가 어떻게 해서 19세기 초반에 이르기까지 분열되거나 나누어지지 않고 유럽 중심부에 그대로 살아남을 수 있었을까 하는 문제이다. 이 문제에 대한 답은 복잡하다. 하나의 이유는 이 시기를 전후해서 생겨나기 시작한 주위 유럽국가들의 공동체와 관계가 있는데, 이들 국가들은 자기들의 이해관계를 조정하고 이익을 추구하기 위하여 유럽 중앙에 분열되고 취약한 일종의 완충지대 및 전쟁을 수행하기 위한 무대를 필요로 했다. 또다른 이유는 황제의 취약성에 있었다. 이러한 취약성으로 인해 황제는 평화의 조정자가 되거나, 아니면 독재적 권력을 행사하는 대신에 법령을 만드는 역할밖에 할 수 없었다. 그리고 신성로마 제국이 그렇게 오랫동안 존속한 또 하나의 이유는 왕 선출의 원칙 때문이었다. 왕 선출에 참가했던 고위 귀족계층은 처음부터 자신들이 뽑은 통치자를 지원하고 협조하려는 마음의 자세를 가지고 있었다. 매번 뽑는 왕의 선출행위는 제국의 존속을 찬성하고 지지한다는 새로운 확인이었다. 이렇게 보면 제국의 결속과 지속성을

미사를 집전하는 교황 그레고리
토마스 부르크마이어, 1496년

인류 역사상 대부분의 고급문화가 그랬던 것처럼 유럽 문명 역시 가까운 현대에 이르기까지 종교에 의해 깊이 좌우되었다. 이 점을 도외시하면 우리는 교회를 개혁하려는 투쟁이 왜 그처럼 치열했던가를 설명하기 힘들 것이다. 그리스도, 성자와 악마는 생생히 살아 있는 존재로서 모든 사람들의 삶에 개입할 수 있었고 또 언제든지 나타날 수 있었다. 지금 우리가 알고 있는 차안과 피안의 구분은 당시의 유럽 사람들에게는 생소한 것이었다. 이 그림은 미사를 집전하고 있는 교황 그레고리 1세를 보여주고 있다. 이 미사장면에서는 그리스도가 살아 있는 모습으로 제단에 나타나서 빵과 포도주가 어떻게 변형되었는가를 보여주고 있다. 유다와 그의 은화가 제단 왼쪽에 묘사되어 있고, 오른쪽에는 그리스도를 고문했던 기구가 보인다.

보장해주었던 것은 다름 아닌 제후들 자신이었던 것이다.

다른 한편, 제국의 구성원으로서 시간이 지남에 따라 더 많은 권력과 독립성을 획득하였던 영방국가(領邦國家, Territorialstaat)들은 마치 동물원처럼 다양한 정치적 모습을 띠고 있었다. 여기에는 선제후국, 공작령, 주교령, 백작령, 제국도시, 수도원령, 그리고 군사적 성격을 띤 기사단이 지배하는 기사령도 있었다. 이 모든 영방국가들에서도 이중(二重)권력의 원칙이 적용되었다. 제후의 권력은 신분제 대표자들로 구성된 지방회의(Landtag)에 의해 통제되면서 균형을 유지하고 있었다. 전쟁의 승패나 왕조의 여러 우발적 사건들로 인해 중부 유럽의 경계가 끊임없이 변화를 거듭하는 위기상황 속에서도 지방회의는 영방의 통일과 지속성을 유지시켜 주는 하나의 힘으로 작용했다. 제후가 죽고 미성년자가 후계자가 되어야 하는 위험한 시기에도 지방회의는 안정적 기능을 담당하였다. 그러니까 제국의 안정을 위해서는 제후뿐만 아니라 지방회의를 통한 신분제 대표자들의 힘도 큰 몫을 담당했던 것이다.

19세기의 독일을 두고 우리는 '지체된 국가(verspätete Nation)'라는 표현을 사용해왔다. 이러한 표현은 실제로는 독일 역사 전(全) 시기에도 해당된다. 유럽이 근대로 넘어오는 길목에서도 제국의 정치적 제도는 매우 뒤늦게 그 모습을 드러내었다. 헌법, 법체계, 행정체계를 만든다든가 왕권을 강화하고 통치기술을 개발하는 데에서도 프랑스, 영국, 나폴리, 시실리, 아라곤, 카스틸리안, 포르투칼 같은 나라는 제국보다 훨씬 앞서가고 있었고, 유럽의 동쪽과 서쪽의 변방에 위치했던 스코틀랜드, 덴마크, 노르웨이, 스웨덴, 헝가리는 훨씬 낙후되어 있었다. 이때부터 유럽은 정치적, 문화적으로 확연히 구분되는 두 개의 지역으로 나누어지는데,

1장 | 로마 제국과 독일 땅

15세기 한자동맹의 상선들
1487년 함부르크 도시법 필사본에
나오는 미세화

한자는 본래는 상인조합이었지만 13세기 이후에는 100여 개에 이르는 북부 독일 도시들의 연합체로 발전해갔다. 한자동맹의 중심도시는 뤼벡과 함부르크, 쾰른이었다. 한자동맹은 발트해 지역의 무역을 장악했고, 러시아의 노보고로드로부터 노르웨이의 베르겐, 런던과 베니스 등의 도시에 큰 상품창고를 소유하고 있었다. 상품은 주로 큰 배로 운반되었는데, 그래야만 곡물이나 절인 생선, 목재, 석재 등의 대량운송으로 큰 이윤을 남길 수 있었기 때문이다. 몸통이 푹 파이고 선두와 선미가 튀어나온 상선은 상당히 많은 양의 상품을 실었고, 크고 평평한 돛과 배 밑 중앙을 가로지르는 용골은 배의 속도를 훨씬 빠르게 하였다. 한자동맹은 1370년 덴마크와 슈트랄준트 평화조약을 맺음으로써 그 세력이 정점에 도달하였다. 이 평화조약에 의해 덴마크 왕은 한자동맹이 요구한 서발틱해에서의 무역조건을 그대로 받아들이지 않으면 안 되었다. 그러나 영방국가들의 권력이 강해지고 무역로가 대서양으로 옮겨감에 따라 한자동맹은 점차 그 중요성을 상실해갔으며, 30년 전쟁을 거치면서 해체되었다.

그 하나는 옛 로마 제국의 영토와 거의 일치하는 더 오랜 전통을 지닌 보다 근대적인 옛 유럽 지역이고 다른 하나는 영국의 하드리아누스 성벽 북쪽지역, 라인강의 북동쪽, 로마 제국의 북동쪽 경계선이었던 리메스(Limes)와 다뉴브강 너머 북쪽과 동쪽에 위치하고 있던 보다 젊은 유럽 지역이다. 후자의 경우, 왕권은 펜을 사용하는 궁정의 행정실이 아니라 칼을 휘두르는 말의 안장 위에서 행사되었다.

이처럼 둘로 나누어진 대륙의 중앙부에 위치한 제국은 부분적으로 보다 오래된 유럽을 포함하고 있었지만 대부분은 보다 젊은 유럽 지역에 속했다. 제국의 이러한 상황은 당시 유럽 전체가 지녔던 이중적 구조를 그대로 반영하는 것이었다. 그 밖의 많은 점에서는 제국은 대륙의 서쪽 지역과 보조를 맞출 수 있었다. 특히 교통과 상업, 무역의 증가와 이에 따른 도시의 발달이라는 면에서 그러하다. 도시는 서서히 봉건 영주의 그늘에서 벗어나면서 자체의 고유한 특권이나 새로이 분화된 사회계층, 새로운 삶의 방식 및 리듬과 함께 그들의 독자적 문화를 탄생시켰다. 이렇게 해서 12세기 초반에서 14세기 초반에 걸쳐 대부분의 독일 도시들, 이를테면 프랑스 및 스위스 국경 근처의 프라이부르크, 뮌헨, 뉘른베르크에서 발틱 연안의 뤼벡뿐만 아니라, 동쪽에 위치한 베를린, 쾨니스베르크, 엘빙 등이 생겨났다.

하지만 여기서 눈에 띠는 것은, 제국의 큰 무역 중심지가 제국권력의 중심지와는 마주치거나 일치하지 않았다는 점이다. 무역중심지의 대부분은 북부나 남부의 변방에 있었다. 뤼벡, 브레멘, 함부르크, 로스톡은 북해와 발틱해에서, 아우크스부르크, 레겐스부르크는 알프스를 넘나

1장 | 로마 제국과 독일 땅

드는 주요 길목에서 발전하였다. 다른 한편 왕과 황제는 동쪽으로 제국을 넓혀 갔고, 그쪽의 고슬라, 마그데부르크, 뉘른베르크, 프라하와 같은 도시에 그들의 왕궁을 짓거나 묘자리를 잡았다. 하나의 고정되고 지속적인 행정 중심지이자 문화, 교육, 무역의 중심지로서의 수도가 없었다는 사실은 적어도 13세기 이후부터는 황제권이 눈에 띄게 허약했다는 것을 말해 주는 두드러진 징표였다. 독일의 왕과 신성로마 제국의 황제가 계속해서 그들 영토내의 대(大)귀족들에 의존하고 있었다는 점을 두고 보면, 당시 중앙권력의 결집이 얼마나 미미했고 또 제국의 행정제도가 얼마나 시대에 뒤떨어져 있었던가를 알 수 있다. 선거로 선출된 왕의 권력은 본질상 허약한 것이며, 그렇기 때문에 근대국가로의 발전에서 낙후성을 면할 수 없었던 것이다.

      문화적으로도 중부 유럽은 서유럽과 보조를 맞추는 데 실패했다. 근대의 통치자들이 필요로 했던 법률전문가와 행정관료를 양성했던 대학만 보더라도 프랑스에는 1300년경에 다섯 개의 대학이 있었고, 북이탈리아에는 세 개, 영국과 카스틸리안에는 두 개, 포르투칼에는 한 개의 대학이 있었다면, 전 신성로마 제국과 '보다 젊은' 동유럽을 통틀어서는 하나의 대학도 없었다. 보헤미아의 왕이기도 했던 칼 4세가 파리 대학을 모델로 삼아 1348년에야 프라하에 대학을 하나 세웠지만, 파리 대학보다 200년이나 뒤늦은 것이었다. 13세기에도 저술과 문화, 학문을 진작시킨 것은 주로 라틴 국가들과 영국이었다. 그렇다고 독일에서 문화와 학문이 완전히 침체된 것은 아니었다. 번영일로에 있던 도시나 제후의 궁정, 성당의 부속학교와 수도원에서는 학문이 꽃을 피우고 있었다. 파리나 볼로냐, 살라만카 대학의 학생 수를 보면 '독일 국가들'(여기에는 영국이나 덴마크, 폴란드 역시 포함된다)로부터 온 학생들의 수가 가장 많았다. 따라서 독일의 지적 엘리트들은 당시 이탈리아, 프랑스, 스페인에서 진행 중이던 학문발전에 동참하였고 또 이러한 발전에서 결정적 영향을 받았다.

      다른 점에서도 독일 문화는 서유럽의 모델을 받아들여 이를 재창조하는 식으로 발전해갔다. 중세의 궁정연애시, 에센바흐나 로이엔탈의 서정시 말고도 서유럽의 아더왕 전설이나 원탁의 기사를 바탕으로 쓰여진 볼프람의 『파르치팔 *Parzival*』이나 하르트만 폰 아우에의 『에렉 *Erec*』과 같은 운문으로 된 기사소설이 그 대표적인 예이다. 정치적, 지적, 문화적으로 독일은 계속해서 유럽 중심부의 나라로 머물렀고, 유럽의 문화가 남쪽과 서쪽으로부터 이곳으로 유입되었다. 독일 사람들은 이러한 문화를 받아들여 변형시켜서는 다시 이웃나라로 전수해주었다. 다가오는 세기에 독일은 라틴 문화적 모델 대신에 이탈리아, 프랑스, 스페인, 영국의 문화적 모델을 차례로 받아들이면서 자신의 문화를 형성해 나갔던 것이다.

2장

출발과 단절의 과도기 (1400-1648)

　　근대의 문턱인 1400년경 신성로마 제국은 유럽 대륙의 중앙부를 포괄하고 있었다. 제국의 경계는 유트란트 반도의 홀스타인으로부터 동쪽으로 뻗어나가 독일 기사단의 영지가 시작되는 오늘날의 폴란드 수웁스크까지 이어졌다. 여기에서부터 남쪽으로 제1차 세계대전 이후 독일과 폴란드 사이에 그어진 국경선과 거의 같은 길을 따라 내려가 보헤미아, 모라비아, 제국 내의 오스트리아 공작령, 그리고 이스트리아 반도 근처의 아드리아해(海)까지 미쳤다. 남쪽의 경계선은 베니스와 그 영지를 제외한 이탈리아를 가로질러 교황령에서 남쪽까지 이어졌다가 시비타베치아 근처인 로마의 북쪽 티레니언해(海)에 도달하면서, 거기서 다시 니스까지 이르는 지중해 연안을 따라 나아갔다. 여기에서 다시 경계선은 북쪽으로 향해 사보이, 부르군트, 로트링겐, 룩셈부르크, 헤네가우 공작령으로 이어지면서 쉘데강의 서쪽을 따라 겐트와 안트워프 사이의 북해에 도달했다.

　　북이탈리아, 사보이, 부르군트 같은 지역과, 봉기를 통해 독립을 외치던 스위스 연방은 단지 명목상으로만 제국에 속했다. 그 밖의 몇몇 다른 지역들도 당시 '독일 땅'이라고 부르던 핵심지역에는 속하지 않았다. 브라반트, 로트링겐의 일부, 룩셈부르크 주민들은 프랑스어를 사용했다. 벤젤가의 지배를 받던 보헤미아, 모라비아, 슐레지엔의 경우, 독일어가 사용되기도 했지만, 그것은 주로 도시사람들이 쓰는 언어였

마르틴 루터
루카스 크라나흐(아버지), 1529년

다. 농촌지역에 살던 사람들과 일부 도시사람들은 체코어를 썼고, 슐레지엔의 일부 주민들은 폴란드어를 사용하였다.

이러한 제국은 언제나 그랬던 것처럼 하나의 민족국가와는 거리가 멀었다. 그렇게 되기에는 하나의 민족과 하나의 국가라는 두 가지 전제가 아직도 결여되어 있었다. 물론 이 시기 황제와 제국은 신성하고 보편적인 성격에서 벗어나는 과정에 있었다. 1356년 칼 4세에 의해 제정된 금인칙서(金印勅書, Goldene Bulle) — 황금인장이 찍혀 있었기 때문에 그렇게 부른다 — 와 함께 제국은 최초의 헌법을 갖게 되었다. 이 문서는 독일 왕뿐만 아니라 독일 왕관의 소유에 바탕한 황제의 지위가 제국의 고위귀족들 손에 달려 있음을 명시하는 것이었다. 이때부터 왕은 선출된 황제(imperator electus)였다.

중부 유럽에서의 도시의 발달
(1150년에서 1950년까지)

10세기 이전까지만 해도 알프스 북쪽에는 시민계층이 사는 도시는 거의 존재하지 않았다. 하지만 이때부터 고대의 도시 문화와는 직접적 관련없이 이 지역에 점차 도시들이 생겨나기 시작하였다. 도시는 권력의 중심지이기도 했지만 무엇보다도 시장으로서 상인과 주민을 끌어들이는 장소이기도 했다. 13세기가 지나는 동안 인구의 증가와 영토의 확장, 동유럽 이주 등에 힘입어 제국 내의 도시 숫자는 엄청나게 증가하였다. 지방 영주들은 서로 경쟁하듯 새로운 도시를 건설하려고 했다. 13세기만큼 중부 유럽에서 그렇게 많은 도시가 생겨난 것은 그 이전에도 그 이후에도 없었다.

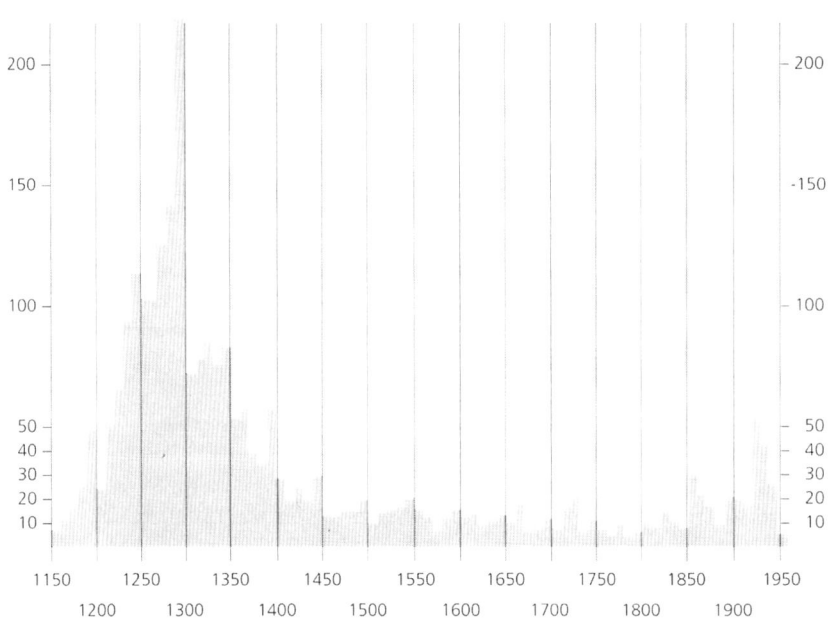

이 칙서는 교황에 대해서는 아무런 언급을 하지 않고 있지만, 이른바 선제후(選帝侯, Kurfürst)라고 알려진 황제선출권을 가진 그룹은 명확하게 명시하고 있다. 이 그룹에 속하는 선제후는 마인츠, 쾰른, 트리어의 대주교, 보헤미아 왕, 작센공, 브란덴부르크 변경백, 라인 팔츠백이었다.

  황제는 자기 가족이 소유하고 있던 가령(家領)에서만 절대적 권력을 행사하였다. 룩셈부르크가 출신의 하인리히 7세(1308-1313), 칼 4세(1346-1378), 지기스문트 황제(1410-1437)의 경우, 이들이 직접 통치했던 가령은 보헤미아였다. 또 프리드리히 3세(1440-1490) 이후 제국이 해체되는 1806년까지 거의 중단 없이 황제의 관을 소유했던 합스부르크가가 실제로 통치했던 지역은 오스트리아였다. 합스부르크가는 본래의 이 영지에 이렇다 할 만한 전쟁 한번 치르지 않고 보헤미아, 헝가리, 부르군트 지방을 결혼이나 상속을 통해 추가하는 데 성공하였다. "다른 나라들은 전쟁을 해야 하지만, 너 행복한 오스트리아여, 너는 단지 결혼만 하라"는 말은 이러한 행운에 힘입어 생겨난 말이었다.

  그러나 황제가 직접 다스리며 조세권과 군대징발권을 가지고 있던 가령은 제국의 변방에 위치해 있거나 아니면 헝가리의 경우처럼 제국의 외곽에 있었다. 그 결과 몇 년 동안이나 황제가 제국 내에 얼굴을 내밀지 않는 사태가 생겨났다. 예컨대 프리드리히 3세는 무려 27년 동안이나 제국을 방문하지 않았다. 한편 제국은 예나 지금이나 1,600개의 독립된 영방국가들과 도시로 이루어진 혼합체에 불과했다. 그 중의 몇몇은, 비록 그 방식은 제각기 달랐지만 진정한 국가로의 발전이라는 면에서 제국을 훨씬 앞지르고 있었다. 성의 망루에서 전체를 조망할 수 있을 정도로 작은 영주국들이 있었는가 하면, 뉘른베르크, 뤼벡같은 부유하고 강력한 자유도시들도 있었다. 그리고 제국 직속의 정말 우스울 정도로 조그마한 마을도시가 있었는가 하면 고도로 발달한 행정기구와 자체의 지방회의를 가진 선제후국, 예컨대 작센, 브란덴부르크, 바이에른, 주교령인 쾰른, 마인츠, 트리어 등도 있었다. 이렇게 다양한 독일의 영방국가들은 당시에 부상하는 서유럽의 근대 국가체제와 비교해서 너무나 낙후되어 있었다. 크고 작은 이들 독일 국가가 의존할 수 있었던 중앙집권적인 정치제도는

유태인 고리대금업자들
목판화, 뉘른베르크(추정), 1484년경

중세 유럽에서 유태인들은 아무런 법적 권한 없이 단지 왕이나 교회의 보호에만 의존하여 살았고 일체의 직종에 종사하는 것이 금지되었다. 돈을 꾸어주고 이자를 받는 돈 장사가 그들에게 남겨진 중요한 생계수단이 되었다. 이 그림은 유대인의 고리대금업을 반대하는 팜플렛이다. 술잔과 옷가지가 있는 전당포가 묘사되어 있고, 오른쪽에는 어떤 유대인 고리대금업자가 계산대가 있는 책상에서 이자를 계산하고 있다. 그리고 왼쪽에는 가운을 입은 어떤 학자가 집게손가락을 들어 이러한 행위를 경고하고 있다. 이 그림이 의도하고 있는 것은 유태인들은 곧 고리대금업자들이라는 사실을 알리는 것이다. 유태인은 곧 고리대금업자라는 등식은 최근래에 이르기까지 유태인을 박해하는 선전문구로 사용되어 큰 정치적 선동효과를 거두었다.

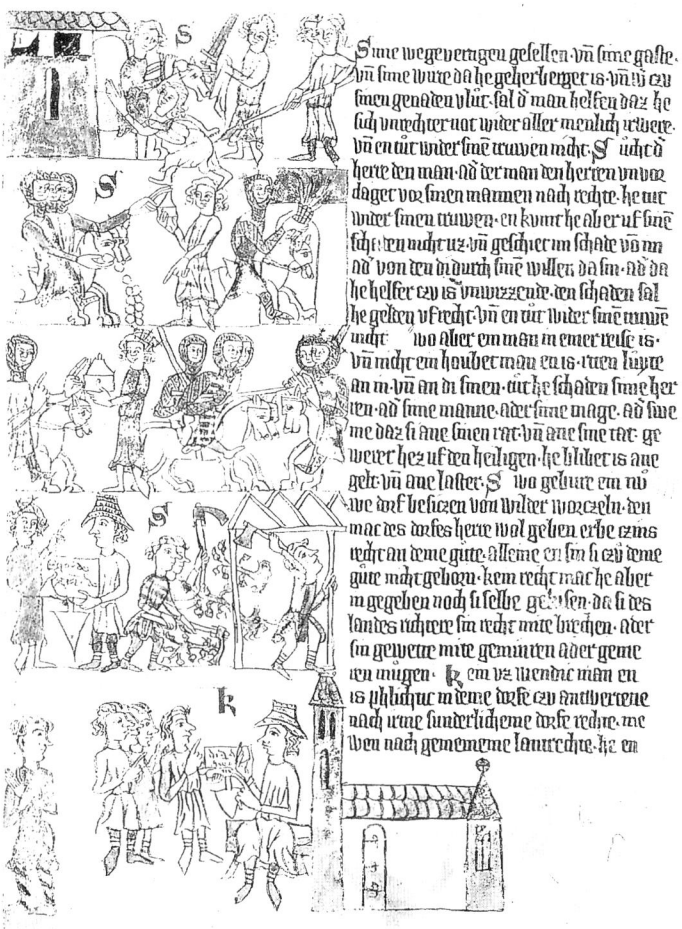

하나의 마을이 생겨나다
삽화가 그려진 작센 슈피겔(독일에서 가장 오래된 법령서)의 하이델베르크 본(本), 14세기 초반

나중에 '동방 식민지화'라고 불리워진 영토 확장사업은 항상 그랬던 것은 아니지만 전체적으로 보아 그런대로 평화롭게 진행되었다. 11세기와 13세기 사이에 걸친 일반적인 영토 확장 과정에서 엘베강 동쪽 지역에서는 수백 개의 도시와 수천 개의 마을이 생겨났다. 동쪽의 대지주가 약속했던 여러 종류의 특혜와 자유로운 법적 권리에 이끌려 농민들이 대거 이곳으로 이주하였다. 이 그림은 어떤 장원영주가 새로 이주한 사람들에게 정착할 수 있는 권리를 허가하는 모습을 보여주고 있다. 땅이 개간되면서 최초의 집들이 세워지고 있다. 맨 아래쪽에서는 마을재판이 열리고 있는 중이다. 원래 엘베강 동쪽 지역에 살고 있던 슬라브족들도 쫓겨나지 않고 동방 이주과정에 함께 참여하였다. 하지만 이들은 시간이 지나면서 그들의 언어를 잃어버리면서(몇몇의 예외가 있지만) 여러 민족이 서로 뒤섞인 이 지역 독일 주민들에게 흡수, 동화되는 바가 되었다.

콘스탄츠 종교회의의 연대기

아우크스부르크, 1483년

이 두 쪽의 그림은 아비뇽에 있었던 교황들에 대항하는 이른바 반대교황인 요한 23세(1415-1419)와 이 교황을 콘스탄츠 종교회의(1414-1418)에 초대한 왕(나중에 황제) 지기스문트(1410-1437)를 보여주고 있다. 이 종교회의에서는 요한 23세와 그의 라이벌인 아비뇽의 교황들 모두가 면직되었고, 이로써 서방 기독교 교회의 대분열이 종식되었다. 이 사건은 모든 갈등에도 불구하고 서로가 서로를 필요로 했던, 공존공생 관계에 있던 교황과 황제 사이의 수백 년에 걸친 싸움의 마지막 양상을 보여주는 것이기도 하다.

**콘스탄츠 종교회의의 연대기
(뒤에 나온 판)**

아우크스부르크, 1536년

보헤미아의 종교개혁가 안 후스(1370년 경-1415)는 지기스문트 왕이 그의 안전을 책임진다고 약속했기 때문에 그의 교리를 옹호하기 위해 콘스탄츠에 왔다. 하지만 그는 곧 체포되어 이단자로 심판받아 화형되었다. 이 삽화들은 두 사람의 주교에 의해 그의 사제복이 벗겨지고 그 대신 검은 이단자의 옷이 입혀져 도시의 거리에 끌려다니는 장면과 바이에른 공작 루드비히가 보는 앞에서 장작더미 위에서 화형되는 장면을 보여주고 있다. 마지막 그림은 두 사람의 교수형리 견습생이 그의 유골을 삽에 떠서 라인강에 버리는 장면을 보여주고 있다.

중부 유럽에는 존재하지 않았다.

이 지역 사람들은 그들의 선조들이 그랬던 것처럼 전적으로 농업에 의존해서 살았다. 다섯 사람 중 네 사람이 시골마을에 살았고, 이러한 농촌 마을의 수는 13세기와 14세기가 경과하면서 한층 더 증가하였다. 엘베강 서쪽에 남아 있던 마지막 원시림마저 베어졌고, 쓸모없는 땅조차 개간되었다. 영주들은 남아 있는 숲을 보호하기 위하여 더 이상 나무를 베지 말라는 금지령을 내려야만 했다. 엘베강 동쪽에서도 농촌 취락지가 증가하면서 인구밀도가 점차 강 서쪽의 수준에 접근하기 시작하였다.

이와 함께 지금까지 많은 곳에서 우세했던 농노제가 쇠퇴하면서 더 많은 사람들이 자유소작농의 지위를 획득하게 되었다. 마을의 토지소유권은 여전히 소수의 귀족들 손에 있었지만, 농부들은 그 토지를 사용할 수 있는 권리를 갖게 되었다. 땅을 빌려쓰는 대가로 지주에게 지대를 지불하는 임차 소작농과 그 지대로 일정한 수입을 확보하게 된 지주가 생겨남으로써, 적어도 엘베강 서쪽 지역에서는 이러한 소유관계가 농촌의 일반적 관행이 되었다. 그러나 엘베강 동쪽 지역에서는 사정이 달랐다. 중세 전성기에 시작된 동방식민화정책과 새로 형성된 귀족층은 그곳 지방 유지들의 약점을 이용해 농민들을 지배할 수 있는 법적 권리의 근거를 마련하였다. 이런 법적 근거의 도움으로 엘베강 동쪽에서는 세습농노제가 생겨나게 되었다. 엘베강 동쪽 영지에 살던 농부들은 그들의 장원지주, 즉 융커(Junker)에 완전히 예속되었고, 아무런 법적 권리를 갖지 못한 채 온갖 종류의 강압적 부역에 시달려야만 했다. 이러한 상황에 변화가 온 것은 19세기 초 농노해방에 이르러서이다.

제국의 주민들 중 20% 정도는 크고 작은 도시에 살았다. 사람들이 모여 살던 이들 도시는 약 4,000여 개였는데, 인구밀도는 서쪽에서 동쪽으로 갈수록 줄어들었다. 이들 도시의 3분의 2는 고작 수백 명에서 2,000여 명에 이르는 소규모의 도시였다. 만 명을 상회하는 몇몇 도시들 중에서는 쾰른이 인구 4만 명으로 가장 컸고, 그 뒤를 프라하와 뤼벡이 이었다. 그 밖의 다른 도시들로는 뉘른베르크, 마그데부르크, 슈트라스부르크, 울름 등이 있었지만, 이들 도시들 역시 인구 10만 명의 거대도시였던 파리, 플로렌스, 베니스, 제노바, 밀라노에 비하면 그 규모가 비교할 수 없을 정도로 작았다.

제국도시의 대부분은 한 영주국의 영지에 소속되었고 또 그 영주의 지배를 받았다. 그 밖에도 다른 영주들의 간섭을 받지 않고 황제가 직접 관할하는 제국도시가 있었는데, 1521년에 작성된 제국의 명부에는 이러한 도시가 85개 등록되어 있다. 이 부류의 도시들 중에는 쾰른이나 레겐스부르크와 같이 원래는 주교의 지배를 받다가 나중에 가서 교회로부터 독립을 쟁취한 소수의 '자유' 도시들도 있었다.

도시의 주민 중 시민권을 소유한 사람은 소수에 지나지 않았다. 이미 기득권을 누리고 있던 도시 세습귀족(Patrizier) 이외에도 상인과 길드 소속의 수공업자들이 소위 "명예로운 시민계층"에 속했다. 여기서 제외된 사람들은 그 성분이 매우 다양해서, 도시에 살고 있던 하녀와 종, 상인보조원, 수공업 도제, 소년 견습공, 환자, 거지, 피혁공, 사형집행리, 그리고 귀족과 성직자, 관리와 유대인 등은 비시민계층을 형성하고 있었다.

이 시기에 신성로마 제국에 살던 사람들의 총인구는 얼마나 될까? 오늘날과 같은 인구조사가 없었기 때문에 정확한 숫자를 말하기는 힘들다. 제각기 다른 가정에서 출발하여 큰 격차가 나는 결과를 이끌어내는 여러 역사학자의 추론이 있긴 하지만, 이들의 숫자는 조심스럽게 다루어져야만 한다. 서기 1000년경 제국의 전 지역에 살고 있던 인구는 대략 500만 명이었고, 1340년에는 1,500만 명, 그러다가 1350년에는 다시 1,000만 명으로 줄어든 것으로 추정된다.

이 숫자만 보더라도 우리는 금방 근대로 넘어가는 문턱인 이 100여 년 동안에 어떤 엄청난 하나의 재앙이나 여러 개의 재앙들이 한꺼번에 일어났다는 것을 분명히 알 수 있다. 이러한 재앙은 제국에만 국한된 것은 아닌데, 왜냐하면 제국 경계 밖의 지역을 포함한 서유럽과 동유럽 전체의 인구 역시 이와 유사한 급격한 동요를 보여주고 있기 때문이다. 서유럽과 중부 유럽 전체의 인구수가 1000년경에는 대략 1200만 명이었다가 1340년에는 3,600만 명 정도로 늘었고, 그러다가 1450년에는 대략 2,300만 명 정도로 급격히 줄어들고 있다. 과연 무슨 일이 일어났던가?

14세기 중반 유럽은 인구과잉 상태였다. 그렇지만 재래식 영농방법은 더이상 사람들을 충분히 먹여 살릴 수 없었다. 사람들은 영양결핍에 시달렸고, 이로 인해 유럽 전체를 정기적으로 휩쓸면서 죽음과 파괴를 가져다주었던 전염병에 무방비로 노출되어 있었다. 14세기 동안 전 유럽 인구의 3분의 1에 해당하는 사람들이 이른바 공포의 '흑사병'이라는 전염병에 걸려 목숨을 잃었다. 하지만 인구수가 줄었다고 해서 영양상태가 개선된 것도 아니었는데, 땅을 경작할 사람이 부족함에 따라 방대한 규모의 비옥한 땅도 곧 황무지로 변했기 때문이다. 다음의 라틴어 기도문, 즉 "주여, 저희들을 페스트와 굶주림, 전쟁으로부터 구원해 주소서"라는 문구는 이 시대의 공포를 잘 반영하고 있다. 이 세 가지 재앙들은 실제로는 서로 맞물려 있어서, 전쟁의 파괴는 식량의 부족상태를 야기시켰고, 이로 인한 기근은 사람들의 체력을 약화시켰으며 그럼으로써 쉽게 전염병에 감염될 수밖에 없었던 것이다. 이러한 악순환은 도저히 벗어날 수 없는 것처럼 보였다.

식량부족은 도처에서 유럽 역사상 지금까지 보기 힘들었던 심대한 사회적 동요를 불러 일으켰다. 도시에서 폭동은 다반사였다. 1350년과 1500년 사이 시정부를 장악하려는 폭동과

600년에서 1800년까지 엘베강 서쪽 지역의 독일 인구

1800년 이전의 인구 수에 대해서는 그 당시까지 인구조사가 없었기 때문에 정확한 것을 알 수 없다. 종종 서로 큰 차이가 나는 추정에 의해 그 숫자를 알 수밖에 없다. 엘베강 동쪽 지역의 인구 수 역시 우리가 아는 바가 거의 없기 때문에 이 도표에서는 제외되고 있다. 단지 엘베강 서쪽 지역의 독일 인구 수는 600년경에는 아주 낮은 수준이었다가 계속 증가하기 시작하였고 14세기 중반에가서는 그 정점에 도달하였다. 그 이후에는 질병과 기아로 인해 급격하게 감소하였다. 그러다가 다시 불어나기 시작한 인구는 30년 전쟁을 치루면서 다시 줄어들었다. 인구 수가 급상승 커브를 그리기 시작한 것은 18세기 중반 이후이다.

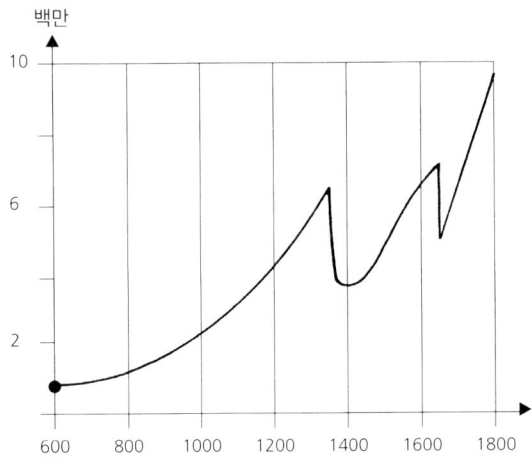

격렬한 투쟁이 일어나지 않는 도시가 거의 없다시피 하였다. 한 예로, 부라운슈바이크는 1293년, 1294년, 1374년, 1380년, 1487년에 내란과 같은 전쟁을 치루었다. 지방에서도 농민봉기가 일어나 농촌질서가 완전히 파괴되었다. 1405년에는 남부의 아펜젤러 지방 농부들이 들고일어나 그들의 통치자들에게 성공적으로 대항하였고, 1476년에는 파이퍼 폰 니클라스하우젠이 이끄는 농민폭동이, 그리고 라인강 상류를 따라서는 '농민화의 봉기'(농민들이 신던 가죽끈 신발로부터 유래한 이름)가 일어났다. 소위 귀족강도라고 일컬어지던 몰락한 일군의 귀족집단들이 시골을 배회하며 강도짓을 일삼았고, 아무런 소속이 없는 해고된 일군의 용병들이 떼를 지어 도시를 약탈하고 방화함으로써 도시의 주민들을 불안과 공포에 떨게 만들었다. 네덜란드의 역사학자 호이징하(Johan Huizinga)는 『중세의 가을』에서 당시의 상황을 다음과 같이 묘사했다.

> 당시의 민중들은 자신들의 운명과 시대적 사건들을 계속 이어지는 경제적 혼란과 착취, 전쟁과 강탈, 인플레이션, 궁핍과 질병 이외의 다른 것으로 인식할 수 없었다. 전쟁이 몰고 오기 마련인 만성적 시대상, 즉 온갖 종류의 무뢰한들에 의한 도시와 농촌의 끊임없는 위협, 가혹하고 신뢰할 수 없는 법행정에 의한 지속적 위협, 그리고 무엇보다도 지옥에 대한 심리적 압박감과 악마와 마녀에 대한 불안은 이 시대를 일반적인 불안감에 시달리게 만들었다.

이러한 엄청난 규모의 위기상황에서는, 당시 사회를 떠받치고 있던 양대 지주, 즉 교회나 제국도, 그때까지 그들이 해왔던 역할을 더 이상 해내지 못했다. 비록 자주 반목하기는 했지만, 교회와 제국은 그래도 우리가 알고 있는 옛날부터 상호의존과 협조를 통해 어느 정도의 균형상태를 유지해왔었다. 하지만 이때 와서는 이러한 균형상태와 그들이 누려왔던 권위가 무너지기 시작했다. 1309년 교황은 '영원한 도시' 로마를 떠나 아비뇽으로 옮길 수밖에 없었다. 프랑스의 압력에 못 이겨 아비뇽으로 옮긴 교황은 이때부터는 프랑스 왕의 눈치를 보지 않을 수 없게 되었다. 흔히 '아비뇽의 유수' 혹은 '교회의 바빌론 유수'로 알려진 이 사건으로 야

성모마리아 교회로의 순례
미카엘 오스텐도르프(1490-1553)의 목판화에 따라 만든 전단, 독일, 1610년

반유태적 감정이나 폭력은 하찮은 계기에 의해서도 생겨났다. 레겐스부르크에서는 도시참사회가 황제 막시밀리안의 죽음과 그 후계자인 칼 5세의 선출(1519) 사이의 공백기간을 이용하여 황제의 보호 아래 있던 유태인들을 도시에서 내쫓고 그들이 살고 있던 지역을 허물어 버렸다. 유태교 교회(시나고그)가 서 있던 장소에 기적을 일으키는 마리아 상을 위한 성당이 세워졌다. 이 전단은 마리아 상과 성당, 그 뒤에 있는 유태인 거주지역의 잔해, 그리고 전면으로 마리아 상 앞에서 열광하는 순례자들의 모습을 보여주고 있다. 이 전단의 논조는 매우 비판적이다. 루터교의 관점에서 쓰여진 이 전단에서는 늘상 보는 바의 유태인들에 대한 비난이 아니라 카톨릭 교회에 대한 비난이 행해지고 있다.

기된 교회의 약화는 '서방세계의 대(大)분열'로 이어졌다. 1378년부터 1415년 사이에는 로마와 아비뇽에 두 사람의 교황이 존재하게 되었다. 그들의 갈등과 제각기 다른 요구는 서방 기독교를 분열시켰고, 교황의 명성에 엄청난 손상을 입혔다. 이 분열은 콘스탄츠 종교회의(1414-1418)와 바젤 종교회의(1431-1449)를 거쳐 비로소 종식되긴 했지만, 이로 인해 교회와 교황의 권위는 계속 약화되었다.

교회의 권위는 르네상스 시대 교황들이 세속적인 일에 점점 더 깊이 간여함으로써 한층 더 약화되었다. 교황청과 교회의 고위관리들은 그들이 필요하다고 생각했던 엄청난 경비를 충당하기 위해 신자들의 형편도 고려하지 않은 채 무거운 세금을 부과하였다. 교황의 과도한 사치벽,

교회의 물질적 탐욕, 교황과 반대교황, 공회의(公會議) 사이의 갈등과 반목―이 모든 것들은 교회와 교황, 그리고 종교기관들 일반에 대한 신뢰를 떨어뜨리는 데 기여하였다. 로마 카톨릭은 '중세의 가을' 동안의 기아와 질병에 의해 야기된 집단적 차원에서의 정신적, 영적 위기에 대처할 수 있는 만족할 만한 해답을 내놓지 못하였다.

반교회적인 감정에 의해 불이 붙은 저항운동과 함께 이교도들이 우후죽순처럼 생겨났다. 세계종말이 임박했다는 두려움, 교회 안팎의 동요와 혼란, 그리고 무엇보다도 통일성과 안정에 대한 열망이 이러한 저항운동과 이교도들이 생겨나게 만들었다. 영국에서 시작된 위클리프의 새로운 종교사상을 믿는 롤라드주의자들, 보헤미아의 후스교도들, 네덜란드와 북독일의 재세례파 등이 연이어 나타났다. 교회의 개혁을 외치는 목소리는 점점 더 높아갔고 제국의 통치자가 받는 압력도 이에 비례해 점점 커갔다.

15세기 중반부터 제국의 주민들은, 행정제도를 현대화하고 강화했던 프랑스, 영국, 스페인에 비해 그들의 국가와 통치자들이 얼마나 낙후되어 있는가를 점점 더 분명히 알게 되었다. 제국을 개혁해야 한다는 요구가 확산되었다. 그리고 당시의 지배적인 견해로는 정치적 개혁은 종교적 개혁과 분리될 수 없는 것이었다. 당시의 제국과 교회는 상호의존적이었고, 또 이 양자는 인류구원을 위한 신의 계획을 함께 실현시키기 위한 양대 초석이기도 하였다.

쾰른의 제국칙령이 선포된 이후 사용되기 시작한 '독일 신성로마제국(Das Heilige Römische Reich der deutschen Nation)'이라는 용어를 보면, 당시 제국이 그 권력과 보편성을 얼마나 급속히 잃어버리고 있었던가를 잘 알 수 있다. 제국의 왕관이 한때 누렸던 신성함이 휴머니즘과 르네상스의 점증하는 영향력에 의해 잠식당하게 되고 또 로마의 황제로부터 연원하는 황제의 권위가 낡은 전통의 차원으로 격하되면서 제국의 이름 앞에 '독일'이라는 말을 붙이는 것이 더 자연스럽게 느껴졌다. 이 시기에 사람들은 벌써 명확히 규정된 자기들 나름의 경계와 개념을 찾으려는 경향을 보였고 또 위기에 처했을 때는 자신들이 생각하는 적이나

황제 막시밀리안 1세
베른하르트 슈트리겔, 1495년

외국인이 누구인가를 명확히 알고자 하였다. 그렇다면 제국의 주도권이 이 시기에 이미 독일로 넘어갔다고 말할 수는 없는 것일까? 13세기 말경 쾰른의 수도사 로에스(Alexander von Roes)는 『로마 제국에서의 우선권에 관한 소고』라는 글에서 "저 성스러운 황제인 칼 대제는, 로마 교황의 권위와 동의를 바탕으로 로마 황제를 선출할 수 있는 권리를 영원히 독일 제후의 손에 있도록 규정하고 명령하였다"고 쓰고 있다. 이 논문은 16세기 초반에 재발견되어 판을 거듭하면서 인구에 널리 회자되었다.

하지만 당시의 독일 국가가 제국의 경계 내에 있는 독일어를 사용하는 모든 사람들에 의해 구성되고 있었던 것은 아니었다. 오히려 독일

백색의 왕과 대포

한스 부르크마이어의 목판화, 비인, 1775

『백색 왕』은 흰옷을 입고 다녔던 황제 막시밀리안 1세가 쓴 자서전으로서 18세기에 처음으로 인쇄되었다. 이 그림은 화약 무기에 대한 막시밀리안의 관심을 보여주고 있다. 대포는 13세기 중반부터 사용되었고 모든 성을 일거에 허물어 버릴 수 있었다. 온갖 종류의 갑옷을 뚫을 수 있었던 휴대용 화약총은 14세기 초에 처음으로 전쟁터에 등장하였다. 이러한 화약무기의 발달로 인해 이전의 전투에서는 필수불가결 하였던 기사를 위시한 귀족의 전쟁참여가 더 이상 필요없게 되었다. 황제 막시밀리안이 자신을 '마지막 기사'로 느꼈던 것은 바로 이러한 이유 때문이었다.

국가라는 말은, 정치적 결정을 할 수 있는 권한을 위임받고 또 황제의 신민을 대표하는 소수의 고위 귀족계층을 지칭하고 있었다. 당시의 언어사용으로 보면, '국가(Nation)'란 정치적으로 행동하는 신분인 귀족계층을 의미하였다. 제국의 관료제도를 개혁하려는 시도가 겨냥했던 것은 근대국가의 성격을 부여하기 위한 제도를 만드는 것이었다. 만약 이러한 시도가 성공을 거두었다면 독일은 프랑스와 영국과 동일한 길을 밟아 근대적 국가를 형성할 수 있는 기회를 포착했을지도 모른다.

  그렇지만 황제 막시밀리안(1486-1519 재위)의 개혁을 위한 일련의 노력들을 보면 제국이 순전히 이론적인 구조물로 전락한 것만은 결코 아니었음을 알 수 있다. 막시밀리안은 전 제국에 걸쳐 '지속적 법과 질서'가 지배하는 국가를 건설하겠다는 선언과 결부해서 1495년에는 제국 최고법정을 창설하려고 시도하였고, 또 전 제국을 10개의 행정구역으로 나누려고도 생각하였다. 이러한 첫 번째 조처에 이어서 그는 다음 단계로 제국의 능력있는 신분제 대표자들로 구성된 일종의 대의기구를 만들고,

세금을 부과함으로써 황제의 권력을 효율적으로 강화하고 그 권위를 공고히 하고자 하였다. 그러나 1509년 막시밀리안이 죽자 그가 계획했던 개혁도 수포로 돌아갔다. 그의 손자이자 후계자였던 칼 5세(1519-1556 재위)도 제국을 안정화하고 현대화하려는 자기 나름의 계획을 세웠지만, 그가 구상했던 거대한 비전은 스페인과 스페인령 신대륙, 보헤미아, 부르군트, 밀라노를 포괄하는 너무 방대한 이른바 '보편적 제국(monarchia universalis)'이었다. 하지만 그러한 원대한 전망으로 인해 '독일 땅들(deutsche Lande)'이라는 보다 구체적인 개념은 뒷전으로 밀려나게 되었다.

그렇지만 '독일 국가'의 복리와 번영은 제국개혁을 둘러싼 논의에서 계속해서 하나의 강력한 논점이었다. 예를 들어 1455년 레겐스부르크에서 터키 문제로 열린 이른바 '터키 제국회의'에서 황제 사절단의 대표인 피콜로미니가 콘스탄티노플을 터키로부터 재탈환해야 한다고 주장하는 데 맞서 독일 제후들은 "독일어를 사용하는 가장 가치있고 가장 고귀한 나라와 독일어를 사용한 사람들에게 승계된 신성한 제국이 커다란 혼란에 빠져 있기 때문에 황제는 모름지기 제국 자체에 먼저 관심을 기울여야 한다"고 요구하였다. 다시 말하면 황제에 대한 제후들의 메시지가 뜻했던 바는, 제국의 개혁 없이는 터키에 대한 전쟁은 있을 수 없고, 제국의 외형보다 더 가깝고 소중한 것은 독일 사람이 실제로 살고 있고 또 독일어를 사용하고 있는 독일 땅이라는 것이다.

정치적 개혁이 종교적 개혁과 얼마나 깊이 연루되어 있었던가는 제국의 대표자들이 점점 더 자주 교황청에 보냈던 '독일 국민의 항의와 당부'라는 공식항의를 보면 잘 알 수 있다. 이러한 항의를 함께 모아 편집한 책자를 보면, 로마가 수천 가지 방법으로 독일 사람들로부터 돈을 갈취했고, 그렇기 때문에 한때 "용기와 피로써 제국을 지켜내고 세계의 지배자로 군림했던 저 유명한 민족이 이제는 가난과 굴종을 감내해야 하는 신세로 전락하게 되었다"는 항의도 들어 있다. 정치적 관점에서 보면, 이 시기의 독일인들이 생각했던 근대 초기의 독일 국가는 제국과 교황청이라는 보편적 권위와 제도에 저항하기 위한 일종의 반대개념으로 사용되었다고 할 수 있다. 하지만 독일인들과 그들의 국가에 대한 아이디어는 하나의 실제적이고 지속적인 국가를 창출하기에는 역부족이었다.

하지만 하나의 독일 국가라는 개념은 정치적 뉘앙스뿐만 아니라 문화적인 뉘앙스도 지니고 있었다. 특히 이탈리아의 인문주의자인 브라치오리니(Poggio Bracciolini)가 1455년 잊혀졌던 타키투스(Tacitus)의 『게르마니아 Germania』라는 책을 재발견해 이를 이탈리아어로 출간한 것이 계기가 되어 '독일 국가'라는 말이 지닌 문화적 측면이 크게 부각되었다. 휴머니즘과 르네상스 시대의 유럽 사람들은 자기들 종족이 전설적이고 고귀한 조상에서 유래했다는 예로부터의 생각을 입증하기 위해 그 근거를 그리스와 로마의 고전적 문헌에서 찾으려는 경향이 있었다. 16세기와 17세기의 인문주의 학자들 역시 사상과 경험의 측면에서 모범으로 간주되었던 그리스, 로마에 근거해서 자기가 속한 민족의 동질성을 확인하고 강화하려고 하였다. 고대문화를 공통분모로 해서 민족적 독자성을 추구했던 이러한 일반적 경향은 당시 유럽에 범유럽적이고 코스모폴리탄적인 문화토양을 마련하는 계기를 만들었다. .

바로 이러한 이유 때문에 기원전 100년경에 트라얀 황제를 위해 쓰여졌던 책인 『게르마니아』의 발견은 커다란 흥분과 열광을 몰고왔다. 독일 사람들은 존경받는 저 위대한 고대 저술가를 통해 그들이 옛날부터 이미 특별한 민족이었음을 알게 된 것이다. 이 원고가 발견되기 이전까지만 해도 독일 학자들은 민족적 영광을 위한 국제적 경쟁에서 크게 뒤쳐져 있었는데, 왜냐하면 프랑스를 태어나게 한 프랑크족처럼 독일의 경우에는 이에 비견될 만한 하나의 독일 종족이 존재하지 않았기 때문이다. '독일'이라는 말은 게르만 방언군의 집합명칭이거나 아니면 순전히 인위적인 구조물에 지나지 않았다. 그러나 이제는 문제가 간단해졌다. 즉 타키투스가 말한 게르마니(Germani)는 현재 독일인들의 조상이라고 생각하면 되었고, 로마인들이 게르마니아(Germania)라고 불렀던 땅은 오늘날의 독일이라고 부르면 되었던 것이다. 이렇게 해서 도이칠란트(Deutschland)라는 말은 1500년경에 가서야 비로소 단수명사가 되었고, 그 이전까지는 도이체 란데(deutsche Lande), 즉 독일 땅들이라는 말에

만족할 수밖에 없었다.

　　타키투스의 권위에 힘입어 독일 인문주의자들은 외국인들 사이에 널리 퍼져 있던 독일인들을 깔보고 폄하하는 여러 가지 표현들에 맞설 수 있는 몇 가지 무기를 갖게 되었다. 거칠고 술에 찌든 야만인이라는 독일인 상에 맞서 타키투스가 말한 독일인 상, 즉 성실하고 용맹하며 타락하지 않고 단순소박하게 살아가는 독일인 상이 생겨났다. 물론 당시 사람들로서는 타키투스가 당대의 타락한 로마 사람들에게 경종을 울리기 위해 그 나름의 독일인 상을 만들어 내었거나 아니면 이상화시켰을 수도 있었다는 사실에는 생각이 미치지 못했다. 하지만 16세기의 인문주의자들 역시 이와 다르게 생각하지 않았다. 그들은 독일인들이야말로 이탈리아인과 프랑스인들의 지치고 노쇠한 문명을 대체하게 될 근원적이고 순수한 민족이라고 생각하였고 또 로마 교황의 도덕적 타락성에 독일인의 도덕적 순결성을 대비시켰던 것이다.

독일 학자들은 그들의 이웃나라인 프랑스에 대해서도 새로이 갖게 된 그들의 자의식과 자긍심을 과시하였다. 야콥 빔펠링(Jacob Wimpfeling)은 1505년 『독일 개요』라는 저서를 통해, 프랑스 왕관이 칼(샤를마뉴) 대제로부터 연원하며, 그것이 프랑스 카페 왕조의 정통성을 떠받쳐주는 기둥이라는 주장은 터무니없는 것이라고 반박하면서, 프랑스 사람이나 갈리아 사람은 한 번도 로마 황제가 된 적이 없고, 실제로는 독일이 프랑스를 지배했다고 주장하였다. 이러한 주장은 저자의 입장에서는 프랑스에 대한 독일의 우위를 말해주는 충분한 논거가 되었다. 당시의 많은 인문주의자들처럼 엘사스 지방 출신이었던 빔펠링의 입장에서는, 엘사스 주민은 아우구스투스 황제 이래 줄곧 독일인이 었으며, 바로 그렇기 때문에 이 지역 전체는 절대로 프랑스의 통치권에 들어가서는 안 되었다.

황제 칼 5세

티치안 화풍에 따라 루벤스파의 화가가 그린 그림, 1600-1625년 사이.

칼 5세는 상이한 역사적 전통과 법적 구조를 가진 수많은 영주국가들로 구성된 신성로마 제국을 통치하였다. 제국은 대대로 물려받은 왕조적 세습법에 그 기반을 두고 있었고, 이 법에 바탕하여 왕권을 상속받은 통치자 단 한사람을 중심으로 묶여져 유지되었다. 제국의 이러한 구조는, 1521년 이후부터 황제가 내린 모든 칙령과 법의 꼭대기에 쓰여진 다음과 같은 황제의 공식적 명칭에 그대로 반영되고 있다.

"신의 은총을 받은 로마 황제를 계승하는 짐 칼 5세는 언제나 제국을 통괄하는 황제이시다. 짐은 독일, 카스틸랴, 아라공, 레온, 양 시실리, 예루살렘, 헝가리, 달마치아, 크로아티아, 나바라, 그라나다, 돌레도, 바렌치아, 갈리치아, 마요르카, 세빌라, 사르디니아, 코르도바, 코르시카, 무르시아, 기레네, 알가베, 알게시트라스, 지브랄터, 카나리아 열도와 인도심, 대양에 속한 대륙의 왕이시고 오스트리아, 부르군트, 로렌, 브라반트, 스타이어, 케른텐, 립부르크, 뤼첸부르크, 겔더런, 칼라브리엔, 아텐, 네오파트리엔 그리고 뷔르템베르크의 공작이시다."

이런 식으로 1500년을 전후한 한 세대 안에 단순히 '그들'에 대립되는 '우리'라는 막연한 감정을 넘어서는 독일 민족의식의 기초가 형성되었다. 이러한 민족의식은 독일의 민족적 신화에 바탕한 것으로서 당시 유럽 전역에서도 이와 유사한 민족적 신화가 각 나라마다 싹트고 있었다. 그러나 이러한 민족적 신화를 만드는 일에 동참하는 것을 반대했던 에라

터키군의 십자가 처형
루프레히트 헬러, 1560년경

1453년 콘스탄티노플이 정복된 이후 터키인들은 기독교인들의 가장 큰 원수가 되었다. 1528년 비인 포위를 계기로 터키인에 의한 위협은 중부 유럽까지 파급되었다. 그들을 막아내는 일은 황제 칼 5세의 가장 어려운 과제 중의 하나였다. 당시 프로테스탄티즘이 그 세력을 확장할 수 있었던 데는 바로 이러한 사정이 크게 한몫을 하였다. 이런 정황을 고려할 때 십자가 처형 그림에 터키 병사가 보이는 것도 전혀 놀랄 만한 일은 아니다. 로마 병사와 나란히, 세 개의 초생달이 그려진 터키의 군기(軍旗) 아래 터키 병사가 보인다.

스무스는 인간본성이 이제는 개인뿐만 아니라 개별적 민족들 사이에서도 에고이즘의 감정을 뿌리내리게 했다는 사실을 확인하면서 이에 우려를 표명하였다. 하지만 독일의 경우에는 이러한 민족신화를 지속적으로 지탱시켜줄 정치적 틀도 없었고 언어적 토대도 미약하였다. 소수의 예외를 제외하고는 독일 인문주의자들은 모두 라틴어로 글을 썼다. 인문주의자로서의 그들은 무엇보다도 제일 먼저 유럽의 학자 공동체의 일원으로서, 또 인문적 소양을 갖춘 세계시민의 일원으로 남아 있기를 원했다. 독일을 야만의 상태에서 벗어나게 해야 한다는 그들의 민족적 사명 역시 어디까지나 그리스, 라틴 고전문화의 수용과 계승발전이라는 차원에서 실현되어야만 했다. 이같은 과정을 거치면서 15세기에서 16세기로 넘어갈 무렵에는 독일 역사상 최초로 독일 민족이라는 뚜렷한 윤곽이 드러나게 되었다. 엄밀히 말하면, 우리가 '독일 역사' 혹은 '독일인의 역사'라고 말할 수 있는 가장 이른 시점도 바로 이때부터라고 할 수 있다. 하지만 그 역사

독일의 기독교 귀족에게 보내는 루터의 공개서한
뷔텐베르크, 1520년
"교황과 주교, 신부와 수도원의 성직자들을 종교적 신분이라고 일컫고, 제후와 영주, 수공업자와 농부들을 세속적 신분이라고 일컫는 것은 사람들이 지어낸 것이다. 그것은 하나의 기교적 해석이자 위선이다. 하지만 어느 누구도 이러한 이유 때문에 겁을 먹어서는 안 된다. 기독교인은 모두 종교적 신분이며, 직위 때문에 이 양자를 차별해서는 안 된다."

현자 프리드리히 왕
루카스 크라나흐(아버지)의 작업장에서 그려진 그림, 1525년경

만약 힘있는 제국의 제후들이 그의 교리를 받아들이지 않았다면, 루터의 종교개혁은 이단자운동으로 낙인찍혀 십중팔구 파멸의 길을 걸었을 것이다. 그들이 루터를 보호했던 것은, 그의 교리도 교리지만 그들의 통치권을 강화하고 국가의 수입을 늘이려는 의도도 크게 작용하였다. 작센의 선제후 프리드리히 3세(1486-1525)는 작센의 뷔텐베르크 대학 교수였던 루터를 보호하면서, 정치적 측면과 종교적 측면 양쪽을 모두 고려하는 정책을 폈다. 그가 '현자'로 불리워진 것도 바로 이러한 정책 때문이었다. 그는 마지막까지 루터를 직접 만나는 것을 피했다고 하며, 임종의 침상에서야 비로소 루터 교리에 대한 지지를 공식적으로 표명하였다고 한다.

는 그 시작부터 유럽의 인문주의와 범유럽적 토양에 깊이 뿌리를 내리고 있는 역사이기도 했다.

그러나 그 후에 다가올 세기의 독일을 각인시켰던 것은 이러한 인문주의 학자들의 노력이나 실패로 끝난 제국의 정치적 개혁이 아니라 마르틴 루터의 종교개혁이었다. 물론 그의 종교개혁도 그에 앞선 선구자들의 노력이 없었다면 불가능했을 것이다. 13세기 이래 교회를 혁신하려는 시도는 끊임없이 있어왔다. 초창기의 개혁자들은 청빈과 겸손이라는 기독교 본래의 이상으로 되돌아가려 했고, 성직자와 평신도들의 간극을 메꾸려고 노력하였다. 교회는 이들 초창기 개혁자들, 예컨대 성 프란시스나 탁발 수도회의 창시자인 도미니쿠스 등을 그런대로 포용할 수 있었다. 하지만 그 이후에 등장한 영국의 존 위클리프(John Wyclif, 1320-1384)와 보헤미아의 얀 후스(Jan Hus, 1370-1415)와 같은 개혁자들은 교황제도와 성인숭배의 폐지, 성서와 개인적 양심의 무조건적인 권위, 성체를 배수할 때의 성직자와 신자의 동등한 성배사용권 등과 같은 과격한 요구를 내걸었다. 결국 그들은 교회에서 축출되어 박해를 받다가 사형되었다. 후스는 콘스탄츠 종교회의의 판결에 따라 산 채로 화형당했고, 위클리프의 유골 역시 그의 사망 이후 또다시 불태워졌다. 하지만 이같은 박해나 사형도 그들의 추종자들을 완전히 근절시킬 수는 없었다.

비텐베르크의 수도사 마르틴 루터(1483-1546) 역시 신의 은총이 교회의 이익을 위해 세속적 재물로서 매매의 대상이 될 수 있다는 것을 도저히 인정할 수 없었을 것이다. 그는 1517년 10월 31일에 발표한 그의 테제에서 "어떻게 나는 신의 은총을 얻을 수 있는가"라는 물음에 카톨릭 교회와는 반대되는 해답을 내놓았다. 그 해답은 곧 "오로지 신앙을 통해

서(sola fide)" 또 "오로지 성서를 통해서(sola scriptura)"였다. 이로써 면죄부 판매, 영혼의 부정한 거래, 교회 성직자들의 권력남용, 그리고 신과 인간 사이를 매개하는 교회의 독점권 등은 그 신학적 기반을 상실하였다.

교황과의 관계를 끊고 참된 신도의 공동체를 통한 진정한 기독교 교회를 재건하려고 했던 비텐베르크의 반항적 수도사는 1521년에 소집된 제국회의(이 세속적 협의회는 사상 최초로 교회의 교리에 관한 문제를 토의하였다)에 출두하였다. 제국회의의 분위기는 널리 퍼져 있던 교회와 교황청의 부정부패에 매우 비판적이었고, 황제 칼 5세의 고문관들은 루터를 교황에 압력을 행사하기 위한 수단으로 이용할 작정이었다. 그러나 루터는 자기로부터 외교적 양보를 얻어내려는 어떤 시도에도 응하지 않았고, 자기 교리의 일부조차 철회하기를 거부했는데, 그의 이런 태도는 황제의 입장에서도 너무 과격한 것이었다.

만약 그가 독일 지역 내의 몇몇 제후들의 보호를 받지 못했다면 그는 보헤미아의 개혁자 얀 후스와 같은 운명을 맞이했을 것이다. 독일 제후들이 그를 보호해주었던 것은 물론 다른 이유도 있었겠지만 우선은 신앙적 이유 때문이었다. 당시 교황의 사절이 로마에 보고한 바에 따르면, "독일의 10분의 9가 루터를 열렬히 환호하고 있고, 마지막 남은 10분의 1도 '교황청에 죽음을' 이라는 구호를 외쳐대고 있다"고 적고 있다. 하지만 루터의 종교개혁은 결과적으로는 제국의 제후들로 하여금 황제의 권위와 요구에 저항하도록 하고, 나아가서는 이들 제후들의 권력을 강화시키는 데 유용한 수단이 되었다.

1526년 스파이어 제국회의에서야 비로소 하나의 타협이 이루어졌는데, 이 타협에 의해 루터교를 믿는 제후들과 도시의 관리들에게 자신들의 영토 내에서는 종교문제를 독자적으로 규정하고 조정할 수 있는 권한이 주어졌다. 신교 지역의 통치자들은 곧 자기 영토 내에 있는 모든 교회의 수장 역할을 하는 '임시 비상주교' 의 역할을 떠맡았다. 루터는 이러한 조치가 잠정적 해결책이라고 내다보았지만, 제후들은 한번 획득한 교회에 대한 통제권을 내어줄 의사가 전혀 없었다. 특히 그 사이에 교회재산의 대부분이 그들 손에 넘어온 상황에서는 더욱 그러하였다. 교회재산의 일부는 팔기도 하였지만, 그 대부분은 결국 제후들의 소유가 되었다. 교회에 대한 제후의 통제권은 사도 바울에 근거한 루터의 교리에 의거해 더욱 용이하게 주장될 수 있었다. 사도 바울은 세속적 권력자에게 기독교 공동체를 악으로부터 보호해야 할 임무를 위임하면서 "신으로부터 나오지 않는 권위는 없다. 그러나 일단 권위가 존재하면 그 권위는 신으로부터 위임받은 것이다"라고 가르쳤다. 이렇게 해서 신교 통치자는

1550년 독일과 중부 유럽에서의 여러 교파들

이 지도에 표시된 연도는 종교개혁이 도입된 해를 가리킨다. 제국도시의 대부분은 1522년과 1530년 사이에 종교개혁에 참가하였다.

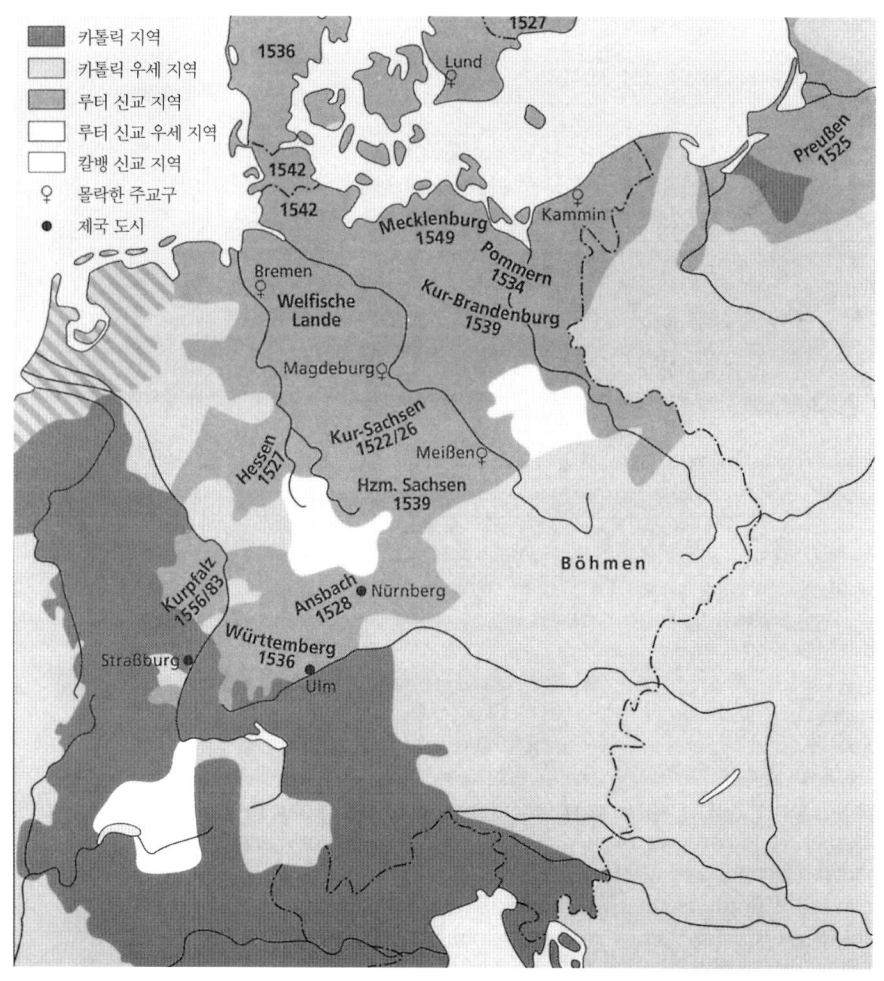

2장 | 출발과 단절의 과도기 **67**

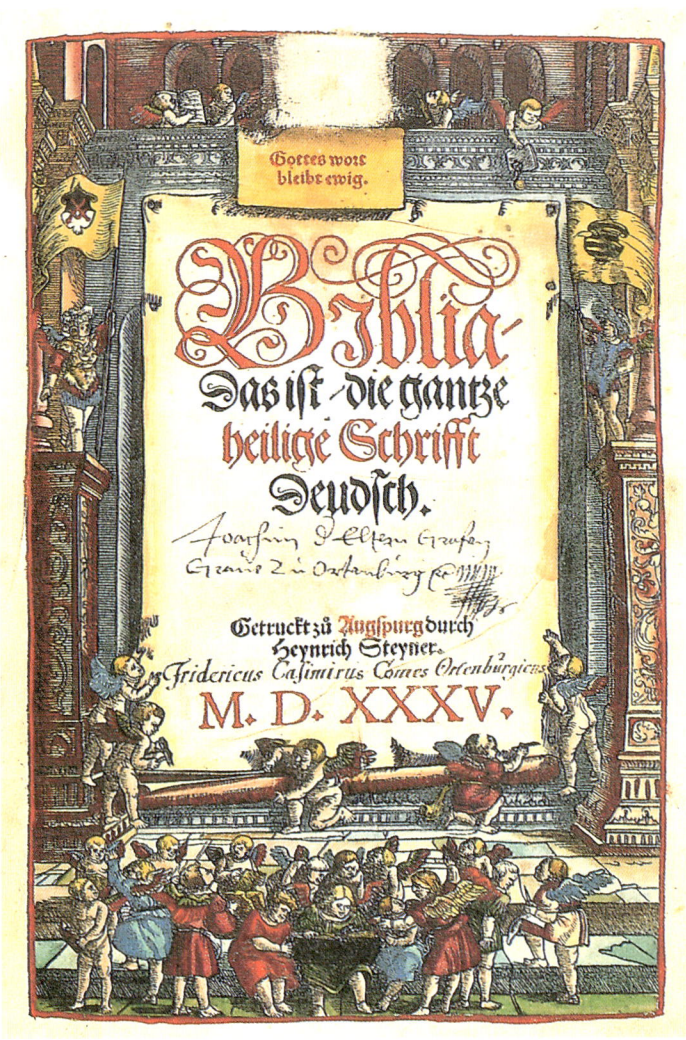

루터 성경본의 표지, 아우크스부르크, 1535년
40여 종의 완역본인 성경번역을 위시하여 무려 4,000여 종이 넘는 성경 필사본이 중세 동안에 유통되었지만 그 중의 어느 하나도 공식적 인정을 받는 데 성공하지 못하였다. 루터의 성경번역이 성공한 것은 그가 민중의 입을 쳐다보면서 얻어낸, 이미지가 풍부한 언어를 사용했기 때문이기도 하지만, 대학교수와 인문학자로서 정확한 텍스트를 만들어내려는 그의 노력 때문이기도 하다. 루터는 1534년에 그의 성경번역을 끝내고 1년 후에는 이미 홀바인이나 크라나흐와 같은 대가의 손에 의해 만들어진 목판을 가지고 제후나 페트론, 관리들을 위한 호화장정본을 아우크스부르크에서 출간하였다. 이 장정본의 첫 소유주인 오르텐부르크의 카시미르 백작은 엄격한 칼뱅주의자였기 때문에 '신의 말씀은 영원하시다' 라는 문구 위에 있는 신의 모습을 지워버렸다.

영국의 왕처럼 엄격하게 조직된 국가교회의 수장(summus episcopus)이 되었고, 그럼으로써 종교계는 완전히 국가기구에 편입·흡수되었다.

카톨릭에 계속 충실하였던 지역의 통치자들 역시 교회를 국가통제 속에 두고자 하였다. 바이에른 공국의 공작이 그 한 예인데, 그는 잉골슈타트 대학과 연계하여 주교의 권력을 축소시키고 또 교회교리를 지휘감독할 수 있는 행정당국의 권리를 관철시키고자 하였다. 하지만 그들이 이러한 시도를 했던 것은 카톨릭의 혁신 차원에서 이루어졌는데, 그것은 종교개혁이 진행되면서 너무 많은 성직자들이 새로이 만들어진 카톨릭의 엄격한 도덕률에 맞추어 임무를 수행하기가 힘들었을 뿐만 아니라 상당수의 카톨릭 신자들이 루터의 가르침에 매우 호의적이었기 때문이었다. 그런데 여기에서 덧붙여 두어야 할 것은, 반종교개혁이 단순히 종교개

아우크스부르크의 사계 그림 중의 하나
외르크 브로이(아버지), 아우크스부르크, 16세기

이 그림은 당시 부유한 도시였던 아우크스부르크의 1530년경의 가을과 초겨울 풍경을 보여주고 있다. 10월은 가축을 잡아 잔치를 벌이는 축제의 달이다. 시장 광장의 한복판에서는 도살하기 위해 돼지를 한쪽으로 몰고 있고, 전면에서는 가금류를 팔고 있다. 11월에는 벌써 눈이 내려 시민들이 스케이트를 즐기고, 12월에는 도시참사회 의원들이 엄숙한 행렬을 지으면서 시청을 떠난다. 전체적으로 평화롭고 축제적인 분위기가 지배적이며, 동요나 봉기와 같은 기운은 어디에서도 찾아볼 수 없다. 도시 너머 아주 가까이 시골풍경이 보인다.

2장 | 출발과 단절의 과도기　**69**

혁에 대한 카톨릭의 대응만은 아니었다는 점이다. 후스, 루터, 칼뱅이 불러일으킨 동요는 또한 교회 내부에 오랫동안 존재해왔던 개혁찬성 세력들의 힘을 강화시켜왔었다. 이제 이들은 교회의 부정부패에 투쟁하고, 성직자들의 교육을 개선하며, 종교개혁으로 잃어버린 신도들을 다시 찾음으로써 그들을 올바른 믿음의 길로 되돌리려 하였다. 아무튼 종교개혁과 카톨릭 혁신운동은 개별적 국가와 그 지배자들에게 국가의 통치권을 강화하는 결과를 가져다주었다. 수없이 많은 봉건적 소유권과 특권 위에서 성장한 이들 영방국가들은 정치적 이유로 하나의 통일된 힘을 응집시키기 위해 종교를 필요로 하였다. 당시 삶의 모든 영역에 두루 침투하고 있었던 종교의 중요성에 비추어 보면, 이러한 응집력은 오로지 종교적 통일성에 의해서만 생겨날 수 있었던 것이다.

  1555년의 아우크스부르크 종교회의는 신교의 제후나 영주에게도 카톨릭 제후들과 동등한 권리를 최종적으로 보장하였고 또 모든 영방의 통치자들에게 종교개혁의 권리를 허용해주었다. 이제 '영혼의 영원한 삶'은 개인적 신도가 아니라 통치자의 소관사항이 되었다. 다시 말해 주민들은 그들의 영주의 교파에 맞추어야 했고, 그럴 의사가 없는 주민들에게는 최소한 그들의 교파가 이미 자리잡고 있는 영지로 이주할 수 있는 '이주권(ius emigrandi)'이 부여되었다. 이를 통해 독일 영방국가와 제국 도시의 내적 통일성이 상당한 진척을 보게 되었다. 이러한 내적 통일성의 진척은 각 나라가 독립국가로서의 정체성과 대내외적 독립성을 갖기 위한 결정적 전제조건이기도 하였다. 하지만 이와 동시에 신성로마 제국은 또다시 후퇴할 수밖에 없게 되었는데, 왜냐하면 교파의 분열은 그렇지 않아도 사분오열 되어 있던 제국의 지역적 분열구도를 더욱 심화시켰기 때문이다. 통일된 국가로서의 제국의 공식적 지위가 점점 더 실체를 잃게 되면서 그 후의 황제들은 날이 갈수록 더욱더 뒤로 물러나 오스트리아의 가령과 상속영지 경영에 몰두하였다. 다시 말해 오스트리아는 종교개혁과 함께 지금까지의 독일 역사로부터 서서히 떨어져 나오면서 독자적 국가로서의 길을 가게 되었던 것이다.

  루터의 신학은 말씀의 신학으로서, 요한복음 1장에서 출발하고 있다. "태초에 말씀이 계셨다. 이 말씀이 신과 함께 있었으며, 말씀이 곧 신이었다." 이에 따르면 프로테스탄트 기독교인들의 유일한 권위는 곧 성서였다. 루터가 볼 때, 교회는 평신도들의 공동체였기 때문에 신의 말씀은 평신도들이 이해할 수 있는 언어로 알려질 필요가 있었다. 그래서 그는 자신이 활동하던 지방의 언어, 즉 힘찬 마이센-작센 독일어로 성서를 번역했으며, 그의 번역성서는 민족의 필독서가 되었다. 그가 쓴 종교적 논문과 서한문도 커다란 반향을 불러일으키기는 마찬가지였다. 예를 들어 1518년 봄에 출간된 그의 『면죄와 은총에 관한 설교』라는 책자는 1520년까지 25판이 인쇄되었고, 『독일 국가의 기독교 귀족에게 보내는 공개서한』은 출간 18일 만에 4,000부가 팔리고, 그 다음 주에 벌써 2판 인쇄가 들어갈 정도였다. 위대한 개혁자인 루터를 필두로 하여 수많은 프로테스탄트의 저술가들, 예컨대 신학자, 수도원의 성직자, 교양시민, 수공업자, 시인 등이 이 시기에 대거 등장하였다.

주로 신학적 내용을 위주로 한 독일어로 쓰여진 저술들이 홍수처럼 쏟아지게 된 것은 급격하게 성장하고 있던 당시 독일의 독서대중을 반영한 것이었다. 종교개혁이 탄탄한 기반을 잡았던 지역에서는 평신도의 교육수준과 독서능력이 엄청나게 신장되었다. 독일의 신교지역에서는 루터의 언어를 통하여 적어도 문화적으로는 통일이 이루어졌다. 이때부터 독일어는 수많은 방언과 지역적 관용어를 포괄하는 총칭개념 이상의 의미를 갖게 되었다. 그럼에도 루터가 1520년 『독일 국가의 기독교 귀족에게 보내는 공개서한』을 통해 호소했을 때, 그가 사용했던 '독일 국가(deutsche Nation)'라는 말은 전통적 의미 그대로 독일 귀족계층, 즉 종교적 통치자와 세속적 통치자라는 의미로 사용되었다. 다시 말해 이 호소를 통해 그가 노렸던 것은 문화적 통일을 이루거나 정치적 행동을 고취시키려고 한 것이 아니라 기독교 귀족층을 개과천선시키고 로마 교황이 지배하는 교회에 개혁을 촉구하기 위한 것이었다.

마르틴 루터는 자기 시대의 인문주의 학자들로부터 "독일의 헤라클레스", "독일의 나이팅게일"로 칭송되었다. 그의 등장은 한때 독일인이 느꼈던 민족적 공동소속감을 다시 불러 일으켰다. 그런데 바로 그러한 루터의 종교개혁이 이 시기의 다른 서유럽 국가들과 보조를 맞추지 못하고 하나의 문화국가나 민족국가의 형성이라는 면에서는 오히려 저해요소가 되었다는 것은 역사의 커다란 아이러니가 아닐 수 없다. 종교개혁이 제국 전체에 걸쳐 관철되지 못하고, 프로테스탄티즘이 지방교회나 신교 귀족층의 소관사항이 됨으로써, 신교와 구교 사이의 투쟁은 결말이 나지 않은 상태로 남게 되었던 것이다. 그리고 '지방영주가 종교를 규정한다'는 영방국가의 기본 종교정책은 화석처럼 굳어졌다. 이로써 제국의 분열은 종교적 분열에 의해 더 강화되고 심화되었다. 조국이라는 말(patria)을 사용했을 때, 이 말이 뜻했던 것은 결코 제국이 아니었는데, 왜냐하면 제국은 너무나 멀리 있는 존재였고 기껏해야 제국도시에 사는 시민들이나 제국의 일원이었던 상층 귀족의 입장에서만 그 의미가 파악되는 것이었기 때문이다. 조국이라는 말은 또한 독일을 의미하지도 않았는데, 왜냐하면 독

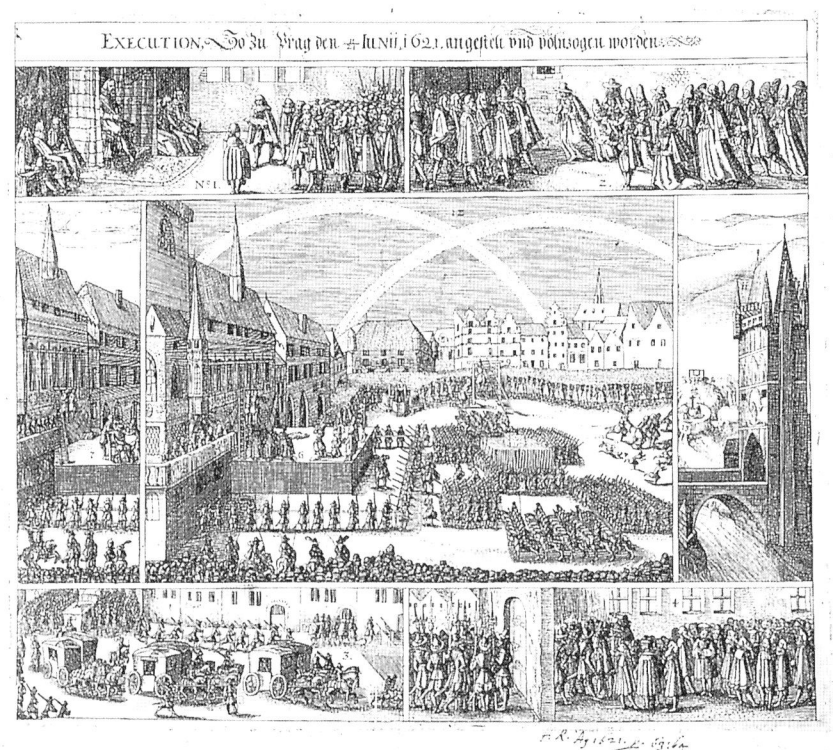

일이라는 말은 정치적으로 파악될 수 있었던 개념이 아니라 기껏해야 막연한 문화적 개념에 지나지 않았기 때문이다. 조국이라는 말은 또한 독일 민족을 의미하지도 않았는데, 그것은 황제의 대항세력으로서 제국회의를 대표했던 귀족계층을 의미했을 뿐 독일어를 사용하고 제국 내에서 살고 있던 보통 사람들을 의미하지는 않았기 때문이다. 조국은 도시사람들이 살고 있던 도시나 지역 주민들이 자신들의 통치자에게 충성심을 보였거나 그의 교파를 따랐던 지방을 의미했을 따름이다.

프라하 처형에 관한 전단
독일, 1621년
30년 전쟁의 발단이 되었던 1618년의 보헤미아 프로테스탄트 귀족들의 봉기는 황제의 군대와 카톨릭 연합군에 의해 프라하 외곽에 있는 백색 산의 전투에서 진압되었다. 보헤미아 왕이자 제국의 황제였던 황제 페르디난드 2세가 행했던 복수는 보헤미아 귀족들에게 본보기를 보여주기 위한 것이었다. 그는 보헤미아에서 종교의 자유를 철회하였고, 선출에 의한 왕권을 폐지하였으며, 봉기에 참가했던 주모자들을 거의 다 사형에 처하였다. 이 전단은 사형의 선고, 살려달라는 친척들의 무위한 호소, 도시를 통과하는 포로들의 행렬, 고문과 처형, 구도시 다리 탑 위에서의 효수(梟首)를 보여주고 있다. 이 모든 장면들은 체코인들의 민족의식에 깊은 인상을 남겼으며 오늘날에 이르기까지 체코와 독일 관계에 커다란 영향을 미치고 있다.

또한 독일은 정치적, 종교적으로 뿐만 아니라 문화적으로도 분열되어 있었다. 카톨릭으로 남게 된 제국의 부분, 그러니까 보다 규모가 큰 도시를 제외한 독일의 서부와 남부지역은 남부 유럽의 반종교개혁적 카톨릭 세력권에 들게 되었다. 이들 지역이 카톨릭으로 남았다는 것은 카톨릭 유럽 문화권의 확대를 의미하기도 했지만, 다른 한편으로는 프로테스탄트적 북유럽과의 단절을 의미하기도 했다. 이때부터 이탈리아와 프랑스의 영향권에 있던 카톨릭 지역에서는 회화와 조각, 연극, 화려한 교회건축 등의 조형예술이 발달했다면, 신교 지역에서는 교회음악과 언어, 그리고 문학이 문화의 중심을 차지하게 되었다. 이 시기에 생겨난 문화적 분열과 차이는 오늘날의 독일에까지 그대로 남아 있어 남부 독일과 북부 독일의 문화적 특성을 말해주고 있다.

이러한 관점에서 보더라도 독일, 즉 제국은 유럽 전체를 가로지르는 경계선상에 위치하고 있었다. 독일에서는 1555년 아우크스부르크의 제국회의를 통해 평화가 찾아들었고 카톨릭과 루터 교파의 세력들 간에 권력의 타협이 이루어지게 되었다. 하지만 유럽 전역에서는 심각한 종교갈등이 그치질 않았는데, 이러한 종교갈등의 빌미를 제공한 것은 루터의

프리드란트 공작 발렌슈타인
동판화, 17세기 중엽
30년 전쟁은 제국의 전통적인 질서를 완전히 뒤흔들어 놓았고 새로운 질서를 수립하는 것이 가능한 것처럼 보이도록 만들었다. 황제를 위해 고용된 용병대장 발렌슈타인은 황제적 야망을 지닌 위대한 장군이자 유능한 전쟁경영자였다. 그는 직접 모병한 군대의 도움을 받아 전쟁을 수행했지만, 그의 군대가 황제보다도 그에게 더 충성심을 보임에 따라 제국을 하나의 중앙집권적이고 절대적인 권력으로 만들려는 계획을 세웠다. 그것은 황제를 위한 것일 수도 있었지만 어쩌면 자기자신을 위한 것일 수도 있었다. 황제 페르디난드 2세는 발렌슈타인의 권력을 향한 혁명적인 열정에 두려움을 느끼기 시작하였고, 그래서 그는 황제의 지시에 따라 1634년 2월 25일 에거에서 살해되었다.

교리가 아니라 보다 과격한 칼뱅이즘이었다. 칼뱅파의 신도들은 영주나 국가의 권력에 순응하고 복종하는 루터의 정치적 태도를 거부하고 어떠한 희생을 치르더라도 그들이 믿는 신앙의 진리를 관철시키고자 하였다. 칼뱅(1509-1564)의 교리에 따르면, 어떤 지배자가 신민의 신앙을 박해하면 이에 적극적으로 저항하는 것은 모든 신민의 의무였다. 그것은 시민전쟁을 치룰 마음의 자세가 되어 있다는 것을 의미했고 또 실제로 그러한 시민전쟁은 1562년 프랑스에서 일어났다. 프랑스에서 위그노파(Hugnotten)라고 불리웠던 칼뱅파 신도들은 실제로 무기를 들었고 이때부터 1582년까지 피비린내나는 전쟁이 연이어 프랑스 전역을 휩쓸었다. 광기에 가까운 종교적 열정으로 인해 양쪽 진영 모두에서 끔찍한 만행이 자행되었다.

1598년 위그노파의 지도자 앙리 폰 나바라(Heinrich von Navarra)

가 카톨릭으로 개종하고 프랑스의 왕이 됨으로써 프랑스의 분열은 일단 저지되었지만, 프랑스에서 일어났던 시민전쟁은 유럽 대부분의 국가를 파멸의 위기로 치닫게 했던 피로 얼룩진 오랜 종교전쟁의 일부분에 불과했다. 당시 스페인이 지배하고 있던 네덜란드 북부의 7개 주에선 신교로 개종한 귀족들이 마드리드의 반종교개혁적 정책에 반기를 들었다. 1567년 이래 이들이 펼쳤던 스페인과의 전쟁은 해방전쟁이자 시민전쟁의 양상을 띠었다. 이 전쟁은 백여 년 동안이나 지속되었고, 1648년의 베스트팔렌 조약에 의해 네덜란드의 독립이 인정됨으로써 비로소 종결될 수 있었다. 그리고 이 시기를 전후해서는 영국에서도 의회파와 왕당파 사이에 시민전쟁이 발발하였다. 1642년에 시작된 이 전쟁에

구스타프 아돌프의 독일 상륙
전단, 쾰른, 1632년

1632년 7월 6일 스웨덴 왕 구스타프 아돌프(1611-1632)는 농민군의 선두에 서서 발틱 연안의 우제돔에 상륙하였다. 곤궁에 처했던 독일 신교도들은 마치 프로테스탄트 황제를 맞이한 양 북구로부터 온 구원자 주위에 구름처럼 몰려들었다. 전단은 그를 마치 선택된 민족을 해방하는 모세처럼 묘사하고 있다. 성경구절에 따라 사람들은 그를 이스라엘의 구원자 및 예언자 반열에 올려놓고 있다. 이러한 관점에서 보면 30년 전쟁은 구약성서의 정신대로 선과 악 사이의 투쟁처럼 보이기도 한다.

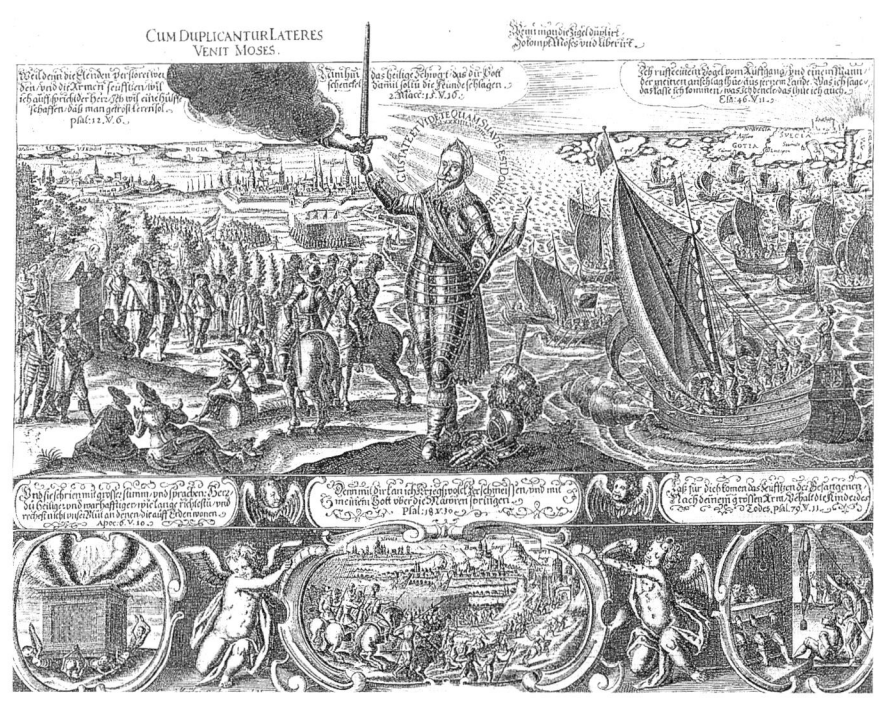

서는 교파간의 대립이 정치적 권력투쟁과 겹치는 양상을 보였다. 심지어 영국에서는 패배한 왕이 하원에 의해 독재자로, 민중의 적으로 규정되어 사형선고를 받고 공개적으로 처형되는 엄청난 일이 벌어지기도 했다.

이에 비해 독일에서는 아우크스부르크 종교회의 이후 1555년에서 1618년까지 독일 역사에서 가장 오래 지속된 평화의 시기가 도래하였다. 하지만 이 평화의 시기도 곧 끝이 났는데, 그것은 시간이 지날수록 같은 교파의 기치 아래 모인 야심에 가득 찬 영주들이 연합전선을 형성해 상대를 칠 기회를 호시탐탐 노리고 있었기 때문이었다. 그런데 이러한 기회가 보헤미아에서 주어졌다. 당시 합스부르크가의 지배를 받고 있던 보헤미아의 프로테스탄트 귀족들과 합스부르크가의 반종교개혁적인 카톨릭 행정기관 사이에 오랫동안 잠재해왔던 긴장과 갈등이 드디어 폭발한 것이다. 1618년 5월 23일 드디어 보헤미아의 귀족들이 봉기하였다. 정치적 항의

농가를 약탈하고 있는 한 무리의 군인들
세바스티안 브랑크, 1600년경

약탈을 일삼는 한 무리의 군인들로부터 공격을 받고 있는 이 그림의 네덜란드 농부들처럼 백성들의 관점에서 보면 전쟁은 약탈, 살인, 강간, 방화를 의미하였다. 사실 이 그림은 30년 전쟁 이전에 그려진 것이지만 어디에서 이 끔찍한 일이 일어났고 누가 이런 짓을 저질렀는가는 그리 중요하지 않다. 화가는 이 그림의 자세한 묘사를 통해 이 파국적인 17세기 내내 전쟁에 시달리고 있던 당시의 사람들이 얼마나 큰 고통을 겪고 있었던가를 잘 보여주고 있다.

를 할 경우 행했던 보헤미아의 관행대로 그들은 합스부르크 황제의 행정 관리들을 프라하 성의 창문 밖으로 던져버리고, 임시 보헤미아 정부를 수립했으며, 예수회 회원들을 추방하고 자체의 군대를 징발·편성하였다. 황제 페르디난드 2세(1619-1637)는 바이에른 주도 아래 결성된 카톨릭 연맹국가들과 제휴하여 이 봉기를 무자비하게 탄압하였고, 신교연맹 국가들은 자기들과 믿음이 같은 보헤미아 신교도 편을 들었다.

이러한 갈등으로부터 시작되어 제국의 차원을 넘어 확대된 것이 이른바 30년 전쟁이었다. 이 전쟁의 위대한 장군들, 이를테면 발렌슈타인, 틸리, 만스펠드 등의 이름은 이 시대를 가로지르는 상호대립적 흐름과 양상을 상징적으로 말해주고 있다. 실제로 여러 국면을 거치면서 진행된 30년 전쟁에서 문제가 되었던 것은, 합스부르크가와 비텔스바하가의 무력을 주축으로 해서 유럽 카톨릭 공동체를 회복하는 일이었다. 스웨덴의 왕 구스타프 2세 아돌프(1611-1632)가 이 전쟁에 개입했을 때 그는 신교의 귀족층으로부터 황제에 맞서는 반대황제, 즉 신교의 황제로 열렬한 환영을 받았다. 만약 그가 1632년 뤼첸 전투에서 전사하지 않았다면 아마도 제국은 카톨릭 독일과 신교 독일이라는 두 개의 부분으로 완전히 나누어졌을지도 모른다.

또한 이 전쟁에서 문제가 되었던 것은 유럽 내 패권을 둘러싼 합스부르크와 프랑스 사이의 싸움이었다. 프랑스는 자체의 복잡한 국내적 혼란에도 불구하고 리쉴리외와 마자랭이라는 위대한 재상들의 영도 아래 그들의 국경선 밖에서는 카톨릭이 아닌 프로테스탄트의 편을 들었다. 그리고 이에 못지 않게 이 전쟁에서 역시 중요했던 또 한 가지는 프로테스탄티즘에서 그 정당성을 확보했던 지방 영주들이 자신의 권력을 강화하려는 황제에 맞서 그의 요구와 의도를 저지하고 분쇄하는 일이었다.

30년 전쟁을 마무리하며 뮌스터와 오스나부르크에서 체결된 "베스트팔렌 평화조약"은 아무런 규율이 없는 용병들의 살인과 약탈전쟁에 종지부를 찍어주었다. 그러나 독일의 많은 지역은 끔찍할 정도로 황폐화되었다. 규율을 잃고 타락한 병사들의 잔혹한 행위에 의해 희생된 군인 및 민간인들 같은 전쟁의 직접적 희생자 말고도, 여기저기 떼지어 몰려다니던 군대의 무리와 피난민의 홍수로 인해 더욱 확산된 굶주림과 페스트의 희생자도 그 수를 헤아릴 수 없었다. 전쟁이 끝난 1648년의 독일 인구는 1,700만 명에서 1,000만 명으로 격감하였다. 이러한 인구손실을 다시 회복하는 데는 무려 150여 년이라는 세월이 소요되었다.

뮌스터－오스나부르크 평화협정은 거대한 유럽적 전쟁을 겪고 난 후 찾아온 유럽적 평화를 의미하였다. 유럽 대륙에서 국가상호간의 전쟁을 영원히 추방할 수 있는 해결책은 유럽의 모든 국가들을 함께 묶는 질서뿐이라는 것을 유럽 국가들에게 확신시키기 위해서 이처럼 전 유럽에 걸친 대규모의 참혹한 전쟁을 필요로 했던 것이다. 이렇게 해서 30년 전쟁으로부터 유럽적 국가공동체가 생겨났고, 또 베스트팔렌 평화조약은 이를테면 유럽적 국제법의 출발점이 되는 유럽적 기본법의 토대를 마련하였다. 물론 이때의 유럽적 국제법이 유럽 국가체제의 안정을 도모하기 위해서는 앞으로도 일련의 관행이나 협정을 더 필요로 하였다. 하지만 이때부터는 일상의 정치를 넘어서는, 또 전쟁시기에도 유효한 구속력 있는 법질서를 마련함으로써 상호공존의 길을 찾으려는 방안이 모색되었다. 이러한 법질서에는 외교관의 특별한 법적 지위, 개전이나 평화체결 때의 형식, 전쟁의 적법성, 평화의 유지, 그리고 무엇보다도 국가주권의 불가침성 등이 포함되었다. 이때부터는 모든 유럽 국가의 존재와 주권이 다른 나라에 의해 인정되었다. 그러한 국가체제의 균형을 지속적으로 유지하기 위해서는, 유럽 변방에 위치한 강력한 국가들, 예컨대 스웨덴, 덴마크, 네덜란드, 영국, 프랑스, 오스만 제국과 러시아와 같은 나라를 서로 떼어놓는 분열되고 허약한 유럽의 중심부가 필요했다. 그래야만 중부 유럽을 전쟁시에는 전쟁의 무대로, 또 평화시에는 전략과 외교의 앞마당으로 활용할 수 있을 터였다. 이렇게 해서 신성로마 제국은 오랫동안의 황폐화로 인해 그 힘이 쇠잔할대로 쇠잔해진 상황에서 유럽 국가체제의 허약한 중심부가 되었다. 베스트팔렌 조약은 바로크적인 다양성의 모습을 띤 국제적 규모의 평화조약이었을 뿐만 아니라 제국의 기본법이기도 하였다. 그리고 이 조약을 통해 비록 명목적이긴 했지만 오랫동안 제국에 속해 있었던 스위스와 네덜란드 공화국이 제국연합에서 떨어져 나갔다.

이렇게 해서 금인칙서와 1555년의 아우크스부르크 종교회의를 통해 이미 그 기초가 형성되었던 제국의 오래된 헌법은 보완되고 심화되었다. 이때부터 카톨릭과 프로테스탄트는 제국의 여러 제도와 기관들을 두고 동등한 대표권을 행사하였다. 그리고 각각의 교파세력은 그 자체가 제국의 독자적 헌법기관이 되었다. 제국회의가 개최되면, 신교 연합세력과 구교 연합세력은 한 교파가 다른 교파를 제압해서 우위권을 차지하는 위험없이 각각 독립적으로 종교문제를 논의하였다. 그리고 칼뱅교 역시 법적으로도 제3의 신앙공동체로 인정받게 됨으로써 제국의 다양한 교파는 모두 법적 보장을 받게 되었다. 이와 동시에 영주들은 모든 종교적, 세속적 문제에 대해 완전한 주권을 획득하게 되었다. 또한 이때부터 그들은 자신들의 독자적인 군대를 모병하고 제국 내의 다른 세력이나 외국세력과 동맹관계를 맺을 수도 있게 되었다. 이로써 독일의 영방군주들은 모두 독자적인 국제법의 주체가 되었다. 단지 그들의 주권은 제국이나 제국의 기관들, 예컨대 제국회의, 제국법정, 제국궁정회의 등에 계속 충성을 해야 하는 의무에 의해 제한받았을 따름이다.

　　독일 영방군주나 제국 직속도시에 자유권이 주어짐으로써 생겨난 제국의 분열과 취약성은 프랑스와 스웨덴이라는 양쪽 날개세력에 의해 더욱 굳어지게 되었다. 프랑스는 한때 주교령이었던 메츠, 투울, 베르댕 이외에도 합스부르크로부터 엘사스 지방의 지배권을 획득하고, 독일 영주들과 매우 적극적인 동맹관계를 맺음으로써 독일 제국 내에서 자신들의 영향력을 강화하고자 하였다. 스웨덴 역시 오데르강, 엘베강, 베저강 하구에 위치하고 있던 폼메른 지방과 한때 주교령이었던 베르덴과 브레멘같은 중요한 지역을 소유하게 됨으로써 제국 소속의 제후국의 하나가 되었다. 북구전쟁에서 스웨덴이 러시아에 패배함으로써 스웨덴의 세력이 몰락하게 된 이후에는 러시아가 제국을 견제하는 동쪽 날개의 역할을 맡게 되었다. 그리고 러시아는 프랑스와 연합하여 제국 내의 어떠한 변화도 가능한 한 억제하려고 노력하였다. 이때부터 제국의 체제와 헌법은 독일만의 문제가 아니라 유럽 전체의 문제가 되었던 것이다.

3장

제국의 황혼 (1648-1806)

독일 사람들은 훗날 뮌스터-오스나부르크 평화조약을 독일 역사의 불행 혹은 최하강점으로 간주했다. 실제로 민족국가의 건설을 모든 독일 역사의 목표로 보는 시각에서 보면 이 평화질서는 중대한 퇴보를 의미할 수밖에 없었다. 1889년 독일의 역사가 지벨은 "제국의 권력과 민족의식은 제로 상태로 하강하였고, 분권주의가 독일 땅과 독일인의 정신을 완전히 장악하였다"라고 당시의 상황을 한탄하고 있다. 이 말은 완전히 틀린 말은 아니지만 그렇다고 완전히 맞는 말도 아니다. 우리가 거의 주목하지 못한 놀라운 사실 한 가지는, 그럼에도 불구하고 신성로마 제국이 계속 존속했다는 점이며, 그것도 유럽 강대세력의 보장을 통해서 뿐만 아니라 중세 이래로 면면히 이어져온 독일 자체의 봉건적 특권과 의무를 통해 존속했다는 점이다. 제국의 제후들은 계속해서 이러한 봉건적 질서 위에서 그들의 수장인 황제와 봉건적 관계를 유지하고 있었으며, 황제와 제후는 이러한 봉건적 관계를 통해 하나의 법적 공동체를 형성하고 있었다. 이 법적 공동체는 비록 무겁고 유연성이 없었으며 또 전체를 조감할 수 없을 정도로 복잡했지

작센 선제후로서의 프리드리히 아우구스트 1세와 폴란드 왕으로서의 아우구스트 2세

루이 드 실베스토르(아들), 1728년경

강건황 아우구스트(1694-1733)는 독일 바로크 왕들 중 가장 화려하고 가장 민중적인 왕들 중의 한 사람이었다. 번영했던 경제에 힘입어 그는 비인 궁정의 화려함을 모방하여 작센국의 궁정문화를 꽃피웠다. 또한 그는 카톨릭으로 개종하여 폴란드 왕이 됨으로써 정치적으로도 성공을 거두었다. 실베스토르가 그린 이 초상화에서 그는 폴란드 왕으로 묘사되고 있다. 그가 입은 갑옷 위로 흰 독수리가 새겨진 폴란드 훈장의 푸른 띠가 둘러져 있고, 허리를 감고 있는 띠 역시 흰색과 붉은 색의 폴란드 색깔을 하고 있다. 그림 뒷면에 보이는 왕가의 다른 장식은 화가가 직접 고안한 것이다.

만 그래도 그것은 균형과 평화를 유지시켜 주었던 하나의 질서였다. 이 질서는 크고 작은 제국 내의 영방국가들을 보호해주었고 또 수세기에 걸쳐 성장해 온 다양하고 이질적인 독일 국가형태에 모든 사람들이 인정하는 하나의 틀을 마련해주었다. 제국의 이러한 법적 질서는 유럽 강대국들이 이루어낸 일반적 조화 속에 자리잡고 있던 하나의 작은 평화질서였다.

그러나 이러한 제국의 국가형태는 당시 사람들의 눈에는 너무 낡고 시대낙후적이며 좀처럼 이해하기 힘든 그 어떤 것이었다. 1667년 법학자 푸펜도르프가 제국헌법을 두고 한 유명한 비판처럼 제국은 마치 괴물과 같은 모습을 하고 있었다. 이러한 그의 비판은 황제의 검열에 의해 곧 금지되긴 했지만, 동시대 사람들의 호응으로 그 이후까지 계속 인용되었다. 제국의 이러한 전통적 낙후성은 다른 요인들이 합쳐져서 더욱 심화되었다. 30년 전쟁으로 인구는 격감하고, 빈곤은 만연한 상태였다. 이에 뒤질세라 경제도 계속 침체되었는데, 왜냐하면 제국소속 지역은 대서양의 세계무역과 대서양 저편에서 벌어졌던 해외 식민지정복의 과실로부터 차단되어 있었기 때문이다. 하나의 예외는 '대선제후'였던 브란덴부르크의 선제후 프리드리히 빌헬름(1640-1688)이 아프리카 서해안에 식민지를 경영했다는 정도였다. 하지만 이 식민지 경영 역시 충분한 여건이 갖추어지지 않은 상태에서 진행되었기 때문에 결국은 식민지를 네덜란드에 매각하지 않으면 안 되었다. 또 자본이 부족한 데다가 제국 내의 대다수 영방국가들의 크기가 너무 작아 보다 큰 규모의 경제공간을 형성하기가 그리 쉽지 않았다. 게다가 우스울 정도로 구석구석 들어서 있던 관세장벽 때문에, 어떤 상인이 자신의 상품을 라인강을 따라 바젤에서 쾰른까지 운반하려고 하면 10Km마다 세관에 들러 관세를 물어야만 했다. 당시 제국의 풍경을 지배하고 있던 분열된 수많은 군소 영방국가들은 낙후된 국가체제를 근대적 행정체계를 갖춘 국가로 변화시킬 수 있는 어떠한 수단이나 힘도 소유하지 못했다.

대신 많은 군소제후들은 베르사이유 궁정이나 비인 황제궁의 위용이나 화려함을 그대로 모방함으로써 자신들의 정치적 독자성을 입증하려고 부단히 노력하였다. 제후적 위엄의 바로크적 과시, 고도로 세련된 궁정적 의식절차, 통치자의 왕권신수설의 강조, 궁정의 신민과의 거리두기 — 이 모든 것들이 절대주의 군주의 이미지 연출에 기여했다. 이 절대주의의 원형은 베르사이유궁의 루이 14세, 즉 태양왕이었다. 이로 인해 독일 신민들에게는 절대주의의 달갑지 않은 변형이 생겨났는데, 왜냐하면 프랑스, 스페인, 오스트리아 같은 큰 나라의 경우와는 달리 소규모의 독일 영방국가의 궁색한 공간 속에서는 절대군주의 시선을 피해 갈 수 있는 다른 가능성이 거의 없었기 때문이다. 백성들의 입장에서 볼 때, 권력자의 손길은 너무 가까이 있었다. '부름을 받지 않으면 제후들에게 가지 말라'는 충고는 이런 상황 속에서 생겨났던 것이다. 이것은 정녕 자의식에 바탕한 자유로운 시민정신이 펼쳐지기에는 열악한 조건이었다.

밖에서 볼 때 당시의 제국은 허약하고 위엄이 없는 것처럼 보였다. 한때 서유럽의 강대국이었던 스페인을 대신해 등장한 루이 14세의 프랑스는 영토를 확장하기 위해 멀리 동쪽과 북쪽을 공략하였다. 즉 프랑스는 합스부르크 소속의 북부 이탈리아, 상류 라인강 지방과 엘사스 지방에서부터, 당시의 스페인 영토였던 네덜란드에까지 이르는 전략적으로 중요한 진군통로와 군사적 요충지를 확보함으로써 영토확장의 교두보를 마련하였다. 하지만 태양왕에게 중요했던 것은 자연스러운 경계인 라인강을 획득해서 라인강 동쪽 지역을 확보하는 일이었고 그럼으로써 파리와 적군의 진군통로 사이에 가능한 넓은 완충지대를 마련해두는 것이었다. 프랑스 군대는 엘사스 지방과 팔츠까지 진군해 그 지역을 무자비하게 황폐화시켰다. 반면 이에 맞선 제국군의 저항은 미미했다. 전쟁 후 비인에 파견된 프랑스의 외교사절은 모욕적이고 위협적인 연설을 했는데, 황제 레오폴트 1세(1658-1705)는 이를 반격할 엄두도 내지 못하였다. 라인 지방의 선제후들, 특히 브란덴부르크의 대선제후 프리드리히 빌헬름은 조금도 주저하지 않고 황제에 대항해서 한때 프랑스와 동맹을 맺기도 하였다. 프랑스군이 제국도시 슈트라스부르크를 접수하고 난 후 황제와 제국은 1648년 레겐스부르크에서 치욕적인 휴전협정을 맺게 되었고, 이 협정에 의해 프랑스는 정복한 모든 도시와 영토를 소유할 수 있게 되었다. 이 휴전협정은 1697년의 리즈비크 평화조약에 의해 다시 공식적인 확인절차를

슈베칭겐 궁정 연못에서의 사냥
야코부스 슈락터(?), 1730년경

궁정 안에 인위적인 연못을 만들어 사냥을 하고 있다. 사냥축제의 참가자들은 들짐승을 연못 속으로 몰면서 별로 힘들이지 않고 사냥감을 죽이고 있다. 연못 뒤에 그려진 전원적 배경은 이 사냥축제의 흥을 한껏 돋구어주고 있다. 사냥은 전적으로 귀족과 궁정의 특권에 속했다. 그것은 기사적 훈련의 한 형식으로 여겨졌고, 일반민중들이 하는 밀렵은 귀족적 특권의 침해로 간주되어 과도할 정도로 심한 처벌을 받았다. 비용이 많이 드는 이러한 종류의 몰이사냥은 18세기에 와서 사라졌지만 사냥은 계속해서 귀족이 즐기는 취미나 소일거리의 하나가 되었다. 이 귀족적 특권은 시골주민들의 원성에도 불구하고 19세기에 이르기까지 귀족들이 기를 쓰고 지키려고 했던 특권 중의 하나였다.

1683년 터키군의 비인 포위와 구원군들
1700년경

1683년 6월 25일 25만 병력의 터키군이 무스타파의 지휘하에 비인까지 육박하였다. 9주 동안의 포위 끝에 절체절명의 위기에 처했던 비인 시는, 폴란드 왕 얀 조비에스키가 이끄는 기독교 연합군과 황제의 야전사령관 칼 폰 로트링겐에 의해 가까스로 해방되었다. 이로써 터키군의 확장야욕은 일단 한풀 꺾였지만, 그 후에 이어지는 터키와의 전쟁은 합스부르크가의 관심을 계속해서 동남 유럽, 즉 발칸 지역으로 향하게 하였다.

밟았다. 제국의 입장에서 볼 때, 당시로서는 다른 선택의 여지가 없었는데, 왜냐하면 제국은 프랑스의 묵인 아래 동쪽 경계선을 위협했던 보다 더 위험한 적을 저지해야만 했기 때문이다.

  1683년 기독교의 오랜 앙숙인 터키가 카라 무스타파 재상의 지휘 아래 비인 앞까지 육박했다. 완전히 포위당한 비인에, 로트링겐의 칼과 폴란드 왕인 얀 조비에스키가 이끄는 제국 및 폴란드의 구원군이 마지막 순간에 기적처럼 도착하였다. 지금까지 휴전조약을 오가며 전쟁을 지리하게 끌어오던 황제 레오폴트 1세도 분연히 일어나 모든 병력을 한곳에 집중시켜 오스만의 위협에 대항하는 결정적 전투를 감행하였다. 터키 전쟁(1683-1699)은 루이 14세에 대항해 싸웠던 라인 지방 전투와는 달리 대단히 성공적으로 전개되었다. 황제측의 선전활동이 본격적으로 가동되었고, 승리를 거둔 야전사령관들의 이름이 뭇 사람들의 입에 오르내렸다. 사보이의 왕자 오이겐은 '고귀한 기사'로, 바이에른의 막스 엠마누엘은

1701년 1월 18일에 거행된 프로이센 왕 프리드리히 1세의 대관식을 알레고리적으로 묘사한 그림

동판화, 18세기 전반기

프리드리히 대왕은 그의 할아버지인 프리드리히 1세의 업적을 다음과 같이 요약하고 있다. "프리드리히 1세는 몇몇의 영토를 획득했지만, 그 영토들은 너무 보잘 것없어서 다른 유럽 국가들의 주목을 받지 못했다. 하지만 그의 약점은 자기 집안에 이익을 주는 방향으로 작용했다. 그의 허영심은 그에게 처음에는 좀 허황되게 보였던 왕의 타이틀을 가져다주었지만, 결과적으로 이 타이틀은 나중에 그에게 튼튼한 기반을 마련해주었다."

'푸른 선제후'로, 바덴의 변경백 루드비히는 '터키의 루이'로 불리웠다. 그들의 영웅적 행위는 엄청난 소문과 센세이셔널한 전단, 그리고 민중가요의 소재를 제공하였다. 황제와 제국을 지지하는 열광의 물결이 전 독일을 휩쓸었다.

그런데 여기서 주목할 만한 점은, 프랑스에 대한 패배는 사람들의 의식 속에 제국의 잘못으로 돌려진 반면, 슐레이만 3세와 아메드 2세에 대한 승리는 오스트리아의 공으로 간주되었다는 점이다. 이 사실은 합스부르크가의 프로파간다가 성공을 거둔 것을 의미하며, 또 오스트리아가 이미 제국과의 연결고리를 끊고 현대적 강대국가로 독자적 발전을 하기 시작했다는 것을 말해주는 하나의 징표이다.

비인에 거주하는 황제는 동시에 오스트리아 왕가의 수장이기도 했다. 오스트리아 왕가는 실제로는 각각 서로 다른 법체제와 독자적인 대표기관을 지닌 여러 영지로 구성된 연합체국가의 성격을 띠고 있었다. 여기에는 전통적으로 내려오던 오스트리아 대공국, 스타이어마르크, 케른텐, 카린 공국, 티롤 백작령이 속해 있었다. 그 밖에도 모라비아 변경백령과 슐레지엔 공국을 포함한 보헤미아 왕국과 제국의 경계 밖에 위치하고 있던 헝가리 왕국이 오스트리아 왕가에 소속되어 있었다. 황제의 권한은 베스트팔렌 조약 이후 엄격하게 제한되어 있었는데, 그럴수록 합스부르크가의 통치자들은 한층 더 강력하게 그들 가문영지의 힘을 공고히 하는데 혼신의 노력을 기울였다. 이렇게 해서 그들은 다양하고 다채로운 오스트리아의 독자적 세계를 구축하였던 것이다. 비인은 이러한 다채로운 세계의 압축판이었다. 이때부터 유럽 메트로폴의 하나로 발전한 비인은, 남독일, 보헤미아, 헝가리의 문화가 이탈리아, 프랑스, 스페인 등과 같은 카톨릭 문화와 뒤섞이면서 바로크적이고 코스모폴리탄적인 화려한 문화를 꽃피우는 도시가 되었다. 만약 비인이 없었더라면, 독일의 다른 곳에서 살고 있던 유행에 뒤진 굼뜬 독일인들이 그같은 화려한 문화를 접하기는 도저히 어려웠을 것이다.

하지만 오스트리아의 권력은 신교지역과 카톨릭 지역을 가르는 경계선을 넘어 북쪽에까지 미치지는 못하였다. 북독일에서 황제의 권력

키 큰 보병 제임스 커커란트, 프리드리히 빌헬름 1세의 근위대의 한 병사
요한 크리스토프 메르크, 1714년경

프로이센이 유럽 강대국으로 부상한 것은 거대한 규모의 군사력 덕분이었다. 자주 인용되는 미라보 백작의 말을 빌면 "프로이센 군주국은 군대를 가진 나라가 아니라 나라를 가진 군대이다. 이 나라는 단지 병영을 차리고 있는 군대일 따름이다." 프리드리히 빌헬름 1세(1713-1740)는 인구에 비례해 유럽에서 가장 큰 규모의 군대를 건설했지만 전쟁은 한 번도 치르지 않았다. 그 대신 그는 포츠담에 있는 그의 근위대를 위해 키 크고 건장한 병정들을 전 유럽에서 모집하였고, 몹시 근검절약 하면서도 군대를 양성하는 데는 돈을 아끼지 않았다. 전 유럽 사람들은 '포츠담의 근위대'를 프리드리히 빌헬름의 별난 취미라고 조롱하면서 프로이센 군대를 심각하게 생각하지 않았다.

야전 사령관 복장을 하고 있는
프리드리히 2세(프리드리히 대왕)
앙트왕 페슨, 1745년경

3장 | 제국의 황혼　89

이 약화되는 것과 병행해서, 이 지역의 강국인 스웨덴과 폴란드의 국력 역시 점점 쇠락의 길을 걷고 있었다. 이러한 중부 유럽의 권력공백을 비집고서 들어선 것이 새로이 부상한 브란덴부르크-프로이센이었다. 호헨쫄레른가의 강력한 통치의지와 엄청난 조직능력에 힘입어 생겨난 프로이센은, 상당부분 인위적으로 건조된 영토였지만 지속적으로 살아남는 데 성공했다. 이 국가는 오랫동안 선제후에 의해 통치되어온 브란덴부르크, 라인강 하류에 위치한 클레브, 마르크, 라벤스베르크와 같은 조그만 영지, 그리고 훗날 동프로이센으로 알려진 프로이센으로 구성되어 있었다. 특히 프로이센(동프로이센)은 독일어 사용권의 북동쪽 끝에 위치하고 있었으며, 예전부터 신성로마 제국 경계선 밖에 자리잡고 있었다.

선제후 프리드리히 3세(1688-1713 재위)가 1701년 쾨니스베르크에서 스스로 '프로이센의 왕'으로 대관식을 갖고 난 이후 프리드리히 1세 왕으로 불리워지길 바랐을 때 비인 사람들은 그를 비웃으면서 정신나간 사람으로 치부하였다. 그가 대관식을 가졌다고 해서 자기 영토에 변화가 생긴 것은 아무것도 없었다. 프랑스나 바이에른, 심지어 합스부르크가 상속한 다채로운 오스트리아 영지와 비견될 만한 확고한 영토를 그는 갖지 못했다. 프로이센처럼 이곳저곳 영토가 산재되어 있는 형태의 국가는 유럽에 여러 개 존재했었다. 하지만 이러한 나라는 전쟁에 이기거나 왕조상속에 힘입어 일정기간 유지되다가도 곧 사라지는 것이 상례였다. 그러나 프로이센은 예외 중의 예외였는데, 왜냐하면 프로이센은 자신의 문제에 적극적으로 대응해서 이를 해결하는 방책을 찾아내는 데 성공했기 때문이다.

프로이센이 당면했던 문제는 그 자체로서는 풀 수 없는 파라독스적 성격을 지니고 있었다. 유럽의 중심부에 위치한 프로이센의 지정학적 위치는 어떤 이웃나라도 위협을 느끼지 않는 외교정책을 요구하였다. 동시에 경계가 사방으로 노출되어 있는 상황에서는 언제든지 외국군대가 쳐들어올 수 있었기 때문에 프로이센의 지속적인 존립은 불안할 수밖에 없었다. 역사적인 선례를 보면 이러한 상황에서 벗어날 수 있는 길은 두 가지였다. 그 중 하나는 신성로마 제국이 그랬던 것처럼 제국 전체를 이

옷나라의 정치적 영향권에 그대로 노출시킴으로써 이웃나라가 국내정치에 영향력을 행사하고 그것을 통제하도록 허용하는 것이었다. 이 길은 유럽 중심부의 큰 국가인 폴란드가 선택한 길이기도 했다. 이로 인해 폴란드는 주권을 잠식당하고 무정부상태에 빠져 급기야는 이웃나라들에 의해 분할되는 운명을 감수해야만 했다. 폴란드의 분할은 이러한 상황에서 일어났다. 두 번째는 프로이센이 선택한 길로서 철저하게 국가를 조직하고 군대를 양성해서 서로 멀리 떨어져 있는 국경선에 어떠한 이웃나라의 연합군이 공격을 해오더라도 이를 격퇴하는 것이었다.

중요한 것은 무슨 일이 있더라도 전쟁에 이기는 것이었는데, 왜냐하면 유럽의 다른 국가들은 전쟁에 지면 배상금을 지불하거나 영토의 일부를 양도하더라도 국가의 존폐에는 아무런 문제가 없었지만, 새로이 급부상한 프로이센의 경우에는 일체의 충돌은 존재하느냐 존재하지 않느냐 하는 문제와 직결되었기 때문이다. 게다가 브란덴부르크 – 프로이센은 가난하기 이를 데 없었고 아무런 부존자원도 없었으며 인구도 다른 나라에 비해 너무 적었다. 1700년경 프로이센에는 310만 정도가 살고 있었다면, 폴란드에는 600만, 합스부르크 국가들에는 810만, 러시아에는 1,700만, 그리고 인구가 가장 많았던 프랑스에는 2,000만 명이 살고 있었다.

다른 유럽 국가들과 비교해 볼 때, 1740년의 프로이센은 영토 크기로는 10번째, 인구수로는 13번째, 군사적 규모로는 3번째 혹은 4번째로 큰 국가였다. 그렇기 때문에 프로이센에서는 군사적 부분이 과도할 정도로 큰 비중을 차지하였고, 그같은 군사력을 유지하면서도 마지막 남은 힘까지 동원하기 위해서는 삶의 모든 영역을 철두철미하게 관료적으로 조직할 수밖에 없었다. 훗날 유럽 이웃나라 사람들이 프로이센의 본질 또는 독일적 본질로 간주하여 탐탁치않게 생각했던 독일적 특성들, 이를테면 도시적 세련성이나 삶의 즐거움을 알지 못한 채 너무 진지하고 경직되게 살아가는 삶의 태도는 이렇게 해서 생겨났다. 하지만 이 모든 것들은 브란덴부르크–프로이센이 살아남기 위한 전제조건들이었다. 바로 이러한 전제조건들 덕분에 마침 이 시기에 왕이 된 프리드리히 2세, 즉 프리드리히 대왕(1740-1786)은 치밀하게 계산된 슐레지엔 침공을 1740년 12

월에 성공적으로 수행할 수 있었던 것이다.

젊은 프로이센 왕의 기습공격은 전 유럽에 센세이션을 일으켰다. 전쟁의 먹구름은 이미 1740년 10월 20일에 황제 칼 6세가 죽자 짙게 드리워져 있었다. 황제에게는 대(代)를 이을 아들이 없었기 때문에 오래 전부터 그는 "국사소칙"이라는 후계자 승인을 위한 현실적 법령을 통해 자신의 딸인 마리아 테레지아를 후계자로 삼으려고 시도해왔다. 유럽 국가들의 동의를 얻어내어 분할없이 오스트리아의 왕위를 계승시키려던 황제의 이러한 계획에 유럽 강대국들은 제동을 걸면서 합스부르크가의 약점을 이용하려고 하였다. 황제가 죽기 이전에 이미 프랑스, 스페인, 바이에른, 작센 내각에서는 해체될 운명에 놓여 있는 것처럼 보였던 합스부르크 왕국의 영토를 분할하려는 계획을 짜기 시작하였다. 하지만 프리드리히 2세가 이러한 계획에 선수를 친 것이다. 그에게 있어 슐레지엔 침공은 모든 것을 건 도박이었다. 만약 전쟁에 패배한다면 프로이센이 살아남지 못할 것이라는 것을 그는 너무나 잘 알고 있었다.

18세기 유럽에서는 국경선의 변경이 드문 일도 아니었다. 큰 전쟁의 결과로 전체 영방국가들이나 심지어 제국들의 주인이 바뀌기도 하였다. 예컨대, 오스트리아는 터키와의 전쟁을 통해 헝가리 대부분의 지방을 획득하였고, 그 외에도 바라트, 세르비아 지방과 왈라치아(현재 루마니아의 일부)의 일부분을 차지하였다. 프랑스는 1776년 로트링겐을 확보했고, 나폴리와 시실리는 그 주인이 두 번이나 바뀌었다. 러시아는 스웨덴으로부터 에스토니아와 리보니아를 얻어냈고, 오스트리아도 남부 네덜란드의 통치권을 스페인으로부터 넘겨받은 바 있었다. 그런데 이런 경우에도 대부분은 의식절차에 따른 엄격한 국제법이나 외교적 규약에 의해 영토분할이나 병합이 이루어졌는데, 루이 14세의 거대한 약탈전쟁 때에도 이러한 규약은 지켜지고 있었다. 하지만 프리드리히 2세의 슐레지엔 침공은 이런 규약을 무시한 기습공격이었다. 그가 이런 모험을 감행한 것은, 볼테르에게 보낸 그의 편지가 말해주듯, '신문에 자기 이름이 나고 나중에는 역사에 자기 이름이 기억될 것이라는' 공명심 때문이었고, 또 국가이성을 위한 것이기도 했다. 그는 프로이센이 왕국이라기 보다는 선제후국에 가까운 어중간한 형태의 국가가 아닌 유럽의 강대국이 되기를 원했다.

프리드리히는 기습공격과 또 아버지가 물려준 대단히 잘 훈련되고 무장된 군대로부터 큰 도움을 받았다. 그리고 아무런 주저없이 평화를 파괴하는 프로이센과 동맹을 맺어 합스부르크 영토의 일부를 챙기려는 다른 유럽 국가들의 탐욕스러운 권력욕으로부터도 큰 이득을 얻었다. 작센, 바이에른, 스페인, 프랑스의 지원 아래 프리드리히는 제1차 슐레지엔 전쟁(1740-1742)에서 슐레지엔의 대부분을 차지할 수 있었다. 오스트리아의 반격이 두려워 프리드리히가 먼저 시작한 제2차 슐레지엔 전쟁(1744-1745)은 오스트리아, 영국, 작센의 연합군과의 싸움에서 무승부로 끝이 났다. 이 전쟁의 결과로 오스트리아는 슐레지엔의 대부분을 포기하였고 그 대가로 프로이센은 마리아 테레지아를 합스부르크가의 상속자로, 그리고 그녀의 남편인 로트링겐-토스카나공(公) 프란츠 슈테판을 제국의 황제로 인정하였다.

이 전쟁의 결과, 중부 유럽의 관점에서 보면 엄청난 변화가 일어나게 되었다. 독일이 마인강을 따라 두 진영으로 분열된 것이다. 남쪽의 황제권력에 맞서 이제는 북쪽에도 황제권력에 거의 필적하는 반대권력이 등장하였다. 또 카톨릭 황제는 호헨쫄레른 왕의 모습으로 등장한 또 하나의 프로테스탄트 반대황제와 대결하게 되었다. 이때부터 신교지역의 독일은 제국 자체 내에서 보호자를 갖게 되어 더이상 외국 권력의 보호를 받을 필요가 없게 되었다. 하지만 오스트리아는 슐레지엔의 상실을 순순히 받아들일 수 없었고 또 그럴려고 하지도 않았다. 그러기에는 이 지방이 너무 중요했기 때문이다. 오스트리아 세수입의 18%가 이 부유한 지방으로부터 나왔고 또 이 지방은 오스트리아가 북동쪽으로 뻗어나가는 데 없어서는 안 될 전략적 요충지였기 때문에 당시의 오스트리아 재상 카우니츠 백작은 이 지방을 도저히 포기할 수가 없었다. 그리하여 14년 후에는 슐레지엔과 독일어권 내에서의 패권을 두고 또다시 전쟁이 발발하였는데, 이것이 곧 7년 전쟁(1756-1763)이었다. 그런데 이때의 프로이센은 유럽의 세력균형을 교란하는 문제아였고 또 프로이센의 권력이 너무 강해지는 것을 두려워했기 때문에 이에 대항하여 오스트리아, 프랑스, 러시아, 그리고 대다수의 제국 제후국들이 막강한 연합전선을 펼치게 되었다.

수적으로나 승산에 있어서 절대적 열세에 있었던 프로이센이 이 전쟁에 승리함으로써 프리드리히는 비로소 대왕이라는 칭호를 얻게 되었다. 물론 그가 이 전쟁에서 승리할 수 있었던 데에는 영국의 재정적 도움과 러시아 여황제 카타리나의 예기치 못한 죽음이 큰 역할을 하였다. 그러나 이에 못지 않게 그의 야전사령관으로서의 천부적인 전략적 재능과 죽기살기로 전쟁에 임하는 강한 의지, 그리고 동화에 나옴직한 행운도 큰 몫을 하였다. 그런데 유럽의 여러 나라가 벌였던 이 전쟁은 대양의 패권을 두고 또 아메리카와 아시아의 거대한 식민지를 두고 영국과 프랑스가 벌였던 전세계적 차원의 패권싸움의 한 모서리 싸움에 지나지 않았다. 영국의 입장에서 보면, 프로이센은 프랑스가 인도와 아메리카에 군대를 투입시키는 것을 저지시키고 프랑스를 대륙에 묶어두기 위해 활용했던 '대륙의 검(劍)'에 불과했다. 양쪽이 모두 기진맥진한 상태에서 1763년 2월 15일에 체결된 후베르투스부르크 강화조약을 통해 프로이센은 유럽 강대국으로서의 지위와 함께 슐레지엔 소유를 보장받게 되었다. 그리고 5일 후에는 곧 파리 평화조약이 체결되었는데, 이 조약에 의해 프랑스는 해외 식민지의 대부분을 영국에 양도하였다. 이러한 의미에서 한때 영국의 수상이었던 윌리엄 피트(1708-1778)는 아메리카 정복은 아메리카에서가 아니라 독일에서 이루어졌노라고 말한 바 있다.

7년 전쟁 이후, 독일 국가들은 상당할 정도로 제국으로부터 독립해서는 유럽 국가체제 내에서 정치적 행동력을 갖춘 주권국가의 위치로 격상한 것처럼 보일 정도였다. 오스트리아, 프로이센, 바이에른, 작센, 뷔르템베르크와 같은 독일 국가들은 프랑스나 폴란드와 동일한 격을 지닌 국가였다. 그렇다면 제국은 어떠했는가? 이 시기의 제국은 정치적 실체라기 보다는 사라져가는 하나의 신화였다. 제국은 기껏해야 비인의 제국궁정, 베츨라의 제국최고법정, 레겐스부르크의 '영원히 지속되는' 제국회의 등으로 이루어진 법적 구조물에 불과했다. 오랜 제국도시 프랑크푸르트에서 성장한 괴테는 1764년 훗날 황제 요제프 2세가 된 독일 왕의

헝가리 여왕으로서의 여황제 마리아 테레지아
마틴 반 마이텐스(아들), 18세기 후반

대관식을 보았다. 이 대관식은 그에게 낯설고 이국적인 스펙타클이었으며 알 수 없는 상징으로 가득찬 끝없이 이어지는 복잡하고도 케케묵은 의식으로 느껴졌다. 그럼에도 불구하고 이 의식은 그에게 일말의 감동을 불러 일으켰는데, 그것은 수없이 많은 고문서와 책들에 묻혀 있다시피한 제국이 순간적으로나마 되살아난 것처럼 보였기 때문이었다.

하지만 그렇다고 제국이 완전히 형이상학적 구도로서만 존재한

안할트 지방 보병연대의 모병 광고
독일 1762/63

프로이센의 모든 지역이 연대규모의 병력을 공급하였지만, 인구의 숫자가 너무 적어 왕이 요구하는 규모의 병력을 충족시킬 수가 없었다. 그래서 프로이센의 모병관들은 전 유럽을 돌면서 '건강하고 잘 생긴 남자'를, 필요한 경우에는 범죄적 수법까지 동원해가면서 끌어모으려 하였다. 이 모병 포스터는 훈련을 하기도 하지만 병영생활이 즐겁기도 하다는 것을 암시하고 있다. 이 광고의 내용을 보면, 읽고 쓰는 것 말고도 프랑스어, 춤, 펜싱 등을 가르치고 입대 장려금을 지불하며 술을 통째로 제공한다고 선전하고 있다

것은 아니었다. 소규모의 영방국가들, 주교령, 제국도시, 제국기사단령과 같이 탐욕스러운 이웃강대국들의 공격에 노출될 수밖에 없었던 군소국가들에게 제국과 황제는 여전히 자신들을 보호해 줄 후원자이자 버팀목이었다. 그러나 합스부르크가에 동조했던 독일 국가들의 군대로 이루어진 제국군대가 긴 슐레지엔 전쟁 동안 담당했던 역할은 유럽 강대국의 연합군 군대에 비하면 지극히 미미했다. 프리드리히 대왕이 재채기만 해도 제국군은 줄행랑을 쳤다는, 조소하는 민중들의 노래를 보면 당시 제국의 상황이 얼마나 무력하고 열악했던가를 알 수 있다.

이러한 상황에서 전쟁이 끝나고 난 1763년 이후에는 제국을 어떻게 개혁하고 혁신해야 할 것인가 하는 문제를 두고 열띤 토론이 벌어졌다.

토론에서는, 아직 반쯤 정도는 제국에 속해 있긴 하지만 이미 강력한 독립국가로 부상한 오스트리아와 프로이센과는 별도로 다른 군소 영방국가들이 서로 합쳐 새로운 국가연합을 결성해서 제3의 독일을 만들자는 안이 큰 호응을 얻었다. 이러한 제3의 독일안은, 제후들이 제국에 충성의 의무를 지면서 황제와 제국의 결속을 유지했던 제국과 영방국가들 사이의 오래된 옛 관계를 다시 부활하자는 것이었다. 시저와 칼 대제, 막시밀리안 1세 이후에도 신성로마 제국은 숱한 변화를 겪으면서도 언제나 새로운 모습으로 다시 등장하였다. 그렇다면 이제라고 제국이 다른 모습을 띠면서 거듭나지 말라는 법도 없지 않겠는가? 하지만 18세기 후반에 이르기까지 중부 유럽의 판도는 아직도 명확한 윤곽을 잡지 못하고 있었다. 보호를 필요로 했던 수많은 군소 영방국가들이 새로이 제국에 대한 애국심을 보였던 반면, 합스부르크가와 호헨쫄레른가의 신민들은 슐레지엔 전쟁을 치르면서 일깨워진 자국에 대한 애국심을 갖게 되면서, 이 양자는 매우 대조되는 모습을 보였다.

하지만 제국과 그 제도가 엄연히 존재하고 있는 현실 속에서 '독

일'이라는 개념이 무엇을 의미하는지는 여전히 애매모호한 상태였다. 1656년 당시 작센국의 관리이자 정치이론가였던 제켄도르프(Ludwig von Seckendorff, 1626-1692)가 저술한 『독일 제후국가』를 보면, 그는 좀처럼 그 실체를 묘사하기 힘든 '독일 국가(deutsche Nation)'라는 것이 정치적 의미에서 존재하고 있긴 하지만, 이 국가 안과 밑에는 또다른 수많은 국가들이 존재하고 있다는 사실을 지적하고 있다. 300개가 넘는 영방국가들이 국가라는 이념과 이름 하에 존재하고 있었던 것이다.

17세기와 18세기에도 독일(deutsch)이라는 것은 언어적 개념으로 간주되었을 뿐 그 이상은 아니었다. 때로는 이 언어의 미래에 대한 전망마저 불투명하였다. 여기저기에서 독일어를 보존하고 육성하려는 언어협회가 식자층 사이에서 결성되었다. 바이마르와 뉘른베르크에서 생겨났던 언어협회가 대표적인 것이었다. 이들 협회는 프랑스 아카데미를 모델로 삼아 순수한 독일어를 육성하고 지키려고 애썼지만, 너무 엄격한 그들의 순수주의는 종종 동시대인의 조소를 자아냈다. 그런데 여기서 주목할 만

1500년과 1800년 사이 독일 인구와 유럽 인구에서 여러 신분이 차지하는 비율

중세와 근대 초기의 유럽인들은 그들의 사회적 질서를 여러 신분들의 피라미드로 이해했다. 일반적으로 말하면, 귀족과 성직자들이 지배층을 형성하고 그 아래 시민계급과 농민층이 있었다. 각 신분이 차지하는 인구의 비율은 수세기에 걸쳐 거의 일정하며, 독일의 경우도 유럽과 큰 차이가 없다. 이 도표는 독일 및 유럽의 사회가 매우 정적이었음을 말해주고 있다. 다만 농촌지역의 인구에서만 변화가 일어나고 있는데, 그 이유는 전반적인 인구의 증가와 상속을 통한 농가의 끊임없는 분가로 인해 땅이 줄거나 땅이 없는 농가의 수가 증가했기 때문이다.

신분		주민 구성성분 비율			
		독일		유럽	
		1500	1800	1500	1800
귀족(지배계급)		1-2	1	1-2	1
시민(도시거주자)		20	24	20	21
농민(농촌거주자)		80	75	78	78
농민 중에서	농토를 가진 자	60	35	53	43
	농토도 재산도 갖지 못한 자	20	40	25	35
인구(단위: 백만)		12	24	55	190

한 점은, 독일어를 지키고 순화하려는 그러한 노력이 독일 신교지역에 국한되어 일어났다는 사실이다. 사실 이것은 전혀 놀라운 일이 못 되는데, 왜냐하면 프로테스탄트 지역 독일에서 표준문어체의 기준이 된 것은 마르틴 루터가 성서를 번역할 당시 주로 사용했던 마이센-작센 지방의 방언이었기 때문이다. 19세기에 와서도 독일의 위대한 언어학자 야콥 그림(Jacob Grimm)은 그의 저서 『독일 문법』의 서문에서 "현대 독일 표준어는 실제로는 프로테스탄트 방언이다"라고 말할 정도였다.

18세기의 마지막 30여 년 기간 동안의 독일의 국가적 상황을 가장 잘 묘사하고 있는 인물은 제국궁정회의 회원이었던 모제르(Friedrich Carl von Moser)이다. 1766년 그는 당시의 상황을 이렇게 쓰고 있다.

> 수수께끼 같은 국가 헌법적 질서를 가지고 있고 이웃나라의 약탈대상이자 비웃음의 표적이 되고 있으며, 분열로 인해 약화된 상태에서 우리들 스스로에게 해를 끼치기에는 힘이 충분하지만, 우리들 스스로를 구제하기에는 무력하며, 스스로의 이름과 명예를 지키는 데는 무감각하고, 원칙적 문제에 대한 통일성은 이루어내지 못하면서도 자신들의 개별적 주장을 관철시키는 데는 무력행사까지 불사하며, 위대하면서도 동시에 경멸받고 있으며, 가능성에 있어서는 그 미래가 밝지만 실제로는 가련하고 불쌍한 민족 — 바로 이것이 독일이다.

하지만 이러한 어두운 묘사에도 불구하고 독일인들은 그 어느 때보다도 더 분명하게 스스로를 독일 민족으로 이해해나가는 과정의 도상에 있었다.

이처럼 갈갈이 분열되었던 독일적 상황과 수많은 군소국가 및 정부의 필요로부터 국가가 성장하였다. 절대주의적 통치자들은 자신들 영지의 구석구석에 영향력을 미치고 신민들 삶의 모든 영역에 개입할 수 있어야 한다는 요구를 내세웠다. 이와 함께 행정이 담당해야 할 범위가 확대되면서 법이나 국가재정 이외에도 경제나 무역을 잘 이해하는 관료가 필요하였다. 이제는 예전처럼 출신성분만이 아니라 능력과 전문지식도 함께 요구되었다. 유능한 국가관리를 양성하기 위해서 모든 제후들은 다

음악을 즐기는 시민가정의 구성원들
독일, 18세기 중엽

커피를 마시는 휴식시간이 끝나고 부모들은 스피넷과 만돌린과 같은 악기로 전주를 하고 있고 아이들은 자기들이 노래할 차례를 기다리고 있다. 당시 시민가정에서 행하던 하우스 뮤직(Hausmusik)은 가족적 오락이나 여흥을 넘어 시민계급의 새로운 문화적 영역이 되었다. 시민계급은 오페라나 콘서트와 같은 궁정적 음악과는 별도로 적은 비용으로 즐길 수 있는 자신들의 독자적인 연주형식과 문화적 영역을 발전시켜 나갔다.

스터디 룸에 앉아 있는 작센-고타-알텐부르크의 공작부인 루이제 도르테아
헬문트, 1754년

계몽주의는 명확하게 정의가 내려진 하나의 철학이라기보다는 전 유럽을 포괄하고, 모든 지역적 경계를 뛰어 넘어 지적 공동체를 만들어 낸 일종의 문화적 분위기였다. 이 공동체에는 상당한 수의 여성들도 속해 있었다. 작센-고타-알텐부르크의 공작부인 루이제 도르테아는 프리드리히 대왕의 친구였고 볼테르, 디드로, 루소, 카타리나 여황제와도 서신을 교환하던 사이였다. 그녀는 남편이 통치하고 있던 나라에 공장을 설립하였고 무역에도 큰 관심을 가졌다. 이 초상화는 책과 편지가 쌓여 있는 책상에 앉아 있는 그녀의 모습을 보여주고 있다. 서재가 있는 방의 문이 열려 있고, 그녀의 왼쪽에는 지구의가, 오른쪽에는 예술의 여신인 미네르바의 상이 있다.

투어 중·고등학교나 대학, 아카데미 등을 설립하였다. 이렇게 해서 18세기 후반이 지나는 동안 전 독일에는 관리, 목사, 교수, 법률가, 교사, 의사, 서적상과 그 밖의 다른 고급 자유직업인으로 구성된, 교육을 받은 귀족과 시민계급이 생겨나게 되었다. 이들 교양계층은 하나의 공통점을 갖고 있었다. 즉 그들은 자신들의 물려받은 신분이 아니라 배운 능력과 자격에 의해 그들의 지위를 행사하게 되었던 것이다.

이러한 교양계층의 성장과 함께 수많은 독일 방언과 구어체 독일어로부터 오늘날 우리가 사용하는 표준문어체 독일어가 발전하였다. 독일의 국민문학과 연극, 오페라는 개별적 독일 영방국가들의 경계를 뛰어넘어 전 독일에 걸친 취미의 형성과 취미판단의 통일성을 가능하게 하였다. 18세기 후반부에 독일어로 글을 썼던 문인들은 당시의 문학시장이 요구했기 때문에 그렇게 하기도 했지만, 다른 한편으로는 글쓰는 일을 통해 계몽화된 시민정신의 통일성을 함양하는 데도 큰 몫을 담당하였다. 그리고 그들이 독일어로 글을 쓴다는 것은 당시 독일 제후들의 궁정을 지배하고 있던 프랑스어나 프랑스 문화와 의식적으로 차별을 짓기 위함이었다. 당시 유럽을 지배하고 있던 프랑스 문화의 헤게모니에 대한 언어적 차별성을 통해 독일의 교양 엘리트는 그들의 민족적 동질성을 체험하였다. 1785년 유스투스 뫼저(Justus Möser)는 독일인들에게 더이상 '외국양식의 모방자'가 되지 말라고 촉구한 바 있다. 독일 시인 클롭슈톡도 이 시기에 자신의 조국찬가에서 이렇게 노래하고 있다.

> 다른 어떤 나라도, 그대 독일처럼
> 타국에 공정치는 못했노라.
> 그러나 너무 공정치는 말라. 타국이 그대 잘못의 아름다움을
> 알아줄 정도로 그렇게 고귀하지는 않으니.

그러나 클롭슈톡이 생각했던 독일 국가는 당시 교양인들이 그들의 머리 속에서만 그렸던 그런 독일이었을 따름이다. 독일인 다섯 사람 중 네 사람은 아직도 농촌적 생활환경에 삶의 토대를 두고 있었고, 그들이 체험하는 정치라는 것은 고작해야 교회에서 영주가족의 안녕을 기도해준다든가, 외국군대나 심지어 자국군대가 벌이는 전쟁의 치닥거리를 해줄 때나 겨우 느끼는 감정에 불과했고, 그것도 아니면 젊은 괴테와 같은 도시의 젊은이들의 경우엔 프랑스와 러시아 군대를 무찌르고 승리함으로써 민족적 영웅의 모범이 된 프리드리히 대왕을 존경하는 정도였다. 이러한 상황에서 범국민적 국가가 자라날 수 있는 토양은 아직 마련되지 않았다. 베를린의 출판인이었던 니콜라이(1733-1811)의 추정에 따르면,

도덕 주간지 '사교와 사회 (Der Gesellige)'의 표지
독일, 18세기

시민계급 독서층의 증가와 엄청난 규모로 확대된 출판시장 및 저널 시장에 힘입어 계몽주의 이념은 널리 확산되었다. 독일 언어권에서만 해도 18세기에 대략 4,000여 종의 저널이 출판되었다. 그 중에서도 가장 인기가 있었던 저널은 시민계급의 규범과 도덕문제를 다룬 '도덕 주간지'였다. 18세기 독일 문화의 정신적 지평에 뚜렷한 이정표를 세운 테마와 개념들이 이러한 저널에서 제기되고 논의되었다. 이 저널들은 지역적 경계를 넘어 독일 교양시민계급의 정신세계를 묶는 하나의 문화적 장을 마련하였으며 하나의 민족적 독일 문화를 위한 기반을 제공하였다.

1770년경에 독일의 민족적 담론에 참가했던 식자층의 숫자는 전 독일을 통틀어 대략 20,000명에 불과했다. 이 숫자로는 이렇다 할 만한 정치적 영향력을 행사하기는 힘들었던 것이다. 독일이라는 개념은 우선은 순전히 언어적, 문화적 성격을 띠었다. 모든 독일 지역의 식자층에서 의사소통이 점차 원활해지고, 서적출판이 급격하게 증가하고, 신문, 잡지의 출판이 엄청나게 늘어나고, 지방의 소도시에까지 독서 서클이 번창해감에 따라 새로운 종류의 공론이 형성되기는 했지만, 그러한 공론은 현실과는 동떨어진 사변적인 성격을 띠고 있었다. 19세기 초 프랑스의 여류문인 슈탈 부인(Madame de Staël, 1766-1817)은 이러한 사정을 "독일 식자층은 이론적 영역에서는 열렬한 논쟁을 벌이고 또 이 영역에서는 어떠한 한계나 억압도 용납하지 않았지만 모든 삶의 현실문제는 기꺼이 세속적 권력자들에게 내맡겨버리고 있다"고 적고 있다.

그러니까 독일이라는 개념은 교양계층의 머리 속에서 생겨난 것으로, 직접적인 정치적 연관성이 없는 순수한 문화국가의 의미를 띠고 있었다. 이렇게 보면, 영국이나 프랑스의 경우처럼 왕들이나 전쟁영웅들이 아니라 수많은 시인과 사상가들이 국가의 구심점을 형성했던 것은 너무나 당연한 일이었다 물론 '상수시(Sanssouci)궁의 철학자'로 불리워진 프리드리히 대왕은 하나의 예외였다. 영국인들에게는 왕과 런던이, 프랑스인들에게는 나폴레옹과 파리가 국가의 중심이었다면 독일인들의 경우에는 괴테와 바이마르가 국가의 중심이었다. 하지만 독일인들은 독일의 정치적 분열을 부담으로 느끼지는 않았다. 비록 휴머니즘 시기 이후 그러한 정치적 분열이 가끔 불평과 한탄의 대상이 되기는 했지만, 그것을 치유하는 방책은 프랑스와 영국의 경우처럼 단일한 민족국가를 형성하는 것이 아니라 제후들 사이의 제휴를 더 강화시키고 보다 강력하게 황제를 밀어주자는 것이었다. 사람들이 나쁘다고 여긴 것은 제국의 분열이 아니라 통치자들의 에고이즘이었다. 통치자 및 궁정의 다양성과 제국의 기본체제는 오히려 장점으로 간주되었다. 빌란트(Wieland, 1773-1813)는 이러한 생각을 요약하여 독일의 다양성은 전제군주적 권력행사에 제동을 걸며, 도덕과 풍습의 자연스러운 다양성은 물론이고 극장이나 대학에 다양한 문화나 인문주의 정신을 촉진시키며, 나아가서는 국가 전체의 부가 한곳에 집중되어 있는 나라들에 비해 국가의 부를 골고루 배분시킬 수 있다고 주장하였다. 심지어 쉴러와 빌헬름 폰 훔볼트는 독일을 문화적 전성기를 구가하는 새로운 그리스라고 명명하면서 독일은 힘은 없지만 사상이 풍부한 나라라고 말하였다. 이에 비해 헤게모니를 추구하고, 고도로 조직화되고 문명화되었지만 독일인들이 그렇게 자긍심을 갖고 있던 독일적 문화는 없는 나라 – 이러한 새로운 로마가 곧 프랑스였다.

18세기의 마지막 30여 년 동안 유럽 전역에는 도시와 농촌지역에서 봉기가 빈번하게 일어나 동요와 불안이 지배하였다. 이러한 봉기는 대부분 신속히 진압되긴 했지만, 이 불안의 분위기는 유럽 전역으로 확산되었다. 흉작과 이에 따른 생필품 가격의 앙등으로 야기된 이러한 종류의 위기는 중세 이래 흔히 있어왔던 현상이었지만 이로 인해 국가와 사회의

칸트의 3대 비판서:
순수이성비판(리가, 1787), 판단력비판(베를린, 1790), 실천이성비판(제2판, 리가, 1792)

계몽주의 사상의 핵심에는 모순이 자리잡고 있다. 당시의 철학자들은 한편으로는 자연을 지배하는 불변의 법칙성을 발견하려고 하였고, 다른 한편으로는 개인적 인간의 자유를 위한 철학적 근거를 찾으려고 하였다. 쾨니스베르크의 철학자 칸트(1724-1804)는 이 양자 사이의 간극을 메꾸었다. 그에 따르면 현실은 실제 있는 그대로 우리들에게 그 모습을 드러내지 않는데, 왜냐하면 현실을 둘러싸고 있는 세계를 인식하는 인간의 능력은 제한되어 있기 때문이다. 물리적 현실인 물자체(Ding an sich)는 우리의 인식을 가능하게 하는 범주 혹은 형식 뒤에 감추어져 있다는 것이다. 하지만 이것은 인간의 도덕영역에는 적용되지 않는다. 도덕률, 즉 "당신의 행동이 바탕하고 있는 원칙이 언제 어느 때나 하나의 보편적 법이 되도록 행동하라"는 '정언적 명령(der kategorische Imperativ)'은 인간의 인식에 의해 곧바로 파악되며 그렇기 때문에 이것이나 저것 중의 하나를 결정할 수 있는 자유를 인간에게 부여한다. 그러니까 인간은 두 개의 세계 속에 살고 있는 셈인데, 그 중 하나는 드러나는 현상의 세계로, 이 세계 속에서 인간은 불변하는 힘의 연관관계 속에서 하나의 보잘것없는 연결고리에 불과하다. 다른 하나는 실제적이고 도덕적인 세계인데, 이 세계 속에서 인간은 자유로운 것이다.

질서 자체가 문제가 된 적은 지금까지 거의 없었다. 그러나 이제는 사정이 달랐다. 신의 은총이라든가 '그 좋던 옛날의 법'은 계몽의 밝은 빛 아래에서 색이 바래고 그 설득력을 상실하게 되었다. 계몽주의는 엘리트 철학이라기보다는 오히려 사람들에게 자신의 독자적 노력에 의해 또 자연과 이성의 법칙에 의해 행복해질 수 있다는 믿음을 갖게 만든, 삶의 모든 영역에 퍼져 있던 일반적인 정신적, 문화적 분위기였다. 인간의 구원과 행복은 이제 더이상 하늘에 있지 않고 이 땅 위에 존재하는 것으로서, 이를 성취하기 위해서는 이성의 사용과 약간의 결단력만 있으면 된다는 것이다. 이미 미국에서는 민중이 영국 왕실의 압제에 맞서 반기를 들었고, 이러한 미국의 모범은 유럽 전역에 영향을 끼쳤다. 이렇게 해서 혁명의 토대가 마련되면서 1789년 7월 파리로부터 신분의회에 참석했던 제3계급이 국민의회를 소집하고 자신들이 프랑스 국민의 유일한 대표자들임을 선언하고 국민주권과 인권에 바탕한 헌법을 공포하려 한다는 소식이 전해졌다.

혁명에 대한 독일 지식층의 반응은 단 하나로 집약되었다. 칸트는 프랑스 혁명을 두고 "이 혁명은 이를 구경하고 있는 모든 사람의 마음 속에 참가하고 싶다는 욕망을 불러일으키고 있고, 그러한 욕망은 거의 열광에 가까운 것이다"라고 적고 있다. 하지만 계몽주의 정신이 이제는 정치에도 파급되었다는 교양시민들의 열광은 오랫동안 지속되지는 못하였다. 혁명은 피를 보는 상황으로 발전하였고, 계몽의 미덕이라는 이름으로 현대역사에서 최초로 자행된 1793년과 1794년의 혁명적 집단 테러는 겁에 질린 독일 시민들에게는 이성의 파국으로 느껴졌다. 정치로부터 멀어지면서 내면으로 빠져드는 침잠 — 독일의 지식인들은 바로 이러한 길을 택했다. 유럽이 전쟁과 혁명의 소용돌이 속에 휘말려드는 동안 독일의 빛나는 시인들, 예컨대 노발리스, 루드비히 티크, 아킴 폰 아르님, 클레멘스 브렌타노는 낭만주의의 푸른 꽃을 찾아 나섰던 것이다.

1792년 이래 혁명적 프랑스와 다른 유럽 세력들 사이에는 전쟁상태가 지속되었다. 프랑스 혁명가들은 전쟁이 자신들에게 위협이 되지 않는다고 생각했는데, 왜냐하면 그들이 볼 때 내부혼란 및 갈등과 씨름하고 있던 당시의 합스부르크가는 허약해 보였으며, 프로이센과 오스트리아의 동맹은 불가능한 것으로 여겨졌기 때문이다. 반면 프랑스에 대항해 동맹군을 형성한 유럽 열강의 군부세력은 7년전쟁을 통해 단련된 자신들의 군대를 무적의 군대라고 간주하였고 파리의 오합지졸의 반란군을 일거에 격퇴할 수 있다고 생각하였다. 상대방의 전력을 서로 잘못 판단한 전쟁이 자주 그러하듯 이 전쟁도 그렇게 시작되었다. 그러나 절대주의 국가들의 군대는, 처음부터 동기가 잘 부여되어 있고 새로운 전략과 수적 우세로 무장한 프랑스의 시민군에 적수가 될 수 없음이 곧 입증되었다. 몇 년 사이에 혁명적 프랑스는 태양왕 루이 14세의 권력을 능가하면서 유럽 대륙의 운명을 마음대로 좌지우지하다시피 하였다. 그런데 전쟁과 그것을 감행했던 사람들의 목표는 상상을 넘어서는 새로운 차원을 획득하게 되었다. 즉 지금까지 유지되어온 유럽적 세력균형 내에서의 경계선 변동이 문제가 된 것이 아니라 독일과 유럽, 아니 세계의 혁명적 변혁이 문제가 되었고, 모든 강대국들이 이러한 변혁에 참여했던 것이다. 프랑스가 자연스러운 라인강 경계선의 서쪽에 위치한 모든 영역을 합병하고 이 경계선의 동쪽 지역의 넓은 영역을 위성국가로 만들려고 하였다면, 반혁명의 강대국가들이었던 동유럽의 러시아와 프로이센, 합스부르크 역시 일종의 혁명적 과업을 수행하고 있었다. 즉 이들 동유럽 국가들은 1795년 폴란드를 자기들끼리 분할함으로써 유럽 국가가족의 중요하고 오랜 구성원이었던 나라를 유럽 지도에서 아예 지워버렸던 것이다.

하지만 이 전쟁은 유럽 대륙의 새로운 질서재편이라는 차원을 넘어서 지구의 반에 해당하는 식민지 국가들을 휩쓸게 되었다. 인도에서 양 아메리카 대륙에 이르는 지역에서 식민지쟁탈전과 주요 해상교통로의 확보를 둘러싼 해양전쟁이 치열하게 전개되었다. 문자 그대로 세계전쟁이 벌어진 것이다. 한곳에서 전쟁의 불씨가 꺼졌는가 하면 다른 곳에서 곧 다른 동맹관계로 생겨난 세력판도 속에서 새로운 불길이 세차게 타올랐다. 근대가 시작된 이래 처음으로 다른 나라를 완전히 굴복시키고 세계를 제패하려는 전면전쟁이 본격화되었다. 영국, 프랑스, 러시아 중의 어느 한 나라가 완전히 굴복하기 전에는 전쟁이 끝날 조짐이 보이지 않았다.

하지만 지리적으로나 전략적으로 러시아와 프랑스 사이에 끼어 있던 프로이센은 1795년 바젤 평화조약과 함께 반프랑스 연합전선에서 탈퇴하여 라인란트(Rheinland)를 프랑스에 내어주고, 황제와 제국에 대한 충성을 파기하면서 동쪽으로 퇴각했다. 그 후 10년 동안 프로이센 군사력의 보호 아래 북독일과 동독일에는 평화가 깃들었다. 이 시기에 괴테와 쉴러, 노발리스와 훔볼트의 예술과 사상이 꽃을 피울 수 있었던 것은 바로 이러한 평화 덕분이었다. 하지만 프로이센의 이같은 정책은 독일의

지도를 완전히 다시 그리도록 하는 계기를 마련했고, 또 독일 내의 권력을 한꺼번에 집중, 재편함으로써 신성로마 제국의 종말을 가속화시켰다.

중부 유럽 국가들에서는 지금까지 그 유례가 없을 정도의 대규모의 영토변화가 진행 중이었다. 스페인과 포르투칼이 기진맥진한 상태에서 전쟁무대에서 퇴장하고, 오스트리아는 패배를 거듭하였다. 영국은 점점 더 고립되고 러시아는 영국에 대항하기 위해 1802년에 프랑스와 연합전선을 펴기까지 하였다. 이에 비해 프랑스는 승리에 승리를 거듭하였다. 승승장구의 프랑스는 벨기에와 라인란트(Rheinland)를 병합해서 자신의 영토에 편입시켰고, 네덜란드와 스위스를 보호령으로 만들었으며 이탈리아는 여러 개로 분할하여 프랑스의 자매공화국이 되게 하였다. 혁명적 현실은 이제 루이 14세가 한때 가졌던 대담하기 이를 데 없는 꿈을 훨씬 능가하여 그 목표를 달성하고 있었다. 이제 프랑스는 러시아와 함께 유럽의 헤게모니를 장악하게 되었다.

대관식 법복을 입고 있는 나폴레옹
프랑소와 제라르, 1806년 이후
나폴레옹 보나파르뜨(1769–1821)는 서유럽과 중부 유럽의 실질적인 지배자일 뿐만 아니라 온갖 합법적 수단을 자기 것으로 동원해 이를 벼락출세자인 자신 및 유럽 왕가의 지배전통과 연결시키려고 노력한 인물이었다. 대관식 때의 모습을 그린 화려한 그의 초상화를 보면, 얼굴과 머리 스타일은 아우구스투스 황제의 흉상에 나타난 모습을 그대로 모방하고 있고, 대관식 법복에 그려진 금빛의 벌은 프랑스 왕의 선조인 메로빙거 왕조를 상징하고 있다. 왼쪽 방석 위에 놓여 있는 지구의는 칼(샤를마뉴) 대제가 사용하던 통치의 기장(記章)이며, 이 초상화 전체를 지배하는 바로크적 분위기는 루이 14세의 공식적 초상화를 연상시키고 있다. 이 그림이 그려질 당시 나폴레옹은 이미 루이 14세의 영토확장 야망과 그 업적을 능가하고 있었다.

이와는 반대로 전쟁에서 패배한 독일 제후국들, 예컨대 바이에른, 헤센-카셀, 뷔르템부르크와 바덴은 프로이센적 모델에 따라 파국적 상황으로부터 큰 손해를 보지 않고 심지어 이득을 챙기면서 빠져나오는 탈출구를 찾았다. 제후들은 라인란트를 프랑스에 넘겨주는 대가로 적절한 보상을 받기로 약속 받았는데, 이러한 보상은 힘도 대변자도 갖지 못한 약소국가들, 예컨대 군소제후, 교회령, 기사령, 제국도시 등의 희생 위에서 이루어졌다. 제국황제인 프란츠 2세도 1797년 프랑스와의 캄포 카르미오 비밀 조약에서 이러한 예를 따름으로써 합스부르크가의 이익을 위해 제국의 통일성을 포기하였다. 마지막 발언권을 쥐고 있었던 것은 당사자들인 독일의 제후들이 아니라 제국의 보장세력이었던 프랑스와 러시아였다. 두 나라가 제안한 보상계획은 1803년 제국대표자회의에서 통과되었고 한 달 후에는 레겐스부르크의 제국회의에서 승인을 받았다. 이 이후에는 사분오열되었던 독일의 소국가 형태는 과거지사가 되었다. 이때까지도 남아 있던 제국의 기사단령을 계산에 넣지 않는다면, 제국에 직접 소속된 영방국가와 도시는 그 숫자가 314개에서 30개로 줄어들었다. 그것은 엄청난 변화였다. 뷔르템부르크는 주민의 수가 두 배로 늘었고, 바덴은 일거에 본래 주민의 세 배가 되었다. 그리고 온갖 종류의 영지가 사라졌다. 다양한 모습을 한 옛 제국의 자랑스러운 세계, 즉 프랑켄과 슈봐벤의 도시들, 빔펜, 비베라흐, 부흐홀츠와 같은 아주 작은 규모의 영지들 대부분은 물론이고 울름, 아우크스부르크, 하일브론과 같은 중요한 문화, 무역의 중심지들이 몰락하였다. 그리고 작은 규모의 살림살이에도 불구하고 주민들에게 일정한 부와 명성을 안겨주었던 퓌르스텐베르크, 라이니겐, 푸거, 호헨로에와 같은 명문가문이 자리잡고 있던 조그마한 거주지들도 이제는 보이지 않는 먼 곳의 정부가 파견한 관리나 대리인의 지배를 받게 되면서 옛날의 광휘와 영향력을 상실하였다. 그 밖에도 브라이스가우와 보덴 호수 지방의 독일 기사단의 영지와 몰타 기사단 영지가 불법적으로 탈취당하고, 수많은 주교령과 수도원령이 무자비하게 병합되었으며, 프랑켄 지방의 피어첸하일리겐과 상부 슈봐벤의 바인가르텐에 이르는 남부 독일의 수도원들이 파괴되었다. 이렇게 해서 거의 1,000여 년 동안 성장해온 국가질서와 법질서가 무너지면서 모든 것을 지배하고 또 모든 것을 종속시키려는 근대의 중앙국가가 혁명적 승리를 거두게 되었던 것이다.

황제와 제국이 소유했었던 가장 충실한 지지세력이었던 제국도시들, 제국귀족과 제국교회는 거의 소멸되었고, 반면 프랑스의 도움으로 세력을 확장한 중간 크기의 독일 국가들은 프랑스에 밀착하여 자기들이 나아갈 길을 모색하였다. 1804년, 이미 4년 전부터 프랑스의 제1통령이자 독재자가 되었던 나폴레옹은 라인란트를 순회방문하였고, 이곳 주민들은 그를 열렬히 환영하였다. 이 방문 몇 주 후에 그는 파리에서 대관식을 갖고 프랑스 황제가 되었다. 이 대관식에서는 나중에 그것이 가짜라는 것이 판명된 칼 대제의 황홀이 중요한 역할을 하였다.

이제 유럽에는 두 사람의 황제가 존재하게 되었다. 과연 그것이 가능할 수 있었던가? 신성로마 제국의 황제 프란츠 2세는 오스트리아 황제라는 타이틀을 갖게 되었다. 나폴레옹은 비인에 있는 자신의 경쟁자를 두고 "조상 덕에 왕좌에 오른 해골바가지"라고 조소를 퍼부었다. 마지막 일격은 어렵지 않게 이루어졌다. 1806년 7월 12일에 16개의 남독일과 남서독일 국가의 대표들이 라인 동맹(Rheinbund)을 체결했고, 이로써 이들 국가들은 제국과는 결별을 선언하고 프랑스 황제의 보호령이 되었다.

1806년 8월 6일 프란츠 2세는 드디어 스스로 로마 황제관을 내려놓았다. 이 사실을 두고 괴테는 "이 소식은 나의 마부가 언쟁을 벌이는 것보다도 더 흥미가 없는 일이다"라고 적고 있다. 모든 세상사람들 역시 괴테와 마찬가지로 독일 신성로마 제국의 종말소식을 듣고는 어깨를 한번 움찔하고는 일상사로 되돌아갔다. 이러한 종류의 제국, 즉 시저에 의해 창건된 이래 거의 2,000여 년이나 존속했었고, 비록 수없이 많은 우여곡절을 겪었지만 그때마다 새롭게 변신을 거듭해왔으며, 마지막 몇 백년 동안은 허약하고 모순된 모습을 보여왔지만 그래도 장구한 기간에 걸쳐 지속적인 평화질서를 유지해왔던 이러한 제국은 역사상 그 유례를 찾아보기 힘든 것이었다. 수많은 제후들 중에서 단 한 사람의 제후, 그것도 비독일계 제후였던 스웨덴 왕 구스타프 4세만이 서(西)폼메른 통치자로서 또 제국대표자회의의 멤버로서 제국의 미래가 앞으로 어떤 모습을 하게될는지에 관한 자기 나름의 표상을 가지고 있었다. 그는 프란츠 2세가 황제관을 내려놓았다는 소식을 접하고는 이 사실을 엄숙하고 슬픈 톤으로 알리면서 이렇게 덧붙이고 있다.

이제 성스러운 동맹체가 해체되었다. 하지만 그렇다고 독일 민족이 완전히 파괴되는 일은 절대로 없을 것이다. 전능하신 신의 은총으로 언젠가 독일은 다시 통일될 것이며 그 권위와 위신을 다시 회복하게 될 것이다.

4장

독일 민족의 탄생 (1806-1848)

나폴레옹 전쟁기간 동안 프랑스 시민군은 "나뉘어질 수 없는 하나의 민족"이라는 기치 아래 싸웠고 또 승리하였다. 그들의 승리는 우연이 아니었다. 전쟁 동안 프랑스군의 포로가 되어 혁명군을 위해 일한 경험을 갖고 있었던 할레 대학의 졸업생 라우카르트가 "프랑스 사람들은 고대 그리스의 애국자들이 그랬던 것처럼 진정으로 자신들의 조국을 사랑했다. 하지만 그런 사랑을 독일인은 알지 못하는데, 왜냐하면 독일인에겐 조국이 존재하지 않기 때문이다"라고 말했을 때 그는 그 말이 무엇을 의미하는지 잘 알고 있었다. 프랑스군이 결코 패배당하지 않을 것처럼 보였던 것도 바로 이런 이유 때문이었다. 1805년 나폴레옹은 아우스터리츠에서 오스트리아의 주력군을 대파하였고, 그 후 체결된 프레스부르크 평화협정은 오스트리아를 열강의 지위로부터 중류 정도의 국가로 강등시켰다. 1806년 프로이센 군대 역시 예나, 아우어슈테트 전투에서 이와 비슷한 운명을 맞게 되었다. 프로이센의 패배는 너무 완벽해서 이 이후에는 더이상의 큰 전투를 벌일 수 없을 정도였다.

프로이센의 루이제 왕비
니콜라우스 라우어, 1799년
이미 생전에 시작된 루이제 왕비(1776-1810)에 대한 신화는 그녀가 젊은 나이에 죽자 더욱 고양되었다. 1807년 그녀는 나폴레옹에게 프로이센과의 강화조약을 보다 관대하게 처리해줄 것을 부탁한 바 있었다. 나폴레옹은 이를 퉁명스럽게 거부했고, 이때 그녀가 당한 모욕은 프로이센이 프랑스에 당해야 했던 굴욕의 상징이 되었다. 게다가 그녀는 매력적인 데다, 시민풍의 검소한 생활을 영위하고 있어서 대중의 사랑을 받고 있었다. 벌써 1797년에 시인 노발리스는 이렇게 쓰고 있다. "교양있는 부인과 분별있는 어머니들이라면 누구나 왕비의 초상화를 자신의 거실이나 딸의 거실에 걸어 두어야 할 것이다 ... 그래야만 왕과 왕비의 가정 생활이나 공적 생활과 항상 긴밀한 유대를 가짐으로써 진정한 애국심이 생겨날 수 있을 것이다."

승리 후 나폴레옹은 베를린에 입성했고 시민들은 그를 열렬히 환호했다. 그리고 일 년 후 프로이센 국왕 프리드리히 빌헬름 3세는 승자가 요구한 가혹한 평화안을 그대로 수락할 수밖에 없었다. 만약 나폴레옹과 러시아 황제 알렉산더 1세가 그들 세력권 사이의 전략적 균형을 위해 중간지대를 설정해둔다는 계산을 하지 않았던들 프로이센은 그때 지도에서 사라졌을지도 모른다.

그때까지만 해도 독일은 제국이라는 외피없이는 생각할 수 없는 존재였다. 그런데 1806년 그 보호막이 사라져버렸고 그런 연후에는 과연 독일이 무엇인가 하는 질문은 더욱 어렵게 되었다. 프로이센과 바이에른, 작센-고타, 슈바르트부르크-존더하우젠의 신민들이 자신들을 '독일인'으로 느끼긴 했지만, 그들은 이보다는 당시에 확산되고 있던 좀더 넓은 의미의 코스모폴리탄적 부르조아지와 자신들을 동일시하거나 아니면 보다 좁은 의미의 지역적 정치단위인 영방국가에 충성을 다해야 한다고 생각하였다. '민족', '조국', '애국심'이라는 말이 쓰일 때에도, 이 말들은 그저 애매한 상태의 독일을 뜻하거나, 각자가 살아가는 지역영방국을 뜻하기도 하였고, 그것도 아니면 이 양자를 동시에 뜻하기도 했다.

그러나 여러 요인이 합쳐져 이같은 상황도 변하기 시작했다. 패배의 쇼크와 굴욕감, 패배한 독일의 각 국가들이 짊어져야만 했던 가혹한 재정적 압박, 농촌을 약탈하고 황폐화시킨 프랑스군의 횡포, 프랑스 관세가 야기시킨 물가의 앙등 ― 이 모든 요인들이 독일 땅에 서로 상반되는 두 개의 큰 변화를 몰고온 것이다. 그 하나는 프랑스 모델에 따라 국가를 개혁하는 것이었고 다른 하나는 독일 민족에 대한 각성과 발견이었다.

베스트팔렌 왕국과 베르크 대공국 같은 지역에는 프랑스의 위성정부가 수립되었고, 이들 지역에서 프랑스는 자신들의 생각대로 행정제도와 사법제도를 개혁하고자 하였다. 또 프랑스와 동맹을 맺은 라인 동맹(오스트리아와 프로이센을 제외한 모든 독일 영방국이 참가) 참가국들 역시 프랑스의 제도들과 법적 규범들을 받아들이게 되었다. 물론 각국마다 받아들이는 양상에 차이가 있었고, 또 때론 이 과정에 자신들의 전통이 반영되기도 하였지만, 어쨌든 이런 국가들은 헌법을 제정하고, 행정기구를 프랑스식으로 근대화했으며, 혁명 후 시민국가의 법적 기초를 확립하고 봉건체제를 일소했던 나폴레옹 법전을 채택하게 되었다. 라인 동맹에 참가하고 있던 이들 국가들은 비록 외적으로는 독립을 상실했지만 귀족의 봉건적 특권과 농노제를 폐지함으로써 내적으로는 프로이센과 오스트리아보다 자유롭고 진보적인 국가가 되었다.

그러나 라인 동맹에 참여하지 않았던 두 국가, 오스트리아와 프로이센 역시 나폴레옹의 위협에 직면해서 프랑스 모델에 의한 제도개혁을 단행하게 되었다. 두 국가의 통치자와 고위관료들은 어떻게 해서든 개혁을 통해 아우스터리츠와 예나의 패배를 극복하고, 자국의 옛 영토를 회복하고, 세력을 확장시키자고자 하였다. 하지만 이들 개혁가들이 프랑스를 통해 개혁의 아이디어를 얻었다는 점에서 프랑스는 이들의 모델이었다. 어쨌든 1805년과 1806년의 패배는 다시는 일어나서는 안 될 터였다.

그러나 개혁 자체를 놓고 볼 때, 두 국가엔 차이가 있었다. 다민족 국가였던 오스트리아에 비해 프로이센이 보다 목적지향적이고 유연한 개혁작업을 진행시킬 수 있었다. 프로이센의 개혁가들은 모든 권력과 통제력이 한곳에 집중되는, 역사상 유례없는 중앙집권국가를 건설할 작정이었다. 그리고 이러한 개혁을 진행시켰던 주체세력은 관료, 군인, 법률가로서 그들은 자신들을 국가 전체의 합법적 대표자로 간주했다. 재상이 된 칼 폰 슈타인 남작(1757-1831)과 칼 아우구스트 폰 하르덴베르크(1750-1822)는 거의 혁명적인 열정을 가지고 일련의 개혁적 법령들을 공포함으로써 새로운 국가를 만들려 시도했다. 보수를 받고 복무하던 지금까지의 낡은 직업군인제도 대신 타고난 출신성분에 관계없이 오직 자신들의 능력과 업적에 따라 승진되는 시민군제도가 도입되어야만 했다. 아울러 정부와 관료사회를 보다 효율적인 체제로 근대화시키고 엘베강 동쪽 지역의 농노제 역시 폐지되어야 했다. 그 밖에도 도시와 농촌지역의 지방정부가 재조직되고, 유대인이 해방되고, 사법제도 일반이 근대화되고, 경제활동과 자본투자에 대한 규제가 완화되어야만 했다. 그리고 이 모든 개혁의 정점으로서 프로이센 왕은, 선출된 국민의 대표자들이 국왕과 동등한 권리를 갖고 정책을 논할 수 있는 국민의회의 창설을 기약하였다.

이와 때를 같이 하여 국민들 사이에서도 프랑스 점령군에 대한 저항운동이 일기 시작했다. 개혁이 느리게 진행되자 점점 많은 수의 시민들은 정부의 굴종적인 대(對)프랑스 외교자세를 유약하고 모욕적인 것이라 느끼게 되었다. 나폴레옹군 점령시절의 체험은 '조국'과 '민족'이라는 말에 새로운 힘을 실어 주었고 철학자 요한 고트립 피히테(1762-1814)는 1807년부터 1808년의 겨울에, 점령당한 베를린에서 "독일민족에 고함"이라는 저 유명한 강연을 통해 독일 민족은 순수하고 타락하지 않은 민족이며, 프랑스의 군사적, 문화적 속박을 뚫고 자신들의 자유와 통일을 위해 투쟁해야 하며, 이를 통해 역사의 진보에 기여해야 한다고 외쳤다. 또 피히테보다 앞서 에른스트 모리츠 아른트(1769-1860)는 "하나된 마음이 우리들의 교회요, 프랑스에 대한 증오가 우리들의 종교이며, 자유와 조국이 우리들이 공경하고 섬겨야 할 성자이다"라고 주장하였다.

나폴레옹의 이력
요한 미카엘 폴츠, 1814년

이 그림은 나폴레옹이 몰락한 후에 그려진 그에 대한 풍자화이다. 왼쪽 맨 밑으로 "코르시안 꼬마"가 보인다. 꼬마는 승승장구 출세가도를 달려 제1통령 시절엔 조세핀과 나란히 서 있고, 이어 인생의 최정점, 곧 프랑스 황제에 등극한다. 그리고 다음부터 급작스럽게 몰락한다. 스페인에서 쫓겨나고, 러시아에서 쫓겨나며, 마지막으로 독일에서 쫓겨나는 장면이 보인다. 내리막의 맨 끝에서는 세 명의 지배자, 곧 오스트리아, 프로이센, 러시아의 지배자들이 그를 낭떠러지 밑으로 떨어뜨리고 있다. 그림 중앙의 맨 아래쪽에서 이제 몰락한 나폴레옹이 시간의 신인 크로노스 앞에 앉아 있다. 크로노스가 지도에서 엘베 섬을 떼어주자, 나폴레옹은 "내가 다스릴 땅이 이렇게 작다니..."하며 한탄하고 있다

민족주의 운동이 점차 구체적인 모습을 갖추기 시작하였다. 그것은 대체로 비밀지하단체 형태로 나타났는데, 투겐트분트(덕의 결사), '체조의 아버지'로 알려진 프리드리히 루드비히 얀의 독일 연맹, 일련의 공식적, 비공식적인 토론 서클 등이 결성되었다. 이들 저항단체들은 반역적으로 보일 정도로 우유부단했던 정치지도자들을 민족해방투쟁으로 나아가도록 압박하였다. 정부가 움직이지 않게 되자 봉기 형태의 전쟁을 수행하는 행동적이고 애국적인 소규모의 그룹이 생겨났다. 헤센의 빌헬름 폰 되른베르크 대령, 프로이센의 페르디난트 폰 쉴 소령, 부라운슈바이크의 흑공작 등이 일으킨 봉기가 그 대표적인 예이다.

그런데 나폴레옹에 대한 무장봉기는 주로 유럽의 카톨릭 지역에서만 일어났는데, 그들은 종교와 전통적 권위의 회복이라는 이름을 내걸고 봉기하였다. 서프랑스 뱅디 지방의 소작농 봉기, 종교적 믿음에 기반한 이탈리아인의 투쟁, 스페인의 게릴라 운동 등이 대표적 예이다. 안드레아스 호퍼의 주도로 독일 땅에서 일어난 티롤 지방 농민항쟁 역시 광범위하게 일었던 카톨릭 진영의 대(對)나폴레옹 투쟁의 독일적 현상이었다. 여관주인이었던 호퍼는 프랑스와 동맹을 맺어 티롤 지방을 지배하고 있던 바이에른군을 수차례 격파했지만, 기대했던 오스트리아로부터 충분한 후원을 얻지 못했기 때문에 1809년 결국 항복할 수밖에 없었다. 그는 만투아에서 총살형에 처해졌다. 비록 실패로 끝나긴 했지만 이 항전은 독일 땅에 커다란 반향을 불러 일으켰고 독일인들의 애국심을 크게 고무시키는 계기가 되었다.

모스크바가 불타고 나폴레옹군이 참담한 패배를 당해 러시아로부

비인 회의의 휴식시간
잔 밥티스트 이자베이, 1819년
1814년 가을 유럽 열강의 대표들이 나폴레옹 몰락 이후 유럽과 독일의 질서를 재편하기 위해 비인에 모였다. 그림 맨 왼쪽으로 웰링턴 공작이 보이고, 그 앞에 앉아 있는 사람은 프로이센의 재상 하르덴베르크이다. 하르덴베르크는 건너편에 팔을 자유분방하게 의자 뒤로 걸치고 있는 영국 외상인 카슬레(Castlerreagh)와 담소를 나누고 있다. 그리고 그들 사이에 서 있는 사람이 오스트리아의 재상 메테르니히이다. 한편 오른편으로 일군의 외교관들이 프랑스의 탈레랑을 중심으로 모여 있는데, 탈레랑은 국내의 정치적 격변에도 살아남아 계속 부르봉 왕조의 루이 18세에게 충성을 다했던 사람으로 그가 쓰고 있는 가발은 이 왕조에 대한 충성을 상징하고 있고 나아가서는 구체제 복고 곧 앙상 레짐 전체를 상징하고 있는 것처럼 보인다. 한편 이들을 내려다보며 벽에 걸려 있는 그림은 오스트리아 황제 프란츠 1세의 모습이다. 그는 한 손으로 스스로 내려놓았던 신성로마 제국 황제관을 가리키고 있다. 이제 그 제국은 끝난 과거지사일까? 아니면 미래에 다시 등장하게 되는 것일까?(뒷면 설명)

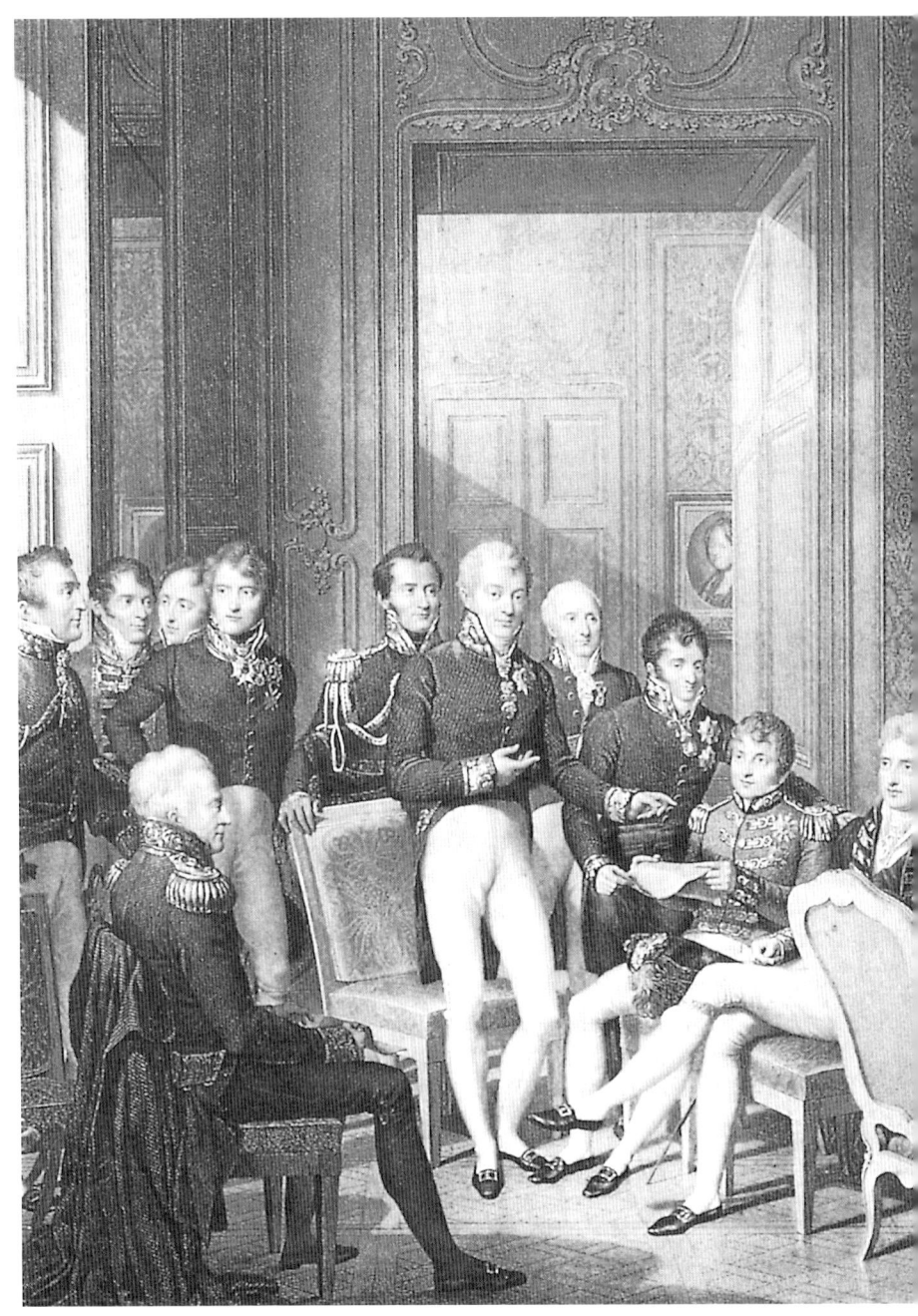

터 퇴각하고 있다는 소식이 전해지자 전 독일의 분위기가 급변한 것도 이러한 애국심 때문이었다. 한때 나폴레옹에게 매료당하기도 했던 독일인들은 1806년 제국이 멸망했을 때에도 이렇다 할 만한 관심을 보이지 않았지만, 이제는 프랑스 '대군(大軍)'의 패배소식에 열광적 환호를 보내었다. 1813년 3월 17일 프로이센의 프리드리히 빌헬름 3세는 "나의 국민에게"라는 교서를 발표했다. 이 교서는 어떤 면에서 프랑스 혁명 당시 그곳 민중들이 일으킨 봉기와 많은 점에서 유사한 열광을 불러일으켰다. 민족주의와 반프랑스 정신에 고무된 각종 선전선동활동과 문학작품이 봇물 터지듯 쏟아져나왔고, 시인치고 여기에 동참하는 것을 부끄럽거나 체면손상이 된다고 생각하는 사람이 없을 정도였다. 다만 세계시민이었던 괴테만은 예외였는데, 괴테

쵬메르다 지방의 드라이제 & 콜렌부쉬 공장의 전경
1845년 이후.

산업화 초기에는 산업화에 걸맞는 건축양식이 아직 개발되지 않은 상태였다. 그림에서 보듯이 공장과 사무실, 주거공간이 한지붕 아래 뒤섞여 나타나고 있다. 지난 세기의 스타일로 지어진 잘 다듬어진 정원이 있는가 하면, 최신식의 무기를 생산하는 공장도 함께 있다. 이런 공장에서 처음으로 성능좋은 후발장총이 대량 생산되었고, 1841년부터는 이 후발장총이 군납품으로 지정되어 프로이센군에 공급된 바 있다. 특히 프로이센군이 소유한 후발장총 M41 모델은 1864년, 1866년 전투에서 기술적 탁월함을 입증하였다.

는 독일인들 사이에 팽배하던 민족주의를 못마땅하게 생각했고, 사람들이 더이상 탐탁하게 보지 않을 때조차 나폴레옹의 훈장을 자랑스럽게 달고 다녔다. 그러나 사람들은 나폴레옹에 대한 해방투쟁을 진정 민족전쟁으로 느끼고 있었다. 해방전쟁의 자원입대자였던 시인 테오도르 쾨르너(1791-1813)는 "이것은 왕관을 쓴 왕들이 익히 알고 있던 그런 전쟁이 아니라, 십자군전쟁이며 성전이다"라고 말하기까지 하였다. 교양시민들과 수공업자들이 지원병으로 몰려들고, 부인들은 철을 마련하기 위해 금을, 붕대를 만들기 위해 자신들의 옷감을 기꺼이 내주었다. 그것은 꿈같은 경험이었다. 이런 경험을 통해 독일인들은 불과 1년 반 사이에 이제 누구나 자신이 독일 민족임을 실감하게 되었다.

그럼에도 전쟁의 행운은 처음에는 매우 위험한 상황에 처해 있었다. 러시아, 영국, 프로이센, 스웨덴이 연합전선을 펼쳤지만 나폴레옹의 마지막 군대를 몰아내기엔 충분치 못했다. 오랜 망설임 끝에 오스트리아가 연합군에 가담하자 연합군은 다시 자신감을 되찾았고 최종적으로 라인 동맹에 참가했던 모든 국가들도 연합군에 가담하였다. 이후 연합군은 라이프치히 전투에서 대승을 거두고 1814년 봄 드디어 파리까지 진격했다. 나폴레옹은 몰락했고, 그와 더불어 20년 가까이 지속되었던 전쟁의 시대도 막을 내리게 되었다.

전쟁이 끝나고 지원병으로 입대했던 사람들이 일상생활로 복귀하게 되었을 때, 그들은 희망에 들떠 있었고, 이제 약속대로 헌법이 제정되고 독일이 통일될 수 있으리라고 굳게 믿었다. 이와 때를 같이 하여 비인에서는 연합국의 정치가들과 외교관들이 모여 회의를 개최하였다. 당시 이들의 가장 큰 두려움은 유럽 각국에서 민족주의에 입각한 새로운 질서가 생겨나는 것이었다. 그들의 가장 중요한 대응책은 왕정복고와 나폴레옹 전쟁 이전의 국가 시스템과 정치질서를 회복하는 것이었다. 다시 한 번, 베스트팔렌 조약 때와 마찬가지로 전승국과 패전국을 막론하고 전 유럽이 협상 테이블 위에 올려졌다. 강대국들은 대체로 1792년 이전의 영토를 다시 소유한다는 원칙에 합의를 보았는데, 오직 프로이센만이 작센의 일부와 라인강 연안의 지역을 획득하여 영토를 확장하였다.

이에 반해 오스트리아는 벨기에 및 상부 라인 지방을 잃게 되었다. 지난 수백 년간 오스트리아와 프랑스는 서로 국경을 접하면서 쟁투를 벌여왔다. 이탈리아와 부르곤트의 상속지를 두고 프란츠 1세와 칼 5세가 대적하면서 양국의 그 긴 대결이 시작되었지만, 이제부터 라인강을 따라 국경선을 접하게 된 프랑스의 잠재적 주적은 오스트리아가 아닌 프로이센이 되었다. 프로이센의 영토는 프랑스 국경지대인 아헨으로부터 틸지트까지 뻗치고, 꺽쇠모양으로 서부 독일과 동부 독일 양쪽을 차지하게 되었다. 반면 오스트리아는 서쪽과는 등을 돌리고 독일의 동쪽에만 위치했고 그 시선을 남동유럽과 남부 유럽으로 돌리게 되었다. 이때부터 이탈리아와 발칸 지방이 오스트리아 도나우 왕국의 이해관심지역이 되면서 그들의 영향권에 들게 되었다.

비인 회의 이후에도 중부 유럽은 예전과 마찬가지로 여전히 분열된 상태였다. 독일 내 39개 주권국과 도시들이 참여하여 독일 연방(Der Deutsche Bund)을 창설했지만 독일 연방은 그 조직망이 느슨했고 어떤 면에선 과거 신성로마 제국의 세속화된 재현과도 같았다. 독일 연방은 각 나라의 대표로 구성된 상설연방의회를 만들었지만 그들이 합의를 본 유일한 헌법적 구조물은 이 연방의회뿐이었다. 또 연방의회의 의장은 오스트리아 황제였지만, 프로이센과 오스트리아가 다른 군소국가들을 지배하는 사태를 미연에 방지하기 위해 의회의 투표권은 분산되어 있었다. 이 두 강대국은 독일 영내에서 차지하고 있던 기존영토를 대표한다는 의미에서 연방의회에 당연히 참여할 권리를 가졌고, 덴마크, 영국, 네덜란드 국왕 역시 슐레스비히 공(公), 하노버 왕, 룩셈부르크 공(公)의 자격으로 연방의회에 멤버로 참여할 수 있었다. 이런 식으로 해서 독일의 정치질서는 유럽의 정치질서와 연결되었고, 이 유럽 정치질서의 핵심은 독일 민족국가가 생겨나는 것을 저지하는 것이었다. 말하자면 그것은 유럽 중앙에 강력한 독일이 탄생하는 것을 막으려는 마지막 시도로, 독일을 예전처럼 열강들의 세력각축의 무대로 남겨두려는 의도에서 고안된 질서였다. 그러나 세력균형과 평화보장을 위해, 이데올로기나 민족적 증오심에 사로잡힘 없이 이성적으로 해결책을 찾았던 이와 같은 시도는 이것을 마지막으로 종말을 고하게 된다.

한편 1815년 열강들이 비인 회의에서 합의한 독일과 유럽의 질서는 각국이 자기 나라의 국내사정에 맞게 정책을 수립할 수 있도록 신축성을 부여하고 있었다. 각 나라는 자신들의 형편에 따라 보수적 헌법을 제정할 수도 있었고 자유주의적 헌법을 제정할 수도 있었다. 그러나 서부 유럽과 중부 유럽의 일반적 분위기는 민족해방투쟁 과정에서 이미 크게 고무된 상태였고, 시민들은 큰 목소리로 보다 많은 자유를 보장하는 새로운 헌법제정을 외치고 있었다. 그것은 정부가 어려운 시기에 약속했던 바이기도 했다. 1817년 독일의 대학생들이 바르트부르크 성에 모여 시국집회를 개최하였다. 그들은 흑·적·황의 삼색 복장을 착용했는데, 그것은 나폴레옹 전쟁 당시 뤼초프 장군의 의용단이 착용했던 제복으로, 이 부대에 많은 학생들이 참여한 바 있었다. 제복의 검은색, 장식 띠의 붉은 색, 단추의 황금색은 훗날 독일 국기의 바탕색이 되었다.

집회에 모인 대학생들은 자유롭고 통일된 독일을 요구하였고 또 반동적이며 반민족적이라 생각한 작가들의 책을 불사르기도 하였다. 그리고 2년 후에는 칼 잔트라는 대학생이 민족주의의 이상을 조롱했다는 이유로 인기작가 아우구스트 폰 코제브를 살해하는 사건이 벌어졌다. 그 사건은 일대 센세이션을 불러일으켰다. 1308년 합스부르크가의 알브레히트 1세 국왕이 그의 조카 요하네스 파르치다에 의해 살해된 이후 수백 년 만에 처음으로 독일 땅에 다시 정치적 암살사건이 일어난 것이다. 민족주의 정신의 어두운 측면은 이런 식으로 그 모습을 드러내었고, 그것은 비인 회의의 설계자로서 유럽 질서를 고안했던 오스트리아의 재상 메테르니히(1773-1859)가 가장 두려워했던 사태이기도 했다. 이러한 사태를 해결하기 위해 1819년 독일의 각국 재상들이 칼스바트에 모여 자유와 혁명을 외치는 운동에 대해 강경진압정책을 펴기로 합의를 보았다. 이로 인해 헌법의 발전은 정체되고, 오스트리아와 프로이센은 절대주의 국가로 회귀하고 민족주의 자유주의 운동세력은 지하로 숨어들게 되었다. 그와 더불어 반혁명전선은 안정을 되찾아 제자리를 잡는 듯 보였다. 하지만 정작 메테르니히 자신은 역사의 흐름을 되돌이킬 수 없다는 것을 잘 알고 있었

페터센家의 에밀리 필립과 요한 필립 부부
프리드리히 칼 그뢰거, 1806년

페터센가는 함부르크의 유명한 상인가문으로서 한자도시 시절부터 다수의 시참사의원과 시장을 배출하였다. 한편 그림에 보이는 이 젊은 부부의 다정하고 스스럼없는 포즈나 검은색과 흰색으로 된 단순한 옷 색깔을 보면 그들은 분명 시민계급처럼 보인다. 그러나 이 그림은 부르조아지들이 갖게 된 새로운 자의식을 동시에 보여주고 있다. 우선 에밀리가 두르고 있는 붉은 숄이 그렇고 다음으로 특히 그림 뒤쪽의 기둥이 그렇다. 붉은 숄은 귀족부인들의 악세사리였고, 기둥은 귀족들의 초상화에 빠져서는 안될 필수적인 구성 요소였다.

불어난 강물
안토니 발도르프, 1843년

다. 그는 자신의 일기장에서 "내 마음 속 깊은 곳의 생각을 말하자면, 옛 유럽은 붕괴의 시작에 서 있다"고 적고 있다.

1820년 이후 독일은 훗날 '비더마이어(Biedermeier)' 시대라고 부른 역사단계로 접어들게 된다. 20년 동안 유럽에 전쟁이 없었던 이 시기는 정말 오래간만에 맞이한 가장 긴 평화의 시기였다. 하지만 이 시기는 반동시대의 부자유가 지배했던 시기이기도 하였다. 검열과 국가의 억압조치로 인해 정치논쟁은 수면 밑으로 사라지고 그 대신 굽어볼 수 있을 정도로 규모가 작고 참한 것, 모든 것을 아끼고 절약하는 생활태도, 가정적 안락함(Gemütlichkeit)에 가치를 두는 정신풍조가 만연하면서 목가적 삶이 득세한 것처럼 보였다. 독일인을 상징하는 인물로서 우직하고 선량하며 약간

비더마이어 시대는 흔히 우편마차 시대로 회상되곤 한다. 또 아이헨도르프로부터 레나우에 이르기까지 수많은 시인들이 앞다투어 이 새롭게 등장한 교통통신 수단을 낭만적이고 매혹적인 싯구로 노래하기도 했다. 그러나 현실은 전혀 그렇지 못했다. 마차는 불편했고, 길은 형편없었으며, 당시 사람들은 마부의 무례하고 철면피한 행동에 불평이 많았다. 그래서 그림에서처럼 강물이 불어나 통행할 수 없게 되면 그 다음엔 어떻게 될지 아무도 몰랐다.

꿈꾸는 듯한 모습의 '독일의 미헬'이 나타난 것도 이 시대의 일이다. 이 미헬은 때론 낭만적이고 때론 동화적으로, 사랑스런 괴짜의 모습을 띠고 슈빈트나 리히터의 그림에 거듭 등장하고 있다. 동시에 이 시대는 그 어느 때보다도 음악이 사랑받던 시대이기도 했다. 베를린에서 초연된 칼 마리아 폰 베버의 오페라 〈프라이슈츠〉는 대중에 커다란 반향을 일으키며 독일의 국민오페라로 칭송되었다. 콘라딘 크로이처, 알베르트 로르칭 역시 베버 못지 않게 인기를 누렸던 오페라 작곡가였다. 또 베토벤, 프란츠 슈베르트, 펠릭스 멘델스존바르톨디 같은 대가들도 실내악으로 커다란 성공을 거두었다. 이 시대 음악에서 특징적인 것은 소규모 그룹이 집 안에서 피아노나 현악기, 가곡을 위한 소품을 연주하는 하우스뮤직(Hausmusik)으로의 경향전환이 일어났다는 점이다. 문학분야에서는 아류적 작품과 작은 형식의 글들이 득세했다. 루드비히 뵈르네의 에세이, 아우구스트 폰 플라텐과 에두아르드 뫼리케, 프리드리히 뤼케르트의 서정시 등이 쓰여졌는가 하면 하인리히 하이네 같은 작가도 있었다. 믿을 수 없을 만큼 단순하고 음악적인 하이네의 시는 모든 세대 사람들의 심금을 울리는 힘을 갖고 있었다.

건축분야에선 아직 고전주의적 요소가 남아 있었다. 명확한 형식과 일정한 균형미를 지닌 이러한 형식은 칼 프리드리히 쉰켈과 레오 폰 클렌체의 건축물에서 잘 나타나고 있다. 그러나 그들의 작품은, 뭐든지 오래돼 보이고 역사적으로 보이면 아름답게 보이는 당시의 시대

1800년부터 1850년까지 식단의 변화와 각 항목이 전체 칼로리 소비량에서 차지하던 비율

도표에서 보다시피 감자가 일반대중의 식단에서 중요식료품이 된 것은 19세기에 와서이다. 1770년까지 사람들이 먹던 주식은 곡물류였다. 그러다 곡식가가 앙등하고 곡식을 살 수 없게 되자 가난한 사람들은 대신 양배추를 먹기 시작했다. 독일 사람들이 엄청나게 양배추를 많이 먹었기 때문에 당시 영국인들은 독일인을 양배추라고 부르기도 했다. 그리고 대략 1835년부터 감자 소비가 급증했는데, 감자병이라도 돌면 기근이 생기고 이민자(1846년과 1847년의 경우처럼)의 수가 급증할 정도였다.

일인당 칼로리 소비량에서 각 음식물이 차지하는 비율

음식종류	1800	1835	1850
곡류류	52	44	44
감자	8	26	28
양배추 및 채소류	25	19	17
육류	15	11	11
합계	100	100	100

독일 찬가

아우구스트 하인리히 호프만 폰 팔러스레벤의 텍스트, 함부르크, 1841년

1841년 8월 당시 영국령이었던 헬고란트 섬에서 망명생활을 하던 하인리히 폰 팔러스레벤이 독일 찬가를 작사했다. 이 가사를 함부르크 체육회 성원들이 저명한 민주주의자 벨커 교수에게 경의를 표하기 위해 처음으로 하이든의 〈4중주곡 황제〉의 리듬에 맞춰 노래부르기 시작했다. "도이칠란트 위버 알레스(Deutschland, Deutschland über alles)"라는 말로 시작되는 노래의 1절은 처음에는 공격적이거나 쇼비니즘적인 의도를 담고 있었던 것은 전혀 아니었다. 그것은 단지 수많은 국가들로 분열되어 있는 독일 나라들 위에 통일된 독일이 실현되길 바라는 소원을 담고 있었다. 노래에 등장하는 마아스강, 멤멜강, 에취강, 벨트 해협 같은 지명도 단지 독일 연방 혹은 독일어권의 경계를 지칭하는 것에 지나지 않았다. 이 곡은 19세기에는 보다 인기가 있었던 〈라인강의 수비병〉이라는 곡에, 그리고 1871년 통일 이후에는 황제를 찬미한 〈승리의 월계수를 그대에게〉라는 곡에 밀려 빛을 발하지 못하다가, 1922년 바이마르 공화국 대통령 프리드리히 에베르트가 공화국의 전통을 의식적으로 1848년 혁명에서 찾으면서 비로서 국가(國歌)가 되었다. 이후 이 곡의 제3절은 1952년 이래 독일 연방공화국의 정식국가가 되었다.

독서 서클

L. 아르노토(?), 1840년

1770년경 글을 읽고 쓸 줄 아는 독일 성인남녀의 비율은 전체인구의 15% 정도였다. 그것이 1840년에는 대략 50%로 상승했다. 독서대중이 형성된 것이다. 그와 더불어 출판시장이 크게 확대됨으로써, 이제는 책과 신문들이 독자들에게 정치적 견해나 관점 등을 제공했고, 독자들 스스로 자신의 정치적 입장을 선택하도록 하였다. 이런 식으로 정치적 이슈들에 대해 기꺼이 논쟁을 벌일 수 있는 훈련된 비판적 대중이 형성되자, 이때부터 이들 대중은 특정한 주제나 목표를 정부에 제시하고, 또 이를 따르도록 압박하기 시작했다. 특히 신문을 통해 이들은 이전보다 훨씬 더 성공적으로 자신들의 영향력을 관철시킬 수 있었다.

정신에 위협당하고 있었다. 당시에 완성된 두 개의 걸작품은 마리엔부르크 성과 쾰른 대성당이었다. 이들 두 건물은 오랜 세월 동안 공사를 해왔으나 당시에 가서야 공사가 재개되어 비로소 완성을 본 것이다. 서프로이센 지방에 세워진 마리엔부르크 성은 과거의 전통을 상기시키는 프로이센 개혁의 상징물이었고, 또 고딕 양식의 쾰른 대성당은 독일의 각 종족뿐만 아니라 교파들까지 하나로 끌어안는다는 이념을 구현하기 위해 완성한 독일 민족교회였다. 당시 사람들은 고딕 양식이야말로 진실로 게르만적-독일적 건축양식이라고 믿고 있었다. 프랑스의 아미앵 대성당이 실제로는 쾰른 대성당의 모델이었다는 사실이 발견된 것은 나중의 일이었다.

그러나 비더마이어 시대의 목가적 분위기는 기만적인 것이었다. 1830년 파리에서 일어난 7월 혁명은 이미 이 점을 명백히 보여주었다. 파리를 휩쓸고 간 7월 혁명의 여파는 전 유럽으로 퍼져 나가기 시작했다. 독일의 많은 영방국가들 수도에서도 바리케이트가 세워지면서 전투가 벌어지게 되었다. 저항의 결과 몇몇 제후들은 자유주의적인 시대정신에 양보해서 성문헌법의 제정과 지방의회의 창설을 약속하였다. 2년 후 팔쯔에 있는 함바흐 성에서 전 독일 페스티발이 개최되었는데, 이 대회는 민족주의 운동진영의 활력을 여실히 입증해주었다. 이 진영의 주체세력은 대학생, 자유주의 시민들, 민주주의 성향의 수공업자들이었다. 그리고 이들의 힘은, 남서독일 일대에서 사회적 저항운동을 일으켰던 농민들이 이들을 지지함으로써 더욱 강화되었다.

농부들이 저항한 근본원인은, 식량생산은 계속 정체된 반면 인구는 급속하게 증가했기 때문이었다. 농촌지역에서는 정기적으로 인구과잉에 따른 위기가 찾아왔는데, 특히 엘베강 동쪽의 상황이 심각했다. 땅을 소유하지 못해 생계를 유지할 수 없었던 사람들의 수가 단기간에 급속도로 팽창하면서 그들은 도시로 모여들게 되었다. 하지만 도시는 도시대로 수많은 사람들이 이미 비참한 삶을 살고 있었기 때문에 이들의 이주는 도시의 대규모 빈곤화 현상을 더욱 심화시켰다. 도시의 이같은 빈곤화 현상으로부터 가장 큰 타격을 입은 계층은 수공업자들이었다. 프로이센과 라인 동맹 국가들이 오래된 길드의 규정을 폐지함으로써 전통적 생산 메카니즘은 이미 설 자리를 잃은 상태

독일 연방 내 몇몇 도시의 서점수

해방투쟁기로부터 1848년 혁명까지, 물론 지역별로 편차가 있긴 했지만, 읽고 쓸 줄 아는 사람들의 수가 급증한 데 상응해 독서대중의 수도 팽창했다. 1844년의 베를린 한 도시의 서점 수가 같은 시기 오스트리아 전체서점 수보다도 많았다. 그러나 이같은 서점들이 다루었던 책들은 대체로 픽션류이거나 비정치적인 논픽션류였는데, 그것은 그 시대의 특징이자, 검열을 피하기 위해 나타난 현상이기도 하였다.

도시	1831	1844	1855
베를린	80	127	195
비인	43	48	34
라이프치히	79	130	156
슈투트가르트	17	36	55

슐레지엔 직조공
칼 빌헬름 휘브너, 1845년

1815년에서 1848년 동안 독일 전체인구가 2천 2백만에서 3천 5백만으로 한 세대 사이에 50%나 급증하였다. 그러나 팽창하는 인구에 비해 식량생산은 제자리를 맴돌았고 그 결과 수많은 사람들이 굶주리게 되었다. 가난한 사람들은 이제 수공업 중심의 옛 도시를 떠나 새로운 산업도시로 이주하기 시작했다. 그런데 이런 문제는 벌써 영국에서 일어난 일이기도 했는데, 영국 중부지방에서 1811년 '러다이트(Luddite)' 운동이 전개되어, 노동자들이 섬유공장의 직기를 파괴했고, 이후 이 운동의 영향이 전 유럽으로 확산되었다. 그림에 보이는 슐레지엔 직조공들의 사정도 이와 비슷해, 그들이 손으로 짠 직물은 공장에서 대량생산된 값싼 직물과 경쟁이 될 수 없었다. 그 결과 수많은 사람들이 결국 직조공장으로 흡수되어 비인간적인 장시간의 노동, 어린이 노동, 형편없이 낮은 급료와 같은 열악한 노동조건에 시달려야만 했다. 이와 같은 불만과 절망적 상황이 누적돼 1844년 랑겐비라우와 페터스발데 지방에서 직조공폭동이 일어났다. 성난 직조공들이 기계를 파괴하고 공장주인의 집을 습격하자, 프로이센군이 출동해 폭동을 진압하였다. 그러나 직조공폭동은 사회적 문제에 대한 관심을 환기시켰고 이러한 문제가 안고 있던 정치적, 사회적 긴장관계가 파열점을 찾아 1848년 3월 혁명이 일어나게 되었다.

였다. 수공업의 쇠퇴는 아주 짧은 기간 내에 수공업계 전반에 걸쳐 잉여노동력을 낳았고, 이로 인해 점점 많은 수의 도제들과 견습생들이 일자리를 잃게 되었다. 우리는 이러한 대규모의 대중적 빈곤화 현상을 '포퍼리즘'이라 부른다. 하지만 여기에 어떻게 대처해야 할지 아는 사람은 아무도 없었다.

그런데 이 시점에 와서도 장차 존재할 독일 민족국가의 미래상은 그 윤곽조차 잡히지 않은 상태였다. 이제는 보다 많은 사람들이 이전보다 자주, 독일 민족이나 조국이라는 말을 언급하긴 했지만, 그런 말은 대체로 적대국인 프랑스와 경계를 짓기 위해 사용되거나 대부분 애매하거나 시적인 문맥 속에서 표현된 것이었다. 그것은 문화적 개념이자 언어적 개념으로서, 개별국가들의 분권주의를 극복해서 하나의 독일 민족국가를 건설하자는 것과는 거리가 멀었다. 조국이 어디에 있느냐는 질문에 대해 작가 빌헬름 라베는 다음과 같이 대답하고 있다. 독일은 "오래된 습관에 따라 지도 위에 쓰여진 그 신화적 이름으로서 존재한다. 또 독일은 태고적부터 세상에서 가장 우직한 사람들이 성실하고 정직하게 살아가던 그 땅에 존재한다. 그들은 진흙에서부터 사람으로 빚어진 이래 단 한 번도 그들의 정부를 정정당당하게 비난한 적이 없었다." 라베의 마지막 말은 곧 수정되어야 했지만 그럼에도 1813년과 1815년의 민족해방투쟁을 통해서 '조국으로서의 독일'이란 상(像)이 명확한 모습을 잡은 것은 아니었다. 그것은 시적이고, 역사적이고, 유토피아적인 성격을 띠는 개념이었으며 또 이 지상에서 구현되어야 할 이상이

었다. '프로이센'이라는 이름은 대체로 이러한 이상을 구현할 현실적 실체로 간주되었다.

어쩌면 독일의 개별적 국가들은 1840년대나 그 후에 이르기까지 그들 신민들의 충성심을 자기 쪽에 묶어둘 수도 있었을 것이다. 만약 그렇게 되었다면 '독일'이라는 개념은 정치적 의미를 갖지 못하고 단지 지리학적 개념으로만 계속 머물러 있었을지도 모른다. 그러나 개별적 국가들의 개혁은 답보상태를 벗어나지 못하고 있었다. 그 위에다 농업과 상업 그리고 세제의 개혁을 통한 경제적 근대화는 상당한 사회적 비용을 발생시키는 결과를 초래하였다. 이로 인해 사회계층들 사이에서는 여러 갈래의 위험한 사회적 갈등과 사회적 단절의 층이 생겨나기 시작하였다. 한때 '혁명의 무기고' 역할을 하였던 민중의 에너지를 활용하였던 개혁가들의 정책도 큰 실효를 거두지 못하고 이제는 그 대가를 치러야만 했다. 그들은 국민개병제도도 도입하지 못했고, 전국적 규모의 국민교육수준도 개선하지 못했으며, 해방전쟁 기간 동안 국민들을 독려해 여론에 불을 지피지도 못한 상황에서 국민들로 하여금 소수 관료 엘리트의 교육정책을 고

분고분 따르라고 요구하거나 기대하기도 힘들었다.

　　1815년에서 1848년 3월 혁명 이전까지의 시기, 즉 3월 전기(Vormärz) 동안에 고조된 사회적 긴장에서는 헌법을 개혁하겠다는 약속을 파기한 데 대한 국민들의 원성도 한몫을 하였다. 그리고 권력자들의 태도도 원성의 또다른 빌미를 제공했는데, 왜냐하면 비판적 언론의 급진적 논조에 당황하고 프랑스 혁명이 독일 땅에서 일어날 것을 두려워한 나머지 각 정부가 언론탄압의 고삐를 죄었고, 나아가서는 경제적 자유를 정치적 참여와 연결시켜야 한다는 점증하는 국민들의 요구를 경찰력을 동원해 제어하려고 했기 때문이다. 이렇게 해서 국가와 사회의 간극은 점점 더 크게 벌어지게 되었다.

　　사회적 긴장뿐만 아니라 정치적 불안도 다시 고조되었다. 그런데 여기에서 하나 눈에 띄는 점은 정치적, 민족적 감정이 폭발했던 1813, 1817, 1830년의 격동이 그랬던 것처럼, 이후에 찾아온 격동도 언제나 외교적·경제적 위기와 맞물려 일어났다는 사실이다. 1830년 사건 이후 당국이 다시 통제의 고삐를 잡았지만, 대부분의 독일 국가에는 의회가 존재했었고, 이 의회의 자유주의적 대표들이 처벌에 대한 두려움없이 토론을 하고 출판을 했기 때문에 자유주의적 비판세력은 수많은 새로운 지지자를 갖게 되었다. 이와 함께 민족통일의 이념도 힘을 얻게 되었다. 특히 1840년 프랑스가 1815년 이래 품어왔던 영토확장 야욕을 라인강 경계지역으로 다시 넓힐 기미를 보이자, 자발적인 대중운동이 독일에서 일어났고, 이러한 대중운동은 무기력한 독일 연방의 대응책에 등을 돌렸다.

　　1840년 이후 몇 해 사이에 독일 민족주의와 그 조직이 다시 부활되었다. 전 독일에 걸쳐 체조운동(Turnbewegung)이 확산되었고, 이 운동과 함께 신체를 단련해야 한다는 생각과 국방을 강화해야 한다는 민족적 감정이 뒤섞인 이데올로기가 생겨났다. 이와 나란히 민족운동의 또다른 중요단체로서 합창연맹(Gesangverein)이 결성되었는데, 이 조직은 전국에 산하지부를 두고 독일 최초로 전국적 규모의 노래축제를 개최함으로써 민족적 감정에 불을 붙였다. 이 축제에서는 독일의 전통적인 민족적 가요가 불려졌을 뿐만 아니라 선동적 정치연설이 행해지기도 하였다. 이 시기에는 전국적 규모의 학술대회가 열려 학문과 민족이념의 통일성을 강조하기도 했다. 민족기념물의 건립 역시 1840년대가 전성기였다. 쾰른의 대성당을 필두로 해서, 서기 9년에 로마군을 대파했던 전쟁영웅 헤르만을 기념하는 데트몰트 근처의 기념비, 전몰자를 위한 레겐스부르크의 발할라 기념비, 라인강 연안 켈하임 근처의 민족해방기념관 등은 모두 이 시기에 완성되거나 공사가 시작된 것이었다. 민족의 이념과 자유주의적 야당세력이 동전의 양면이라는 사실이 분명한 모습을 드러낸 것이다.

사회적, 정치적 동요의 분위기가 무르익어 가면서, 1789년의 혁명과 같은 폭발적 상황을 야기시키기 위해서는 사회를 뒤흔드는 정치적 사건과 결부된 경제적 위기가 필요하였다. 드디어 이중적인 모습을 하고 경제적 위기가 도래하였다. 첫 번째 위기는 46년과 47년의 위기로서, 이 위기는 흉작으로 인해 야기된 기아 및 국민생활 일반의 위기로 지금까지 있어왔던 유럽의 전통적 유형의 마지막 위기였다. 두 번째 위기는 일 년 뒤에 찾아온 47년과 48년의 위기로서, 소비상품의 가격체제가 급격하게 붕괴함으로써 촉발된 현대적 유형의 첫 번째 성장위기였다. 굶주림 때문에 독일 전역에 걸쳐 자연발생적인 봉기가 발생하였고, 이 봉기는 군대를 투입하여 겨우 진압되었다. 이러한 위기상황 속에서 의회의 자유주의적 비판세력은 점점 더 발언권의 수위를 높여갔다.

1847년 10월 10일 이 비판세력의 지도자들이 만하임 근처에 있는 헤펜하임에 모여 의회에 책임을 지는 강력한 중앙정부를 가진 독일 연방을 세울 것을 요구하였다. 이보다 한 달 전에는 1830년 운동의 계승자였던 급진적 민주주의자들이 오펜부르크에 모여 단일한 민주적 공화정부 수립안을 마련하기도 했었다. 그 밖에도 직접적 행동을 촉구했던 사회혁명가들과 사회주의자들이 프리드리히 헤커, 빌헬름 바이트링, 모제스 헤스 주위에 모여들었고, 스위스, 파리, 런던으로 망명한 사람들이 창립한 급진적인 도제연맹도 초기의 이 사회주의 운동에 가세하였다. 독일 연방에 속해 있던 국가의 정부들은 이러한 불만과 저항의 넘쳐나는 합창에 대적할 만한 아무런 목소리를 내지 못했다. 비판세력의 이러한 다양한 목소리는 공론을 조성함으로써 앞으로 다가올 혁명을 공공연히 예고하였다.

5장

피와 철의 시대 (1848-1871)

1848년의 사태도 1830년 7월 혁명처럼 파리로부터 새로운 소식이 전해지면서 시작되었다. 1848년 2월 24일 파리에서 또다시 왕이 축출되고 거리에 바리케이트가 쳐지면서 새로운 혁명의 첫 순교자들이 생겨났다는 것이다. 거의 대부분의 유럽 지역에 동요가 확산되었다. 여러 곳에서 민족주의적, 사회주의적, 자유주의적 경향들이 서로 겹쳐 일어난 이 운동들은 하나같이 1815년 비인 회의를 통해 구축된 반민족적이고 반자유주의적인 평화질서의 타도를 겨냥하고 있었다. 독일 내 영방국가들의 거의 모든 수도의 거리에서도 심한 소요가 일어났다.

지방의회의 온건한 자유주의자들과 급진적 민주주의자들은 언론과 집회의 자유를 요구하였고, 나아가서는 정당결성을 허용하고 민병대를 창설해줄 것을 강력하게 요청하였다. 그들은 기존의 질서와 정부의 상비군에 저항하기 위하여 시민주도의 민병대를 만들려고 했던 것이다. 그러나 그들이 내걸었던 최종적 요구는 전 독일적 차원의 국민의회를 소집하라는 것이

실패한 1848-1849년 혁명에 대한 알레고리

뒤셀도르프 화파, 1849년경

48년 혁명이 실패한 이유 중의 하나는 부르조아지의 망설임 때문이었다. 그들은 혁명을 원했지만 그들이 원한 혁명은 통일과 자유를 위한 혁명이었을 뿐 평등을 위한 혁명은 아니었다. 사회질서의 급격한 전복이나 유혈혁명은 그들의 프로그램에는 없는 것이었다. 라인, 베스트팔렌, 헤센, 바덴 지방에서 혁명이 과격해짐에 따라 부르조아지들은, 프랑스 혁명이 그랬던 것처럼 48년 혁명도 자코뱅당 류의 테러와 길로틴으로 치닫지 않을까 하고 불안해하기 시작했다. 그래서 대부분의 부르조아지들은 반혁명세력인 프로이센, 오스트리아와 서둘러 타협함으로써 질서와 법을 회복하고 자신들이 이미 성취했던 것을 굳히려 하였다. 이 그림은 그런 부르조아지들의 두려움을 알레고리 형식으로 표현해주고 있다. 화염검을 든 천사가 붉은 깃발을 든 악마를 지옥으로 쫓아내고 있고 요새모양의 왕관을 쓴 질서의 화신이 무정부상태로 인해 희생된 사람들을 두 팔로 안아 보호하고 있다. 그러는 사이 평화의 천사는 다시 회복된 질서에 대한 보답으로 풍요의 뿔을 열어 선물을 나누어주고 있다.

었다. 이러한 '3월의 요구'에 뒤이어 '3월 정부'가 각 지역에 수립되었고, 이 정부의 자유주의적 각료들은 곧장 3월의 요구를 실현하는 일에 착수하였다. 독일 전역에서 민족주의적 봄의 분위기가 고조되었다. 새로이 구성된 바이에른 정부는 스스로를 '새로운 여명의 내각'이라고 선언했고, 거의 모든 독일 국가에는 민족운동의 상징인 흑, 적, 황의 삼색기가 나부끼게 되었다.

이 운동의 관건을 쥐고 있던 것은 독일 내의 양대세력인 프로이센과 오스트리아에서 전개되는 사태의 추이었다. 비인에서는 온건한 자유주의적 세력이 며칠 사이에 급진적 민주주의 운동의 거센 흐름에 밀리는 상황이 벌어졌다. 메테르니히는 영국으로 망명하고, 황제는 그의 각료들과 함께 인스부르크로 피신하였다. 동시에 다원민족국가였던 오스트리아의 모든 지역에서 민족적 봉기가 발생했다. 그런 식으로

프랑크푸르트 바울교회에서 열린 국민의회
파울 뷔르데, 석판화, 1848년 이후

독일 연방에 속한 지역과 서프로이센, 동프로이센, 슐레스비히에서 행해졌던 성인남자들의 보통·평등선거에 의해 선출된 585명의 대표들이 1848년 3월 18일 프랑크푸르트의 바울 교회에 모여 국민의회를 개최했다. 이 의회는 1849년 3월 30일까지 계속되었다. 석판화 중앙의 의장석에 서 있는 사람은 하인리히 폰 가게른 공작이다. 그 주변으로 그 당시 큰 인기와 명성을 누렸던 저명한 대표자들의 모습이 보인다.

복고적 '메테르니히 체제'의 기둥역할을 했던 오스트리아는 불과 몇 주 사이에 속수무책의 상황에 빠지게 되었다. 프로이센의 경우도 처음에는 프리드리히 빌헬름 4세가 자신이 직접 나서서 사태진행의 고삐를 잡고서 통일운동의 선봉장 역할을 할 수 있을 것처럼 보이기도 했지만, 그러나 왕이 너무 오랫동안 머뭇거렸고 또 그의 양보가 너무 늦게 나왔기 때문에 베를린에서도 3월 18일 대규모의 봉기가 발생하였다. 이 봉기는 군대를 철수시키고 프로이센 헌법을 제정하기 위해 프로이센 국민의회를 소집하겠다는 왕의 약속을 받고서야 겨우 진정될 수 있었다.

1848년 5월 18일 585명의 대표들로 구성된 독일 국민의회가 전 독일적 자유헌법을 제정하고 하나의 독일 정부를 만들기 위해 프랑크

카드놀이하는 사람들: "나는 주로 왕홀, 왕관, 스타 카드로 놉니다!"
빌헬름 슈토르크, 1848년

혁명으로 도망갔던 반동적 통치자들이 영국에서 만났다. 카드놀이를 하는 세 사람은 프랑스의 루이 필립 국왕, 오스트리아의 메테르니히 재상 그리고 프로이센의 빌헬름 왕자이다. 루이 필립은 혁명의 진원지였던 수도 파리에서 다시 혁명이 일어나자 영국으로 쫓겨왔고, 1848년 3월 18일 재상직을 사임한 메테르니히는 국민의 분노를 피해 간신히 영국에 도착했으며, 프로이센 국왕의 동생이자, 그의 후계자이기도 했던 빌헬름 왕세자는 3월 혁명 당시 폭동자를 잔인하게 진압할 것을 요구함으로써 '총알왕자'라는 별명을 얻었으며, 국민들 사이에서 전혀 인기가 없었다.

푸르트 바울 교회에 소집되었다. 이 의회의 대의원들 중에는 당시의 명망 있는 독일 자유주의적 지식인들이 대거 망라되어 있었다. 시인 울란트와 비셔, 민족해방의 지도자 아른트와 얀, 역사가 달만과 드로이젠, 게르비누스, 마인츠의 주교이자 사회이론가였던 케텔러를 비롯한 다양한 색깔의 정치적 자유주의의 지도자들이 이 의회의 대표자가 되었다. 이들의 이러한 면면을 보면 19세기 중반에 이르러서도 민족적 통일이념을 지지하는 실질적 주축세력은 교양시민계층이었음을 알 수 있다.

그러나 정작 독일이 어떤 형태를 띠어야 하는가 하는 문제를 두고 독일에서는 여태까지 의견통일이 된 적이 없었다. 바울 교회의 대표자들 역시 이 문제를 두고 가망이 없을 정도로 분열되어 있었다. 그러다가 결국 두 가지 해결책이 유력한 가능성으로 대두되었다. 첫 번째 가능성은 대독일(Großdeutschland)의 해결방안이었는데, 이 안은 합스부르크 황제를 수장으로 해서 오스트리아를 포함한 독일의 모든 지역을 함께 묶자는 것이었다. 두 번째 가능성은 소독일(Kleindeutsch)의 해결방안이었는데, 이 안의 지지자들은 오스트리아와 이에 속해 있는 지역을 제외한 나머지 독일 국가들을 합쳐서 독일을 통일하고 호헨쫄레른 황제를 그 수장으로 삼자는 것이었다. 경계를 어떻게 설정하고 앞으로의 독일 주도권을 누가 잡느냐 하는 문제를 둘러싼 치열한 논쟁이 몇 달이나 계속되었다. 한편 남서독일 국가의 혁명적 민주주의자들은 이러한 논쟁과는 별도로 제3의 대안, 즉 민주주의적 공화국가를 실현하기 위해 격렬한 투쟁을 전개했다. 하지만 그들의 혁명적 투쟁은 연방이 파견한 군대에 의해 무참하게 진압되었다. 그래도 독일 국민의회는 마지막에 가서 미국, 프랑스, 벨기에의 헌법의 훌륭한 전통을 이어받아 헌법을 채택하였고, 임시중앙정부를 구성할 수 있었다. 그러나 국민의회가 채택한 헌법은 실질적 효력을 발휘하지 못했으며 임시정부 역시 아무런 힘을 갖지 못했다. 언제나 그러한 것처럼 혁명적 상황에서는 권력의 문제를 자기 쪽에 유리하게 전개시키고 마지막 결정권을 쥐는 세력이 승리하는 법이다. 이러한 면에서 볼 때, 프랑크푸르트 국민의회는 완전히 무력했다.

슐레스비히-홀스타인을 두고 일어났던 위기만 해도 벌써 이 사실

1849년 독일 제국헌법

1849년에 제정된 독일 제국헌법은 주권과 인권의 정신에 바탕하여 제정된 귀중한 문건이다. 이 헌법은 한 번도 발효되지 않았지만 독일 헌법사에서 가장 중요하고 인상적인 헌법으로서 그 개념의 명징성과 세부적 조항의 정확성으로 인해 오늘날에도 여전히 현대적이라는 느낌을 줄 정도이다. 기본권에 대한 여러 조항들은 비록 헌법의 전문(前文)에 쓰여 있지 않지만, 특별한 배려에 의해 명확한 표현을 얻고 있다. 즉 계몽주의에 근거한 천부인권설, 국가권력으로부터 침해받을 수 없는 개인의 자유권 등이 명문화되고 있는 것이다. 현재의 독일 기본법 역시 상당부분 이 헌법에 뿌리를 두고 있다.

을 입증시켜 주고 있었다. 1848년 3월 24일 슐레스비히-홀스타인 신분제 의회는 덴마크로부터 독립을 선언하고, 임시정부를 수립하면서 독일 국민의회에 도움을 요청한 바 있었다. 두 공작령의 운명은 독일 여론에 비상한 관심을 불러 일으켰다. 독일 민족주의자들의 관점에서 보면, 프랑크푸르트 국민의회가 그 정당성과 권위를 획득하기 위해서는 이 두 공작령을 새로운 독일 연방의 일원으로 가입시키는 데 성공해야만 했다. 그러나 국민의회는 자체의 독자적 군사력을 갖지 못했기 때문에 프로이센 군대의 힘을 빌리지 않을 수 없었다. 하지만 프로이센군은 유트란트 반도까지 깊숙이 진격했지만, 다른 유럽 강대국들의 항의에 부딪쳐 물러날 수밖에 없었다. 영국의 전함들이 북해에서 시위를 벌였고, 러시아 군대들이 동프로이센 경계선까지 진격하였으며, 프랑스 역시 외교사절을 보내 독일의 여러 정부에 개입함으로써 이 계획을 저지시키고자 하였다. 덴마크 소속의 영토에까지 손을 뻗치는 독일 민족주의의 확장야망은, 통일된 독일이 유럽의 한가운데에서 유럽 국가들의 세력균형을 송두리째 뒤흔들어 놓지 않을까 하는 유럽 궁정의 오래된 의구심을 다시 확인시켜 주었다. 유럽 강대국의 기존체제에 반하는 유럽 중심부에서의 어떠한 변화, 특히 독일의 통일은 이루어질 수 없다는 것이 한층 더 분명해진 것이다.

　　독일 국민의회가 좌절한 데에는 유럽 강대국들의 이해관계뿐만 아니라 혁명이 과격화될지도 모른다는 우려 또한 중요한 요인이 되었다. 한때 헌법에 바탕한 경제 우호적인 민족국가의 건설을 꿈꾸었던 자유주의 성향의 시민계급은 이제 와서는 제2의 사회적 혁명, 자코뱅당의 테러와 길로틴이 목전에 임박했다고 느끼게 되자 베를린과 비인에서 그 동안 새로 결집된 반혁명세력과 손을 잡고 그때까지 자신들이 이룩했던 것을 성급하게 굳히려고 하였다. 그들은 1848년 11월 프로이센을 위한 헌법을 승인하였고 또 상당한 규모로 투입된 군대의 도움을 받아 혁명을 사실상 종식시킬 수 있었다. 이 이후에도 국민의회는 국민대표의 대다수가 지지했던 대독일의 해결방안을 포기하고, 프로이센 왕에게 '소독일' 제국의 황제 타이틀을 부여함으로써 권력문제를 자신들에게 유리하게 해결하려고 시도하였다. 그러나 이러한 시도는 자신들이 만들었던 해결방안을 억지로 넘어서려는, 이를테면 자신들의 그림자를 뛰어넘으려는 무리한 시도였기 때문에 결국 실패할 수밖에 없었다. 프리드리히 빌헬름 4세는 독일의 최고통치자가 되고 싶었지만, 황제의 타이틀을 의회가 아닌 제후들의 손으로부터 받기를 원했다. 바울 교회의 대표단이 그에게 황제의 타이틀을 수락할 것을 간청했을 때, 그는 헤센 대공에게 보낸 편지에서 말했듯이 '혁명의 냄새'가 묻어 있는 '더럽기 짝이 없는 왕관'을 받을 수가 없었다. 그 밖에도 그는 다른 유럽 강대국들의 항의를 두려워했고 또 오스트리아가 이 문제에 개입하는 것을 꺼려했다. 더구나 일체의 갈등을 싫어하고 평화로운 분위기를 사랑했던 군주였던 그는 또 한 차례의 7년 전쟁을 치룬다는 것이 자신이 할 일은 아니라고 생각했을 것이다.

　　　　표면적으로 보면 1848/49년의 혁명은 실패한 것처럼 보일지도 모른다. 그러나 현상유지세력과 운동세력 간의 갈등은 그래도 하나의 타협을 찾아내는 것으로 끝이 났다. 독일의 지배계급은 이제 어디에서나 명문화된 헌법에 구속을 받게 되었고, 또 입법권 역시 의회와 함께 공유하게 되었다. 또 국민주권과 인권에 바탕한 대독일 민족국가를 세우려던 1848년 3월의 운동은 유럽 강대국들의 저항과 국내의 상이한 혁명적 세력의 의견차이로 인해 결국 좌절되었지만, 적어도 한 가지 점에서는 분명한 변화가 일어났다. 즉 독일 문제를 해결할 수 있는 미래의 가능성이 혁명 이후에는 뚜렷한 윤곽을 띠게 되었던 것이다. 이때부터 하나의 독일 민족국가를 건설하려고 했던 사람들은 두 개의 진영에 모여들게 되었다. 그 하나는 대독일주의 그룹이었고 다른 하나는 소독일주의 그룹이었다.

　　　　두 진영 중 처음부터 우세했던 쪽은 소독일주의 진영이었다. 그 이유는 경제적 분야에서 벌써 이 진영의 목표가 실현되어 있었기 때문이었다. 이미 1834년에 특히 프로이센 재무상 프리드리히 폰 모츠(1775-1830)의 치밀한 준비에 힘입어 독일 관세동맹이 결성되었고, 1848년에 이르러서는 39개의 독일 연방국가 중 28개의 나라가 이 동맹에 참가했다. 메테르니히는 이러한 사태의 발전을 불신의 눈으로 바라보았는데, 왜냐하면 그는 그러한 발전이 '프로이센의 우위'를 더 강화시키고 또 이 기구를 통해 '독일 통일이라는 위험하기 짝이 없는 교조적 원칙'이 조장되고 있다고 보았기 때문이다. 이처럼 실질적으로 오스트리아에 의해 주도되고 있던 독일 연방이 일체의 새로운 상황이나 개혁을 저지하려고 했던 현상유지의 기구였다면, 프로이센에 의해 주도되고 있던 관세동맹은 미래지향적인 공동운명체였고 또 점차 경제적 힘이 증대되면서 주위국가들을 끌어들이는 자석과 같은 견인력을 갖고 있었다.

그러나 새로이 생겨난 비교적 큰 규모의 단일한 경제공간도, 만약 옛날처럼 교통이 느리고 불편했다면, 그렇게 빨리 제 기능을 발휘하기는 힘들었을 것이다. 1835년 11월 7일 뉘른베르크에서 퓌르트 간에 독일 최초의 철도가 개통되었다. 이를 위해서는 기술의 발전에 저항하는 보수주의자들의 편견 및 반대와 오랫동안 싸워야만 했다. 이러한 싸움에 가장 큰 역할을 한 것은 이 시기의 대표적 경제학자였던 프리드리히 리스트(1789-1846)였고, 루르 지방의 몇몇 공장기업가들이 이 싸움에 가세하였다. 그러나 독일에서 개설된 첫 철도의 길이는 불과 6Km에 지나지 않았다. 당시 벨기에에는 20Km, 프랑스에는 141Km, 영국에는 544Km의 철도망이 이미 건설되어 있었다. 그러나 독일의 철도망은 비약적인 발전을 거듭하면서 1848년 혁명전야에는 무려 5,000Km에 이르는 철도망이 구축되었다. 이것은 프랑스의 두 배, 오스트리아의 네 배가 넘는 길이였다. 관세동맹의 시장이 처음으로 본격적으로 기능을 하게 된 것은 이 같은 철도망의 구축 덕택이었다. 이때에 이르러서야 비로소 하나의 통일된 경제공간이 존재하게 되었고, 또 독일 전역에 동일한 경쟁압력이 작용하게 됨으로써 수요와 공급의 원칙 그리고 가격의 단일화가 이루어질 수 있었다.

1820년부터 1913년까지 독일을 떠난 이민자의 수

연도	이민자 수
1820–1829	50 000
1830–1839	210 000
1840–1849	480 000
1850–1859	1 161 000
1861–1870	782 000
1871–1880	626 000
1881–1890	1 343 000
1891–1900	529 000
1901–1910	280 000
1911–1913	69 000

고향과 작별을 고하는 이민자의 모습
안토니 볼크마르, 1860년

1813년부터 1913년까지 6백만에 달하는 독일인이 이민을 떠났다. 그 중에 절반 이상이 1861에서 1913년 사이에 독일을 떠났다. 사람들이 이민을 떠난 가장 커다란 이유는 경제적인 어려움 때문이었다. 그러나 경제적 이유가 해외로의, 특히 "약속의 땅" 아메리카로 이민을 가게 했던 유일한 이유는 물론 아니었다. 1849–49년 혁명이 실패로 끝난 후 갑자기 그 수가 불어났던 미국 이주자들은 바다 건너 미국 땅에서 보다 자유롭고 민주적인 삶을 살고자 원했다.

게다가 철도건설은 철강관련산업에 예기치 못한 호황을 가져다주었다. 기관차와 이에 필요한 부속품, 객차와 선로의 수요가 증가하면서, 이와 관련된 기계공장과 갖가지의 부품산업이 일대 호경기를 맞이하게 된 것이다.

이렇게 해서 1848년경에는 독일 산업의 튼튼한 기초가 마련되었다. 혁명 이후에는 더이상 정치적 동요를 두려워할 필요가 없었기 때문에

독일 최초의 철도, 루드비히 線 개통
그림을 그린 후 라카칠을 한 원형의 종이깡통, 1836
1835년 12월 7일, 불과 6Km에 불과했지만, 독일 최초의 철도가 뉘른베르크와 퓌르트 간에 개통되었다. 슈트트가르트 모르겐블라트 신문은 기차의 첫 운행 장면을 다음처럼 묘사하였다. "철로 옆에 서 있던 말들은 괴물이 다가오자 겁을 집어먹고, 아이들은 울기 시작했으며, 어른들 역시 가벼운 놀라움을 억누를 수가 없었다." 그럼에도 기자는 수많은 사람들이 느꼈던 '뿌듯함과 자긍심'을 두고, "아마 어떤 회의주의자라도 달리는 기차를 바라보며 느끼는 인간의 힘과 정신에 대한 이들의 새로운 믿음을 뒤흔들 수는 없을 것이다. 사람들은 기쁨에 들떠 한껏 고양되어 있다"라고 묘사하고 있다.

기업가들은 큰 부담없이 장기적인 시설투자 계획을 세울 수 있게 되었다. 또 이와 비슷한 시기에 캘리포니아와 오스트레일리아에서 엄청난 정도의 풍부한 금광이 발견됨에 따라 자본이 대량으로 유입되었다. 그 결과 대출의 이자가 낮아지고, 반면에 수요가 늘고 가격이 높아지면서 기업가들에게는 그야말로 황금의 시대가 도래하였다. 무엇보다도 철도건설에 따른 막대한 자금이 필요했기 때문에 도처에 새로운 은행과 주식회사가 설립되었다. 1850년과 1870년 사이 독일 관세동맹 지역 내에서 유통되었던 은행권, 은행수신고와 투자된 자본의 총량은 3배나 불어났다.

경제 붐을 일으켰던 또 하나의 요인은 값싼 노동력이었다. 새로 설립된 공장은 마치 자석처럼 사람들을 흡수하였다. 도시의 빈민화된 비참한 대중들은 일정한 일자리와 안정된 봉

중부 유럽 철도망의 발전(1866년까지)
지도에서 보듯이 해가 갈수록 독일 연방 내 펼쳐진 철도망이 촘촘해지고 있다. 특히 철판을 리벳으로 연결하는 대담한 기술이 도입된 이래, 교각건설이 과거와 비할 데 없이 빠른 시간 내에 이루어질 수 있었고, 그만큼 철도망의 확장도 촉진되었다.

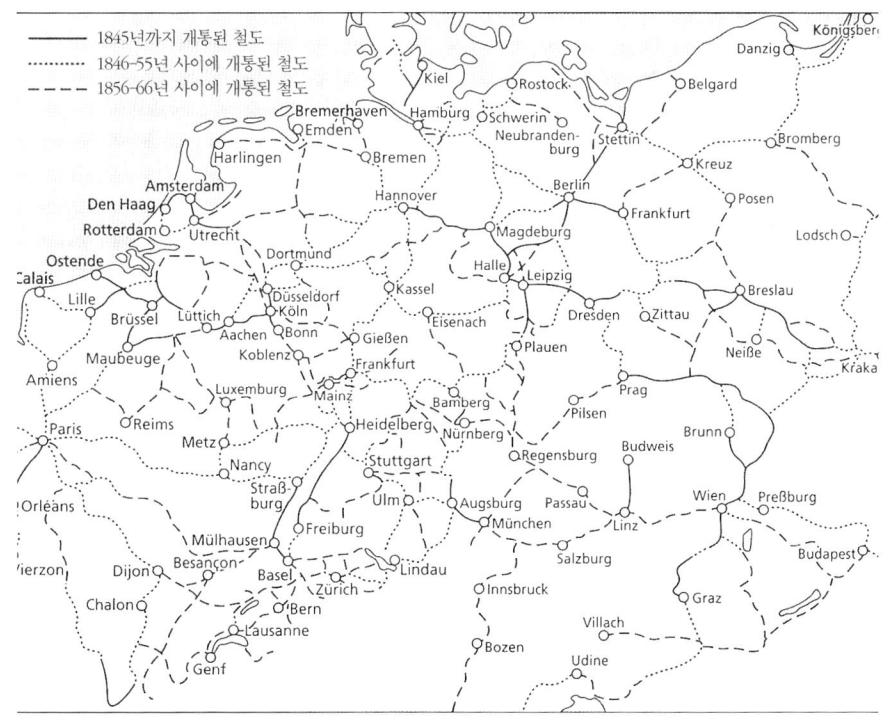

5장 | 피와 철의 시대　145

급을 받을 수 있는 것만으로도 행복해 했다. 공장 프로레타리아의 제1세대에 해당하는 이들의 열악한 노동조건이나 비참한 생활상을 두고 행해졌던 정당한 비판이 있음에도 불구하고 우리가 염두에 두지 않으면 안 되는 하나의 사실은, 산업화되기 이전 대중들의 비참한 생활상과 비교해서 당시 보통노동자의 사정이 그래도 나았다는 점이다. 실업과 불완전한 고용, 그리고 가내노동이나 벨기에, 영국과의 경쟁으로 인해 임금이 삭감되는 현상도 줄어들었다. 그래서 1852년과 1855년처럼 흉작으로 인해 생필품가격이 앙등했음에도 불구하고 기아로 인한 폭동은 더이상 독일에서 발생하지 않았다. 19세기 전반부의 유럽의 미래를 어둡게 했던 커다란 사회적 위협, 즉 포퍼리즘이라는 대중빈곤현상이 점차 사라지면서 한 세대가 지난 이후의 젊은이들은 그러한 현상을 단지 나이든 사람들의 이야기로만 알게 되었다.

산업화와 함께 독일 사회의 여러 분야에서도 일대 변화가 일어났다. 옛 세계를 사라지게 만든 것은 정치적 혁명에 의해서가 아니라 경제 및 노동관계의 혁명에 의해서였다. 그리고 경제 및 노동관계 혁명에 철도에서 전신에 이르는 교통 및 통신수단의 혁명이 연계됨으로써, 이 모든 요소들은 상호상승작용을 일으켜 사회변화를 가속화시키게 되었다. 인구는 폭발적으로 증가하고, 악화일로를 걷던 농촌지역의 생활조건은 집단적 이주현상을 불러일으켰다. 새로 생긴 공업지대, 예컨대 슐레지엔, 작센, 베를린, 라인란트와 루르 지방 등에 안정된 일자리가 있다는 소문이 돌았고, 이러한 소문은 독일 역사상 최대규모의 인구이동을 야기시켰다. 일자리를 찾아 나선 일군의 사람들이 농촌지역인 엘베강 동쪽으로부터 베를린으로 물밀듯이 몰려들었고, 이러한 이주민의 물결은 후에 중부 독일로 밀려들었으며, 다시 1860년경부터는 그 파고가 점점 더 높아지면서 드디어 라인-베스트팔렌의 루르 지방에 이르게 되었다.

이와 같은 인구이동은 한편으로 프로레타리아 계급의 구성성분을 변화시켰다. 이제 프로레타리아 계급에는 공장노동자 말고도 도시로 이주한 농촌의 일용노동자와 제자리를 잃게 된 수공업자들이 아울러 속하게 되었다. 수공업자들의 경우, 그들은 대량생산된 값싼 공산품의 수요가 일일이 손으로 만들어내는 값비싼 수공업상품의 수요를 능가함에 따라 종래의 길드식 작업방식으로 생계를 꾸려가기 어려운 실정이었다. 그러나 1880년대에 이르러 전기 모터나 소형발전기를 도입하면서 소규모 수공업공장은 산업시대에 맞는 경쟁력을 회복할 수 있었다. 수공업이 고사하게 되리라는 칼 맑스의 예언은 그대로 실현되지 않았다.

광범위한 시민적 중산층들 역시 여러 차례 밀려드는 사회의 유동화 과정을 빗겨갈 수 없었다. 프로이센이 개혁조치를 통해 자본과 노동을 개방함으로써, 한때 지방에 살던 수공업자들이 도시로 몰려들었고, 중소도시의 기업가들은 보다 큰 판매시장을 갖고 있는 거대한 산업도시로 몰려들었다. 이에 따라 그 규모가 확장된 국가의 행정기구들 역시 행정관료들을 가능한 한 자신의 출생지에서 멀리 떨어진 곳에 배치하는 인사규정과 원칙을 발전시켜 나갔다. 한마디로, 유럽의 신분적 농업사회가 해체되고 그 대신에 프로레타리아와 부르조아지 중산층으로 대별되는 도시적 근대산업사회가 등장하였던 것이다.

이 시대의 지배적 감정은 뿌리뽑힘의 감정, 즉 삶의 뿌리가 송두리째 뽑혀버렸다는 생활감정이었다. 가족의 유대가 끊어지고, 종교적 결속은 느슨해졌으며, 전통적인 존경심이나 충성심도 더이상 유지되기 힘들었다. 산업적 환경, 공장, 행정조직은 전통적 규범이나 예절을 대신할 수 있는 아무런 대안도 제시하지 못하였다. 이제는 무엇인가 알지 못하는 익명의 힘, 언제나 맞바뀔 수 있는 교환성, 그리고 사회의 원자화 현상에 자신이 내맡겨져 있다는 감정이 사람들의 마음을 지배했다. 다시 말해, 규범의 상실, 사회적 오리엔테이션의 불확실성, 정체성의 위기와 같은 지금까지 한 번도 있어 본 적이 없는 감정이 전 사회를 지배하였다. 이런 식으로 종교와 확고한 사회적 규범이 무너져버린 상황에서, 새로운 시대의 수많은 신화와 주의 주장들이 생겨나 서로 경쟁하거나, 격렬하게 반목하기도 하고, 때로는 절대로 화해할 수 없을 것처럼 상대방을 배척하기도 하였다. 한편에서는 자유와 행복, 개인의 경제적, 정치적 자율권에 대한 자유주의자들의 요구가 있었는가 하면, 다른 한편에서는 혁명 이전의 절대주의적이고 귀족주의적인 권위적 구조를 고수하려는 정반대의 원칙이 팽팽히 상호대립하고 있었다. 그리고 이러한 모든 것과 맞물려 모든 국민의 공동의지가 구현되어야만 할 국가의 통일이라는 이념이 존재하고 있었다.

이러한 이념과 나란히 19세기의 두 번째로 거대한 비판적 이데올로기, 즉 사회주의가 형성되었다. 계급을 신화적 차원으로 격상시킨 사회주의는, 공장노동에 의하여 자신들의 번영과 부가 가능하게 된 지배계급의 이기주의와 사리사욕에 대항하기 위하여 대중들의 연대감을 고취시키고자 하였다. 그러나 전통적 기득권세력은 온갖 수단과 방법을 동원하여 방어적 태도를 취했고 또 대중에 잘 먹혀들어가는 그들 나름의 이데올로기를 발전시켰다. 이들 전통적 지배계층은 '천민'의 봉기에 대항할 뿐만 아니라 심지어 상승일로의 자유주의적 자본주의에 맞서기 위해 보수주의라는 방어전선을 구축했던 것이다. 이러한 정치세력 이외에 사회적 규범의 상실이라는 면에서 비교적 덜 영향을 받았고 또 전통과의 유대가 훨씬 강했던 주민들이 살고 있던 슐레지엔과 라인란트, 남부 독일에서는 정치적 카톨릭시즘이 상당한 영향력을 행사하였다. 독일 인구에서 소수 그룹을 형성하고 있던 이 정치적 카톨릭시즘은 주로 프로이센 - 프로테스탄트적인 자유주의의 공격적인 헤게모니에 대한 반동으로 생겨난 것이다.

이런 식으로 서로 경쟁하는 질서의 이념 및 합법성의 이념이 생겨났고, 이 이념들은 의회의 원내세력과 정치 저널을 중심으로, 정당으로 응집되고 결정화되었다. 1850년대 말 전 유럽에 경제적 위기상황이 닥쳐오고, 새로운 운동이 고개를 쳐들자, 그 여파로 국내정치에서도 또다시 변화의 움직임이 일기 시작하면서, 정당의 결성은 보다 분명한 윤곽을 드러내었다. 독립적이고 지속적인 독일 노동운동의 첫 번째 조직이 등장한 것도 이 시기의 일이다. 페르디난드 라살(1825-1864)은 1863년 '전독일 노동자연맹'의 강령을 만들었고, 이와 때를 같이 하여 아우구스트 베벨(1840-1913)과 빌헬름 리프크네히트(1826-1900)에 의해 '독일 노동자연맹협의회'가 창설되었다. 이 조직은 1869년의 사회민주노동당의 맹아였다. 그리고 위에서 언급한 두 사회주의적 조직, 곧 라살의 독일 노동자연맹협의회와 사회민주노동당은 오늘날의 독일 사회민주당(Sozialistische

Partei Deutschland: SPD)의 전신이 되었다.

의회 내의 자유주의 세력도 다시 활기를 띠었다. 1858년 프로이센에서는 재위 말년에 정신병을 앓았던 프리드리히 빌헬름 4세가 죽자 그의 동생인 빌헬름 1세가 왕이 되었다. 그는 놀랍게도 검열을 완화하고 자유주의적 내각을 구성하였다. 그러나 그와 프로이센 지방의회의 다수파였던 자유주의적 그룹은 곧 심각한 갈등관계에 빠지게 되었다. 그 이유는 그가 자유주의자들의 의사에 반해 군대의 숫자를 늘리고, 군복무기간을 연장하려고 했던 데다 정규군에 맞설 수 있는 시민주도의 지방민병대를 축소하려고 했기 때문이었다. 자유주의자들은 이러한 계획에 극도로 흥분했고, 이로 인해 프로이센 지방의회의 자유주의 세력과, 왕과 토지소유 귀족, 그리고 군대로 이루어진 지배연합세력 사이의 갈등은 원칙적인 문제에 대한 대립으로까지 치달았다.

그리고 보다 넓은 차원에서도 유럽의 정치적 판도가 커다란 변화를 보였다. 위대한 코르시카인의 조카였던 나폴레옹 3세는 자기 삼촌을 모방해 스스로 황제라 칭하면서, 이탈리아에 대한 프랑스의 옛 지배권을 되찾으려 하였다. 그는 1859년 피에몬트-사르디니아 왕국과 동맹관계를 맺고 당시 오스트리아가 소유하고 있던 북부 이탈리아의 지배권을 빼앗으려고 하였다.

1848년 혁명의 좌절 이후 잠잠했던 독일 여론이 처음으로 다시 독일 전역에서 높은 파고를 타기 시작하였다. 이미 1813년에 독일의 민족적 감정을 타오르게 한 바 있던 독일과 프랑스 사이의 적대관계라는 해묵은 모티브가 새로운 바람을 타면서 다시 부활하였고, 외교적, 군사적으로 막강한 자주적 독일 민족국가를 세워야 한다는 요구가 헤아릴 수 없이 많은 전단과 팜플렛, 신문기사를 통해 제기되었다. 이러한 민족주의적 파고가 그 정점에 도달한 것은 1859년 11월 10일 쉴러 탄생 백 주년 기념식에서였다.

그러나 이 시기에 또 한 가지 분명해진 것은, 48년 혁명기간 동안 독일 민족주의 운동 내부에서 형성되었던 진영이 그대로 존속하고 있었을 뿐만 아니라, 이제는 조직적 차원에서도 더 튼튼한 기반을 갖게 되었다는 점이다. 소독일이냐 대독일이냐 하는 것이 여전히 큰 문제였던 것이다. 그러나 소독일주의를 표방하며 1859년 코부르크에서 발족된 '독일 국가연합'이라는 단체가 조직과 재정, 특히 프로파간다의 측면에서 주로 카톨릭 지역 군소국가들의 대독일주의적 정치세력을 단연 압도할 수 있었다는 것은 이미 당시 프로이센이 오스트리아에 대해 정치적으로 우위를 확보하고 있음을 보여주는 단적인 증거였다. 이들 군소국가들은 1862년에 가서야 '독일 국가연합'에 맞서 '독일 개혁연합'이라는 조직을 만들었지만, 이 조직은 너무 늦게 결성되었을 뿐만 아니라 내부적으로도 갈갈이 분열되어 있었고 독일 국민의 마음에 불을 붙일 수 있는 정치적 구호도 갖지 못했다.

그렇지만 소독일주의적 민족운동도 하나의 핸디캡을 가지고 있었다. 즉 이 운동의 가장 강력한 지주였던 프로이센 지방의회 내의 자유주의자들이, 소독일적 제국의 통일을 실현하게 될 권력, 즉 프로이센 정부와 심각한 갈등에 빠져 있었던 것이다. 1862년 9월 24일 빌헬름 1세는 강경 보수주의자이자 반혁명의 화신으로 소문이 자자하던 파리 주재 프로이센 공사 오토 폰 비스마르크(1815-1898)를 프로이센 내각의 수상으로 임명하였다. 이 임명이 있기 바로 직전 비스마르크는 왕권을 강화하고 프로이센 의회 내의 다수파인 자유주의 세력을 타도하겠다고 왕에게 이미 약속한 터였다. 당시 독일 여론에서는 비스마르크를 반자유주의의 화신이자 반민족주의를 구현하고 있는 인물로 묘사했다. 자유주의와 민족주의가 당시 독일에서는 동전의 양면을 이루고 있었던 것이다.

하지만 자신의 반대자들뿐만 아니라 강경보수적 성향을 띤 그의 친구들 역시 비스마르크를 잘못 이해하기는 마찬가지였다. 비스마르크에게 있어, 프로이센 수상이라는 직위는 그 자체가 목적이 아니라 보다 높은 목적을 달성하기 위한 수단에 지나지 않았던 것이다. 비스마르크에게 중요했던 것은 혁명적 상황에 놓여 있던 당시 유럽에서 프로이센의 권력을 확대하고 공고히 하는 것이었다. 그의 신념에 따르면 이러한 목표를 달성하기 위해서는, 오스트리아의 희생을 딛고 프로이센이 독일 내에서 헤게모니를 구축하는 것 말고는 다른 길이 없었다. 그러나 이러한 일은 다른 유럽 국가들과의 이해관계를 조율해가면서 진행되어야만 했는데, 그것은 1848/49년 혁명의 무산된 민족주의적 꿈이 보여주듯이 다른 유럽 국가들의 반대를 무릅쓰고는 중부 유럽의 지도를 바꾼다는 것이 불가능했기 때문이다.

　　1863년 11월 지금까지 단지 명목상으로만 덴마크 왕의 지배 아래에 있던 슐레스비히 공국이 덴마크에 의해 공식적으로 합병되자, 독일은 또다시 애국주의적 흥분과 열기에 휩싸였다. 국민 여론과 독일 여러 국가의 지방의회는 덴마크에 대한 전 독일 차원의 국가간 전쟁을 일으켜야 한다고 강력히 촉구하였다. 1848년의 경우가 그랬듯이, 슐레스비히-홀스타인 두 공국은, 독일의 입장에 볼 때 마땅히 다시 독일 영토의 일부로 귀속되어야 할 민족주의 운동의 상징적 존재였고, 유럽 강대국의 입장에서 볼 때는, 이 두 공국의 독일 병합은 독일 민족주의가 1815년 비인 평화질서가 규정한 경계선을 넘어 그 세력을 확장하는 것을 의미하는 것으로, 이는 유럽 강대국들이 두려워했던 바이기도 했다. 하지만 독일 민족주의자들이 이러한 유럽 차원의 역학관계를 그들의 논쟁에서 고려하지 않았다는 것은 바로 그들의 상황판단이 얼마나 맹목적이었던가를 보여주는 하나의 단적인 예였다. 그러나 실제로 당시의 민족주의자들은 비단 독일에서 뿐만 아니라, 유럽의 모든 지역에서도 1815년의 비인 평화질서를 반동적 장애물로 간주했고, 그에 대한 투쟁은 여하한 수단을 막론하고 정당하다고 생각하고 있었다.

　　그런데 비스마르크 정책에 대한 자유주의적 민족운동의 증오로 가득 찬 대립적 태도가 비스마르크 정책의 성공에 기여했다는 것은 독일 역사의 아이러니 중의 하나가 아닐 수 없다. 만약 비스마르크가 민족주의자들과 손을 잡았다면 그러한 전략은 그의 계획을 수행하는 가장 큰 걸림돌로 작용했을 것이다. 왜냐하면 그로 인해 유럽 체제를 폭파할 수도 있는 민족주의적 야망이 완전히 노출되었을 것이기 때문이다. 다시 말해, 그는 자유주의적 민족주의자들의 반대를 필요로 했고 또 그러한 반대 속에서 자신의 강점과 의도를 숨길 수 있었으며 적절한 때가 오면 놀라울 정도로 신속하게 행동을 개시할 수 있었던 것이다.

민족주의적 여론에는 아랑곳없이 비스마르크는 일단 슐레스비히-홀스타인에 대한 덴마크 왕가의 통치권을 인정하였고, 이로써 일단 영국과 프랑스, 러시아를 안심시켰다. 하지만 그는 다른 한편으로 두 공국에 대한 무력침공을 계획했는데, 그것은 슐레스비히가 덴마크에 병합됨으로써 두 공국이 지금까지 누려왔던 특별한 지위와 권한이 침해를 받았다고 판단했기 때문이었다. 그래서 두 공국의 독일 연방 가입을 주장한 민족주의 진영의 요구와 갑자기 연합전선을 폈던 프로이센과 오스트리아의 요구 사이의 차이는 사실 따지고 보면 형식적, 법적 차이에 불과했다. 하지만 독일 애국자들이 볼 때, 덴마크 왕의 권리와 비인의 평화질서를 인정한다는 두 강국의 입장은 도저히 용납할 수 없는 일이었다. 1864년 1월 이후 프로이센과 오스트리아가 유트란트 반도로 진격하고 중요한 군사적 성공을 거두는 사이 자유주의 진영의 여론은 이미 분노로 들끓고 있었다. 이들의 분노는 전혀 근거없는 것도 아니었는데, 1864년 10월에 체결된 평화조약이 말해주듯이, 해방된 두 공국은 독일 연방의 새로운 국가로 편입된 것이 아니라, 두 나라의 공동통치지역이라는 형식으로 프로이센과 오스트리아에 의해 분할되었기 때문이다.

그러나 이러한 자유주의자 중 많은 수는 비스마르크의 정책이 비록 무원칙하게 보였지만 아무런 성과도 없는 민족운동과는 정반대로 분명히 성공을 거두고 있음을 인정하지 않을 수 없었다. 이제 와서는 비스마르크가 1862년 프로이센 의회의 연설에서 보여주었던 냉철한 정치적 현실주의가 옳다는 것이 입증되었던 것이다. 그 당시 자유주의적 여론은 비스마르크의 유명한 연설, 즉 "시대의 중요한 문제는 연설이나 다수결에 의해서 결정되는 것이 아니라 — 그것은 1848년과 49년의 오류였다 — 피와 철에 의해 결정되는 것이다"라는 연설에 놀라움과 당혹감을 감추지 못했다.

이렇게 해서 비스마르크는 그 첫걸음을 성공적으로 내딛었다. 반면 민족주의 운동과 자유주의적 여론은 목소리는 크지만 무력하다는 것이 입증되었다. 덴마크는 독일 연방으로부터 제외되고, 프로이센 역시 상당부분 재정비되었다. 그 다음 단계는 그가 48년 혁명 이후 줄곧 추진해왔던 원대한 목표, 즉 오스트리아와의 관계를 청산하고 독일 내에서 프로이센의 헤게모니를 구축하는 일이었다. 1740년 프리드리히 대왕이 슐레지엔을 침공한 이후부터 100여 년이 넘도록 이러한 목표는 프로이센이 추구해왔던 정책의 궁극적 지향점이기도 했다. 독일의 양대세력인 오스트리아와 프로이센은 1848/49년 이후 불안정한 세력균형을 유지해왔다. 그러나 두 국가는 독일의 주도권을 두고 치열한 경쟁을 벌였으며, 이러한 두 국가의 중간에는 '제3의 독일'이라는 군소국가들이 존재했다. 이들 국가들은 두 강대국에 맞서 자신들의 독자성을 유지하고 또 끊임없이 남북의 두 나라를 오가는 정책을 통하여 국가연합체의 연방적 구조를 그대로 고수하려고 노력하였다.

덴마크 전쟁과 함께 유럽에는 하나의 커다란 변화가 일어났다. 유럽 열강 중 어느 한 국가의 개입도 없이 처음으로 중부 유럽의 지도가 바뀐 것이다. 이것이 가능했던 것은 비스마르크의 천재적인 전략에도 기인하지만, 크리미아 전쟁(1853-1856)으로 인해 유럽의 협조체제가 교란상태에 빠졌기 때문이기도 하였다. 이 전쟁을 계기로 러시아와 영국은 서로 깊은 적대관계에 빠지게 되었고 그렇기 때문에 잠정적으로 대륙에서 공동정책을 펼 수가 없었다. 이로써 몇 년 동안 이를테면 역사의 창문이 활짝 열려 있는 상태가 전개되었고, 중부 유럽 세력으로서의 프로이센은 단호하고 목적의식이 분명한 정치적 지도력 아래에서 운신할 수 있는 보다 큰 활동공간을 보유하게 되었다. 이러한 기회는 그 이전에도 그 이후에도 오랫동안 찾아오지 않았다.

독일의 패권을 두고 결정적 전쟁이 임박하고 있다는 것은, 1866년 초에 이미 하나의 기정사실이 되었고, 베를린과 비인의 내각도 이 점을 잘 알고 있었다. 단지 상대방을 침입자로 몰아세울 구실만을 찾고 있었다. 그런데 그 구실이 곧 찾아졌다. 비스마르크의 구상에 동의한 이탈리아가 공개적으로 프로이센 쪽에 서게 되자 이를 저지하기 위해 비인 내각이 1866년 3월 21일에 군대동원령을 내렸던 것이다. 프로이센 – 오스트리아 전쟁은 이렇게 시작되어 1866년 7월 3일 쾨니히그라츠 전투에서 프로이센이 승리함으로써 갑자기 종결되었다. 그것은 오스트리아 – 작센 연합군에 대해 프로이센이 거둔 전혀 예기치 못한 하나의 빛나는 승리였다. 이 승리가 가능했던 것은, 프로이센의 잘 훈련된 군대와 기술적 우월성, 그리고 무엇보다도 유럽 전쟁사에서 처음으로 전신과 철도를 이용해 대규모의 병력을 여러 곳에서 하나의 목표지점으로 신속하게 집결시켰던 프로이센 사령관 몰트케(1800-1891) 장군의 탁월한 군사적 지도력 덕분이었다. 쾨니히그라츠 전투는 19세기 유럽에서 일어난 가장 커다란 규모의 전투였다.

쾨니히그라츠에서 끝이 난 전쟁은, 그 이후로는 프로이센의 마지막 승리와 독일 통일로 나아가는 과정의 중요한 첫 단계로 이해되었다. 만약 오스트리아가 승리했다면 두 나라 사이의 실제적 관계가 더 분명해졌을 것이다. 다시 말해 전쟁이 시작되기 전 독일 연방의 연방조약을 무효화시키고 이를 통해 유럽의 평화질서에서 이탈했던 것은 실제로는 프로이센이었고, 오스트리아는 그때까지만 해도 전 독일 연방을 대표하는 의장국 자격으로 행동했던 것이다. 이렇게 보면, 이 전쟁은 프로이센과 오스트리아 사이의 전쟁이 아니라 프로이센과 전 독일 사이의 전쟁이었던 셈이다. 오스트리아의 편에 서서 함께 싸웠던 남부 독일 국가들의 연방군대가 흑, 적, 황의 완장을 두르고 프로이센군과 싸웠다면, 프로이센 군대는 검은색과 흰색의 기치 아래 싸웠던 것도 바로 이러한 이유 때문이었다.

종전 후 체결된 프라하 평화조약과 함께 오스트리아는 독일로부터 밀려나게 되었고 독일 연방은 이제 옛날 일이 되고 말았다. 그 대신 마인강 이북에 위치한 22개의 군소국가가 프로이센의 정치적, 군사적, 경제적 헤게모니 아래에서 북독일 연맹(Der Norddeutsche Bund)이라는 일종의 국가연합체를 형성하였다. 그리고 이 북독일 연맹은 군사협약과 그 당시에 계속 유지되고 있었던 관세동맹의 튼튼한 유대를 통하여 마인강 남쪽에 위치한 그 밖의 다른 남부 독일 국가들과도 계속 관계를 맺고 있었다. 하지만 국제법상으로 특이한 성격을 띠었던 이 구조물은 독일의 남쪽과 북쪽 사이에 존재했던 힘의 격차, 특히 프로이센의 너무 막강한 힘 때문에 계속해서 유지될 수 없었다.

한편 독일 통일을 이루는데 기여했던 것은, 온갖 공격적 외교전술을 다 동원하여 무슨 일이 있더라도 독일 통일을 저지하려고 했던 프랑스 정부였다. 오로지 외부의 압력을 통해서만 독일 통일을 완수할 수 있다는 것을 비스마르크는 잘 알고 있었다. 그가 바라마지 않았던 이러한 압력을 제공한 것은 바로 나폴레옹 3세였다. 북독일 연맹이 창설된 후 이에 대한 보상으로 나폴레옹 3세는 프로이센에게 남부 독일 국가들의 독립성을 인정해줄 것을 요구하였다. 그러나 비스마르크는 프랑스의 이러한 소망을 무참히 거절함으로써 프랑스인들의 자존심에 깊은 상처를 안겨주었다. 외교적 수모를 당한 프랑스는 호시탐탐 이를 만회할 기회를 노리고 있었다. 그런데 1870년 봄에 스페인 의회가 공석이 된 왕의 자리를 호헨쫄레른가의 방계이자 카톨릭 가문이었던 호헨쫄레른 - 지그마링엔가의 왕자에게 넘겨주겠다는 제안을 하였다. 이 사건으로 인해 프랑스에서는 양쪽에서 포위당한다는 해묵은 불안이 다시 되살아났고, 나폴레옹 3세는 이를 절대로 용납할 수 없다는 강경한 입장을 표명하였다. 만약 비스마르크가 당시 유럽적 상황, 즉 프랑스가 고립상태에 있었고 또 영국과 러시아가 이 사건에 아무 관심이 없다는 사실을 인식하지 못했다면 그는 그 사건에 손을 대지 않았을지도 모른다.

어쨌든 비스마르크는 스스로 나서 전쟁을 불러일으킬 생각은 없었다. 하지만 그렇다고 전쟁을 피할 생각도 없었다. 심지어 빌헬름 1세는 프랑스의 소원을 그대로 받아들여 비독일계 후보자에게 스페인 왕위를 넘겨줄 마음까지 가지고 있었다. 그러나 격앙된 당시 프랑스 여론은 그 정도에 만족하려 하지 않았다. 드디어 프랑스 대사 베네디티는 엠스 온천장에 머물고 있던 프로이센 왕을 찾아가, 앞으로 절대로 호헨쫄레른가의 왕자를 스페인 왕으로 내세우지 않겠다는 보장을 해줄 것을 요구하는 서한을 전달하였다. 빌헬름 1세는 이 서한에 담긴 내용과 외교적 언사를 일종의 '외교적 따귀 때리기'로 파악해서 그 요구를 일언지하에 거절하였다. 비스마르크는 베를린에서 엠스 온천장으로부터 온 전보를 받고는, 사무적으로 쓰여진 경과보고를 다시 편집하고 또 그 내용을 침소봉대(針小棒大)하여 변경된 텍스트를 바로 당일 날, 그러니까 1870년 7월 13일에

'엠스 전보'라는 제목으로 언론에 넘겨주었다. 그는 허약한 프랑스 정부가 이를 통해 겪게 될 외교적 수모와 패배를 국내의 제반사정 때문에 그대로 받아들이지 못할 것이라는 점을 잘 알고 있었다. 그가 내린 판단은 적중해서, 나폴레옹 3세는 이러한 난처한 상황을 정면돌파하기 위해 허겁지겁, 그것도 외교차원의 아무런 고려도 없이, 1870년 7월 11일 전쟁을 선포하였다.

1866년의 프로이센 – 오스트리아(보오)전쟁이 통치자 위주의 각료전쟁이었다면, 1870/71년의 프로이센 – 프랑스(보불) 전쟁은 이와는 전혀 다른 양상을 보였다. 프로이센이 맺었던 남부 독일 국가들과의 조약이 효력을 발휘함에 따라 보불전쟁은 독일 대 프랑스 전쟁의 양상을 띠었고, 나아가서는 현대기술과 대규모 병력의 전쟁, 그리고 국민전쟁의 양상을 띠었다. 이 전쟁은 20세기에서 보는 바의 제어하기 힘든 전면전의 끔찍한 양상을 미리 예고하는 전쟁이기도 했다. 전쟁의 첫 번째 단계에서는 몰트케 장군의 지휘를 받는 프로이센 육군참모본부의 전술적 우위가 결정적 역할을 하였다. 신속한 군대동원과 진격, 그리고 대규모의 병력이 넓은 공간을 활용하는 기동성의 측면에서 독일 쪽이 단연 우세하였다. 그리고 전쟁의 전개과정을 결정하였던 것은 마라뚜르나 그라브로떼와 같은 전설적인 국경선 전투가 아니라 해부학적 정확성으로 치밀하게 계획된 메츠나 세당에서의 포위전이었다. 그것은 이를테면 고도의 전술을 구사했던 참모진의 추상적 성격을 띤 전쟁기술의 걸작품이었다. 이 전술은 개별적 사령관에게 이니셔티브를 취할 수 있는 여지를 거의 주지 않고, 먼 거리에서만 전체를 조감할 수 있는 전술이었기 때문에 이전의 대회전(大會戰)에서보다는 훨씬 적은 희생자를 내면서도 프랑스 군대를 항복하지 않을 수 없도록 만들었다.

그러나 세당에서의 결정적 승리 후에도 전쟁은 쉽게 끝나지 않았다. 프랑스에 새로 탄생한 제3공화국 국민군대가 1793년의 선례에 따라 대규모의 군대동원령을 내려 적을 압박함으로써 독일 군대에 타격을 입혔던 것이다. 그러나 보불 전쟁의 제2라운드였던 이 국면에서의 프랑스의 항전이 독일군의 승리를 심각하게 위협하지는 못하였다. 1871년 1월

18일 드디어 휴전협정이 체결되었고 2월 26일에는 평화 예비회담이 열리게 되었다. 이 기간동안 포위된 프랑스의 수도 파리에 진주해 있던 독일 군대는 바로 눈앞에서 벌어졌던 파리코뮨의 봉기와 그 몰락을 함께 체험할 수 있었다. 이 체험은 보수적 정치가들과 군인들에게 강력한 인상을 심어 주었고, 독일 사회민주주의자들에게서는 앞으로 그러한 일이 절대로 일어나지 않도록 해야 겠다는 생각을 갖도록 만들었다.

1870년 5월 10일 마지막으로 프랑크푸르트 평화조약이 체결되었다. 이 조약에 따라 패전국 프랑스는 알사스와 로렌 지방을 잃게 되었고 전쟁보상금으로 50억 프랑을 지불하였다. 이러한 전쟁의 결과는, 제한적이고 합리적인 목적을 위해 통치자와 소수각료들이 벌였던 전쟁이 이제는 과거지사가 되었다는 것을 다시 한번 분명히 보여주었다. 이때부터의 전쟁은 국민의 여론과 압력단체의 입김에 영향을 받는 전 국민적 규모의 성격을 띠게 되었다. 국민의 지배적 여론은 사민당 리더였던 빌헬름 리프크네히트와 베벨과 같은 극소수의 반대자를 제외하고는 엘사스와 로트링겐(로렝)의 '옛 독일 땅을 다시 찾아야 한다'는 방향으로 기울었고 육군 참모본부의 장군들은 군사적 이유만으로도 보게젠캄을 다시 찾고 메츠를 요새화해야 한다고 주장하였다. 비스마르크는 이러한 국민적 여론과 군부의 주장을 도저히 외면하거나 무시할 수 없었다. 하지만 그는 자신이 본래 세웠던 전쟁목표, 즉 독일의 서쪽 경계선에서 전쟁의 위험을 영원히 제거해야 한다는 목표가 평화조약이 체결됨과 동시에 또다시 위험에 직면하게 되었다는 사실을 너무나 명확히 간파하고 있었다.

전쟁이 진행되는 동안 함께 전쟁을 치루었던 독일 국가들 사이에 통일열기가 높아가면서 독일 통일이 점차 완성되어갔다. 고조된 국민들의 민족적 감정과 여론은 남부 독일 국가들의 통치자들과 각료들에게 강력한 압력을 행사했고, 그러자 그들에게는 어떤 형태이든 간에 북독일 연맹과 결합하는 것 말고는 다른 길이 없는 것처럼 보였다. 이런 면에서 보면, 독일의 통일은 결코 흔히 우리가 말하는 것처럼 제후들과 정부들에 의해 '위에서' 이루어진 통일만은 아니었으며, 그것은 동시에 시민적, 자유주의적 민족운동세력에 의해 '밑에서' 이루어진 통일이기도 했다. 다

세당 전투가 끝난 어느 날 아침의 나폴레옹 3세와 비스마르크
빌헬름 캄프하우젠, 1877년

1870년 9월 3일 비스마르크는 아내에게 이렇게 편지를 썼다.

"어제 아침 일찍(1870년 9월 2일) 릴리 장군이 날 깨우더군요. 나폴레옹이 나를 만나고 싶어한다는 거예요. 그래서 세수도 않고, 아침식사도 거르고 곧장 말을 타고 세당으로 달려갔지요. 가보니 나폴레옹이 길가에 개방형 마차를 세워두고 부관과 함께 나를 기다리고 있더군요. 대사 시절 띨루르궁에서 왕을 알현하던 때와 마찬가지로 나는 말에서 내려 나폴레옹에게 정중히 인사를 했어요. 그리곤 왕께 무엇을 원하는지 물어보았지요. 그러자 왕이 '프로이센' 국왕을 만나고 싶다고 얘기하더군요. 우리는 프레느와 부근에서 정원이 딸린 작은 성을 발견했어요. 거기에서 항복문서를 체결했는데, 우리 수중에 대략 4만에서 6만 명의 프랑스군 포로가 잡혀 있었어요. 정확한 숫자는 나도 모르겠어요. 어제와 그제의 전투로, 프랑스는 10만 명의 병사와 한 명의 황제가 죽거나 붙잡히는 희생을 치루었지요. 그리고 오늘 아침 일찍, 나폴레옹은 자신의 궁정대신과 말과 마차를 대동하고 우리 국왕을 만나기 위해 카셀에 있는 빌헬름궁으로 출발했어요."

시 말해 독일 통일은 대(大)프로이센이 아니라 독일 제국이라는 결과를 낳았던 것이다. 그리고 1871년 1월 18일 베르사이유궁의 거울방(Spiegelsaal)에서 프로이센 왕 빌헬름 1세를 처음으로 독일 황제라고 불렀던 것도 독일 제후들이 아니라 북독일 연맹의 대표단이었다. 이 대표단은 이보다 앞서 1870년 12월 18일 제국의회의 의장이었던 에두아르트 폰 심손을 앞세워 프로이센 왕에게 황제의 타이틀을 수락하도록 요청했었다. 그런데 이 대표단의 단장이었던 심손은 이미 1848년 바울 교회의 대표단을 이끌고 당시의 프로이센 왕 프리드리히 빌헬름 4세에게 황제관을 받아줄 것을 요청했다가 무참하게 거절을 당한 바 있던 인물이었다.

　　이렇게 해서 새로 성립된 독일 카이저(황제) 제국은 처음부터 이중의 합법성을 소유하게 되었다. 즉 카이저 제국은 한편으로는 제후를 비롯한 귀족계급의 동의를 얻어 성립되었고, 다른 한편으로는 의회나 국민들의 동의에 바탕하여 성립되었다. 그것은 새로 탄생한 독일 민족국가가 지녔던 이중의 얼굴이었다. 이를 말해주는 하나의 징후적 모습은 황제의 대관식에 참석했던 의회대표단들이 입고 있던 무엇인가 짓눌린 듯한 일상성을 드러내주는 회색의 양복과 제국창건을 마냥 기념하는 듯한 제후들과 장군들의 빛나는 제복 사이의 극명한 대조였다.

6장

독일 통일의 가능성들 – 하나의 역사적 추론

1871년 카이저 제국이 성립되고 난 후에, 독일 민족국가가 꼭 생겨나야만 했던가, 만약 그렇다면 그러한 형태를 띨 수밖에 없었던가 하는 등의 질문을 하는 것은 부질없는 일인 것처럼 보인다. 동시대나 그 후 세대의 독일인들에게는 비스마르크 국가는 다른 대안이 없는 하나의 역사적 필연처럼 보였다. 많은 점들이 이러한 견해를 뒷받침해주고 있는 것은 아닐까? 대부분의 유럽 국가들이 이미 오래 전에 이루었던 것을 독일인들은 단지 뒤늦게 이루어낸 것에 불과한 건 아닐까? 독일의 역사학자 플레스너(Helmuth Plessner)가 말한 '지체된 국가(verspätete Nation)'도 바로 이를 일컫는 말이 아닐까? 19세기의 대중 이데올로기였던 민족주의 의식을 고양시켜야 할 필요성과, 낡은 경제적 구조를 개선해야만 하는 경제적 근대화의 필요성 역시 독일 문제의 비스마르크적 해결을 뒷받침해주는 논거가 아닐까? 역사의 다른 대안을 추론해보는 것이 도대체 무슨 의미가 있는 것일까?

하지만 그런 문제를 한번 제기해보는 것은 그 나름의 의미를 갖는데, 왜냐하면 지나간 역사의 가능성과 기회를 다시 재구성해봄으로써 비로소 우리는 역사의 숙명적 연관관계에서 벗어날 수 있고 또 역사발전의 실상에 대해서도

노동자의 스트라이크
로베르트 쾰러, 1866년
"노동자여, 깨어나라!
스스로의 힘을 인식하라!
너의 강인한 팔이 원하면
모든 바퀴도 멈춘다!"

"노예적 상태를 타도하자!
노예적 곤궁을 타도하자!
이중의 멍에를 타도하자!
빵이 곧 자유며, 자유가 곧 빵이다!"

(게오르그 헤르베크: 전 독일 노동자 연맹의 연맹歌, 1863)

올바른 판단을 내릴 수 있기 때문이다. 통일 이전의 상황을 정치적 관찰자의 입장에서 다시 살펴보면, 당시에 실제로 일어났던 것은, 일어날 수 있었던 사건의 연쇄가능성들 중의 하나에 불과하거나, 아니면 꼭 그렇게 일어나야 할 특별한 개연성을 가지고 있었던 것은 아닐지도 모른다.

독일 문제를 두고는 많은 해결의 가능성이 존재했었다. 그 중의 한 해결책은 1815년에 결성된 독일 연방(Der Deutche Bund)이었다. 이 방안을 뒷받침해줄 수 있는 중요한 사실들을 열거해보면 다음과 같다. 우선 신성로마 제국의 전통이 그대로 살아남아 기존 지배세력들의 이해관계를 고려할 수 있었고, 다음으로는 군소 독일 국가를 제압하거나 병합하지 않고도 양대 독일 강대세력에 상당한 무게를 실어줄 수 있는 현실적이면서도 균형잡힌 연방법안(Bundesakt)이 있었다. 마지막으로 이 독일 연방의 해결방안은 무엇보다도 유럽 열강의 이해관계와도 일치하는 것이었는데, 그것은 중부 유럽을 통일하려는 어떠한 과정도 세력균형을 유지하려는 유럽 열강의 이해관계와는 배치되는 것이었기 때문이었다. 그럼에도 불구하고 독일 연방이 오래 지속될 수 없었던 가장 중요한 이유는, 서로 경쟁하는 오스트리아와 프로이센 사이의 팽팽한 세력관계가 연방을 현대화하거나 독일 전체의 권력을 집중시키는 어떠한 시도도 불가능하게 만들었기 때문이었다. 양대국의 힘은 어느 한쪽이 다른 한쪽을 압도하거나 지배할 수 없는 무승부상태였던 것이다. 그 밖에 이 국가연합체가 지녔던 이데올로기적 낙후성도 독일 연방을 지속시키지 못하도록 하는 데 한몫을 하였다. 제국소속의 이 두 국가들은 제각기 독자적 권력을 정당화하면서 계속해서 자체의 권력을 보존하려 했는데, 이러한 경향은 19세기의 지배적 흐름, 즉 대중을 동원하고 새로운 국가이념을 만들어내려던 다른 유럽 국가들의 민족주의적 흐름에는 역행하는 것이었다.

독일 문제의 두 번째 해결책은 1848년, 1849년에 시도된 것으로서, 그것은 곧 국민주권과 인권에 바탕을 둔 중앙집권적인 근대적 독일 민족국가를 건설하는 것이었다. 그렇지만 이 모델 역시 그 실현가능성이 희박하다는 것이 곧 판명되었다. 우선 이 모델을 지지했던 정치세력들의 사회적, 이데올로기적 성향이 너무 이질적이어서 하나의 국가이념을 창출하는 데 적합하지 못하였고, 또 독일의 민족주의가 독일 연방의 범위를 벗어나서 그 세력을 확장하는 것을 유럽적 세력균형의 질서를 파괴하는 혁명적인 행위로 간주했던 유럽의 다른 강대국들이 권력집중적인 민족국가 건설에 저항했기 때문이었다. 그렇다고 독일의 국민의회가 엘사스 지방과 슐레스비히 홀스타인 지방을 포기하고서는 독일의 애국적 시민들로부터 자체의 정당성을 확보하는 것은 기대하기 힘든 노릇이었다.

그런데 1848년 혁명의 좌절 이후에도 독일 문제 해결의 다른 가능성이 없었던 것은 아니었다. 1859년을 전후해서 다시 활성화의 조짐을 보였던 민족운동 이후, 독일 문제 해결의 여러 가능성들을 두고 열띤 논쟁이 벌어졌다. 그 중 하나가 오스트리아를 주축으로 해서 보헤미아와 북부 이탈리아 지방을 포함하는 대(大)독일을 건설하자는 대독일주의였다. 이 이념은 다른 모든 가능성들보다도 가장 열렬한 호응을 받았는데, 그 이유는 이 가능성이 가장 넓은 역사적 전망을 열어주었고 또 신성로마 제국의 영광스러운 과거를 회상시킴으로써 독일인들의 국민정서에 가장 큰 호소력을 발휘했기 때문이었다. 그럼에도 이 프로젝트는 이미 60년대 초반에 그 실현가능성이 거의 전무한 것으로 나타났다. 물론 이러한 사정에는 프로이센의 헤게모니에 대한 요구가 가장 중요한 요인으로 작용했지만(이러한 요구는 주로 프로이센의 고위관료들이 내걸었고, 정작 왕과 보수적인 고위귀족들은 합스부르크의 특권을 상당부분 인정했다), 이에 못지 않게 중요했던 것은 경제적 요인이었다. 관세동맹을 통해 경제적 발전 및 통합을 이루고 있던 프로이센을 위시한 북독일 국가들의 경제적 고려와, 상대적으로 낙후된 도나우 군주국의 경제 및 그 케케묵은 중상주의적 경제정책이 서로 상충했기 때문에 대독일주의의 합의를 이끌어낼 수 없었던 것이다. 게다가 오스트리아는 이미 오래 전부터 독일로부터 멀어져 발칸 지방이나 이탈리아 같은 비독일적 지역에 연루되어 있었고 또 그 다원주의 국가적인 성격으로 인해, 설령 합스부르크 국가가 통일된 독일 민족국가에 흡수, 편입된다고 하더라도 해결할 수 없는 문제에 직면할 수도 있었기 때문이다.

또다른 하나의 가능성은, 독일 연방의 두 양대세력을 주축으로 한

**1871년 1월 19일 파리 근교 방베스
요새에 계양되는 독일 국기**
오이겐 아담, 1878년

빌헬름 1세가 베르사이유궁에서 독일 황제의 즉위식을 가진 것은 1871년 1월 18일의 일이었다. 그 다음날 파리 남서부 방브의 요새에 바이에른군 병사들에 의해 독일 국기가 계양되었다. 그들이 계양한 국기는 북독일 연방을 상징하는 흑-백-적 색깔의 국기였다. 흑-적-황 색깔의 국기는 빌헬름에게는, 1848년 이래로 수상쩍은 것이었다. 그것은 혁명과 민주주의의 냄새가 나는 국기였다. 그러나 비스마르크에게는 이것이 별로 중요하지 않았는데, 그는 이렇게 말했다. "색깔이야 어떻든 나는 별로 개의치 않아. 녹-황-장미색이면 어떻고 메클렌부르크-슈트렐리츠 공국의 깃발이면 또 어때. 다만 프로이센 국왕께서 '흑-적-황 국기만은 절대로 받아들일 수 없어'라고 고집한단 말일세." 그러나 흑-백-적 국기가 어떻게 채택되었는가 하는 것은 분명치 않다. 비스마르크에게 오직 중요했던 것은 그와 같은 색깔배열을 한 국기가 아직 독일 내에서 한번도 사용되지 않은 새로운 국기였다는 점이었다. 북독일 연방의 흑-백-적 국기는 1888년에 가서야 빌헬름 제국의 공식적 국기가 되었다.

이중적 헤게모니의 국가를 건설하는 것이었다. 이 방안은 프로이센이 한때 호의적 관심을 보였던 것으로, 프로이센은 연방개혁안을 만들면서 이 방안의 실현을 위한 구체적 제안을 하기도 했었다. 이 제안에 따르면, 마인강을 경계선으로 해서 독일을 두 개로 나누자는 것이었는데, 그 하나는 북쪽의 프로이센 및 북독일 연방이었고, 다른 하나는 남쪽의 비인이 주도하는 남독일 및 오스트리아 연방이었다. 비스마르크는 1864년까지도 이 안을 제시하면서 이를 통해 100여 년 동안 지속된 프로이센과 오스트리아의 해묵은 갈등을 동시에 해결할 수 있으며, 그렇기 때문에 그의 안은 독일 문제를 해결하는 하나의 현실적 대안이라고 생각하였다. 하지만 오스트리아는 프로이센이 이 안을 통해 보인 양보와 자제력을 믿지 못했고(이러한 불신은 전혀 근거가 없는 것은 아니었다) 또 거듭되는 베를린 정부의 새로운 요구를 두려워했기 때문에 결국에는 실패로 끝나고 말았다.

마지막으로 남은 가능성은 프로이센의 헤게모니나 프로이센, 오스트리아 양국의 이중 헤게모니를 두려워했던 중간크기의 독일 국가들이 지지하는 제3의 독일 건설방안이었다. 이 안의 골자는 수많은 군소 독일 국가들을 하나로 묶어 독일 민족국가를 만들고, 프로이센과 오스트리아를 유럽 강대국으로서 제각기 독자적인 길을 가게끔 하자는 것이었다. 이 양대국의 세력범위는 이미 옛날의 제국연합을 훨씬 넘어 성장해버렸고, 전체 인구수에서 비독일계 주민이 차지하던 비율도 높았기 때문에 프로이센과 오스트리아를 배제한 제3의 독일 안은 분명 독일 문제를 해결할 수 있는 하나의 현실적 방안이었다. 그리고 제3의 독일이라는 안은

이미 수세기 동안 독일 역사를 이끌어온 중요한 추진력의 하나였다. 다시 말해 중소 영방국가들을 하나로 묶어 강대국의 헤게모니 추구를 저지하고 그들의 전통적 자유를 보존하려는 시도는 독일 역사 속에 계속 있어왔던 터였다. 제3의 독일은 이미 발효되고 있던 제국의 헌법이 어떠했던 간에, 영방국가들의 개별적 권리를 보장하는 데 가장 적합했다는 의미에서 제국에 충실하였다. 하지만 어떤 강대국의 압력이 있을 때 다른 강대국의 힘을 빌어 이에 저항하려는 유혹이 있어왔던 것도 사실이다. 예컨대, 프로이센의 보호 아래 결성된 1785년의 독일 제후연합이라든가, 아니면 1633년 스웨덴의 주도 아래 맺었던 하일브로너 연합이나, 나폴레옹 시대에 만들어진 라인 연맹과 같은 비독일적 세력과의 연합도 이 경우에 속했다.

    제3의 독일의 중견국가들은, 1859년 이후 다시 활동을 재개해서 연방법을 강화하고 프로이센과 오스트리아의 강대세력이 연방권한을 침해하지 않도록 하는 방향으로 연방헌법을 개정하려고 시도했다. 하지만 바이에른, 작센, 바덴의 개혁안은 너무 차이가 나서 하나의 통일된 전략을 개발하거나 전선을 구축할 수가 없었다. 그러나 이 제3의 블록은 여전히 그 세력이 강해서 오스트리아와 프로이센 사이에서 자신들에게 유리한 전략을 구사할 수 있었고, 또 연방의회에서 양대세력을 이용해 자신들

이 활동할 수 있는 운신의 폭을 넓힐 수도 있었다. 그 밖에도 이들 중간크기의 독일 국가들은 1815년의 연방법에 의거해서 외국과 동맹을 체결할 수 있는 권리를 계속 보유하고 있어서, 라인 동맹의 정책을 다시 구사하는 것이 불가능한 일로 느껴지지는 않았다.

　　　　이렇게 본다면, 마지막으로 실현된 프로이센 주도 하의 독일 제국의 소독일주의 해결은 여러 가능성들 중의 하나에 불과했다. 이 해결책은 관세동맹, 오스트리아의 취약성, 그리고 한때 자유주의자들의 호응에 힘입어 유리한 입장에 서 있었던 것은 사실이지만, 그렇다고 그 실현이 처음부터 예정되어 있거나 기정사실화되어 있었던 것은 아니었다. 언젠가 비스마르크는 자신의 깊은 마음 속에는 독일 통일의 꿈을 품고 있긴 하지만, "만약 독일 민족통일의 목표가 19세기 안에 달성된다면, 그것은 훌륭한 일이 될 터이지만, 만약 10년, 5년 안에 이루어진다면 그것은 뭔가 특별한 것, 아무도 예상치 못한 신의 은총이 내린 선물과 같은 것이 될 것이다"라고 고백한 바 있다. 그가 이 말을 한 것은 제국의 통일이 이루어지기 3년도 되기 이전인 1868년 5월의 일이었다.

　　　　제국이 통일되기 위해서는 두 가지 선결조건이 필요했다. 그 하나는 중부 유럽의 권력이 집중되는 경우 다른 강대국들이 힘을 합쳐 개입할 수 있는 외교적 메커니즘을 무력화시키는 것이었고 다른 하나는 위기상황과 같은 기회가 오면 그 기회를 인식하고 포착할 수 있는 프로이센의 지도력이었다.

첫 번째 조건을 두고 말하면, 1853년 크리미아 전쟁(1853-1856)으로 인해 지금까지 독일 통일을 견제하고 저지해왔던 유럽 강대국들의 연합전선에 균열이 생겼다. 즉 영국과 프랑스가 러시아의 공격을 받은 터키를 돕기 위해 서둘러 파병했는데, 이는 어떤 선의의 동기에서가 아니라 단지 짜르 제국이 그 세력을 지중해로 확장하는 것을 저지하기 위한 것이었다. 크리미아 전쟁은 양쪽 진영에 센세이셔널한 여론을 불러일으켰고, 전쟁이 끝날 무렵에는 유럽의 양쪽 날개세력이었던 영국과 러시아 사이에 메울 수 없는 불신의 골이 생겨났다. 이로써 1848년 프로이센이 덴마크를 공격했을 당시 유럽의 강대국들이 보여주었던 공동의 간섭은 이제 생

베르사이유궁의 거울방에서 거행된 황제즉위식
안톤 폰 베르너, 1878년

독일이 하나의 민족국가로 성립되는 이 즉위식 장면은 그 자체로 역사적인 성격을 띠고 있었다. 빌헬름 1세의 베르사이유궁에서의 즉위식은 로마-게르만 군대에 의한 황제 대관식의 모습을 알레고리적으로 재현하고 있다. 그림에서 보듯이 시민의 복장을 입은 사람은 한 사람도 보이지 않는다. 베르사이유는 대대로 이어져온 독일과 프랑스의 오랜 적대관계를 말해주는 장소였다. 따라서 프랑스 땅에서 독일 카이저 제국을 세우는 행위는, 당시 빌헬름 1세의 부관의 말을 빌리면 "수백 년 간 독일이 프랑스에 당해야 했던 치욕의 복수이자, 루이 14세에게 빼앗겼던 슈트라스부르크를 탈환한 데 대한 승리의 상징"이었다. 프랑스인 역시 이러한 상황에 굴욕감을 느꼈고, 반세기가 지난 후에는 베르사이유에서 독일인들의 복수를 다시 설욕하게 된다.

각할 수 없게 되었다. 한편 프랑스의 나폴레옹 3세는 비인과 베를린을 동등하게 예우하면서, 만약 두 나라가 독일의 패권을 두고 결정적 싸움을 벌인다면, 결과에 관계없이 프랑스가 제3의 승자가 될 수 있으리라는 희망을 품고 있었다. 이런 상황에서 프로이센이 활용할 수 있었던 운신의 폭은 잠정적으로 확대되었다. 하지만 그 운신의 폭은 한계가 분명하지 않았기 때문에 너무 확대할 때는 이류국가로 전락할 수도 있는 엄청난 위험을 안고 있었다. 만약 프로이센 정책수립을 다른 리더십이 담당했거나, 1866년의 오스트리아-프로이센 전쟁에 프랑스가 개입했다면, 또 1870년의 프랑스-프로이센 전쟁에 오스트리아가 개입했거나, 아니면 그 중 한 전쟁에서라도 다른 결과가 나왔다면 독일 역사는 전혀 다른 방향으로 전개되었을지도 모른다.

7장

유럽 중앙의 민족국가 (1871-1890)

오토 폰 비스마르크
프리츠 폰 렌바흐, 1879년

　　1871년 프랑스의 전쟁터에서 세워진 독일 제국은 독일 제후들의 연합체였으며, 프로이센 군부의 지원을 받았으며, 민족주의적 성향의 독일 시민계급의 열렬한 환호에 의해 그 정당성을 확보했다. 이미 1848년에 국민주권과 인권에 바탕한 독일 민족국가를 세우려 노력했으나 실패한 바 있던 독일 시민계급은 이제 모든 독일인들을 아우르는 국가의 꿈이 비스마르크의 힘의 정치(Machtpolitik)를 통해 실현되었다고 생각했다.

　　제국건설의 기초가 되었던 이러한 요소, 즉 제국연합체와 프로이센의 군사력, 그리고 국민투표에 의한 국민들의 동의는 제국의 헌법에 그대로 반영되었다. 제국헌법은 제1의 대표기관으로 제후 대표자의회를 설치하였다. 이러한 면에서 본다면 독일 제국은 실제로는 군주국가라기 보다는 연방제후의 과두체제 국가였다. 상원에 해당하는 이러한 연방참의원(Bundesrat)에 맞서는 제2의 대표기관으로는 국민의 대표기구인 제국의회(Reichstag)가 있었다. 하원에 해당하는 이 제국의회는 1849년에 공포된 혁명적인 제국선거법에 의거해, 25세 이상의 모든 독일 남자들의 자유, 평등, 비밀선거를 통해 선출된 대표로 구성되었다. 모든 법안은 이 두 의회를 모두 통과해야만 했는데, 이러한 의미에서 제국의 헌법은, 나중에 드러나듯이 국민국가와 관료주의 국가 사이에서 거의 완벽한 균형을 이루고 있었다.

　　그 밖에도 제3의 권력기구가 있었는데, 실질적으로 국가권력을 지

**발끝까지 제1근위연대 제복을 착용한
야전사령관 빌헬름 1세 황제**
파울 빌로우, 1879년

그의 아버지 프리드리히 빌헬름 3세나 그의 형 프리드리히 빌헬름 4세와는 달리, 빌헬름 1세는 무뚝뚝하고 직선적인 군인형 인물이었다. 어머니였던 루이제 왕비는 그를 '단순하고 솔직하며 예민한' 성격의 소유자라고 평한 바 있다. 때문에 그가 결정을 내리는 방식도 군대식이었다. 48년 혁명 당시 군중들이 그를 '총알 왕자'라고 부른 것도 우연이 아니었다. 1858년부터 빌헬름 1세는 정신질환을 앓고 있던 형을 대신해 섭정을 시작했으며, 1861년에는 선조 프리드리히 1세의 예를 따라 쾨니스베르크에서 스스로 프로이센 국왕으로 대관하였다. 1862년 소위 헌법투쟁이 격화되던 시점, 그는 비스마르크를 불러 제국수상에 앉혔으며, 이후 두 사람의 관계는 몇 번의 고비를 넘기면서 더욱 돈독해졌다. 하지만 그는 황제가 되길 꺼려했는데, 황제 즉위식이 있던 날 아침까지도 축하인사를 하는 사람들을 손으로 막으면서 "나는 황제 따위에는 추호의 관심도 없소. 그런 건 한 푼의 가치도 없는 것 아니오. 나에게 중요한 것은 오직 프로이센, 프로이센뿐이오"라고 화를 내었다.

탱해주었던 이 세력은 바로 군대와 관료조직이었다. 의회의 간섭이나 법적 통제에서도 벗어나 있었던 이 두 세력은 제후들만이 향유하는 특권적 조직이었다. 행정관료의 5분의 3이 프로이센 사람들이었고, 무엇보다도 제국의 주축을 이루고 있던 것은 바로 프로이센 군대였다. 이로 인해 제국군대가 연방군대사령관이기도 했던 프로이센 왕 아래 있었기 때문에 또 하나의 중요한 권력, 즉 '프로이센 왕'이라는 권력이 생겨나게 되었다. 프로이센 왕은 연방의장의 직위를 차지하게 되었고, 또 이 자격으로 '독일 황제(Deutcher Kaiser)'라는 칭호까지 갖게 되었다. 그러나 빌헬름 1세는 1806년 신성로마 제국의 황제관을 내려놓았던 프란츠 요제프 2세와는 국제법상으로 아무런 관련이 없었으며, 마찬가지로 새로 태어난 대(大)프로이센적이고 소독일주의적이었던 민족국가 역시 다원국가의 성격을 띠고 있던 옛날의 신성로마 제국과 아무런 관련이 없었다. 그러나 여러 세대에 걸쳐 낭만적이고 유토피아적인 이미지나 신화를 통해 중세 독일 제국의 영광과 그 부활을 꿈꾸어왔던 독일 시민계급을 위시한 독일 민족이념의 추종자들은 다른 의식을 가지고 있었다. 또 그들이 갖고 있던 중세 독일 제국과 관련된 신화의 힘은 너무나 막강해서, 어느 누구도 그러한 신화와 관련을 맺지 않고 독일 민족국가를 정당화하기는 힘들었다. 그런데 당시의 이러한 일반적 민족감정은 빌헬름 1세를 화나게 했던 요인이기도 했다. 그는 독일 황제의 칭호를 단지 시대정신에 대한 어쩔 수 없는 양보라고 생각했는데, 베르사이유궁에서 황제칭호를 수락했을 때에도 옛 프로이센의 장례식을 주재한다고 느꼈을 정도였다.

상공회의소 고문관 발렌틴 만하이머의 70회 생일
안톤 폰 베르너, 1887년

이 그림은 당시 화단의 제후 격이었던 안톤 폰 베르너가 그린 것으로써, 이 그림처럼 카이저 제국에서 부와 성공을 얻었던 신흥 부르조아지의 모습을 세밀한 터치로 집중적으로 그린 그림도 드물다. 부인들의 화려한 의상, 그들의 새로운 사회적 위치를 과시하는 듯한 거대한 기둥이 있는 배경의 아케이드는 제국 설립 후 독일인들이 느꼈던 일반감정, 곧 우리도 마침내 "해냈다"는 감정을 잘 보여주고 있다. 성공적인 숙녀복 제조업자 발렌틴 만하이머는 빌헬름 제국 시절 베를린에 거주하던 유태인 사업가로서, 그의 성공은 해방 유태인의 상징이 되었다. 발렌틴 만하이머는 1815년 마그데부르크 근처 곰머른의 유태인 거주지에서 태어났다. 그의 아버지는 유태 교회당의 기도문 독창자였다. 이후 그는 직물상인이 되었고, 1836년에는 베를린에 와, 기존의 재봉식의 전통적 직물생산양식을 현대적이고 기계적인 방식으로 대체하여 마침내 세계시장을 개척하기에 이르렀다. 1873년 그는 상공회의소의 상업고문관이 되었고, 1884년에는 다시 상공회의소 최고고문관이 되었다. 그는 힘없는 노동자를 위해 자선단체를 설립했으며, 1899년 죽었을 때에는 천 2백만 마르크의 유산을 남겼다.

직업소개소

프리츠 파울젠, 1881년

이 그림은 1880년 당시 베를린에 있었던 460개의 직업소개소 중의 하나를 묘사하고 있다. 엘베강 동쪽의 수많은 젊은이들이 농촌을 떠나 직장을 구하기 위해 도시로 몰려들고 있던 시대였다. 그림 중앙에 잘 차려입은 한 쌍의 부부가 슈프레발더 지방의 복장을 한 젊은 유모에게 말을 거는 모습이 보인다. 당시의 귀족들과 상류시민계층의 부인들은 아이에게 직접 젖을 물리지 않는 경우가 많았다. 당시 독일에서 돈벌이를 하고 있던 여자 중의 23%가 집안의 하녀였다. 그들은 주인집의 엄격한 감독 하에 열악한 주거환경 속에서 생활했고, 정해진 노동시간이나 일정기간의 휴가도 갖지 못하였다. 그들은 거의 법의 보호를 받지 못했고, 주인에게 반항할 수도 없었고, 사소한 이유로 해고될 수도 있었으며, 그렇다고 법에 호소할 수도 없었다. 때문에 하녀라는 소위 '서비스'직에 오래 몸담는 여성은 거의 없었다. 젊은 처녀들은 차라리 공장노동을 더 선호하였다.

베를린에 있는 알게마이너 엘렉트릭社 (AEG)의 포스터
루이스 슈미트, 1888년

인조조명은 산업혁명의 상징 중의 하나였다. '밤을 낮으로 뒤바꾸는' 인조조명의 능력은 자연의 근본한계를 뛰어넘어서는 것을 의미하였다. 벌써 18세기부터 많은 도시들이 피치나 석유를 이용해 가로등을 밝히고 있었고, 1830년대부터는 가스등이 사용되기도 했다. 그러나 1879년 미국의 발명가 토마스 에디슨이 전등을 발명하게 되자, 전등이 최종적 승리를 거두게 되었다. 1880년부터 1920년 사이 전기가 현대 도시문명 곳곳에 스며들었고, 교외통근수단, 엘리베이터, TV, 라디오, 영화, 기타 가전제품은 전기없이는 상상할 수도 없었다. 사람들이 전기가 곧 에너지이고 삶이라는 생각을 갖기 시작한 것은 19세기 말부터였다.

어쨌든 새로운 국가의 등장은 이런 식으로 이데올로기적 차원에서 정당화되었고, 경제적 측면에서도 새로운 국가에 매우 유리한 국면이 전개되었다. 무엇보다도 프랑스가 지불한 전쟁보상금 덕분에, 창업 및 투기열풍이 전후 독일을 휩쓸게 되었다. 수익성에 대한 아무런 보장이 없는데도 산업생산공장이 마구 세워졌고, 단기간 내에 엄청난 부가 생겨났다. 이른바 '창업시대(Gründerjahre)'의 이런 경제적 붐과 함께 독일인의 생활모습도 여러 면에서 크게 변했다. '겉치레보다는 실속을'이라는 프로이센적 생활신조와, 돈이 모자라도 그런대로 살아왔던 옛 상류계층의 소박한 전통적 생활방식은 사라지고 그 대신 과도한 허례허식, 건축, 실내장식, 의상, 개인적 생활습관에 이르는 모든 삶의 영역에서 신흥부자의 과시적 생활방식이 전면에 등장하였다. 빌헬름 1세는 자신의 비더마이어적인 소박한 생활습관을 끝까지 고수하면서 이러한 추세에 저항하였다. 그는 일주일에 한 번씩 가까이 있는 호텔로부터 고무로 만든 목욕통을 왕궁으로 옮기게 해서, 당시 베를린 사람들의 화제거리가 되기도 했다. 또 관리와 고급장교들에게도 근검절약하는 생활태도를 지키라는 지시를 내려 새로운 시대의 분위기를 막아보려고 애썼지만 소용없는 일이었다. 사람들의 눈에 그는 마치 화석과 같은 케케묵은 인물로 비춰졌을 따름이다. 창업시대의 이 엄청난 호경기에 이어 1873년 비인 증권거래소가 도산하게 되자, 한때 파국적 상황이 왔고 신흥부자들은 하루 밤 사이에 방대한 재산을 잃어버리기도 했다. 하지만 몇 년 후에는 이 상처도 치유되고 경제지표는 또다시 서서히 상승곡선을 그리기 시작했다. 중산층의 부 역시 2차 세계대전이 발발하기까지는 끊임없이 증가했다.

독일 제국 성립 이후 그 모습이 변한 것은 사회만이 아니었다. 창업 붐과 경제적 번영에 힘입어, 이제 독일은 농업국가에서 공업국가로 완

전히 탈바꿈하였다. 50년 전만 해도 여기저기에 산재해 있던 농촌마을과 꿈꾸는 듯한 목가적 마을이 독일의 풍경을 지배하고 있었다면, 이제는 거대한 공장지대가 들어서고 주거밀집지역이 곳곳에 형성되었다. 예를 들어 에센은 1850년에만 해도 아직 인구 9,000명 정도의 조용한 시골마을이었지만 50년이 지난 후에는 295,000명의 주민이 사는 도시가 되었다. 무려 33배가 넘는 증가였다. 서쪽의 아헨에서 동쪽의 쾨닉스베르크에 이르기까지 철도망이 연결되었고, 북쪽의 함부르크에서 남쪽의 뮌헨에 이르는 철도가 완성됨으로써 정치적 통일과 함께 독일의 경제적 통일도 하나의 현실이 되었다. 그런데 하나의 예외가 있었다면, 그것은 산업화된 독일의 서쪽 지역과 이때까지도 농업위주로 살아가던 엘베강 동쪽 지역 사이에 존재했던 현격한 간극이 통일 이후에는 점점 더 크게 벌어졌다는 점이다. 누군가 기차를 타고 마그데부르크 부근에서 엘베강의 다리를 지나게 되면, 그는 갑자기 산업지대의 풍경을 뒤로하고 광대한 밀밭으로 둘러싸인 들녘과 듬성듬성 서 있는 장원영주의 집, 그리고 여기저기 우뚝 솟아 있는 교회탑과 조그만 마을이 있는 농촌세계를 접하게 되었다.

이러한 차이는 새로운 독일사회의 사회계층분화에서도 그대로 반영되었다. 사회의 상층계급은 여전히 토지소유귀족이었다. 그들은 제국의 헌법조항에 힘입어 막강한 정치적 권한을 소유하고 있었지만, 그들이 지녔던 토지의 경제적 중요성이 감소하게 되자 그들 부의 원천은 급격하게 줄어들었다. 한편 시민계급 내에서도 분화가 일어나, 전통적인 교양시민계층이나 관료시민계층 이외에 새로운 부를 획득한 새로운 재산소유시민계급(Besitzbürgertum)이 등장하였다. 이 새로운 시민계층은 제국의 경제적 지주였을 뿐만 아니라, 그들이 지녔던 자유주의적 혹은 자유보수주의적 성향으로 인해 정치적으로도 독일 민족국가를 지탱해주는 실질적인 기둥역할을 하였다. 그 다음으로는 수공업자를 핵으로 하는 소시민계층이 있었는데, 기계와의 경쟁으로 인해 끊임없는 생존위협을 느껴야 했던 이 계층은, 프로레타리아라는 익명의 대중 속으로 흡수됨으로써 그들의 사회적 신분이 낮아지지 않을까 전전긍긍하고 있었다. 이 계층이 반사회주의적이거나 국수주의적인 운동과 그들이 내거는 구호에 쉽게 빠져드는 성향을 보인 것도 바로 이러한 이유 때문이었다. 사회의 마지막 계층을 형성하고 있었던 것은 그 수가 증가일로에 있던 공장 노동자계층, 즉 프로레타리아였다. 이들은 이제 제4계급이라는 자신들의 정체성을 갖게 되었고, 이러한 자의식에 바탕해 사회민주주의적 정당이나 노동조합에 가입하기 시작하였으며, 카톨릭 지역에서는 중앙당(Zenrumspartei)이나 카톨릭 계열의 노동조합단체에 가입하게 되었다.

새로이 형성되기 시작한 계급사회는 산업도시의 거주지역이 분명히 나누어짐으로써 더욱 뚜렷한 모습을 띠게 되었다. 녹지공간과 거리가 잘 정비된 도시의 서쪽 지역에서는 신흥 경제시민계층의 고급주택이 들어서 있었고, 공장의 매연과 유독가스가 날아들었던 동쪽 지역에서는 가난한 사람들을 위한 대단위 시멘트 건물이 숲을 이루고 있었다.

서로 교차하거나 때로는 서로 대립하는 사회적, 경제적 이해관계에 얽혀 있던 이 다양한 사회적 그룹들은 자신들의 사회적, 경제적 이해를 관철시키기 위해 정당이나 대중조직, 이해단체 등에 가입해서 그런대로 자신들의 입지를 확보하였다. 하지만 정치적, 그리고 인종적 소수집단의 문제가 대두됨으로써 상황은 더 복잡한 양상을 띠게 되었다. 독일에는 상당수의 프랑스인, 폴란드인, 덴마크인이 살고 있었고 이들이 전체인구 비율에서 차지하고 있었던 몫도 적지 않았다. 또 독일 내 유태인들이 독일 사회에서 어떤 역할을 해야 하는가 하는 문제를 두고도 열띤 논쟁이 벌어졌다. 제국의 여러 그룹을 묶어 사회적 균형을 이룸으로써 제국의 내적 통일을 탄탄히 다지는 것은 제국이 당면했던 국내정치의 가장 중요한 문제였다. 비스마르크는 자신의 통치기술을 발휘해 권위주의적 군주국가에 통합될 수 없다고 생각되는 강력한 정치세력을 배제하고, 또 이를 '제국의 적'이라고 선언함으로써 이 문제를 해결하려고 시도하였다.

비스마르크가 겨냥했던 첫 번째 정치세력은 카톨릭 중앙당이었다. 중앙당은 1850년 이래 프로테스탄트 국가인 프로이센 주도 하에 진행된, 정치적, 문화적 중앙집권화 정책에 강력하게 저항해온 카톨릭 정치세력으로, 의회 내에 강력한 그룹을 형성하고 있었다. 겉으로 드러나기로는, 비스마르크의 문화투쟁(Kulturkampf)에서 문제가 되었던 것은 그때까지 카톨릭 교회가 관장해왔던 학교나 카톨릭 신부의 임명권을 이제는 국가가 장악하려던 시도였다. 그러나 프로이센-독일적인 권위주의 국가가 이 투쟁을 통해 실제로 추구했던 것은 정치적으로 독립적 위치를 고수하려던 독일의 카톨릭시즘을 국가적인 차원에서 제어하자는 것이었다.

영국과 프랑스가 500여 년 전에 행했던 시도, 즉 종교를 국가로부터 분리시키려는 시도가 이때와서야 독일에서 일어났던 것이다.

1870년대 말경에는 또한 사회민주당에 대한 투쟁이 전개되었다. 1871년 5월 5일 제국의회에서 사회민주당의 리더였던 아우구스트 베벨(August Bebel)이 파리코뮨을 언급하면서, 목전에 임박한 독일에서의 혁명에 비하면 그것은 '소규모의 전초전'에 불과하다고 주장함으로써 통치자들과 유산시민계급에게 무서운 공포감을 불러일으킨 바 있었다. 국가를 '전복하

19세기 도시인구의 성장

19세기 동안 인구가 팽창하고, 농촌에서 일자리를 찾기 어려워지자, 많은 사람들이 농촌을 떠나 도시로 몰려들었다. 특히 엘베강 동쪽의 상황이 심각했다. 1800년 전체인구 중 도시거주민의 비율은 5%였고, 농촌거주민의 비율은 90%였다. 그러던 것이 1871년에는 전체인구의 50%가 인구 5,000명 이상의 도시에 거주했다. 1800년 독일에 인구 십만 이상의 대도시는 베를린과 함부르크, 두 개에 불과했다. 그러던 것이 1900년이 되면 십만 이상의 도시가 벌써 33개나 되었다.

	1800	1850	1880	1900	1910
베를린	172	419	1122	1889	3730
함부르크	130	132	290	706	932
뮌헨	30	110	230	500	595
라이프치히	40	63	149	456	588
드레스덴	60	97	221	396	547
쾰른	50	97	145	373	516
브레스라우	60	114	273	423	512
프랑크푸르트 a. M.	48	65	137	289	415
뒤셀도르프	10	27	95	214	358
엘버펠트-바르멘	25	84	190	299	339
뉘른베르크	30	54	100	261	333
샤로텐부르크			30	189	305
하노버	18	29	123	236	302
에센	4	9	57	119	295
켐니츠	14	32	95	207	287
두이스부르크			41	93	229
도르트문트			67	143	214
키일	7	15	44	108	211
만하임			53	141	193

단위(천 명)

려는 당'의 이러한 투쟁선언에 대한 정부 쪽의 대응은 반사회주의자 법의 제정이었다. 1878년에 도입된 이 법은 당시로서는 대단히 가혹한 정치적 조처였다. 그러나 20세기의 통치자들이 사용했던 정치적 탄압방법에 비한다면 그 법안은 거의 무해한 것으로 보일 수도 있다. 아무튼 이러한 조처에도 불구하고 제국의회 내에서 사회민주당세력은 계속 존속했고, 오히려 선거를 거듭할수록 의원의 숫자는 더욱 늘어났다. 그러자 정부는 다른 전략을 사용하여 1880년대에는 의료보험이나 연금제도와 같은 일련의 사회보장법을 도입하였다. 국가가 주도하는 이 사회보장법은 그 후 유럽의 다른 나라들에 하나의 모델이 되었다. 이 법안은 근본적으로, 아무런 재산도 갖지 못한 사회주의자들을 보수적 정부를 지지하는 정치세력으로 만들기 위한 목적으로 도입된 것이었다. 그러나 엘베강 동쪽의 토지귀족(융커)의 가부장적 정신에 의해 고안된 이 법안은 결국 소기의 정치적 목적을 달성하지 못하였는데, 그 이유는 1890년 반사회주의자법안이 철회됨으로써 사회민주당을 지지하는 유권자가 이전보다도 더 증가했기 때문이었다.

새로운 제국은 내부적으로 반대세력과 싸워 안정을 도모해야 했을 뿐만 아니라 대외적으로도 이웃나라와 우호적인 관계를 유지해야만 했다. 그러나 그때의 유럽지도를 한번 보면 알 수 있지만 당시로서는 그러한 관계를 유지하기가 어려운 상황이었다. 중부 유럽의 통일은 유럽 체제 내에서는 전혀 새로운 변수였고, 유럽의 세력균형이라는 면에서도 잠재적인 위협요소로 간주되었다. 영국 야당의 당수였던 디즈렐리는 당시 페테르스부르크와 런던, 파리의 내각각료들 사이에서 팽배했던 우려를 요약해서, 독일 제국의 수립은 19세기의 가장 큰 혁명이자 18세기의 프랑스 혁명을 능가하는 사건이며, 이를 통해 미래의 위험이 언제 어떻게 생겨날지 전혀 예측할 수 없게 되었다고 말한 바 있다.

때문에 비스마르크가 가장 신경을 썼던 것은, 제국의 야망은 이제 최종적으로 충족되었고, 독일 민족주의의 불길도 어느 정도 잡혀 이제 위험이 없어졌으며 그렇기 때문에 독일 통일을 통해 유럽의 체제가 더 위험해지기는커녕 오히려 더 안정되었다는 것을 대외적으로 주지시키는 것이었다. 실제 여러 세대에 걸쳐 독일 자유주의자들이 품어왔던 대독일국가의 꿈이 1871년 이후에는 급격하게 사그러들기도 했다. 또 독일인들이 자신들의 옛 영토라 생각했던 동구 지역을 다시 회복할 것이라는 오스트리아와 러시아의 우려도 비스마르크에 의해 어느 정도 불식되었다. 1879년 독일 제국과 오스트리아-헝가리 제국 사이에 '2제(二帝)동맹'이 맺어졌는데, 이는 쾨니히그라츠 전투에도 불구하고 중부 유럽의 두 독일 국가가, 유럽적 세력균형을 깨트리지 않고서도 상호결속할 수 있다는 것을 보여준 것이었다.

이때부터 독일 외교정책은 비스마르크가 1877년 6월에 공포한 '키싱엔 선언'의 기본원칙을 따르게 되었다. 이 선언의 주요목표는 첫째, 프랑스를 제외한 모든 유럽 열강은 독일 제국과 협력관계를 맺을 수 있다는 것이었고, 둘째, 독일을 겨냥한 유럽 국가간의 동맹관계를 저지한다는 것이었다. 비스마르크의 표현을 빌리면, 이와 같은 '동맹의 악몽'에서 벗어나기 위해서 독일은 다른 열강들 사이에서 '정직한 중개자'의 역할을 해야만 했다. 1878년에 개최된 베를린 회의는 이러한 외교정책이 성공을 거둔 가장 대표적인 예이다. 이 회의에서 독일의 재상은 유럽의 정치적 상황을 안정시켰고 이를 통해 발칸을 차지하기 위한 유럽 열강들의 각축전과 새로운 전쟁을 미연에 방지할 수 있었다.

그러나 이러한 정책을 지속적으로 수행하기 위해서는 고도의 외교술과 일종의 정치적 자제력이 요구되었다. 하지만 그러한 정치적 자제력은 팽창주의적 시대정신, 다시 말해 그것이 옛 관세동맹의 경계를 훨씬 넘어 영향력을 확대하거나 해외식민지를 획득하려고 했던 독일 민족주의자나 기업가들의 요구였건, 아니면 독일이 해양 패권국가가 되어 세계열강의 대열에 낄 수 있기를 바라는 제국주의적 야망을 가진 자유주의자들의 요구였건, 아무튼 당시 독일 국민들 사이에 팽배해 있던 이와 같은 시대정신에 정면으로 배치되는 것이었다. 서로 반목하고 있던 유럽 열강들의 이해관계를 조정하고, 프랑스가 다른 나라와 반독(反獨) 동맹을 맺는 것을 저지하기 위해 유럽 중앙의 새로운 권력인 독일에 요구되었던 것은 탁월한 정치가의 경륜과 능력이었다. 비스마르크는 먼저 오스트리아-독

노동자 복음
옌스 비르크홀름, 1900년

이 그림은 1890년대 말 사민당의 노동자 교육현장을 보여주고 있다. 뒤쪽으로 밝은 빛을 받고 있는 사회주의 예언자 칼 맑스의 흉상이 전체 분위기를 압도하고 있는 듯하다. 흉상 아래쪽 연단에 앉아 있는 사람은 경찰들이다. 만약 조금이라도 불법적인 발언이 행해지면 경찰은 그 집회를 해산할 수 있었다. 사람들은 긴장된 분위기 속에 열심히 연사의 말에 귀기울이고 있고, 말씀의 고지자인 연사는 예수성상(聖像)의 오랜 전통이 보여주는 것처럼 축복을 내리 듯 오른손을 펴보이고 있다. 사민당은 신교지역 노동자들에게서 큰 호응을 받았다. 1871년 선거에서 사민당은 전체 득표율의 3.2%를 얻는 데 그쳤지만, 1912년 총선에 가서는 무려 34.8%의 득표율을 획득하였다.

일의 2제동맹을 맺었고 (이 동맹에는 나중에 이탈리아와 루마니아, 그리고 한때는 세르비아가 참가하였다) 다음으로 러시아를 달래고 설득하여 1881년 3제(三帝)동맹을 체결하였으며, 마지막으로 러시아가 다다넬스 해협으로 진출하는 길을 열어준다는 조건 하에 1887년 독·러 재보장조약을 체결하였다. 이러한 일련의 외교관계를 통해 비스마르크는 자신의 기본정책을 유지하는 데 일단 성공하였다.

  그러나 이러한 성공에도 불구하고, 비스마르크의 외교정책은 기본적으로 '다섯 개의 공을 가지고 하는 곡예'에 머물렀고, 그의 외교정책의 목표 역시 '하나의 칼로 위협해서 다른 칼은 칼집에 꽂아두도록 한다'는 것이었다. 하지만 이러한 그의 외교목표는, 유럽 각국의 새로운 국내 사정과 경향에 의해 그 실현이 점점 어렵게 되었다. 이러한 사정은 비단 독일에서 뿐만 아니라 프랑스에서도 마찬가지였다. 특히 프랑스에서는 1871년의 전쟁피해를 설욕하기 위해 또다시 전쟁을 치러야 하고 또 엘사스 로랭 지방을 다시 되찾아야 한다는 목소리가 너무 높아져 프랑스 정부는 이러한 국민여론과 감정을 도저히 무시할 수가 없었다. 러시아의 사정도 이와 크게 다를 바가 없었는데, 이 시기에 일기 시작한 러시아의 범 슬라브주의 운동은 터키와 오스트리아의 이해에 중대한 위협이 되고 있었다. 이로써 독일은 다시 러시아와 프랑스의 양대세력 사이에 끼는 상황에 처하게 되었다. 두 개의 전선을 두고 싸워야 하는 프로이센의 오래된 두려움, 다시 말해 유럽의 양쪽 날개세력인 두 나라가 힘을 합쳐 중앙에 위치한 독일을 압박할 수 있다는 위험이 목전의 현실로 다가왔던 것이다.

  1890년 3월 2일 비스마르크가 해임된 것은 그가 추진했던 외교정책과 직접적으로는 아무런 상관이 없었다. 흔히 '100일 황제'라고 일컬어지는 아버지 프리드리히 3세의 짧은 통치기간 뒤에 왕위에 오른 빌헬름 2세는 비스마르크라는 막강한 '철혈재상'을 부담스러운 존재로 느꼈다. 이로 인해 비스마르크가 황제와 마찰을 일으키게 되었고, 둘 사이의 관계는 소원해지게 되었다. 특히 사회문제를 두고 재상과 황제는 첨예한 대립을 보였다. 빌헬름 2세는 부유한 계층과 가난한 계층 사이의 간극을 줄이려고 했기 때문에, 사회민주주의자들에 맞서는 비스마르크의 강경한 입장을 걸림돌로 생각했다. 그리고 제국의회가 1890년에 그 시효가 끝나는 반사회주의자법을 연장하려 하지 않자 비스마르크는 더이상 어떻게 손을 쓸 수가 없었다. 재임기간의 마지막 며칠 동안 비스마르크 동맹체제의 마지막 보루였던 독일과 러시아의 재보장조약을 연장하는 문제가 다시 거론되었지만, 황제는 이 조약의 연장에 아무런 관심을 보이지 않았고, 이로 인해 두 사람의 소원한 관계는 다시 돌이킬 수 없는 지경에 이르게 되었다.

  비스마르크의 해임과 함께 한 시대가 끝이 났다. 그리고 혁명 이전의 방법으로 외교정책을 추구하려던 시도 역시 종언을 고하게 되었다. 대중의 감정과 여론이 점차 정책결정에 더 큰 영향력을 행사하게 될수록, 상호대립되는 이해관계를 합리적 수단과 제한된 목표를 가지고 조정함으로써 가능성의 정치를 추구하려던 옛 스타일의 외교정책은 점차 그 힘을 쓸 수가 없게 되었다. 하지만 그러한 정책은 유럽의 중앙에서 독일 민족국가가 살아남기 위해 필요했던 전제조건이었다.

8장

제국의 내부통일과 세계강대국을 향한 꿈

빌헬름 2세는 여러 면에서 새로운 시대의 정신을 구현하고 있던 인물이었다. 할아버지 빌헬름 1세와는 전혀 달리 그는 현란하고 인상적인 포즈로 여론의 스포트라이트를 받기를 좋아하였다. 본에서 보낸 대학시절, 그는 아는 것은 곧 힘이라는 사실을 알게 되었고 포츠담의 사관생도시절에는 군대의 화려한 행렬과 프로이센의 위용을 사랑하는 법을 배웠다. 그는 타고난 재능과 뛰어난 기억력, 날카로운 지력(知力)을 소유하고 있었지만 편협하게 키워졌고 우스울 정도로 낭만적 성향을 지녔으며 게다가 불구의 한쪽 팔과 지배욕이 강한 어머니로 인해 마음에 깊은 상처를 입었다. 전쟁사령관으로서도 그는 아직 오만과 객기를 버리지 못한 영원한 사관생도였고, 거대한 학문적 연구기관을 세울만큼 기술에 경도되어 있던 몽상가였으며, 프리드리히 대왕이나 프로이센 대선제후의 복장을 입기를 좋아했던 인물이었다. 한마디로 빌헬름 2세는 모든 역할에 다 맞았지만, 확고한 정체성을 갖지 못한 사람이었고, 이를테면 그가

상수시궁 정원을 산책하는 황제 가족
빌헬름 프리드리히 게오르크 파페,
1891년

말을 탄 프리드리히 대왕의 기념상이 내려다보는 가운데 빌헬름 2세 황제가족이 한가롭게 정원을 거닐고 있다. 평소 눈부시게 화려한 군대제복을 입기를 좋아했던 황제의 취향에 비추어보면 현재 그가 입고 있는 제2보병근위대의 제복은 그래도 매우 점잖은 편이다. 황제 주위로는 황후 아우구스테 빅토리아와 6명의 아들 중 다섯 명 아들의 모습이 보인다. 오스카 왕자는 당시 나이 어린 꼬마들이 흔히 그랬듯 여자 옷을 입고 있다. 오스카 주위에 있는 왕자들은, 아이텔 프리드리히, 아우구스트 빌헬름, 아달베르트 왕자이다. 황제의 후계자인 프리드리히 빌헬름 왕자는 황제 옆에 개와 나란히 있다. 왕자들은 한결같이 해군복을 입고 있는데, 그 당시의 수많은 독일 소년들도 같은 복장을 하고 다녔다. 부모들이 자녀들에게 입힌 해군복은 독일 함대에 대한 민족적 자부심의 표현이자, 독일이 대영제국과 동동한 지위에 있음을 강조하기 위한 것이었다.

비스마르크의 신격화
루드비히 루도프, 1890년

젊은 황제 빌헬름 2세와의 알력으로 1890년 비스마르크가 사임하자, 사람들은 한 시대가 끝났다고 생각했고, 실제로 그랬다. 이로써 이성적 계산에 의해 움직였던 통치자 및 각료중심의 정치가 끝이 나고, 국민적 동의와 대중감정에 바탕을 둔 새로운 스타일의 정부가 들어서게 되었다. 한편 그림에 기마군단의 제복을 입고 등장한 비스마르크는 이미 생전에 기념비적 인물이 되어 있었다. 그의 뒤쪽으로 승리의 여신이 월계관을 들고 있고, 옆으로는 흉갑을 입고 머리에는 황제관을 쓴 게르마니아 여신이 보인다. 게르마니아 여신이 쓴 황제관은 당시의 예술작품 어디에나 나타나고 있지만, 당시 그 황제관은 모델로만 존재했었다. 게르마니아 여신 앞으로는 1871–1871년의 숫자가 쓰인 책을 들고 있는 역사의 여신도 보인다. 그리고 그림 맨 아래쪽으로 환호하는 사람 중에 칼을 들고 모자를 쓴 학생회 소속 대학생의 모습도 보인다. 비스마르크 사임 이후 몇 년 동안 대학생들 사이에 反황제, 비스마르크 숭배현상이 일었고, 또 전국 도처에 비스마르크의 영광을 기리기 위한 수백 개의 기념탑이 세워지기도 했다.

통치하던 국민의 걸어다니는 상징이었다.

　1888년에 거행된 그의 황제즉위는 독일 제국의 일대 전환점을 의미하였다. 빌헬름 1세가 황제의 외투에 화려한 치장을 하는 것을 싫어하고 자신을 프로이센 왕으로만 여겨주기를 바랬던 소박한 왕이었다면, 그의 손자 빌헬름 2세는 화려한 것을 좋아하고 이렇다 할 역사적 근거도 없이 자신을 신성로마 제국 황제의 후계자라고 여겼던 과시적이고 낭만적인 왕이었다. 이 두 황제의 뚜렷이 구별되는 스타일과 이미지는 그 동안 제국 내에서 일어났던 분위기의 변화를 그대로 반영하는 것이었다. 우리는 이러한 변화를 경제적 변화와 관련지어 다음과 같이 설명할 수도 있을 것이다. 자유주의 부르조아지들이 믿어왔던 신조의 하나인 자유무역이 수십 년간 실시되고 난 후, 70년대 중반부터는 서부독일의 중공업자들이 외국상품과의 경쟁을 저지하기 위해 보호관세제도의 도입을 요구하였다. 엘베강 동쪽의 토지귀족들도 전 세계적 규모의 곡물과잉생산으로 위협을 받게 되면서 이 요구에 합세하였다. 이 문제로 인해 자유주의세력과 보수주의세력은 언론과 의회에서 오랫동안 투쟁을 벌였고, 그 결과 보호무역주의적 이해가 관철되면서 이를 지지하는 정치적, 사회적 세력이 주도권을 잡게 되었다.

　이렇게 해서 제국 성립 첫 10여 년 동안 비스마르크의 가장 강력한 지지세력이었던 시민적 민족자유주의자들이 점차 야당의 위치로 밀려나고, 대신 보수주의적 정당들이 전면에 등장하였다. 부르조아지들은 그들의 커져가는 경제적 비중에도 불구하고 정치적 영향력을 상실해갔던 반면, 장원을 소유한 엘베강 동쪽의 대토지 귀족들은 그들의 경제적 중요

성이 점차 감소했음에도 정치적으로는 물론 사회적으로도 더 큰 비중을 차지하게 된 것이다.

　이와 함께 군대의 국내정치적 위상도 높아갔다. 군부의 지도자들은 자신들을 국가의 안전을 책임지고 군주를 보위해야 할 책무를 지닌 유일한 국가보장세력이라고 간주하였다. 따라서 그들은 외부의 적들뿐만 아니라 내부의 적들, 이를테면 사회민주주의자들, 카톨릭 세력, 자유주의자들과 국내의 반대세력으로부터도 국가를 보호해야 한다고 생각했다.

페르디난드 에두아르트 폰 슈툼 공작과 그의 부인

살바도르 마르티네즈 쿠벨스, 1890년

페르디난드 폰 슈툼은 독일의 가장 부유한 가문 중의 하나인 슈툼家 출신이다. 그의 형은 석탄과 철강을 취급하는 자르란트의 슈툼 콘체른의 회장이었고, 일반인들 사이에 "슈툼 왕"으로 알려졌다. 본래 부르조아지 계층이었던 슈툼가는 1888년에 가서야 비로소 프리드리히 3세에 의해 귀족의 칭호를 받게 되었다. 페르디난드 폰 슈툼은 외교관으로서, 비스마르크가 사임했던 1890년, 스페인 대사직을 그만둔 인물로 스페인 봉직시절을 기념하기 위해 부인과 함께 스페인 화가에게 그림을 그리게 했다. 당연히 그는 이 초상화를 위해 화려한 외교관복장을 입어야 했음에도 불구하고 제8기마연대 소령복장을 입고 있다. 대사라는 직책이 프로이센군 소령보다 월등히 높은 것이 있는데도 장교복을 입고 그려진 이 초상화는 빌헬름 제국시절 국민들 사이에서 군인들이 누린 인기와 위세를 말해주는 좋은 예가 된다.

이로 인해 여론과 일반국민들 사이에 자유주의적 부르조아지 삶의 방식보다는 프로이센적 군대양식을 더 선호하는 경향이 생겨나게 되었다. 19세기 독일 역사에서 매우 중요한 역할을 했던 교양 및 경제시민계급의 미덕에 대한 사회적 존경심은 사라지고, 위세당당한 프로이센군 장교의 어투와 제스처가 그 자리를 대신하게 되었다.

물론 남부 독일을 위시한 '제3의 독일'의 지방수도와 군소도시들에는 19세기의 보다 검소한 시민적 덕목과 자의식이 그대로 온존하고 있었다. 하지만 전체적으로 볼 때, 독일인의 자의식을 지배했던 것은 점차적으로 그 비중이 높아갔던 프로이센의 3두 마차, 즉 황제(Kaiserhof), 융커(Junkerhof), 군부(Kasernenhof)세력이었다. 그 중에서도 특히 군부는 여러 차례의 통일전쟁을 치루고 난 이후부터 국민들로부터 높은 신망을 받고 있었다. 군대는 국가의 자랑이었다. 이러한 현상은 군인뿐만 아니라 군과 관련된 사람들에게도 그대로 적용되어, 군과 관련이 있다는 이유만으로도 그들은 활동하고 있는 그룹 내에서 보다 높은 존경을 누리게 되었다.

이러한 이유로 모든 국민이 지는 일반적 국방의 의무는 부담으로 느껴진 것이 아니라 사회적 신분상승을 위한 절호의 기회로 간주되었다. 낭만적이고 화려한 광휘가 무기와 군대제복 주위를 감싸고 있었고, 신문과 문학은 이러한 현상을 더 확산시키고 강화시켰다. 군대를 찬양하는 이러한 추세에 저항했던 몇몇의 자유주의적, 사회민주주의적 여론도 있었지만 그것은 오히려 예외에 속했다. 그 밖의 시민생활에서도 한때 국가에 '봉사했다'는 경력이 중요한 의미를 갖게 되었다. 관리와 교사들은 자신들이 예비역장교라는 사실을 매우 자랑스럽게 생각했고, 군대생활에서

익혔던 규범과 질서의식을 관공서와 학교에 옮겨놓으려고 하였다. 이처럼 신념의 차원으로까지 상승된 이른바 '신념적 군국주의'는 처음에는 제국의 신민들 사이에서 생겨나 나중에는 지배층에까지 확산되었으며, 궁극적으로는 정치적 의사결정에도 영향을 미쳤다.

    그렇다고 이 모든 것이 전 사회를 지배하는 하나의 스타일을 만들어낸 것은 아니었다. 그러기에는 과시적이고 허장성세적인 제스처를 떠받쳐줄만한 확고한 실체가 없었던 것이다. 무엇인가 확고한 실체가 빠져있다는 막연한 느낌과 부족감을 감추기 위해 독일인들은 표면적인 외부 장식에 매달렸다. 건축에서는 네오바로크(Neo-Barock) 스타일이 등장하였다. 이 양식의 전형적인 건축물은 라쉬도르프에 의해 새로 건립된 베를린 돔 성당인데, 그는 쉰켈이 지었던 이전의 작고 단순한 옛 건물을 60년도 채 지나지 않아 허물어버리고, 그 대신 육중하고 균형미를 전혀 고려하지 않은 현대적 건물을 건축했다. 다른 예술분야에서도 수없이 많은 상징과 알레고리가 생겨났다. 하지만 그것들은 일정한 계획없이 만들어진 것이어서 국가를 하나의 내적, 정신적 끈으로 묶을 수가 없었다. 이보다는 독일인들의 마음에 자리잡고 있었던 것은, 화려한 군대행렬에 대한 열광과 그 뒤에 감추어진 불안감, 그리고 이 모든 것들이 오래 지속되지 못할 것이라는 감정이었다. 이러한 감정은 빌헬름 시대적 독일 분위기의 단적인 표현이었다.

　　이러한 빌헬름 시대적 분위기가 생겨난 가장 중요한 원인은 제국의 내부통일이 제대로 진척되지 않았기 때문이다. 독일은 여전히 내적으로 사분오열되어 있었다. 수백 년 간 지속되었던 영토적, 종교적 분열상태가 짧은 기간 안에 메꾸어질 수 없는 노릇이었다. 그리고 산업화의 결과로 생겨난 공업과 농업, 귀족과 부르조아지, 자본가와 노동자 사이의 사회적 간극 또한 쉽게 메꾸어지지 않았다. 이같은 사회적 대립을 책임지고 조정해야 할 정당들은 이러한 과제를 해결해나가기 어려웠는데, 왜냐하면 그들은 당시의 독일 헌법상 꼭 정치적 책임을 지거나 의무적으로 이해관계를 조정할 필요가 없었기 때문이다. 따라서 각 정당들은 실용적인 정책을 개발하기보다는 철학적이고 이데올로기적인 프로그램을 만들어내는 데 더 많은 힘을 쏟았다. 이로 인해 각 정당들은 추종자들이 볼 때, 이해관계를 대변하는 기관이라기보다는 오히려 일종의 교회대용기관처럼 비춰졌다. 또 당시의 독일 정당 시스템은 서로 화해할 수 없는 적대세력으로 구성되었고, 이들 세력들은 곳곳에 진지와 요새를 구축하고 혼전(混戰)을 벌이는 실정이었다.

　　이러한 혼란스러운 정치적 상황은 조직화된 이익단체들이 각 정당들과 얽히고 설키면서 한층 더 복잡한 양상을 띠게 되었다. 호경기가 끝나고 장기간에 걸친 디플레이션 국면이 시작되는 1873년 이후부터, 자유주의는 서서히 몰락의 길로 들어서고 그 대신 산업과 농업분야의 이익단체들이 전면에 부상하였다. 예컨대 프로이센 중소지주들의 이익을 대변하는 '독일 농업협회', '카톨릭 농업중앙협회' 등이 이 시기에 결성되었다. 그러나 이 두 단체들도 1893년에 결성된 대지주 중심의 '농업연맹'에 의해 정치적으로 압도당하게 되었다. 엘베강 동쪽의 대토지소유주가 중심이 된 이 단체의 대표자들은 의회 내에서는 물론 제국의 내각, 특히 황궁이나 프로이센 정부 내에서 그들의 이익을 성공적으로 관철시켰다.

산업분야에서도 농업분야에 맞먹는 조직이 생겨났다. 최초로 설립된 '독일 산업중앙회'는 수출산업의 이익을, 그리고 1895년 이후 생겨난 '산업가동맹'은 중공업의 이익을 대변하는 단체였다. 단체의 결성은 여기에 그치지 않고 경제, 사회의 전 분야에 걸쳐 확산되면서, 노동조합 분야에서도 사회민주주의 계열의 '자유노동조합'과 카톨릭 계열의 '기독노동조합'이 결성되었다. 이들 단체들은 중앙본부와 지부 및 산하기관들로 구성된 고도로 조직화된 시스템을 갖추고 있었다. 공업 및 상업분야에서도 전국적 규모의 개별적 조직들이 결성되었고, 이와 나란히 생산, 판매, 가격 카르텔에 의한 네트워크 식의 독점적 경제조직들도 생겨났다. 그러나 정당들과 마찬가지로 이들 이익단체들 역시 그들 상호간에 아무런 대화의 채널을 갖고 있지 못하였다. 다시 말해 그들에게는 그들의 이해관계를 조정해 사회적, 정치적 안정을 추구하려는 마음의 자세나 능력이 전무하다시피 했던 것이다. 사회의 일반적 상식이나 아니면 서로가 공유할 수 있는 보다 높은 가치기준이 요구되는 상황에서, 사회체제 내의 다양한 세력이나 단체들이 쟁투를 벌였고, 그것도 주로 이데올로기적 차원에서 쟁투를 벌이고 있었다. 그런데 이러한 싸움의 와중에서도 이들을 함께 묶었던 하나의 끈이 있었는데, 그것은 제국에 대한 열렬한 민족주의적 감정이었다. 이 민족주의 감정은 심지어 국제적 연대를 주장하던 사회민주주의자들이나 노동운동에까지 폭넓게 확산되어 있었다.

하지만 이러한 민족주의도 시간이 지남에 따라 점차 색이 바래면서 시들해졌다. 제국의 성립은 어떤 의미에서 2세대에 걸쳐 독일 애국시민들에게 정치적 방향감각과 정체성을 제공해주었던 유토피아적 비전이 사라지게 되었음을 의미하였다. 이제 그같은 유토피아를 대신해 전면에 등장한 것은 경제적 이윤추구였다. 이러한 풍조의 독일에는 상식에 기초한 시민적 문화가 결여되어 있었고, 서구 이웃나라의 정치문화를 정상적으로 가동시켰던 공동의 관행과 자명한 원칙이 없는 실정이었다. 그리고 무엇보다도 결여되어 있었던 것은 국가를 함께 묶을 수 있는 미래지향적 통합이념이었다. 그런데 이와 같은 극도의 사회적 긴장을 완화시키고, 독일 사회의 목표와 정체성문제를 포함한 일체의 갈등을 해결해야 하는 과제를 한몸에 짊어지고 나선 것은 국가, 그것도 프로이센의 관료주의 국가였다.

프로이센-독일적인 권위주의국가는 국민을 다스리고 교육하고 부를 분배하는 역할은 물론이고 기본적인 사회복지문제에서부터 공동묘지의 규칙에 이르는 모든 것을 스스로 관장하겠다고 선언하였다. 이 국가의 중요기관인 행정관청과 특히 군대는 스스로를 사회의 모든 이해관계와 대립을 넘어서는 초연한 존재로 간주하고, 국민전체의 복지와 안녕을 책임진다는 생각과 신념을 가지고 있었다. 이러한 생각과 신념은 본질적으로 반민주주의적이고 권위주의적인 것이었다.

뮌헨 예술가협회(시세션派)가 주최한 국제예술전시회 포스터
프란츠 폰 슈툭, 1898년
국가에 의해 높이 평가되면서 적극적 지원을 받았던 안톤 폰 베르너, 빌헬름 블라입트로이와 같은 화가들의 아카데믹한 기존화풍에 맞서서 일군의 젊은 화가들이 도전하기 시작하였다. 그들은 주로 프랑스로부터 자극을 받아 상징주의, 인상주의, 유겐트 스틸 같은 새로운 사조의 예술을 실험했다. 1892년과 1898년 뮌헨과 베를린에서 각각 창립된 시세션파(분리파)는 아방가르드적 예술가 그룹으로서 여기에는 프란츠 폰 슈툭, 로비스 코린트, 막스 리버만이 속했다.

모든 게 한 사이즈식 크구만!
부르노 파울, 1900년

베른하르트 폰 뷜로우 공작(1849-1929)은 세상물정에 밝은 세련되고 영리한 인물이자 빌헬름 2세의 총애를 받던 인물로 비스마르크를 이어 세 번째로 수상에 임명되었다. 비스마르크의 기마군단복장을 입고 있는 뷜로우를 그린 이 풍자화는 그를 형편없는 인물로 묘사하고 있다. 실제로 뷜로우는 한 번도 일관성있는 외교정책을 펴지 못했고 비스마르크의 동맹계획을 진전시키지도 못했다. 그는 국내문제뿐만 아니라 외교문제에 있어서도 많은 문제점이 있다는 것을 잘 알고 있었지만 황제의 뜻에 거슬리면서까지 자신의 정책을 펼 수는 없었다. 1909년 사임하고 그 후부터 그는 로마에서 살았다.

국민의 진정한 대표기관인 제국의회가 수다와 시비를 일삼는 장소로 여겨지고 또 그로 인해 국민의 신망을 거의 받지 못하게 됨에 따라 국가의 권위주의적 성격은 한층 더 강화되었다. 당시 어떤 보수주의적 의원은, 그같은 의회는 황제가 마음만 먹으면 언제든지 폐쇄될 수 있어야 하며, 그런 일을 하는 데는 열 명의 부하를 거느린 장교 한 사람이면 충분하다고 호언할 정도였다. 무책임한 국민과 그들을 넘어서서 마치 아버지와 같은 초연한 입장에 서 있다는 가부장적 국가관이 얼마나 깊이 뿌리를 내리고 있었던가를 말해주는 하나의 단적인 예는 당시 독일 사회민주당의 국가관과 정치적 태도였다. 프로이센적 관료국가와 정반대되는 사회와 국가를 건설하겠다는 요구를 내걸었던 사회민주당이 실제로는 그러한 국가의 정신과 조직을 자세한 부분까지 그대로 베낀 듯한 국가관을 가지고 있었던 것이다. "우리가 가장 증오하는 적, 그것은 곧 대중의 무지이다"라는 구호는 프로이센 행정관료의 입에서 나온 것이 아니라 사민당의 당가(黨歌) 〈노동자 마르세예즈〉에 나오는 한 구절이었다.

빛을 향한 기원

칼 요한 회페너(혹은 피두스라고도 불림), 1894년

빌헬름 제국시대에는 부르조아지 사회의 억압적 일상에서 탈출하려는 다양한 시도들이 행해졌다. 당시 부르조아지들이 입고 다니던 옷은 그 시대 사회처럼 경직되고 형식적인 것이었다. 그러한 옷을 입고는 마음대로 움직일 수도 없었고 숨도 제대로 쉴 수가 없을 정도였다. 따라서 보다 느슨하고 편안한 옷을 입고 사회적 관행에서 탈출하려고 했던 것은 너무나 당연한 일이었다. 그것도 모자라 어떤 사람들은 속물적 인간들에게 충격을 주려고 나체 및 태양숭배문화를 옹호하였다. 화가이자 그래픽 디자이너였던 피두스(1868-1948)는 생활방식의 개혁을 주장하던 이러한 운동에 헌신한 사람이었다. 그는 종종 자신의 모델을 나체로 그렸고 이를 통해 자잘구레한 사회관습으로부터 벗어나고자 하였다. 그림의 남자는 벌거벗은 채 땅과 하늘 사이에 서서, 활짝 열린 하늘을 향해 생을 다시 충만하게 해줄 빛을 갈구하고 있다.

빌헬름 제국의 독일을 가로지르던 깊은 균열은, 제국의 군사적 위용과 나란히 제국의 명성을 드높였던 다른 분야, 즉 학문과 예술의 분야까지 파급되었다. 이 시대의 문화적 특징은 극단적인 대립이었다. 한쪽에서는 아카데미즘적인 취미와 과장된 현시욕구가 있었는가 하면 다른 한편에서는 아방가르드적 정신이 있었다. 이러한 경향들은 그때까지 한 번도 있어본 적이 없는 첨예한 모순과 극명한 대립을 보여주었다. 하나의 예를 들면, 당시에 건립된 하노버의 네오바로크 양식의 시청건물과 페터 베렌스가 지은 베를린의 구성주의 양식의 터빈형 건물, 그리고 그로피우스의 실험적 건축물들이 모두 동일한 시기에 생겨났다. 특히 그로피우스가 지은 건축물들은 사방에서 빛이 들어오는, 유리와 철골로 만들어진 현대적인 기능적 구조물이었다. 이 두 극단적 경향 사이에 새로운 예술의 독일적 변형이라고 할 수 있는 유겐트스틸(Jugendstil)이 있었는데, 이 양식은 위기를 극복하기 위한 수단이라기보다는 오히려 위기를 표현하는 것으로서, 앞으로의 예술발전에 창조적 계기를 마련하지 못하였다.

회화분야에서도 한편에서는 궁정 서클의 지원을 받던 당시 회화의 제후 격인 안톤 폰 베르너(Anton von Werner)를 위시한 아카데미즘적인 화가들과 화려한 색채와 사진과 같은 정확성을 최고의 미덕이고 생각하였던 한스 마카르트 등이 화단을 주름잡고 있었는가 하면, 다른 한편에서는 아방가르드적인 일군의 화가들이 포진하고 있었다. 뮌헨, 비인, 베를린을 중심으로 생겨난 '분리파', '푸른기사', 그리고 드레스덴의 '다리'와 같은 일련의 아방가르드적 진영이 구축되었고, 이와 함께 20세기 모더니즘 예술의 선구자역할을 했던 프란츠 마르크, 구스타프 클림트, 막스 리버만 같은 화가들이 이 시기에 작품활동을 시작하였다.

음악분야에서도 서로 다른 두 개의 경향이 대립하고 있었다. 그 하나는 바그너에 의해 시작된 음악이고 다른 하나는 브람스에 의해 시작된 음악이었다. 브람스는 쉬츠와 바흐 이래 내려온 독일 프로테스탄트적 내면성의 전통을 이어받아, 낭만주의 음악의 풍부한 표현성과 바흐 류의 다성적 음악의 엄격한 형식성을 결합시킴으로써 동시대인으로부터 '아카데믹'하다는 평가를 받았다. 반면 모든 장르를 넘어서서 종합예술작품(Gesamtkunstwerk)을 창조하려고 했던 바그너의 음악은 이미 전통적인 음악형식을 해체하고 있었다. 음악사의 위대한 혁명가의 한 사람이었던 바그너는(1848년 혁명 때 실제 그는 드레스덴의 시위대열에 직접 참가하기도 했다) 시간이 지나면서 점점 더 많은 수의 청중들로부터 오해를 받기도 했는데, 그 이유는 이들 청중들이, 역사화되고 영웅화되었던 바그너 오페라의 소재를 문제삼은 그의 음악을 반동적이라고 생각했기 때문이다. 음악사의 이 두 거장에 이어 등장한 것은 부소니나 부르크너의 후기 낭만파 음악, 그리고 구스타프 말러나 슈트라우스의 신경향 음악이었다. 이 두 경향의 음악은 나중에 아놀드 쇤베르크의 대담한 음악에서 또다시 통일되었다. 바그너는 물론 권력자의 환대를 받았는데, 막상한 후원자였던 바이에른 왕 루드비히 2세는 물론이고 후에는 자신을 기꺼이 새로운 로헨그린이라고 생각한 빌헬름 2세의 총애를 받기도 했다. 이에 반해 슈트라우스는 황제의 심기를 불편하게 만들었다. 1911년 슈트라우스의 '로젠카발리어'가 베를린에서 초연되었을 때, 이 오페라를 참관했던 황제는 '저것은 내가 좋아하는 류의 음악이 아니야"라고 화내듯 말하면서 서둘러 자리를 박차고 나가버렸던 것이다.

전통적인 것과 현대적인 것의 충돌은 곳곳에서 일어났다. 연극분야를 보면, 고전적 레파토리를 상연하던 극장에 하우프트만과 게오르그 카이저의 드라마가 갑자기 들어왔고, 또 문학분야에서는 테오도르 폰타네와 같은 보수주의적 성향의 작가들과 대학생 때 사고로 죽은 게오르그 하임과 같은 표현주의적 작가들이 마치 세기를 달리하듯 같은 시기에 공존했다. 새로운 출발과 몰락이 이런 식으로 미묘한 균형을 취하고 있었다. 하지만 세상사가 머지 않아 완전히 뒤집어질지도 모른다는 은밀한 이 시대의 감정은 빌헬름 시대 특유의 번영과 안정을 갉아먹고 있었다. 칼 맑스와 프리드리히 엥겔스, 그들을 추종하는 이 시대의 크고 작은 사상가들이 사회주의 혁명을 예언했고, 빌헬름 리프크네히트는 당대에 '대소동'이, 즉 사회주의 혁명이 일어날 것이라고 생각하였다. 또 프리드리히 니체는 '모든 가치의 새로운 평가'를 요구하면서 도덕에서 해방되고, '권력에로의 의지'에 따라 행동하는 '초인'이 곧 도래할 것이라고 예언하였다. 이에 앞서 쇼펜하우어도 역사의 진보를 믿고 있던 19세기 시민계급에게 세계역사의 무의미성을 설파하였다. 그리고 이 시대를 풍미했던 실증주의적 이성에 대한 믿음 역시 공격을 받았다. 바그너는 영웅적이고 반부르조아지적인 미래의 비전을 통해, 프로이트는 무의식과 무의식적 충동이 인간행동을 결정하는 중요한 추동력이라는 사실을 발견하는 것을 통해, 19세기의 역사 낙관주의와 이성에 대한 믿음에 제동을 걸었다.

이른바 '좋은 시대(belle époque)'라고도 불린 이 시기에 성장한 독일의 부르조아지 청소년들은 이 시대를 속물적 포만감과 공허한 허장성세의 시대로 체험하였다. 바로 이러한 청소년에게서 새로운 예언가들은 수많은 추종자들을 갖게 되었다. 제국의 성립을 함께 체험했고 이제는 자신들이 이룩한 정치적, 물질적 성공에 뿌듯한 자부심을 느끼고 있었던 부모세대와는 달리 대다수의 청소년들은 이러한 모든 것들을 빌헬름 국가의 공허함과 위선으로 치부해 이에 강한 반발심을 보였다. 이 세대의 이러한 반응은 산업시대의 급격한 사회적, 기술적 변혁에 대한 대응, 그것도 추상적인 차원의 대응이었다고 할 수 있을 것이다. 변화에 대한 충격은 뒤늦게 찾아왔고, 이에 대한 반응은 마음의 공황상태와 소외감, 그리고 한스 제들마이어의 표현대로 '중심의 상실'이었다.

청소년들은 새로운 삶의 대안을 찾아 나섰고, 그들의 생각은 과격한 결론으로 이어졌다. 그들은 자신들의 부모들이 믿었던 일련의 가치들, 예컨대 자유주의, 절제된 삶, 사회적 관행, 이성과 인간의 선의 및 시민문화의 규범에 대한 믿음을 온 힘을 다해 거부하였다. 부모들은 보수주의자이거나 자유주의적 성향의 민족주의자, 아니면 자유사상가였지만, 그들의 자식들은 인종주의적 성향의 민족주의자, 혹은 사회주의자, 혹은 니힐리스트가 되었으며, 아니면 청소년운동이나 반더포겔(Wandervogel) 운동에 참가하였다. 1895년 베를린의 스테그리치 김나지움에서 처음 시작된 반더포겔 운동은 이후 전국으로 확산되었으며, 이 운동에 참가한 청소년들은 '방랑하는 새'라는 이름 그대로 도시를 훌쩍 떠나 도보, 자전거 여행을 하거나 등산을 하면서 자연을 체험하고자 하였다. 또한 그들은 음울한 현실로부터 벗어나는 이러한 도피를 통해, 정치와 정치를 둘러싼 일체의 문화적 현상에 대한 자신들의 혐오감과 경멸감을 표시하고자 하였다. 반부르조아지적인 실험적 삶의 방식들이 성행하게 되자, 뜻을 같이 하는 사람들의 집단거주지나 공동체가 생겨났고, 반상업적인 예술에 대한 열광이나 진정한 공동체적 삶에 대한 요구, 도시를 벗어나고 싶다는 농촌지향적인 낭만적 생활감정이 서로 다투듯 한꺼번에 일어나게 되었다. 이렇게 해서 새로이 자연과 인간의 통일을 되찾으려는 다양한 공동체가 이탈리아어 사용지역인 스위스의 몽테베리타로부터 브레멘 북부에 위치한 볼프스베데의 예술인 촌에 이르기까지 번성하였다. 무정부주의적 성향의 사람들과 삶의 방식을 개혁하려는 사람들, 그리고 인간의 초자연적 능력을 개발하려는 사람들이 서로 경쟁하듯 오아시스적 공농체를 형

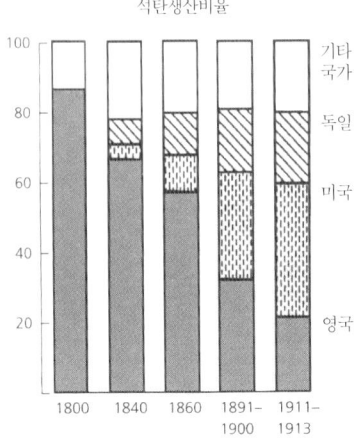
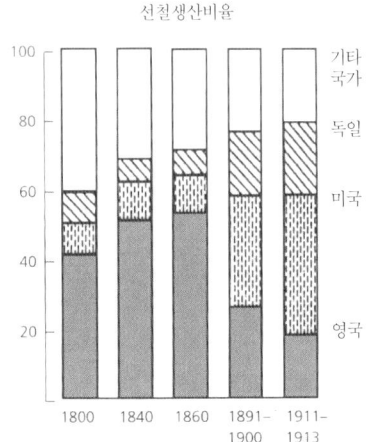

1800-1913년까지 영국, 미국, 독일의 석탄·선철 생산량 비교

1871년 이후 독일 경제의 성장은 중공업에 기반해 이룩된 것이었다. 석탄생산에 있어서 독일은 경쟁국인 영국을 따라잡지는 못했지만, 석탄생산은 빠른 속도로 증가해 그 성장비율을 두고 미국과 다투는 실정이었다. 석탄생산량이 증가하고 로트링겐 지방의 광석생산이 증가함에 따라 독일의 철강산업 역시 빠르게 성장했는데, 1910년 철강총생산량이 천 4백 8십만 톤으로 유럽의 으뜸이 되었다. 같은 시기 영국의 철강생산량은 천만 2십 톤이었다.

성하여, 새로운 삶의 방식과 새로운 유형의 인간을 만들어내려 노력하였다. 그것은 풍요롭고 활기에 가득 찬 운동이었다. 그리고 문명에 대한 혐오와 완전히 새로운 차원의 그 무엇을 바라는 이러한 정신적 태도는, 1914년 8월 세계대전이 다시 발발하자 독일 부르조아지 젊은이들이 마치 학수고대했던 묵시록적 변혁을 맞이한 듯 열광적으로 전쟁에 참가했던 사태의 정신적 토양이기도 했다.

그런데 종합대학과 기술대학의 대강의실을 가득 메웠던 젊은이들도 주로 위에 언급한 바로 그 젊은이들이었다. 당시의 독일 대학은 그때까지 한 번도 있어 본 적이 없는 세계적 명성을 누리고 있었다. 해를 거듭할수록 학생들의 숫자는 계속 증가하였다. 1860년의 11,000명이던 학생 수는 1차 세계대전 전야에는 무려 60,000명으로 급격하게 늘어났고, 이 중 4,000여 명 정도는 여학생이었다. 오랫동안 청강생자격으로 강의를 듣던 여학생들에게 정식 입학이 허용된 것은 1908년부터였다. 교육, 특히 대학교육은 높은 수입과 사회적 지위가 보장되는 직업을 얻기 위한 입장권과 같은 것이었다. 국가도 이러한 경향을 적극 지원했는데, 왜냐하면 대학은, 특히 팽창일로의 법과대학은 정부에 유능한 관료를 공급하였고, 공과대학은 제국의 점증하는 부와 국제적 명망의 기초가 되었던 기술적, 경제적 성장을 위한 지도적 인력을 제공하였기 때문이다.

"아는 것이 곧 힘이다"라는 모토는 국가나 개인에게는 물론 노동운동에 이르기까지 중요한 이념으로 작용했다. 노동운동은 자체의 독자적인 교양 및 교육수준을 높임으로써 사회적 해방의 단초를 마련하고자 했다. 그렇게 해서 노동자 교육기관은 '국민의 대학(Volkshochschule)'이라는 이름 그대로 독일 최초의 성인교육기관이 되었다. 하지만 국가는 학교나 전문대학을 세우고 장려했을 뿐만 아니라, 대규모의 최신식 자연과학연구소를 설립했는데, 그것은 당시 경쟁관계에 있던 영국, 프랑스, 미국의 연구수준을 능가하기 위한 것이었다. 국가와 대기업이 공동출자하여 1911년에 설립한 '빌헬름 황제협회'는, 그때까지 알지 못했던 방대한 규모의 기초과학연구와 프로젝트연구를 수행하였다. 1918년까지 이 연구소로부터 무려 5명의 노벨상 수상자가 배출되었다. 알베르트 아인슈타인, 막스 플랑크, 에밀 피셔, 프리츠 하버, 막스 폰 라우에가 곧 그들이었다. 빌헬름 2세는 독일의 첫 연구소를 자기가 직접 나서서 테이프를 끊겠다고 고집하였다. 스스로 중세제국의 영광을 계승하고 있다고 생각했던 그가 이 개관식에 참가하여 홍갑과 독수리문장이 새겨진 프로이센 투구를 쓰고 '빅 사이언스(Big Science)'의 시대를 여는 모습만큼 이 시대가 지녔던 이중적 모습을 더 잘 보여주는 것도 없을 것이다.

한편 제국의 경제적, 정치적 잠재력이 급격하게 확대됨에 따라 대다수의 독일인들은 자신들이 살고 있는 중부 유럽이라는 무대가 너무 비좁고 옹색하다고 여기기 시작하였다. 해외식민지가 없는 상태에서의 독일은 자체의 경계선 내에서 매우 제한된 경제적 발전을 할 수밖에 없었고 포화된 국내시장에 만족해야만 했다. 독일의 시민계급은 이러한 상황을 모욕적이라고 생각했고 또 이웃 유럽나라와 비교해 불공평하다고 느꼈다. 그때까지의 국가정책은 통일을 완수하고, 그 이후에는 제국을 내부적으로 공고히 다지는 데 주안점을 두었다. 그러나 1890년 이후부터 독일의 정책은 막스 베버의 말대로 세계정책을 의미하게 되었다. 베버는 1895년 프라이부르크 대학 정교수 취임연설에서 다음과 같이 말했다.

> 우리는 독일의 통일이, 독일 민족이 철지난 시절에 범한 청소년기의 장난이었다는 사실을 파악하지 않으면 안됩니다. 만약 독일의 통일이 세계정책의 출발점으로서가 아니라, 그 결과로서 머문다면 그렇게 값비싼 대가를 치르고 그러한 장난을 하지 않았던 편이 나았을 것입니다.

다시 말해 민족통일을 완전히 달성하기 위해서는 세계정책을 통해 다른 나라와 동등한 위치를 획득하는 것이 요구되었다. 그리고 이러한 정책은 중부 유럽에 한정된 비스마르크의 엄격한 제한적 정책으로부터의 결정적 단절을 의미하는 것이었다. 하지만 이와 같은 제국주의적 모험의 길로 나서게 된 배후세력이 결코 프로이센의 옛 상층귀족계급인 것만은 아니었다. 외국사람들은 이들 귀족층을 좀 덜 세련되고 때로는 두려움을 불러일으키는 사람들로 보고 있었다. 그러나 그들은 점점 더 잠식되어가는 자신들의 사회적, 국내정치적 지위를 지키는 데 급급하였을 뿐 대외정치적 문제에 대해서는 그렇게 큰 야망을 가지고 있지 않았다. 오히려 대외정책의 뒤에 서 있던 세력은, 한때 독일 민족운동의 주동세력이었고 이제는 점증하는 경제력을 이용해 자신들의 영향력을 확대하고 세계문제에 대한 발언권을 강화하려고 했던 자유주의적 시민계층이었다. 그런데 여기서 좀처럼 판단을 내리기 힘든 점은, 이러한 세계정책에서 경제적 계산이 어느 정도까지 중요한 역할을 하였고 또 영국, 프랑스, 러시아와 같은 이웃나라들의 제국주의적 팽창을 지켜보면서 느꼈던 국민적 좌절감에 대한 보상심리가 어느 정도까지 작용했는지 하는 문제이다.

비스마르크는 해외에 독일 식민지를 확보하고 독일의 영향권을 확대하라는 국내의 성화와 요구에 대해 마지못해 그것도 지연작전을 써가면서 대응하였다. 그런데 비스마르크 시대는 이미 칼 페터스와 구스타브 나하티겔 같은 모험적 독일 식민주의자들이 해외에서 활발하게 식민지를 개척하던 시대이기도 했다. 이들 모험가들은 동아프리카와 카메룬에 이미 독일 깃발을 꽂아 놓았던 상태였고, 또 식민단체와 경제단체들의 도움을 받아 정부에 압력을 행사함으로써 이들 지역을 독일의 보호령으로 삼으려 하였다. 그런데 비스마르크의 후계자들에 와서는 이러한 상황이 변화하였다. 1887년에 설립된 '독일 식민지협회'와 특히 1891년에 설립된 '전 독일 연맹'과 같은 대중적 기반을 가진 새로운 스타일의 식민지 압력단체들이 생겨났고, 이들의 압력으로 이제 아프리카와 오세아니아에서의 식민지건설은 독일 외교정책의 공식적 부분이 되었다. 남서아프리카의 나미비아, 동아프리카의 탄자니아, 토고, 카메룬, 뉴기니 섬의 일부와 중국의 칭다오 지방이 독일의 보호령이 되었다. 그때까지만 해도 유럽 열강들은 아직 신사적인 방법으로 세계를 나누어 먹는 데 합의할 수 있던 시대였다. 이런 점은 1885년 베를린 국제회의에서 체결된 콩고 조약과 1891년 영·독간에 맺어진 잔지바르 조약, 그리고 모로코 문제를 해결한 1906년의 알제시라스 조약을 통해 알 수 있다.

그러나 독일의 세계정책에는 두 개의 위험요소가 도사리고 있었다. 그 중의 하나는 비인과 남동부 유럽을 넘어 오스만제국의 메소포타미아 지방에 이르기까지 그 영향력을 확대하려는 독일의 외교정책이, 1897년에 행해진 빌헬름 황제의 화려한 근동여행과 함께, 영국과 러시아를 크게 자극했다는 점이었다. 영국과 러시아는 이를 도발적인 행동으로 간주하였다. 1899년 베를린, 비인, 바그다드를 연결하는 철도가 건설되기 시작하면서 이러한 긴장은 최고조에 도달하였다. 이로써 발칸지역과 보스프루스 해협을 차지하려던 러시아의 야망과 중동과 인도에서 이미 확보하고 있던 영국의 입지는 크게 위협을 받게 되었다. 세계정책이라는 면에서 가장 민감했던 이 지역에서 어떤 충돌이나 갈등이 발생한다면 중부 유럽의 평화에 영향을 끼칠 것이 분명했다.

또다른 위험요소는 독일 함대의 건설문제였다. 1897년 뷜로우가 외교정책을 담당하게 되고, 거의 같은 시기에 티르피츠가 제국해군의 제독으로 임명되면서 독일 함대건설이 본격화되었는데, 이 계획은 당시 가장 막강했던 영국의 해양권에 맞서기 위한 것이었다. 그런데 이 계획은 치밀한 계산에 의해 취해진 정책이라기보다는, 오히려 독일 국민들의 열광과 자기확인욕구, 그리고 많은 점에서 자기들보다 우월한 '영국 사촌'

에 대한 열등감을 보상하려는 심리가 더 큰 작용을 일으켜 시작된 계획이었다. 독일 함대를 건설해야 한다는 요구는 대규모의 대중운동으로 발전하였다. 이 운동의 정점에 서 있었던 '독일 함대협회'라는 조직은 백만 이상의 회원을 가진 독일의 가장 강력한 공식적 선동단체였다.

이러한 정책이 영국의 이해의 가장 민감한 부분을 건드리고 그럼으로써 영국이 유럽의 양쪽 날개세력인 러시아와 프랑스 쪽으로 기울게 될 것이라는 점을 당시의 독일 여론은 전혀 주목하지 않았다. 독일 통일 이전에 그랬던 것처럼 당시 독일 여론을 지배하고 있었던 것은 막연한 대중심리에 의해 달구어진 격한 감정과, 유럽의 세력균형이라는 합리적 사고에 역행하는 일반적 분위기였다. 그런데 이전과는 달리 이번에는 정치적 지도층, 그 중에서도 특히 황제가 직접 나서서 기회있을 때마다 신중하지 못한 도발적 연설을 함으로써 영국을 불안하게 만들었다.

이렇게 해서 비스마르크가 최악의 악몽으로 생각했던 유럽 열강의 새로운 동맹관계가 형성될 수 있는 국제환경이 조성되었다. 1904년 영국과 프랑스는 그들의 식민지분쟁을 종결하고 영불화친조약(entente cordiale)을 체결하였다. 1905년 옛 독·러 동맹관계를 복원하려는 빌헬름 2세의 시도가 수포로 돌아가자 2년 후에는 영·러 협약이 맺어졌고, 이로써 중동을 둘러싼 두 나라 사이의 라이벌 관계가 종식되었다. 이때부터 독일은 사방에서 포위당하는 상황에 놓이게 되었고, 정치적으로 고립되었다. 오스트리아와 동맹관계가 있긴 했지만, 오스트리아는 발칸 지역에 깊이 연루되어 있는 상황이었기 때문에 독일에게는 오히려 부담이 되었다.

적대세력들에 의해 포위당하고 있다는 감정은 '이제 정말 한번 해보자'라는 식의 오기, 혹은 반발감정을 야기시켰고 '전 독일 연맹'의 강화된 선동에서 표출되었던 노이로제에 가까운 대규모의 민족주의 감정을 불러일으켰다. 군부도 이러한 상황을 염두해두고 전략을 수립하였다. 1905년 육군참모부의 총사령관 슐리펜 장군은 양면전쟁이 불가피하다는 전제 아래, 두 개의 전선을 고려한 전략을 짜기 시작하였다. 독일의 잠재적 전력으로는 러시아와 프랑스 두 나라를 상대로 싸우는 것이 역부족이었기 때문에 그의 계획은 일단 러시아가 군대동원을 하는데 오랜 시간이

독일 동아프리카 식민지의 킬리만자로 山
발터폰 룩테쉘, 1914

"식민사업이란 것은 전부가 다 사기에 지나지 않아. 그래도 선거를 위해 필요한 것이긴 하지." 1844년 비스마르크는 이렇게 말했다. 그는 식민지협회 등의 압력에 밀려, 마지못해 독일 상인들과 모험가들이 획득한 동아프리카 지역을 제국보호령으로 삼는 데 동의했다. 비스마르크만 해도 식민지획득을 외치는 선동을 국가에 유리한 방향으로 활용할 수 있다고 믿고 있었다. 하지만 그의 후계자들에 와서는 이와는 정반대로 식민지를 요구하는 민족주의적인 대중조직의 압력에 못이겨 국가가 점차 이들 조직에 봉사하는 경향이 증가했다. 독일의 일반여론이 볼 때, 해외식민지를 획득한다는 것은 '세계열강'으로서의 독일의 지위를 보증하는 것이었고, 모험에 가득 찬 낭만적인 동경의 분위기가 이러한 계획을 에워싸고 있기도 했다. 독일 동아프리카 식민지에 있는(오늘날에는 탄자니아) 해발 5,895 M의 킬리만자로는 그래서 '독일에서 가장 높은 산'으로 간주되었다

필요하냐는 계산 아래 세워졌다. 전쟁이 발발하면 우선 서부 전선에 병력을 집중시켜 고대의 한니발 장군이 칸나 전투에서 썼던 전술을 다시 사용해 메츠를 축으로 해서 커다란 원을 그린 다음, 중립국 벨기에와 북부 프랑스를 먼저 휩쓸어 수주 내에 프랑스 군대를 포위해 섬멸하고, 그런 다음에는 병력을 동부 전선으로 이동시켜 러시아 군대를 격파한다는 것이 그의 기본전략이었다.

그러나 해군 지도부 및 독일 외교정책 책임자와 협의를 거치지 않고 수립된 슐리펜의 이 전략은 몇 가지 결정적인 허점을 내포하고 있었다. 첫째, 그의 전략은 만약 독일이 러시아와 군사적 분쟁에 휘말리면 자동적으로 프랑스와의 전쟁은 불가피하다는 거의 기계적인 판단을 내포하고 있었다. 둘째, 그의 전략은 만약 영국의 보장을 받고 있던 벨기에의 중립성이 침해되면 어쩔 수 없이 영국은 독일에 대항해 싸울 수밖에 없다는 점을 고려하고 있지 않았다.

외교전선에 먹구름이 드리워지기 시작했다. 독일의 국내사정도 마찬가지였다. 상이한 사회계층 사이에 어느 정도 유지되었던 사회적 안정도 심각한 위협에 처하게 되었다. 사민당은 선거를 거듭할수록 세력을 더 확장시켰고, 더 빈번해진 파업사태는 점점 더 커져가는 노동조합의 자의식을 그대로 반영하는 것이었다. 언론과 의회는 아무런 제재나 처벌없이 공개적으로 사회질서의 근간까지 공격하였다. 군부는 군장교를 뽑는 데 귀족출신을 선호한다든가, 결투문제를 두고 공식적으로 이중잣대를 적용한다든가 하는 문제를 두고 국민들의 반감을 불러일으켰다. 결투시 귀족들은 폭행죄나 살인죄로 사법적 심판을 받지 않았던 것이다. 귀족의 월권행위를 두둔하거나 묵인하는 그런 행위는 국민들 사이에서는 이미 일종의 스캔들이었다. 하지만 그러한 일은 1913년 11월에 일어난 '짜베른 사건'으로 야기된 국민들 사이의 분노에 비하면 전초전에 불과한 것이었다. 이 사건을 통해 군부의 특권계급은 민간인들에게 누가 독일의 집주인인가를 분명히 보여주었다. 즉 프로이센의 한 장교가 알사스 지방의 짜베른에서 민간인들을 공격했는데, 군부와 정치 지도세력은 이 사건을 추적하기는커녕 오히려 은폐하거나 정당화하는 데 급급했던 것이다. 군부의 이러한 오만함이 세상에 알려지면서 국민의 분노가 폭발했다.

　　모든 계층 사이의 갈등이 이처럼 심화되면서 독일 내의 분위기는 날이 갈수록 악화되었다. 바로 이때에 오스트리아의 왕위계승자인 페르디난드 황태자가 1914년 6월 28일 사라예보에서 암살당했다는 소식이 전해지자, 그 소식은 문자 그대로 모든 것을 휩쓸고 지나가는 폭풍과 같은 위력을 발휘하였다. 미친 듯 에스커레이트 되는 국제적 위기와 전쟁의 위험은 독일 국민을 다시 하나가 되게 만들었다. 이른바 '1914년의 정신'과 열광이 전 독일을 휩쓸었던 것이다. 전쟁의 발발과 함께 일어난 이러한 열광은 사회민주주의자들에게까지 미쳤는데, 이러한 현상은 사회심리학적 관점에서 보면, 참을 수 없을 만큼 과중한 국제적 압력과 지난 몇 년 동안 제국 내에서 야기되었던 국내적 통일의 상실에 대한 반동으로 생겨난 것이라고 설명될 수 있을 것이다.

　　비스마르크 제국의 '내부통일'이 평화시기에는 갈등과 분열을 거듭하다가 전쟁을 통해서만이 실현될 수 있었다는 것은 독일 역사의 비극적이면서도 매우 부정적인 측면이 아닐 수 없다. 그런데다 만약 전쟁에 패한다면 제국의 내부통일도 끝장이 날 수밖에 없는 상황이었다. 이렇게 볼 때, 바이마르 공화국의 진정한 현실은 계속되는 시민전쟁의 양상을 띨 수밖에 없었던 것이다.

9장

세계대전과 그 결과로서의 독일 내전

"나는 더이상 정당들을 인정하지 않는다. 내가 인정하는 것은 오직 독일 국민들뿐이다"라고 빌헬름 2세는 1914년 8월 4일 제국의회 개회식에서 선언하였다. 황제의 이러한 발언은 일차대전이 발발하자 독일 국민들이 보여주었던 일반적인 전쟁열광과, 정치선전에 의해 부추겨지고 찬양된 이른바 '1914년의 정신'이 왜 생겨났던가를 이해하는 데 일정한 도움을 준다. 오늘날의 우리로서는 좀처럼 이해하기 힘든 이 전쟁열광은 비단 독일에서 뿐만 아니라 런던, 파리, 페테스부르크에서도 일어났던 현상이었다. 독일의 정치적 전통에서 보면, 정당은 사소한 개별적 이익에 집착하여 끊임없이 정쟁을 일삼거나 국가적 통일을 위협하는 집단의 대명사와도 같은 존재였다. 그런데 바로 그러한 정당들이 전쟁이 발발하자 하나같이 제국지도부를 중심으로 단합된 모습을 보여주면서, 사회민주당의 대다수 의원을 포함한 모든 의원들이 나서서 전쟁수행에 필요한 전쟁공채안을 거의 만장일치로 통과시켰다. 당시의 독일 국민들은 모두 전쟁이 수주 안에 끝날 것이라고 믿었다. 또 전쟁은 실제로 곧 끝나야만

전쟁의 겨울
한스 발루쉐크, 1917년
이 그림은 격심한 식량난 때문에 무를 먹고 지냈던 1917년 '순무겨울'의 '국내전선'을 묘사하고 있다. 그림 맨 위쪽에는 코크스를 생산하는 공장이 보이고, 그 아래에는 선로와 초라하기 짝이 없는 주말 정원이 보인다. 주말정원의 오두막 위에는 제국 삼색기가, 다른 쪽에는 작센주의 노란 깃발이 걸려 있다. 그림 맨 아래쪽에는 어떤 친척을 방금 묻고 오는 가족의 모습이 보인다. 아들이 쓰고 있는 수병 모자에는 엠덴(Emden)이라는 순항함의 이름이 박혀 있다. 전쟁 초기에 순항함 엠덴호는 남태평양을 누비고 다닌 적도 있었다. 그러나 그러한 열광의 시대는 이미 지나가버린 지 오래고, 이제는 혹독한 겨울모습이 전쟁의 상황을 상징적으로 말해주고 있다. 1917년 겨울에만 26만명의 민간인이 굶어 죽었는데, 그것은 같은 시기 전선에서 죽은 62만 병사의 거의 절반에 해당하는 수치다.

했는데, 왜냐하면 이른바 슐리펜안(案)이라는 독일 육군참모본부의 계획대로라면 결정적 군사적 승리가 빠른 시일 내에 이루어져야만 전쟁계획이 제대로 수행될 수 있었기 때문이었다. 두 개의 전선을 두고 전쟁을 오래 끌고가기에는 독일의 물질적 자원이 충분하지 못하다는 것은, 제국지도부 내의 경제문외한의 눈에도 너무나 명백했다.

그러나 슐리펜의 계획은 프로그램대로 작동하지 않았다. 독일 군대가 벨기에와 프랑스 깊숙이까지 진격했지만, 파리를 거의 목전에 둔 지점인 마르느 전투에서 진격은 일단 저지되었는데, 그 이유는 서부 전선의 오른쪽 날개가 너무 약했기 때문이었다. 슐리펜의 여러 차례에 걸친 경고에도 불구하고 그의 후계자인 몰트케 백작(보불 전쟁의 영웅 몰트케 장군의 아들)은, 프랑스군이 남부 독일로 침입하는 것을 막기 위해 엘사스 지방에 있던 서부 전선의 왼쪽 날개쪽 군대병력을 강화했던 것이다. 마르느 전투로 전쟁이 교착상태에 빠지자 1914년 10월부터 서부전선은 참호전의 양상을 보이기 시작하였다. 엄청난 인명과 물량이 투입된 거의 살인적인 공방전에도 불구하고, 이때 형성된 양 진영의 전선은 1918년 전쟁이 끝날 때까지 이렇다 할 만한 큰 변화없이 그대로 유지되었다.

동부 전선은 이와는 좀 다른 양상을 보여주었다. 전쟁초기에는 러시아 군대가 동프로이센과 서프로이센에서 상당한 성공을 거두었다. 그러나 독일 군대는 다시 소집된 퇴역장군 힌덴부르크의 지휘 아래 탄넨베르크 전투에서 러시아 군대를 대파함으로써 어느 정도 전세를 회복할 수 있었다. 그 이후의 전투는 광활한 지역에서 펼쳐진 전투로서 여러 곳에서 형성된 전선을 따라 개별적 참호전이 간헐적으로 벌어졌을 뿐 전세를 판가름할 수 있는 결정적 전투는 일어나지 않았다. 하지만 1917년의 러시아 혁명과 이로 인한 러시아 군대의 사기저하에 힘입어 독일 군대는 전쟁이 끝나는 1918년까지 발틱 3국과 우크라이나, 그리고 코카서스 지방에 이르는 남부 러시아를 점령하는 데 성공하였다.

전쟁은 언제 끝날지 모르게 지리하게 끌었다. 초기의 전쟁열광도 곧 사라졌다. 그러나 교양시민계층이나 지식인 서클에서는 전쟁을 둘러싼 뜨거운 논쟁이 계속되었다. 수많은 설교와 강연을 통하여 프로테스탄트 목사들과 민족·자유주의적 교수들은 적을 악의 화신으로, '불타는 세계(전쟁)'를 최후의 심판으로 몰아세우고, 독일 민족을 신의 의지를 집행하는 민족으로 추켜세웠다. 민족주의적 대중조직은 최대의 전성기를 맞이하였다. '전 독일 연맹'과 '조국당' 그리고 이와 유사한 단체들이 과대망상증에 가까운 전쟁목표를 두고 마치 경쟁하듯 큰 목소리를 내기 시작하였고, 전 독일 산업연맹이나 군부도 이에 합세하였다. 특히 군 지도부는 독일의 경계를 칼레에서 페테스부르크에까지 확대시킨다는 환상적 계획을 세우고 있었다. 나중에 민주주의의 옹호자가 되는 토마스 만과 알프레드 케르와 같은 작가와 지식인들도 전쟁의 신전에 무릎을 꿇고는 전쟁을 독일과 독일 민족을 정화하는 연옥의 불꽃이라고 찬양하였다. 이처럼 명망있는 지식인들까지 가세함으로써 모든 국민이 하나같이 전쟁을 열렬히 지지한다는 인상을 불러일으켰다.

하지만 독일 내에서의 삶의 현실은 그러한 환상적 생각과는 너무 거리가 멀었다. 배급제를 강화하고 적어도 식료품만큼은 어떻게 해서라도 조달하려는 시도에도 불구하고 생필품의 공급은 턱없이 부족하였다. 당시의 어떤 비판가는 "먹고 사는 생활필수품 조달이라는 면에서, 전쟁은 그 시작 3년 이후부터는 패배한 것이나 다름없다"라고 말하기도 하였다. 1917년 4월에는 베를린과 라이프치히의 군수산업 노동자들이 처음으로 기아에 항의해 작업을 중단하였다. 노동조건을 개선하라는 요구와 함께 조속히 평화조약을 체결하라는 목소리가 높아갔고 군부 내에서도 긴장이 고조되었다.

전쟁이 지속되는 동안은 모든 정당들과 이익단체들이 국내의 안정과 평화를 위하여 사회적, 정치적 싸움을 일단 중단하기로 합의했지만, 그런 합의도 이제 삐걱거리기 시작하였다. 1917년 7월 제국의회는 전쟁공채안을 통과시킬 예정이었다. 그때까지만 해도 사민당의 대다수 의원들을 포함한 모든 정당들은, 독일이 순전히 방어전쟁을 펼치고 있다는 신념으로, 전쟁공채안을 통과시키는 것은 조국에 대한 그들의 당연한 의무라고 생각해왔었다. 그러나 영토확장을 둘러싼 전쟁목표에 관한 제국의회 내의 격렬한 논쟁은 이러한 환상을 깡그리 파괴하였고, 서부와 동부의

1914년 8월 1일 베를린의 한 풍경
아르투어 캄프, 1914년

1914년 7월 31일 러시아가 독일과 오스트리아를 겨냥해 총동원령을 내렸다. 이에 맞서 독일 정부는 "전쟁의 위험이 임박해 있다"는 것을 선포하고, 러시아에 총동원령을 철회할 것을 요구하는 최후통첩을 보냈다. 8월 1일 오후는 독일이 러시아에 보낸 최후통첩의 시한이 끝나는 시간이었다. 독일은 이제 러시아와 전쟁상태에 있었다. 화가는 베를린 황제궁 앞에 모여 최후통첩 발표를 기다리는 동안 어떤 연사의 말을 경청하고 있는 다양한 군중들의 모습을 보여주고 있다. 여기에서 환호하는 애국주의나 이른바 '1914년의 정신'은 어디에서도 찾아볼 수 없다. 분위기는 가라앉아 있고 심지어 불안하기까지 하다.

양대전선의 상황에 못지 않게 식량수급사정도 매우 불안하였다. 게다가 2월 혁명에 의해 권력을 잡게 된 러시아의 새로운 정부가 '영토합병이나 전쟁배상금 없는 평화'라는 새로운 평화안을 제시하게 되자, 독일의 각 정당들은 그러한 제안을 전쟁을 종식시킬 수 있는 그런대로 수용할 만한 평화안이라고 생각하기 시작했다.

이러한 상황 속에서 제국의회의 세 그룹의 지도자들, 즉 사민당과 중앙당, 좌파 자유주의 성향의 진보인민당 지도자들이 원내 공동위원회를 구성해 강화를 요구하면서, 그렇지 않을 경우 전쟁공채안의 승인을 거부하겠다고 정부에 공동의 압력을 행사하였다. 이처럼 모든 정당들이 힘을 합쳐 정부에 압력을 행사한 것은 1862년 프로이센 헌법투쟁이래 처음 있는 일이었다. 나중에는 민족자유당도 이 위원회에 합세하게 되자 1917년 7월 17일 제국의 새로운 다수파는 "강제로 영토를 병합하지 않는다는 조건 하의 합의평화"를 선언하였다. 이러한 조처로 제국의회는 스스로 독자적인 정치세력이 될 수 있는 첫발걸음을 내디딘 셈이다. 훗날 바이마르 공화국의 중추를 형성하게 된 정당과 그 지도자들은 바로 이 그룹으로부터 나왔다. 이렇게 본다면 독일 최초의 민주주의는 세계대전 이후가 아니라 세계대전의 한복판에서 탄생했다고 할 수 있을 것이다.

물론 한동안은 민주주의를 운위할 수 있는 단계는 전혀 아니었다. 의원들의 반란시도는 당분간은 이렇다 할 만한 성과를 거두지 못하였고, 제국의 지도부와 군부의 지도층 역시 이러한 반란에 심각한 반응을 보이지 않았다. 전세는 날이 갈수록 첨예한 양상을 띠었다. 페테스부르크의 2월 혁명으로 인해 러시아 전선의 상당한 부분은 와해되었지만, 그 대신 1917년 4월 2일부터는 미국이 대(對)독일전에 참가하였다. 충분한 휴식을 취한 뒤에 전장에 투입된 미국 병력이 서부 전전에 속속 도착하는 동

일차대전 당시 독일의 전쟁 포스터:
전쟁공채를 사십시오! 시절이 어렵지만,
승리는 확실합니다!
프리츠 엘러, 1916년 : 우리가 승리할 수 있도록 도와주십시오(좌)
부르노 파울, 1917년(우)

국내의 안정과 평화를 해치지 않기 위해 독일 제국은 전쟁비용을 국민세금이 아니라 전쟁공채를 발행해 충당했다. 5%의 이자를 약속했던 이 공채는 전쟁에 패배한 국가가 나중에 갚도록 할 계획이었다. 1916년부터 전쟁공채를 사라고 호소하는 포스터에는 군과 관계되는 이미지가 등장하였다. 오른쪽 포스터는 전쟁영웅이자, 참모총장이었던 힌덴부르크의 모습인데, 그는 전쟁의 승리를 보장해주는 인물로서 뿐만 아니라 전쟁공채의 지불을 보장해주는 인물로 그려지고 있다. 프리츠 엘러가 그린 전선병사의 그림은, 이와 유사한 복사품을 수없이 많이 만들어내었다. 철모와 가시철사, 그리고 가스 마스크는 일차 세계대전의 참호전과 그것의 가혹한 참상을 말해주고 있다. 그리고 철모에 의해 그림자가 드리워진 눈이 먼 곳을 응시하고 있는 모습은 병사의 시선을 비개인적으로 만들고 있고, 그럼으로써 이 그림을 일종의 성상(聖像, Icon)으로 격상시키고 있다.

안, 독일 군단은 계속해서 엄청난 규모의 인명과 물량을 전선에 쏟아 부어야만 했다. 또 후속부대나 물자보급을 기대하기 힘든 상황에서 전선의 장병들은 심지어 고향의 식량사정을 돕기 위해 예비군량마저 반으로 줄여야만 했다. 프랑드르 지방에 배치된 어느 군단장은 "군단의 모든 부대들이 몇 시간 안에 잿더미로 변할 것이다. 모든 장병들이 오지도 않을 후속부대나 보급품을 애타게 갈구하고 있다. 오! 신이시여! 제발 이것이 대전쟁의 마지막 인간대살육전이 되게 하소서. 오늘 아침에도 분명 수천 명이 목숨을 잃었을 것이다"라고 기록하고 있다.

　　이러한 상황에서 국민들이 희망을 걸었던 것은 제국의회의 의원들이 아니라 야전사령관 파울 폰 힌덴부르크와 에리히 루덴도르프(Erich Ludendorff) 장군이었다. 정치가는 말할 것도 없고 어떤 장군도 이들이 누렸던 인기를 따라갈 수는 없었다. 1914년 동프로이센에서 러시아군을 함께 대파한 그들은 용을 죽였던 성(聖)게오르그 쌍둥이형제와 거의 맞먹는 존경을 받았다. 거리와 광장은 힌덴부르크라는 이름을 따서 불리워졌고, 애국적 상점주인들은 너나 할 것 없이 가게에 그의 사진을 내걸었다. 1916년 8월 29일 제국정부가 이 국민적 영웅을 군총사령관의 자리에 앉힌 것은 이를테면 앞질러 시행한 비공식적 국민투표와 같은 것이었다. 또 그의 임명은 군 최고지도부에 정당성을 부여한 조처로서, 그러한 정당성은 1912년에 선출된 제국의회도 갖지 못했던 정당성이었다.

　　그러나 군 지도부의 이미지와 프로필을 결정했던 것은 힌덴부르크가 아니라 그의 부관이자 참모본부의 제일차장이었던 에리히 루덴도르

프 장군이었다. 그는 프로이센-독일의 군 역사에서 시민계급출신으로 그렇게 높은 직위에 올랐던 최초의 장군이었다. 그는 단지 군사적 문제에만 국한되지 않은 넓은 시야를 가지고 있었다. 훗날 그는 클라우제비츠의 말을 뒤집어, 정치는 언제나 전쟁이며, 평화는 나약한 민간인들의 환상에 지나지 않는다라고 말하였다. 그의 이런 견해에 따르면, 정치적 리더쉽과 군사적 리더쉽은 별개의 것이 아니었으며, 군대의 지도자만이 전면전쟁을 치룰 수 있을 정도로 한 나라의 국민을 조직해낼 수 있으며, 또 이를 위해서는 국민적 동원을 필요로 한다는 것이었다.

시민계급 출신의 루덴도르프가 1916년 말부터 행동으로 옮기기 시작했던 아이디어는 실제로는 오랫동안 억눌려왔던 부르조아지 정신의 어두운 이면에서 나온 것이었다. 다시 말해 독일의 시민계급은 전통적인 구속과 제약으로부터 벗어나고자 하는 강한 욕구를 가져왔고 그 분출이 전쟁열광이었으며 또 "너는 아무것도 아니다. 민족이 전부다"라는 생각을 품어왔던 것이다. 전체주의적 독재의 토대를 제공한 것은 독일 시민계급의 바로 이러한 정신적 태도였다. 훗날 레닌과 히틀러가 1917-1918 기간에 루덴도르프가 시행했던 전시동원경제를 조직의 모델로 삼았던 것은 결코 우연이 아니었다.

그러나 이 모든 노력도 소용이 없었다. 상황은 계속 더 악화되었고 또 사회적, 정치적 갈등도 한층 더 첨예화되었다. 볼세비키의 10월 혁명은 식량부족에서 비롯된 시위운동을 정치적 구호 및 개념과 묶는 데 성공하였고, 이러한 성공은 군수공장노동자, 후방근무요원, 수병들 사이에서 일어났던 독일에서의 혁명적 분위기에 기초를 마련해주었다. 전선의 독일 병사들은 마지막 힘까지 다 쏟아부은 상태였고, 러시아와의 단독강화조약 이후 1918년 3월에 시작된 서부 전선의 3월 대공세는 엄청난 희생을 치룬 잘못 계산된 전략이었음이 곧 판명되었다. 또 8월부터 시작된 연합군의 대공세는 서부 전선을 돌파해 독일 영토에까지 진격하였다. 동맹국이었던 오스트리아-헝가리 제국과 터키는 물밑으로 평화협상의 가능성을 탐색하고 있었고, 1918년 9월 28일에는 동맹국 불가리아가 항복하였다. 그 다음날 루덴도르프는 신경쇠약으로 쓰러졌다. 그는 연합국이 서부 전선에서 또다시 결정적인 정면돌파의 공세를 취할 것을 두려워한 나머지 즉각적인 휴전을 요청하였다.

루덴도르프의 생각은 이성적인 것이었다. 그리고 그가 정식으로 휴전요청을 하기에 앞서 원내주요정당들이 참가하는 새로운 정부를 구성해야 한다고 주장한 것 역시 이성적인 것이었는데, 왜냐하면 연합국측은 의회의 다수파에 의해 수립된 정부만이 평화조약을 보장해줄 수 있다고 생각했기 때문이었다. 그럼에도 이 시기의 상황발전과 그 결과는 몇 가지 점에서 비극적인 것이었다. 첫째, 최초의 독일 민주주의는 강력한 정당들의 주체적 힘과 선거에 의해 선출된 의회에 의해서가 아니라 궁지에 몰린 군 지도부의 마지막 탈출구로서 생겨났다는 점이다. 둘째, 바이마르 공화국이 최악의 순간, 다시 말해 패배의 순간에 태어남으로써 그것의 존립근거 자체가 처음부터 태생의 배경으로부터 자유로울 수가 없었다는 점이다. 셋째, 실질적으로 전쟁에 책임을 져야 할 군 지도부 대신에 민간 정치인들이 휴전협상을 주도함으로써 그후의 발전이 치명적인 부담을 안게 되었다는 점이다. 루덴도르프는 휴전을 요청하면서 의회에 다수파에 의한 정부를 요구함으로써 결과적으로는 전쟁의 책임을 이를테면 편리한 희생양에게 전가했던 것이다. 전선에서가 아니라 국내반대세력이 찌른 칼에 찔려 전쟁에 지게 되었다는 이른바 '단검에 찔렸다는 전설' (Dolchstoßlegende)은 이렇게 해서 생겨나서 훗날 바이마르 공화국 시절의 여론과 정치문화를 극도로 악화시키는 요인이 되었다. 전후의 군부와 우익정치세력은 이 전설을 이용하여 패전책임을 의회세력, 특히 사민당에 전가하였던 것이다.

아무튼 전후의 독일은 거의 절대주의적인 관료주의 국가에서 의회 민주주의 국가로 변모하였다. 이러한 변화를 위해서는 비스마르크 시대 제국헌법의 몇 개 조항만 바꾸면 되었다. 이때부터 제국수상은 제국의회의 신임을 필요로 하였고 또 모든 정책에 책임을 지게 되었다. 장교와 관리를 임명하는 데는 수상의 싸인이 필요했고 또 앞으로 행해질 전쟁선포와 평화협정에는 의회의 동의가 있어야만 했다. 이러한 몇 가지의 변경만으로도 독일의 헌법적 질서를 혁명적으로 변화시키는 데 부족함이 없었다.

하지만 독일 국민들은 이러한 변화가 몰고올 파장에 대해서는 아무것도 눈치채지 못하였다. 보통사람들의 관심사는 헌법 텍스트의 이런 저런 변경이 아니라 평화가 어떻게 진척되는가 하는 문제였다. 잇달아 터지는 일련의 국내사건은 도저히 막을 길이 없었다. 1918년 10월 29일 키일과 빌헬름스하벤에 정박 중이던 수병들이 상부의 명령을 거부하고 혁명위원회를 만들었다. 반란은 파도처럼 일기 시작해서 처음에는 해안주둔지역에서, 마지막에는 내륙지방으로까지 확산되었다. 그런데 이러한 사태진전에서 정작 놀라운 사실은, '할려면 나없이 하라'는 식의 완전히 지쳐버린 국민들의 절망적 표현으로 일어났던 혁명이 아니라, 그러한 혁명적 상황을 순순히 받아들였던 지배 기득권세력의 철저히 수동적인 태도였다. 수백 년 동안 지배해왔던 독일 왕가와 통치세력들이 한 마디 불평도 없이 자신들의 권리를 포기하였고, 근위장교 중의 어느 한 사람도 자진해서 그들을 위해 몸을 던지는 사람이 없었던 것이다. 퇴위한 빌헬름

2세가 1918년 11월 9일 네덜란드로 망명했지만, 세상사람들은 이 사실조차 거의 모르고 있었다. 사람들은 패전의 파국적 상황과 러시아 혁명과 그 끔찍한 후유증이 곧 독일에서도 일어날 것이라는 두려움을 감당하는 것만으로도 벅찼던 것이다. 황제가 망명한 이틀 후 아직도 직무를 수행하고 있던 제국의 외무상이자 중앙당의원이었던 마티아스 에르츠베르거가 꽁삐엔 근처의 어느 숲에서 휴전협정에 서명하였다. 1차 세계대전은 이렇게 해서 끝이 났다. 전쟁은 1,000만 명 정도의 희생자를 냈고, 그 중에 200만은 독일인이었다. 그러나 전쟁은 완전히 끝난 것이 아니라 이제는 내전의 형태로 독일에서 계속되었다.

독일이 붕괴되고 난 직후, 1918년 11월 두 번째 주의 정치상황을 보면, 세 개의 그룹이 권력을 두고 서로 경쟁하면서 불안한 균형을 이루고 있었다. 우선 군부와 관료로 대표되는 옛 제국권력의 잔존세력이 있었고, 이와 나란히 사회민주당, 중앙당, 좌파적 자유주의자들로 구성된 의회의 온건정치세력이 존재했다. 이 온건세력은 기존의 경제적·사회적 구조의 기본골격을 그대로 유지하면서 군주적 관료국가를 근대적 민주주의 국가로 변화시킴으로써 이를테면 1848년의 혁명을 완성하고자 하였다. 19세기 중반의 민족주의적 혁명을 상징했던 흑·적·황의 이 정치세력에 반대기치를 들고 나선 것은 붉은 혁명을 주장하는 정치세력이었다. 다양한 좌파혁명세력의 집합체였던 이 정치 그룹의 선두주자는 단연 로자 룩셈부르크와 칼 리프크네히트가 이끄는 '스파르타쿠스연맹(Spartakusbund)'이었다. 이 그룹은 러시아 10월 혁명과 노동자평의회를 모델로 삼아, 의회주의를 원칙적으로 거부하고 기존의 경제질서 및 사회질서를 모두 전복함으로써 사회주의 국가를 수립하려고 시도하였다.

그러나 이러한 권력투쟁은 혁명 수일 만에 이미 흑·적·황 온건정치세력 진영에 유리한 쪽으로 결정이 났다. 사회민주당과 이들보다 좌파쪽으로 기운 독립사민당(USPD)이 연합하여 프리드리히 에베르트와 후고 하아제를 공동위원장으로 하는 '인민대표자회의'를 결성하였다. 이 인민대표자회의는 일종의 혁명적 제국정부로서 사실상 국가의 최고권력기관이었다. 1918년 11월 9일 제국의 마지막 수상이었던 바덴의 왕자 막스공(公)이 자신의 직위를 정식으로 사민당 당수였던 프리드리히 에베르트에게 넘겨주었다. 헌법상으로 보면 이러한 직위이양은 문제가 있었지만, 어쨌든 이 이후부터는 모든 행정권이 에베르트의 수중에 놓이게 되었다. 군의 최고지도부 역시 인민대표자회의와 상호협조관계를 유지하기로 합의하였다. 즉 사민당은 병사평의회의 급진적 경향을 온건화하는 데 영향력을 행사하기로 하였고 새로 참모부의 제1차장이 된 빌헬름 그뢰너 장군은 혁명적 제국정부를 지지하기로 합의했던 것이다.

군부와 손을 잡게 된 사민당은 베를린과 그 밖의 지역에서 벌어졌던, 일종의 시민전쟁과 같은 양상을 띠었던 격렬한 시위와 무력충돌에서 옛 정규군과 자발적으로 결성된 지원군의 도움을 받아 자신들의 권력에 대한 요구를 관철시킬 수 있었고, 또 보다 급진적이었던 독립사민당을 정권으로부터 축출할 수 있었으며, 1919년 1월 19일에는 새로운 헌법을 만들기 위한 제헌의회선거를 실시하는 데 성공하였다. 이 선거는 독일 역사상 처음으로 성인남녀 모두가 참가했던 선거였다. 전쟁기간 남자들이 전선에서 싸우는 동안, 생산공장과 교통수단 그리고 행정기구를 그대로 가동시켰던 것은 여자들이었다. 이러한 상황에서 더이상 여성들에게 동등한 정치적 권한을 주는 것을 거부하기란 사실상 불가능하였다. 제헌의회에 선출된 423명의 의원 중 41명이 여성이었고, 이는 전체유권자의 9.6%를 차지하는 것이었다. 독일 역사상 이처럼 높은 비율의 여성의원이 선출된 것은 그후의 제국의회선거에서는 물론이고 2차 세계대전 후 서독의 연방의회선거에서도 없던 일이었다.

선거의 결과는 흑·적·황 정치세력의 권력요구에 대한 정당성과 그 전에 이미 기정사실화되어 있던 권력관계를 다시 확인시켜 주었다. 사민당과 중앙당, 좌파 자유주의적 독일 민주당의 연정세력이 전체 투표수의 76%를 차지한 것이다. 독일 역사상 처음으로 민주적 절차에 의해 선출된 정부는 이처럼 국민의 폭 넓은 지지를 받았다. 사민당의 필립 샤이데만이 수상이 되었고, 프리드리히 에베르트는 국민의회에 의해 대통령으로 선출되었다. 이 정부는 출범 초기부터 시급히 해결해야 할 두 가지 과제를 안고 있었다. 그 하나는 좌파의 반대세력과 싸워 신생공화국을 공

인민대표자회의의 포스터
베를린, 1918년

1918년 11월 10일에 발족한 혁명정부는 스스로를 인민대표자회의라 불렀다. 사민당의 두 그룹인 '다수파' 사민당과 독립사민당이 동등한 자격으로 각각 3명의 대표를 선출하여 인민대표자회의를 구성하였다. 그러나 처음부터 다수파 사민당의 대표들이 우세하다는 것이 드러났다. 프리드리히 에베르트, 필립 샤이데만, 그리고 당의 우파에 속했던 변호사 출신 오토 란츠베르크는 강인하고 정치적 경험이 많은 전략가들이었다. 이에 반해 독립사민당의 대표였던 세 사람, 즉 정직하고 이상주의적이었던 당수 후고 하아제, 아무 색깔이 없는 당간부 빌헬름 디트만, 그리고 혁명적 노조위원장 에밀 바르트는 다수파 사민당 대표들의 적수가 되지 못하였다. 그 중에서도 특히 바르트는 그의 동료인 하아제와 디트만과는 다른 정치적 태도를 자주 보여주었다. 그리고 이론상으로는 노동자·병사평의회의 집행부가 인민대표자회의를 통제하도록 되어 있었지만, 그런 일은 실제로 한 번도 일어나지 않았다.

고히 하는 일이었고, 다른 하나는 연합국과 평화조약을 마무리하는 일이었다. 첫 번째 과제는 제국의 옛 정규군과 '자유군단(Freikorps)'의 힘을 빌어 해결할 수 있었다. 두 번째 과제를 두고 말하면, 정부는 그렇게 가혹하지는 않은 평화조건을 연합국측으로부터 예상했었다. 즉 기껏해야 몇 개의 영토를 양보하고, 1871년 프랑스가 지불했던 전쟁보상금 정도만 주면 될 줄 알았던 것이다.

  그러나 이러한 환상은, 연합국측이 1919년 5월 7일에 평화조건을 공포하자 여지없이 깨어져버렸다. 독일이 내어주어야 할 영토의 규모가 사람들이 가장 비관적으로 예상했던 것보다 훨씬 컸던 것이다. 군비축소에 관한 조항도 너무 가혹해서, 기껏 남은 것은 국내치안에 동원될 수 있을 정도의 군대규모였다. 이로써 독일은 군사적으로 스스로를 방어할 수 있는 모든 가능성을 박탈당한 셈이 되었다. 연합국측이 제

고향을 사수하자!
자유군단의 모병 포스터
루치안 베른하르트, 1919년

1918년 말 전선에서 돌아온 군인들이 스스로 지원해서 일종의 자발적 지원병 부대를 만들었는데 이것이 이른바 '자유군단'이었다. 장교 출신의 군인이 많이 참가한 이 자유군단은 1차 세계대전 후 국내에서 벌어진 내란의 와중에서, 나중에는 폴란드와 러시아 볼셰비키 군대에 맞서 벌인 동부 경계선 및 발틱 전투에서 유일하게 전투능력이 있는 부대임을 입증하였다. 이에 비해 제국의 옛 정규군이나 급하게 편성된 공화국 지지부대들의 전투능력은 훨씬 떨어졌다. 자유군단소속의 병사들은 일종의 전쟁모험가들로서, 이들이 가장 두려워했던 것은 다시 시민적 삶으로 되돌아 가는 것이었다. 한마디로 그들은 민주정부가 부려먹기 힘든 존재였다. 이 사실은 훗날 카프 폭동에 의해 여실히 입증되었다

시한 경제적, 재정적 보상규모는 아직 분명한 윤곽을 드러내지 않았지만, 평화조약의 전반적 내용에 비추어볼 때 심각한 우려를 자아내기에 충분하였다.

    독일측의 반응은 이러한 조건에 대한 거의 전면적인 거부였다. 샤이데만은 만약 이러한 조건에 본질적 변화가 없는 한 그 조약에 서명하지 않겠다는 입장을 공개적으로 선언하였다. 그러나 연합국은 자신들의 요구를 끝까지 고집하였다. 만약 독일이 평화조약을 아무런 조건없이 그대로 받아들이지 않는다면 식량공급을 계속 차단하고 전쟁을 재개하겠다고 위협하자 드디어 국민의회는 평화조약을 서명할 용의가 있음을 선언하였다. 1919년 6월 28일 독일 정부의 두 대표인 헤르만 뮐러 외무장관(사민당)과 요하네스 벨 체신장관(중앙당)이 패진의 가장 열악한 조건을 최종적으로 수락하기 위해 베르사이유궁에 드디어 모습을 드러내었다. 조약 체결의 의식은 루이 14세가 거처하던 궁의 거울방에서 행해졌다. 그 장소는 50년 전에 빌헬름 1세가 황제임을 선언하고 독일 제국의 건국이 선포

되었던 곳이었다. 언제나 그랬던 것처럼 그 장소는 승자의 영광과 패자의 굴욕감을 상징적으로 보여주는 곳이었다. 다시 말해 패자는 돈을 지불해야 했을 뿐만 아니라 굴욕적 자세까지 취해야 했던 것이다.

베르사이유 조약의 이러한 가혹한 조건에도 불구하고 바이마르 공화국의 운명에 결정적 영향을 끼친 것은 그 조약의 물질적 부분이 아니라 저항 한번 해보지 못하고 부당한 폭력적 행동에 내맡겨져버렸다는 독일인의 무력감이었다. 영국 수상 로이드 조이지는 이 조약이 지닌 위험을 일찍 간파하고는 "피를 흘리고 쓰러져 있는 지칠대로 지친 국민에게 어떤 평화조약이든 따르라고 하기는 그리 어렵지 않다. 그러나 정작 어려운 것은, 전쟁의 끔찍한 양상을 실제로 경험하지 못한 세대들이 자라서도 또다시 전쟁을 도발하지 않을 그런 평화안을 만들어내는 일이다"라고 말했다.

독일의 운명과 관련해서도, 연합국측은 프랑스 장군들이 요구했던 것처럼 다시 독일을 수많은 군소국가로 해체하지도 않았고 그렇다고 새로이 생겨난 독일 민주주의 국가인 바이마르 공화국을 아무런 유보없이 서방세계의 일원으로 받아주지도 않았다. 그들이 택한 것은 파괴적인 중간의 길이었다. 베르사이유 조약과 함께 독일은 특별한 법적 제재를 받게 되었다. 즉 군사적으로 무장해제 되고, 경제적으로 파멸적 상황에 놓이게 되었으며, 정치적으로는 굴욕감을 감수해야만 했던 것이다. 독일의 시각에서 보면 베르사이유 조약은 조약(Vertrag)이 아니라, 당시 사람들이 말했던 것처럼 '명령(Diktat)'이었고 또 독일을 마음대로 통제하기 위해 만들어 낸 자의적 도구였다. 1919년의 유럽 평화질서와 마찬가지로 민주주의도 받아들일 수 없는 것처럼 여겨졌는데, 그도 그럴 것이 민주주의는 패전의 결과로 생겨난 것이고 또 그것은 전승국의 국내질서였기 때문이었다. 대부분의 독일인들의 눈에 베르사이유 조약에 대한 투쟁이 유럽 평화질서에 대한 투쟁이면서도 동시에 민주주의 일반에 대한 투쟁으로 비춰졌던 근본적인 이유는 바로 여기에 있었다. 이때부터 전승국과 합리적 타협을 통해 원만한 관계를 유지해야 한다고 경고했던 정치가들은 아예 유약하다거나 심지어 배신자라는 낙인이 찍혔다. 훗날 공격적이고 전체주의적인 히틀러 정권이 자라날 수 있는 토양은 이렇게 해서 생겨났다.

우리가 잃어야만 하는 것들!
루이스 오펜하임, 1919년
이 선전포스터는 베르사이유 조약에 의해 독일이 잃게 되는 것이 무엇인가를 보여주고 있다. 영토의 20%, 인구의 10%, 강철생산량의 3분의 1, 식량과 감자생산량의 4분의 1, 철광석비축분의 5분의 4, 그리고 독일의 모든 해외식민지와 무역함대—이것이 독일이 잃어야 할 것들이었다.

하지만 1919년 후반기가 지나면서 공화국은 점차 안정을 되찾은 것처럼 보였다. 뮌헨에서 사회주의 공화국을 세우려던 심각한 봉기들이 진압되었고, 1919년 8월 14일에는 바이마르 공화국의 헌법이 공포됨으로써 국가의 기초가 마련되었다. 이로써 혁명의 시대는 끝이 났다. 그러나 그때까지 좌파쪽에서 왔던 공화국의 위협이 이제는 그 정반대편에서 나타나기 시작했다. 평화조약에 대한 실망, 계속되는 경제적 어려움, 짓누르는 듯한 황량한 일상생활—이 모든 것이 합쳐져서 국민여론에 커다란 변화가 일어났고, 이러한 변화는 민족주의적이고 황제복고적인 정치세력의 선동이 먹혀들어갈 수 있는 유리한 여건을 제공하였다.

그 위에다 베르사이유 조약에 따라 군대를 대폭 감소해야 할 필요성이 대두하였다. 정부가 처음으로 손을 댄 것은 '자유군단'에 속한 군인들을 해고시키는 것이었다. 이 자유군단은 한때 대전 후의 시민전쟁을 진

독일의 어머니들에게!
제국 유태인 재향군인협회가 뿌린 전단, 1920년

독일 여론의 시각에서 볼 때, 일차 대전의 결과는 이해하기도, 소화하기도 힘든 일종의 파국이었다. 패전과 경제적 파탄, 베르사이유 '명령'으로 인한 굴욕감 - 이 모든 수모와 마음의 상처를 감당하기 위해서는 누군가 그 책임을 짊어질 희생양이 필요했다. 유럽의 숙명적 전통의 입장에서 볼 때 이 역할을 맡을 후보는 단연 유태인들이었다. 이로 인해 전후 유럽에 반유태주의적 선동이 급격히 증가하였다. '제국 유태인 재향군인협회'가 발행한 이 전단의 절박적 호소는 아무런 반향도 얻지 못하였다. 그러나 전체 독일 인구에서 유태인이 차지했던 인구비율로 볼 때, 유태계 독일인은 인구비율을 훨씬 넘어서는 전사자를 내었다.

압하는 데 일정한 역할을 하였고 또 폴란드와 러시아에 대항해 동부 국경을 지키는 일을 했었다. 이러한 경력을 지녔던 이 군대는, 처음부터 자신들이 경멸해마지 않았던 공화국정부에 의해 배신당했다는 느낌을 갖게 되었다. 드디어 1920년 3월 13일 이 군대 소속부대가 베를린을 점령하였고, 이 군대의 보호 아래 농업의 이익을 대표하는 보수주의 그룹이 카프의 지휘 아래 쿠데타 정권을 세웠다. 이 봉기의 지도자였던 볼프강 카프(Wolfgang Kapp)는 한때 동프로이센 농업신용조합의 대표이사를 역임했던 인물이었다. 바우어 수상이 이끌던 합법적 정부는 슈트트가르트로 피신하였고, 그곳에서 반란자들에게 저항할 것을 호소하였고, 노동조합과 연계해 총파업투쟁을 벌였다. 결국 쿠데타는 5일

프랑스·벨기에의 루르 점령에 대한 풍자화
1923년
적을 짐승으로 묘사하는 그림은 이데올로기적으로 서로 쟁투를 벌이던 적대관계를 특징적으로 나타내기 위해 흔히 사용되었다. 16, 17세기의 종교전쟁 시기에 그랬고, 20세기에는 나치가 집권하던 시기에도 그랬다. 18세기의 계몽주의 시대에는 상대방을 짐승처럼 비인간화하는 것은 상상할 수도 없는 일이었다. 이 그림은 1923년의 벨기에·프랑스의 루르 지방 점령을 반대하는 선동을 풍자적으로 그린 것이다. 독일 최대 탄광지대가 외국에 점령당하게 되자 무력감에 빠진 독일 민족주의는 한층 더 노이로제적인 반응을 보였다.

만에 실패로 끝이 났다. 그러나 이 반란이 실패한 중요원인은 총파업 때문이 아니라 베를린의 관료세력과, 카프의 명령을 거부했던 군 지도부 때문이었다.

1920년 6월 6일에 실시된 총선은 공화국에 파국적 결과를 초래하였다. 민주적 헌법질서를 지킬 수 있던 유일한 블록이었던 흑·적·황의 연합정부가 그때까지 지켜왔던 3분의 2 의석을 상실했던 것이다. 이들 세력은 새로이 구성된 제국의회에서 43%의 의석을 얻는 데 그쳤다. 이 선거 이후, 바이마르 공화국의 유일한 지지세력이었던 사민당, 중앙당, 독일 민주당은 정부를 구성할 수 있는 과반수 의석을 확보하는 데 한 번도 성공하지 못하였다. 이때부터 의회를 통한 정부의 구성은 두 가지 부담스런 전제조건을 충족시켜야만 가능하였다. 그 하나는 의문의 여지없는 민주적 정당들이, 원칙적이거나 아니면 잠재적으로 반민주적 성향을 띤 정당들과 연정을 구성하는 방안이었고, 다른 하나는 원내 거대야당이 묵인하는 소수당정권을 세우는 방안이었다. 이러한 상황에서는 장기적인 계획을 세워 민주적 정책을 개발한다든가 내각이 정상적인 수명을 누릴 가능성은 처음부터 배제되었다.

공화국이 지속되는 14년 동안 무려 16차례의 내각이 바뀌었다. 평균잡아 여덟 달 반 만에 새로운 내각이 들어선 셈이다. 이렇게 해서 악순환의 상황이 되풀이되었다. 정부가 약하게 보이면 보일수록, 유권자들은, 집권하면 강력한 권력을 행사하겠다는 우파정당이나 좌파정당에 더 쉽게 기우는 경향을 보였다. 이런 상황에서 바이마르 공화국이 결국 난파했던 것은 조금도 놀랄 일이 아니었다. 오히려 놀랄만한 일은 그처럼 무거운 짐을 싣고도 바이마르 공화국이 무려 14년이나 항해를 계속했다는 점이다.

아무튼 1920년 총선 이후 독일 정국을 풀 수 있는 해결방안은 '시민블록'을 형성하는 것이었다. 사회당과 중앙당이외에도 처음으로 구스타프 슈트레제만(Gustav Stresemann)이 이끄는 독일 인민당(DVP)이 가세해서 연정을 구성함으로써 공화국은 어느 정도 정상을 되찾는 듯했다. 독일 인민당은 근본적으로는 아직도 군주제를 지지하는 민족주의적 성향의 정당이었다. 공화국의 실질적인 산파역할을 하였던 사민당은 더이상 연정 멤버가 되지 못하였다. 그렇다고 완전히 무력해진 것은 아니었다. 여전히 사민당 출신의 에베르트가 대통령으로 건재했고, 또 프로이센의 수상 오토 브라운(Otto Braun)이 프로이센 내무장관 칼 지베링과 함께 독일의 5분의 3을 차지하는 독일의 가장 큰 주를, 사회주의적 정책과 전통적 프로이센의 통치방식을 적절히 섞어가면서 효과적으로 관리하고 있었던 것이다. 바이마르 시대의 민주주의자들이 프로이센을 공화국의 마지막 보루로 간주했던 것도 바로 이러한 이유 때문이었다.

그런데도 정치적 위기상황은 여전히 계속되었다. 단지 그 무대가 국내문제에서 외교문제로 옮겨졌을 따름이었다. 1920년 이후 3년 동안 독일 정치를 특징지웠던 것은, 평화조약을 어떻게 이행하느냐 하는 문제를 두고 벌인 독일측과 연합국측의 실랑이었다. 이견이 생겼을 때마다 패배한 것은 언제나 독일 정부였기 때문에 국민들 사이에 정부의 위신은 말이 아니었고, 또 이로 말미암아 바이마르 공화국의 정통성 자체가 그 뿌리부터 흔들렸다. 1921년 초 연합국측이 요구한 배상금액수가 드디어 세상에 알려졌을 때, 이러한 위기상황은 그 절정에 달했다. 연합국의 배상위원회는 전쟁으로 인해 입은 일체의 손실은 물론이고 그 밖에도 전승국의 전쟁참가자들이 받아야 할 갖가지 보상금까지를 계산한 액수를 제시했던 것이다. 그것은 실로 천문학적인 액수였다. 즉시 베르사이유 조약이 알려졌을 때와 같은 반응이 일어났다. 정부는 연합국측의 요구를 일언지하에 거절하였고 국민들은 이에 열렬한 환호를 보냈다. 그러나 독일측은 결국 연합국측의 요구를 충족시킬 수밖에 없었다. 금화 1,300억 마르크와 연 6%의 이자를 지불해야만 했던 것이다.

아무튼 독일 정부는 이러한 규모의 배상금요구를 충족시키기로 했는데, 그것은 무엇보다도 독일인들이 자신들이 이행해야 할 계약의무를 일부러 기피하거나 거부한다는 프랑스의 비난을 무마하기 위해서였다. 배상금의 요구조건을 완화하거나 갱신할 수 있는 유일한 길은, 독일이 지불능력이 없다는 것을 입증하는 것이었다. 다른 한편, 베르사이유 조약의 조건을 충족시켜야 한다는 이른바 '충족정책(Erfüllungspolitik)'

은 우파 반대세력의 선동정책에 좋은 구실을 제공하였고 민족주의적 광신자들에게 정치적 테러의 빌미를 마련해주었다. 이 시기는 극우파의 암살음모가 전성기를 맞이했던 시기였고, 이 암살음모로 인해 종전협정 조인자였던 마티아스 에르츠베르거와 외무장관 발터 라테나우(Walter Rathenau)가 희생되었다.

거듭해서 패배와 굴욕을 맛보아야만 했던 독일의 외교정책에 한 줄기 서광이 비치었다. 1922년 4월 16일 독일과 소련 사이에 체결된 라팔로 조약이 곧 그것이다. 이 조약은 양국이 전쟁손실에 대한 상호 보상을 포기하고 무역을 재개한다는 내용의 비교적 간단한 조약이었다. 그럼에도 요젭 비르트 수상과 한스 제엑트 참모총장, 그리고 외무부가 추구했던 '동방정책', 즉 일차 세계대전의 두 패전국이 연합국측에 맞서 동맹을 맺는다는 정책은 한 번도 실현되지 못하였다. 또 이런 방식으로 베르사이유 조약을 갱신할 수 없다는 것도 분명해졌다.

배상금지불을 두고 연합국측의 양보를 얻어내려는 독일의 시도는, 프랑스의 수상 포왕카레와 그의 정부로 하여금 만약 독일이 자발적으로 지불하지 않으면 강제로라도 얻어내야 한다는 확신을 갖도록 만들었다. 이에 따라 1923년 1월 11일에 벨기에와 프랑스군이 독일 최대 탄광지역인 루르 지방을 점령해서는 돈 대신 석탄을 직접 가져가려고 하였다. 독일 정부는 소극적 저항을 하기로 결정하고, 이 지방의 정당 및 노동조합과 연계해 점령군에 저항하는 파업을 촉구했다. 그러나 프랑스의 경우, 실제로는 이 지방으로부터 가져간 것보다 루르 지방의 점령비용이 더 많이 들었는데, 그것은 파업으로 인해 석탄생산량이 급격하게 감소했기 때문이었다. 물론 이로 인해 독일이 입었던 손실은 이보다는 훨씬 더 컸다. 정부는 우선 이 지역에 사는 수백 만 주민들의 생계비를 보조해주어야 했고 또 루르 지방에서 더이상 생산하지 못했던 석탄을 외국으로부터 사들여와야만 했다. 게다가 엄청난 규모의 세수와 관세수입이 줄어들었기 때문에 정부는 심각한 재정적자에 허덕이게 되었고, 이 재정적자를 메꾸기 위해서는 더 많은 화폐를 찍어내는 수밖에 없었다. 그 결과, 종전 후부터 증가일로에 있었던 인플레 비율이 통제하기 힘들 정도로 치솟았고, 독일은 악몽같은 초(超)인플레이션 시대로 접어들었다. 사람들은 봉급을 타자마자 그것을 물품으로 바꾸었다. 몇 시간 내에 돈이 휴지조각으로 변할 터였기 때문이다. 마지막에는 지폐뭉치를 태우기 시작했는데, 왜냐하면 돈다발이 그것으로 살 수 있는 석탄보다 열량이 더 높았기 때문이었다. 화폐경제는 완전히 붕괴하고 세상은 온통 원시교환경제로 되돌아갔다.

　　　1923년 8월 23일 독일 인민당 당수였던 구스타프 슈트레제만이 이러한 파국적 상황을 해결하기 위해 수상으로 취임하였다. 모든 사람들의 예상을 뒤엎고 그는 성공을 거두었다. 그는 다시 한번 독일이 항복하는 것이 유일한 살길이라는 것을 재빨리 간파하였다. 1923년 9월 23일에 정부는 루르 지방에서의 소극적 저항을 중단한다고 선언하였다. 바로 이 날 미국 1달러의 가치는 2억 4,000만 마르크였다. 1871년 이래 독일이 이때처럼 철저한 해체상태에 가까이 간 적이 없었다. 점령지역이었던 라인 주의 분리주의자들은 프랑스의 후한 지원을 받아 이 지역의 분리독립을 생각하였고, 작센과 튀링겐 지방에서 수립된 인민전선주정부들은 시민전쟁을 대비해서 자체의 군대를 모집하고 있었다. 슈트레제만은 즉시 군대를 투입하였고 반란주정부들은 물러나게 되었다.

　　　그러나 이보다 더 위험했던 것은 바이에른의 상황이었는데, 왜냐하면 이곳에서는 정규군이었던 제국군대가 더이상 베를린정부의 명령을 따르지 않고 구스타프 폰 카르가 이끄는 바이에른 주정부에 충성하기로 서약했기 때문이었다. 귀족출신이자 바이에른 정부 대표장관이었던 카르는 일단 바이에른의 질서를 회복하고는 이 '세포'의 질서를 전 독일 지역으로, 특히 '맑시스트의 돼지우리'인 베를린으로 확산시키려 하였다. 이 일을 위한 그의 동맹자는 바이에른 지역 사령관인 로소프 장군과 아돌프 히틀러였다. 히틀러는 바이에른에 있던 민족주의 성향의 수많은 정치단체들을 자신이 만든 '민족사회주의 독일 노동자당(NSDAP)' 지휘 아래 규합하는 데 성공하였고, 때가 되면 자신의 동맹자인 카르와 로소프를 따돌리고 권력을 혼자서 독점할 생각을 품고 있었다. 하지만 그는 그의 카드를 너무 일찍 펴 보았다. 1923년 11월 9일 히틀러와 루덴도르프가 이끄는 데모 행렬이 '전쟁용사기념관'이라는 건물로 나아가자, 바이에른 주

경찰이 발포하였고 시위대가 해산된 것이다. 히틀러와 그의 추종자들은 곧 체포되었다.

바이에른 주둔 제국군대는 180도 선회해서 다시 제국참모총장이었던 제엑트 장군의 명령을 따를 것을 맹세하였다. 제엑트 장군은 이보다 앞서 비상사태를 선포하고 제국정부의 이름으로 국가권력을 실질적으로 행사하는 권한을 위임받은 상태였다. 이로써 공화국의 가장 심각한 위험이 한고비를 넘게 되었다. 제국은 더이상의 화폐남발을 중단하고 1923년 11월 13일에는 렌텐 마르크를 도입하였다. 발행처인 '연금은행(Rentenbank)'의 이름을 따서 붙여진 이 화폐는 정부의 제한적 통화정책과 긴축재정에 힘입어 국내외의 신용을 다시 얻게 되었고, 또 이를 통해 어느 정도 인플레를 억제할 수 있었다.

1923년 가을은 전후 독일이 가장 어려운 위기에 처했던 시기였다. 슈트레제만 정부는 이러한 위기를 극단적 처방을 통해 극복할 수 있었지만, 그가 취한 조처들은 국민들 사이에서 너무나 인기가 없었기 때문에 연정에 참가했던 정당들은 더이상 연립정부를 연장할 생각이 없었다. 1923년 11월 23일 그때까지 그를 지지했던 사민당이 그의 불신임안에 찬성투표를 던짐으로써 슈트레제만은 수상직을 잃게 되었다. 하지만 그는 그 후에 이어지는 정부에서 외무부장관으로 재직하며 일련의 외교적 성공을 거둠으로써 이른바 바이마르의 황금시대를 열었다. 사람들이 이 시

1914-1924년까지의 빵가격

	1kg당 빵가격	
1919년 12월	-,80	Mark
1920년 12월	2,37	Mark
1921년 12월	3,90	Mark
1922년 12월	163,15	Mark
1923년 1월	250,-	Mark
1923년 4월	474,-	Mark
1923년 7월	3465,-	Mark
1923년 8월	69000,-	Mark
1923년 9월	1512000,-	Mark
1923년 10월	1743000000,-	Mark
1923년 11월	201000000000,-	Mark
1923년 12월	399000000000,-	Mark
1924년 1월	-,30	Mark

기 이후부터를 바이마르의 황금시대라고 부르는 것은 이 시기가 국내적으로 대외적으로 비교적 정치적 갈등이 적었던 시기였기 때문이다.

하지만 이러한 시기가 도래한 이유는 무엇보다도 유럽 전체의 정세가 크게 변화했기 때문이었다. 영국과 프랑스에서 새 정권이 들어섰고, 이들 정권은 그 이전 정권에 비해, 독일 국민들의 고통과 소망에 대해 보다 개방적인 태도를 취했다. 이러한 변화의 첫 결과로 나타난 것이 1924년 4월 9일에 체결된 도스안(Dawes Plan)이었다. 이 안을 통해 연합국측은 배상금정책을 수정함으로써 처음으로 그들의 입장을 완화하기 시작하였다. 프랑스는 오펜부르크와 도르트문트를 비워주었고, 일년 안에 루르지방에 주둔하고 있던 프랑스 군대를 철수시킬 수 있으리라는 전망을 제시하였다.

이렇게 해서 전후의 그 어둡고 긴 그림자가 드디어 걷히게 되었다. 그 그림자는 실제로는 국내라는 전선에서 펼쳐진, 또 하나의 전쟁, 다시 말해 세계대전의 연속선상에서 벌어진 독일 내전이었다. 파국적 상황은 1914년에서 1923년까지 지속되었다. 당시 사람들의 눈에는, 그때부터는 독일과 유럽 전체가 어둠의 시대를 뒤로하고 평화와 경제회복의 긴 시대를 향해 나아가는 것처럼 보였다. 키일 대학의 위대한 경제학자 베른하르트 하름스는 그의 강의를 다음과 같은 말로 끝맺었다.

우리가 지상으로 별을 끌어내릴 수 없다면, 최소한 우리는 그러한 별을 잡으려고 손을 뻗쳐야 할 것입니다.

10장

바이마르 공화국의 영광과 종말 (1924-1933)

표면적으로 보면, 그 뒤에 이어지는 몇 년 동안 공화국의 정국은 평온의 시대로 접어든 것처럼 보였다. 이 시기 동안 정권을 잡고 있었던 것은 시민적 중도파 수상이었던 빌헬름 맑스와 한스 루터를 수반으로 한 온건파 내각이었다. 이들 내각은 때때로 무너지기도 했지만 곧 재편성되어 이전과 별로 다르지 않는 구성 멤버의 내각을 다시 세우곤 했다. 그 중에서도 정책의 일관성을 구현하고 있던 대표적 인물은 외무장관이었던 구스타프 슈트레제만(Gustav Stresemann) 이었다. 그는 제한된 외교목표를 세워 이를 추진하면서 상당한 성공을 거두었고, 또 독일 인민당(DVP)의 당수로서 자신의 지지세력인 경제계의 민족주의적 그룹이 공화국의 헌법과 정부 제도에 충실하도록 하는 데 가장 중요한 중재자 역할을 하였다. 전후의 위기상황에서 정부의 책임을 떠맡는 달갑지 않는 일에 지쳐버린 사민당(SPD)은 점차 전열을 재정비해서 제1야당의 역할을 하고 있었다. 그리고 사민당은 우파정당이 극구 반대했던 슈트레제만의 외교정책을 대체로 지

메트로폴리스

영화 포스터, 베르너 그라울, 1926년
'영화전염병' 이라 불릴 정도로 영화에 대한 관심이 높아지면서 독일 영화산업이 번영을 구가했다. 20년대 독일은 유럽 다른 나라가 만든 것을 모두 합친 것보다도 더 많은 양의 영화를 생산하였다. 신통치 않은 작품들도 많았지만 개중에는 예술적으로 매우 수준높은 작품들도 몇 있었다. 1927년에 처음 상영된 프리츠 랑의 무성영화 '메트로폴리스' 가 바로 그 대표적인 예이다. 이 영화는 지금까지도 현대 산업사회 및 노동환경이 안고 있는 문제점을 다룬 빼어난 작품으로 평가받고 있다. 그럼에도 이 영화는 매표창구에서는 전혀 성공을 거두지 못하였다.

1850-1975년 사이 독일 제국과 서독의 일인당 국민총생산량(1913년 가격기준)

1850년부터 1975년 사이 독일 경제성장의 평균적 추세를 보여주는 긴 사선과 각 시기의 경제성장을 말해주는 등락곡선이 그어져 있다. 1914-1923년 사이와 1939-1929년 사이에는 쓸만한 데이터가 없어서 등락곡선이 끊어져 있다. 1850년에서 1913년까지의 경제는 지속적으로 성장하고 있고, 1949년 이후에는 비교적 높은 성장이 오랫동안 지속되고 있다. 이에 반해 1924-1932년 사이의 곡선을 보면 우리는 금방 이 시기의 경제성장이 매우 비정상적이었음을 알 수 있다. 1929-1932년 경제공황기에 경제성장이 급격한 하강을 보이다가 2차 세계대전 발발 이후부터는 다시 상승곡선을 그리고 있다. 그런데 하나 눈에 띄는 점은, 1929년의 위기가 이렇다할 만한 경제성장 후에 찾아오지 않았다는 사실이다. 다시 말해 '황금의 20년대'의 곡선은 계속 밋밋한 상태이고, 그리고 1913년 수준의 일인당 순국민총생산량은 1928년에 가서야 비로소 회복되었다가 다시 떨어지고 있다.

지하였다. 또 사민당은 오토 브라운이 이끄는 강력하고 안정적인 프로이센 주정부를 장악함으로써 계속 국가권력에 참여하고 있었다. 제국의회는 1924년부터 1928년까지 조기선거를 한 번도 치르지 않고 입법부의 임기를 다 채울 수 있었는데, 이는 공화국 전 시기를 통틀어 처음이자 마지막있는 일이었다.

슈트레제만의 외교정책은 하나의 통일된 계획에 바탕하고 있었다. 이 계획의 기본목표는 베르사이유 조약을 갱신함으로써 독일이 유럽 강대국 사이에서 다시 중요한 역할을 담당할 수 있도록 한다는 것이었다. 이 목표를 구체화시키기 위해서는 동서 어느 쪽과도 강한 결속이나 동맹관계를 맺지 않고, 그 사이에서 균형을 취함으로써 운신의 폭을 넓혀야만 했다. 슈트레제만의 말을 빌리면, "중요한 결정은 일체 피하고 그 대신 조그만 지략을 쓰는 것"이 그의 외교목표이자 전술이었다.

그 후 몇 년 간은 독일의 서방외교정책이 큰 성공을 거둔 시기였다. 1924년의 '도스안(案)'에 이어 1925년에는 로카르노 조약이 체결되었다. 이 조약은 독일, 프랑스, 벨기에가 공유하고 있던 국경지대를 침략하지 않는다는 3국의 상호안전보장조약으로, 영국과 이탈리아가 이를 감시하게끔 되어 있었다. 독일이 취한 그 다음의 외교적 조처는 국제연맹가입이었는데, 독일은 이를 통해 외교적 행동의 자유를 완전히 되찾으려 하였다. 이 목표는 1926년 9월 9일에 이루어졌다. 마지막으로 1930년에는 영안(Young Plan)이 체결되었는데, 이 안은 독일의 배상금지불문제를 또다시 갱신한 것이었다.

슈트레제만은 소련과도 1926년에 베를린 조약을 체결하였다. 이 조약은 두 나라 중 한 나라가 제3국에 의해 침략을 받으면 나머지 한 나라

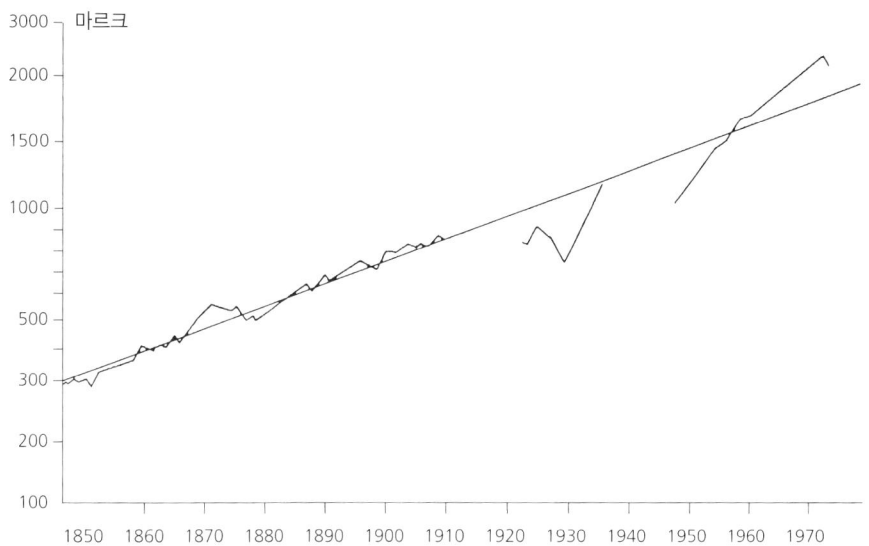

는 중립을 지킨다는 것을 골자로 하는 상호중립보장안이었다. 이 조약으로 모스크바는, 독일이 서방과 동맹을 맺어 소련으로 진격하는 영불 연합군에게 독일 영토를 제공해줄지도 모른다는 악몽에서 벗어났다. 그 밖에도 이 베를린 조약은, 만약 폴란드가 동프로이센이나 우크라이나를 침공하게 될 경우 제국국방군(Reichswehr)과 붉은 군대(Rote Armee)가 서로 도운다는 비밀조항도 포함하고 있었다. 그런데 이 비밀조항을 당시의 독일 정부가 어느 정도 알고 있었는지는 분명하지 않다. 아무튼 전체적으로 보면, 이 시기의 상황은 다섯 개의 공을 가지고 벌였던 비스마르크의 외교정책과 어딘가 닮은 모습을 하고 있었다. 러시아 혁명 이후, 동쪽과 서쪽 사이에는 간극이 더 크게 벌어졌는데, 독일은 그 중간에 위치하고 있었다. 그것은 독일에 있어, 하나의 기회였지만 다른 한편으로는 그러한 상황을 이용하려는 유혹을 의미하기도 했다.

그러나 동서를 오가는 이같은 줄타기외교는 언제나 아슬아슬한 곡예였고 몇몇 정치가들의 마음을 졸이게 만들었다. 당시 쾰른 시장이었던 콘라드 아데나우어의 경우가 그랬다. 프로이센 평의회의 의장이었지만, 페테르스부르크·모스크바와 런던·파리 사이를 오가는 프로이센의 고전적인 대륙정책의 전통은 그에겐 생소한 것이었다. 이때 벌써 그는 유럽의 평화는 궁극적으로 독일과 프랑스의 관계여하에 달려있다는 점을 지적했다. 슈트레제만 역시 이 점을 잘 알고 있었다. 그러나 슈트레제만이 두 나라가 근본적으로 다른 이해관계를 가지고 있다는 전제에서 출발해서 제한된 범위 내의 공조관계를 구축하려고 시도하였다면, 아데나우어는 프랑스라는 카드에 모든 것을 걸었다. 그는 두 나라를 함께 묶는 실질적인 정치·경제적 연결고리를 만듦으로써 다시는 독일과 프랑스의 국가적 이해관계가 멀어지는 일이 없도록 해야 한다는 입장을 견지하였다.

　　아데나우어의 이러한 아이디어는 훗날 그가 서독 수상이 되었을 때 비로소 현실화된다. 그러나 1920년대에, 그의 구상이란 동서의 균형을 추구했던 '현실정치'와 상충되는 것이었다. 아데나우어는 슈트레제만의 이러한 정책을 '언제나 왔다 갔다 하는' 정책이라고 비난하였다. 그 밖에도 슈트레제만은 자신의 정당이 기반하고 있었던 세력을 포함한 '민족주의적' 세력으로부터 끊임없이 공격을 받고 있었다. 이들 세력들은 프랑스에 대한 제한된 양보까지도 국가에 대한 배신행위가 아닐까하고 의심했던 것이다. 1926년 슈트레제만과 함께 노벨 평화상을 공동수상한 프랑스의 외무장관 브리앙(Aristide Briand)이 직면했던 국내사정도 조금도 나을 것이 없었다. 외국의 반대세력보다는 오히려 국내 반대세력들과의 끊임없는 투쟁에 지칠대로 지친 슈트레제만은 1929년 10월 3일 심장마비로 사망하였다. 전 유럽이 그의 죽음을 애도하였다.

　　국내의 진정한 안정을 위해서는 경제회복이 필요했다. 산업계는 화폐의 가치하락을 투자의 기회로 활용했을 정도로, 하루가 다르게 솟구치는 인플레를 그런대로 잘 극복하였다. 그런데다 도스안이 채택되자 외국자본이 유입되기 시작하였고, 이에 자극을 받아 처음으로 대규모의 월스트리트 차관이 들어옴으로써 통화순환체계가 다시 작동하기 시작하였다. 또 몇 년 동안 대서양을 오가는 경제가 계속 활기를 띠게 됨에 따라 독일은 이제 전승국들에게 배상금을 지불할 수 있게 되었다. 전승국들은 이렇게 받은 돈을 다시 전쟁 동안에 미국에 졌던 채무를 갚는 데 쓰고, 미국은 또다시 이 돈을 차관형식으로 독일에 흘러 들어가게 하였다. 이처럼 잘 작동하는 시스템에 힘입어 독일 경제는 놀라운 회복세를 보였다. 1924

년에서 1929년 사이 독일의 총 생산량은 50%나 증가하였고, 많은 산업분야가 한때 세계시장에서 누렸던 우세한 입지를 되찾는 데 성공하였다.

그러나 호황은 수출산업에만 한정되었고, 내수경기는 여전히 답보상태였다. 국민총생산은 1927년에 가서야 겨우 1913년 전쟁 이전의 수준을 회복했지만, 이것도 그 후에는 곧 다시 하강곡선을 그리기 시작했다. 기업가의 투자의욕이나 투자능력은 1913년 이전보다 훨씬 뒤쳐져 있었다. 노동생산성 역시 한 번도 전쟁 이전의 수준을 회복하지 못하고 계속 제자리걸음을 하고 있었다. 노동생산성의 정체는 바이마르 공화국 시대가 이루어낸 위대한 사회정책적 성과였던 8시간 노동제의 다른 이면이기도 했다. 전쟁 이전 시대를 기억하고 있던 사람이면 누구나 바이마르가 가장 호경기를 맞이했던 1927년의 실업자 수가 전쟁 이전의 경기가 가장 나빴던 시절의 실업자 수보다 훨씬 많았음을 눈치챌 수 있었을 것이다.

경제는 기본적으로 불건전하였다. 이러한 현상은 상당한 부분 점차 증가하는 경제의 집중화와 카르텔 형성 때문에 생겨난 것이었다. 이러한 경제의 집중화 현상은 시장에서 신축적으로 대응해야만 하는 기업가들의 경제활동에 큰 걸림돌이 되었다. 경제적 불건전성의 또 하나의 요인은 정부의 보조금이나 대출이 일방적으로 농업이나 중공업분야에만 할당됨으로써 보다 장래성 있는 다른 산업분야가 제대로 발전하지 못했다는 점이다. 그리고 마지막으로 들어야 할 요인은 임금비율의 상승이었다. 외국과의 경쟁 때문에 생산비용을 소비자들에게 떠넘겨 상쇄할 수는 없었기 때문에 고임금에 따른 높은 생산비용은 기업가의 투자의욕을 떨어뜨리고 종업원 수를 계속 줄일 수밖에 없도록 만들었다.

그럼에도 불구하고 바이마르 공화국의 중반부가 훗날 "황금의 20년대"라고 불리워진 이유는 정치적 안정이나 외관상으로만 그렇게 보였던 경제적 번영 때문이 아니라 오늘날에 이르기까지 하나의 전설이 되고 있는 눈부신 문화발전 때문이었다. 이 시대는 엄청난 지적 긴장감과 예술적 창조력이 폭발하던 시대였다. 발터 그로피우스의 바우하우스(Bauhaus), 토마스 만의 『마의 산 Zauberberg』, 파울 힌데미트의 오페라 〈카르디락 Cardillac〉, 베르너 하이젠베르크의 '불확정성의 원리', 오스발트 슈펭글러의 『서구의 몰락』, 게오르게 그로스의 '지배계급의 얼굴', 에르빈 쉬뢰딩거의 '파동역학', 요젭 폰 슈테른베르크의 영화 〈푸른 천사〉, 에른스트 윙어의 『노동자』, 에리히 마리아 레마르크의 『서부 전선 이상없다』—이 모든 것들과 이보다 훨씬 더 많은 것들이 10년 남짓한 기간 동안 한꺼번에 쏟아져 나왔다. 그것은 그때까지 듣도 보지도 못했던 수많은 형식과 색채, 그리고 주제들이 함께 어우러진 휘황찬란한 만화경 같은 세계였다.

그럼에도 '바이마르 문화'는 어디까지나 하나의 신화였다. 그것도 20년대에 형식과 색채를 부여했었던 수많은 지식인들이 시민권을 박탈당하고 쫓겨난 후 프라하나 파리의 카페, 뉴욕이나 캘리포니아의 망명자 거주지에서 탄생시킨 신화였다. 먼 망명지에서 바라본, 20년대 바이마르 문화는 한 송이 이국의 꽃처럼 느껴졌지만, 사실상 이 문화는 이미 나치 돌격대의 장화에 짓밟힌 지 오래였다. 그리고 이들 망명지식인들이 미화시켰던 바이마르 문화는 20년대에 처음 개화된 것이 아니라 빌헬름 시대의 아방가르드 운동에 그 뿌리를 두고 있었다. 세기말을 전후한 시기에 시민적 지식인층에서 일기 시작했던 일련의 새로운 지적, 예술적 움직임 속에서 바이마르 문화의 맹아는 이미 싹트고 있었던 것이다. 이러한 면에서 보면, 20년대의 바이마르 문화는 본질적으로 새로운 것은 하나도 만들어 내지 못하였다. 정말 새로운 것이 있었다면, 그것은 오랫동안 공식적 아카데미즘 문화를 대변해왔던 옛 시민계급이 퇴각하고 그 대신 그들이 자신들의 자리를 세기말을 전후하여 생겨난 새로운 문화적 아웃사이더들에게 물려주었다는 사실이었다. 패전과 이에 따른 파국적 인플레이션은 시민사회의 자신감을 송두리째 뒤흔들어버렸고 또 문화적 영역을 지배해왔던 전통적 시민계급의 독보적 위치를 빼앗아 가버렸던 것이다.

그렇다고 새로이 생겨난 문화가 민중적이었던 것은 결코 아니었다. 1918년과 1933년 사이에 50만부 이상 팔린 34개의 책들 가운데 어느 의미에서라도 '바이마르적' 작가가 썼다고 할 만한 것은 단지 3권뿐이었다. 에리히 캐스트너의 『에밀과 탐정』, 레마르크의 『서부 전선 이상없다』, 그리고 토마스 만의 작품, 그것도 1901년에 처음 출간된 『부텐부르크家』

가 곧 그것이었다. 하지만 정작 독자들이 즐겨 읽었던 것은 전혀 다른 작가들, 예컨대 헤르만 뢴스, 한스 카로사, 발터 플렉스, 한스 그림, 클라라 비비히 등이었다. 그리고 칼 마이의 모험소설이나 쿠르트 말러의 통속소설 등이 대중적으로 폭넓은 인기를 누렸다. 바이마르 시대의 독일이 체험했던 비약적인 예술발전은, 다른 문화사의 정점이 다 그러하듯 순전히 엘리트 서클에서 일어난 현상이었다. 이 현상은 비교적 좁은 계층의 작가, 화가, 음악가, 사상가, 예술 페트론, 고급문화소비자, 비평가들에 한정된 것으로, 교양시민계급과 보헤미안적 예술가 사이에 자리잡고 있었다.

    바이마르 문화는 매우 부르조아적이면서도 동시에 강한 반부르조아적 감정에 영향을 받고 있던 문화였다. 바이마르 문화의 이러한 특징은 일차 세계대전의 경험에서 비롯된 것이었다. '좌파'는 전쟁경험을 통하여, 일체의 살인과 군사적인 것, 그리고 모든 종류의 제복은 사악하고 무의미하며, 이와는 정반대로 사회주의는 선한 것이라고 배웠다. 바이마르 시대 좌파자유주의적 성향의 대표적 종합잡지였던 "세계무대(Weltbühne)"의 발행인이었던 칼 폰 오씨에츠키(Carl von Ossietzky) 같은 사람도 도덕성과 인권이라는 이름으로 공화국의 이념을 위해 싸웠다. 하지만 그는 당시의 바이마르 공화국을 위해 싸웠던 것은 아니었다. 그의 눈에 비친 당시의 공화국은 이 시대의 수많은 지식인들이 느꼈던 것처럼 아무런 원칙이 없고 미숙하고 지루하며 부르조아적이었다. 따라서 그가 공화국을 위해 싸운 것은 자신이 꿈꾸고 있던 사회주의적, 평화주의적 공화국을 위한 것이었다. 그러한 공화국을 탄생시키기 위해 그는 독일 공산당 당수였던 에른스트 탤만(Ernst Thälmann)을 공화국의 대통령으로 삼자는 호소를 마다하지 않았던 것이다.

    문화계 스펙트럼의 다른 쪽에는 '우파'가 존재했는데, 전쟁이라는 체험에서 깊은 영향을 받은 것은 이들도 마찬가지였다. 그러나 그들은 이 전쟁체험에서 좌파와는 정반대되는 결론을 이끌어내었다. 그들은 전쟁터를 끔찍하고 비인간적인 만행이 자행되는 장소로 기억하지 않고, 피와 철로 단련된 새로운 인간을 만들어내는 일종의 용광로로 파악하였다. 에른스트 윙어(Ernst Jünger)와 같은 우파지식인들 역시 기회있을 때마다 숭화국에 맞서 싸웠는데, 이때 이들이 내걸었던 이상은 매우 애매모호한 것으로, 때로는 군사적이고 민족주의적인가 하면 또 때로는 사회주의적인 성격을 띠기도 하였다. 이들 중의 많은 사람들이 나중에 히틀러의 대열에 서게 되는 이유의 하나도 그들의 목표가 지녔던 불명료성 때문이었다. 그런데 히틀러는 이러한 우파지식인들과는 달랐다. 그는 적어도, 어디까지가 '민족주의적'이고 어디까지가 '사회주의적'인가를 구분할 능력이 있던 인물이었다. 좌우익의 이러한 거대한 흐름에 일정한 거리를 두면서 독자적인 길을 갈 수 있었던 사람은 에른스트 윙어와 같은 소수 지식인들뿐이었던 것이다.

바이마르 문화계의 다수를 구성하고 있던 것은 극좌와 극우지식인들이었다. 그들은 이데올로기적으로 상호적대관계를 유지하고 있었고, 정치적으로도 완전히 상반되는 입장을 취하고 있었지만, 현존하는 의회민주주의적 정부를 비웃고 공격하는 일에는 완전한 의견일치를 보았다. 공화국을 옹호하고 나선 작가나 예술가는 극소수에 불과했다. 그 중의 한 사람인 토마스 만은 한때 '부르조아적' 민주주의의 격렬한 반대자였지만, 1922년 베를린 대학의 학생들 앞에서 현재 존재하고 있는 민주주의 국가를 지지해줄 것을 호소하였다. 하지만 그의 호소는 아무런 성공을 거두지 못하고 광야의 소리로만 남을 수밖에 없었다.

대다수 지식인들로부터 지지를 받을 수 없었던 것처럼 공화국은 언론을 위시한 다른 분야에서도 지지를 받지 못하였다. 물론 바이마르의 언론계에는 "보시쉐 차이퉁", "베를리너 타게블라트", "프랑크푸르트 차이퉁"과 같은 훌륭한 자유주의적 신문들이 있었다. 이들 신문은 정치기사나 사설, 그리고 뛰어난 저널리스트가 집필하는 특별기고란 등을 통하여 저널리즘의 모범을 보여주었다. 이러한 전통은 오늘날까지 이어지고 있다. 그러나 이 시대의 대중신문을 대표했던 것은 이와는 다른 신문들이었다. 대규모 발행부수를 자랑했던 것은 민족주의적 성향을 띤 쉐를 소유의 신문재벌이 발행했던 신문들이었고, 이 계열의 신문들은 나중에 당시 신문계의 황제라고 일컬어지던 알프레드 후겐베르크 소유의 민족주의적 신문·영화제국에 합병되었다. 이 밖에도 군주제를 지지했던 민족주의 계열의 지방신문들이 있었는데, 이들 신문들은 매일처럼 자신들의 정치적 입장을 선전하면서 공화국을 공격하였다. 중고등학교 교사의 대부분이 보수적, 민족주의적 정치성향을 가졌고, 대학의 강단과 교회의 설교단 위에서도 군주제를 지지하는 반민주주의적 인사들이 주류를 이루었다.

정치적으로 반동적이었던 이들 지식인들은 그러나 학문과 기술 분야에서는 선진적인 면을 보여주었다. 학자들 대부분이 옛 시대로의 회귀를 바랐지만, 북독(北獨) 로이드 선박회사가 만든 증기선 '브레멘호'가 대서양을 가장 빠르게 횡단하는 기록을 세웠고, 오펠이 만든 초고속 자동차는 베를린의 도시고속도로인 '아부스'를 질주하였다. 세계에서 가장 큰 육상비행기와 해상비행기가 건조되었으며, 최초의 텔레비전 화면이 베를린에서 방영되었다. 쾰른 시장 아데나우어는 유럽 최초의 고속도로인 쾰른—본 사이 아우토반의 개통 테이프를 끊었고, 쿠르켄베르크의 초고속열차가 베를린에서 함부르크까지를 2시간 이내에 주파하였다.

그러나 현존하던 당시의 국가와 마찰을 일으킨 것은 지식인들뿐만이 아니었다. 바이마르 공화국은 국가조직에 소속된 공무원들의 충성심을 두고도 완전히 마음을 놓을 수가 없었다. 관료들의 대부분은 군주제 지지자들이었고, 그들의 신분에 걸맞게 보수적 국가관을 가지고 있었다. 그들이 보수적 국가관을 가졌던 것은 너무나 당연한 일이었는데, 왜냐하면 그들에게 중요했던 것은 정치적 프로그램이 아니라 국가권력의 형식적 합법성이었기 때문이다. 카이저 제국의 마지막 수상이었던 바덴 왕자 막스 공(公)이 제국수상이라는 공식적 자리를 혁명적 사회주의자 에베르트에 넘겨주었던 터였기 때문에, 명목상으로는 바이마르 정부의 합법성이 그대로 인정되었다. 바이마르의 관료들이 새로운 정부나 권력자에게 계속 충성을 해야한다고 생각한 것은 바로 이러한 합법성 때문이었다. 카프 폭동이 일어났을 때도 마찬가지였다. 많은 관료들이 개인적으로는 쿠데타 정권에 호의적이었음에도 불구하고 공식적으로는 카프에 반대하며 에베르트의 편을 들었는데, 이 역시 선거에 의해 합법적으로 구성된 정부가 존재한 때문이었던 것이다.

나중에 제국의 수상이 된 히틀러가 행정부를 자기 마음대로 부릴 수 있었던 것도 바로 이 때문이었다. 원칙상 공무원들은 정당정치를 넘어서서 중립적 태도를 견지하도록 되어 있었지만, 그렇다고 그들이 비정치적이었던 것은 아니었다. 비록 공개적으로 선언하지는 않았지만 그들은 권위주의적이고 국가주의적인 국가형태를 지지하는 경향을 지녔는데, 이러한 그들의 이상에 가장 근접한 것은 30년대 초의 브뤼닝(Heinrich Brüning) 정부였다. 당시에는 국민의 대다수도 바이마르 공화국과는 등을 돌린 상태였고 관료들에게서도 국민과 다른 정치적 태도를 기대할 수 없었다. 게다가 바이마르 헌법은 국가공무원들이 지켜야 할 확고한 규범을 아예 만들어 놓지도 않은 상태였다. 이렇게 본다면, 독일 관료집단은 국가질서의 기반을 파괴하지 않았을 뿐만 아니라 처음부터 파괴할 만한 것도 거의 없었다고 할 수 있다. 그럼에도 불구하고 바이마르 공화국의 관료들은 공화국의 헌법적 질서를 지지하고 또 구제하는 일에는 손가락 하나 까딱하지 않았다.

당시의 군부는 육군참모총장 한스 폰 제엑트 장군이 지휘하는 10만 명 정도의 소규모 병력을 소유하고 있었다. 군부는 민주적 제도나 정당에 대해서 오만할 정도로 일정한 거리를 유지하고 있었고, 민간정부나 정치단체의 등 뒤에서 비밀리에 자체적으로 독자적인 재무장을 추진하고 있었다. 또 그들은 "군은 국가에, 오로지 국가에만 봉사한다. 군이 곧 국가이기 때문이다"라는 제엑트 장군의 신조에 따라 일상적 정치와는 일정한 거리를 유지하려고 노력하였다. 1927년 제엑트 장군이 실각하고 쿠르트 슐라이허 장군이 군부의 실력자로 부상하자, 이러한 군의 입장도 서서히 변화하기 시작했다. 이때부터 군의 지도부는 국내 정치사건에 적극적인 관심을 표명하면서 내각의 조직에도 관여하여 정치적 영향력을 행사하려고 시도하였다. 또 그들은 군부와, 군부의 고급장교 뒤에 도사리고 있는 귀족층 및 대부르조아지들에게 유리하게 정부의 정책결정이 이루어지도록 활발한 로비 활동을 벌였다. 그렇지만 1933년 1월에 제국수상이 된 슐라이허 장군의 정치적 좌절이 보여주듯이 군부의 이러한 정치적 개입은 궁극적으로는 파국적 결과를 초래하였다.

노동계를 위시한 사회의 다른 그룹들도 바이마르 공화국의 국가

형태와 제도에 대해 일정한 거리를 유지하였다. 물론 사민당계열이나 중앙당계열에 속했던 노동자 그룹들은, 라테나우 암살이나 그 이전의 카프 폭동 때 보여주었던 것처럼 공화국을 위해 동원될 수 있었던 그룹이었다. 하지만 30년대의 위기상황에서 하나 명백해진 것이 있다면, 민주국가를 위해 노동자계급을 동원하려면 국가의 복지혜택이 그들에게 돌아가야만 한다는 점이었다. 실질임금이 감소하고 실업률이 높아지자 민주국가에 대한 그들의 충성심 역시 점차 사라졌던 것이다. 이러한 현상은 노동자계급의 상당수가 공산당 당원이나 나치 당원이 되기 시작했다는 사실에서도 잘 나타나고 있었다.

중산층 시민계급은 끊임없는 위기의식 속에서 살아가고 있었다. 그들은 사회적, 경제적 환경의 급격한 변화로 위협을 받았고, 이 계층의 수입증가율은 다른 계층의 그것에 비해 훨씬 뒤처져 있었다. 가옥이나 토지와 같은 부동산에 투자하지 않았던 중산층의 재산가치는 마치 햇볕에 봄눈 녹듯 하루아침에 사라져버렸다. 모든 사회계층을 엄습했던 이러한 경제적 파국의 책임을 그들은 주로 민주주의와 공화국에 돌렸다. 이러한 상황에서 정치적 성공을 거둘 수 있었던 정치세력은, 사회적, 정치적 불만과 저항을, 내부의 화합을 이루어내면서도 자신들의 전통적인 사회적 위치를 계속 보장해주는 공동체의 이념과 연결시키겠다고 약속했던 정치그룹이었다. 기업가나 부동산 소유자와 같은 부유계층에게도 바이마르라는 국가가 수상쩍기는 마찬가지였는데, 왜냐하면 국가는 사회정책과 재정정책을 통해 사회적 약자들에게 유리한 분배정책을 폈기 때문이었다. 따라서 중공업과 농업분야에 엄청난 규모의 국가보조금이 지원되었음에도 불구하고 이들 부유계층은 공화국에 대해서 계속 적대적인 태도를 취하였다.

그래도 시중의 자금사정이나 국가재정이 좋았을 때에는 이러한 깊은 사회적, 정치적 간극도 어느 정도 메울 수 있었다. 심지어 한동안은 군주제를 지지하는 보수주의자들까지도 새로운 현실을 그대로 받아들이고 인정하는 듯한 인상을 주기까지 했다. 그런데 아이러니칼한 것은 이러한 타협적 태도가, 그것을 위해 노력했던 에베르트 대통령이 죽고 난 후에 나타났다는 점이었다. 에베르트는 1918년 베를린 군수공장노동자 파업을 주도했다는 이유로 극우민족주의 법관들에 의해 국가배반죄로 법정에 서게 되었고, 이 불명예스러운 법정문제를 해결하느라 맹장염을 제때 치료하지 못해 사망하였다. 그의 사망 후 치뤄진 1925년 선거에서, 1차 세계대전 당시 육군 참모총장이었고, 프로이센 야전사령관이었던 힌덴부르크 장군이 간신히 다수표를 얻어 공화국의 새 대통령으로 선출되었다.

그런데 자신을 밀어주었던 주위사람들의 예상을 뒤엎고, 힌덴부르크는 군주제를 다시 도입하려는 어떠한 시도도 하지 않았다. 그 대신 그는 아무런 유보없이 공화국의 좋은 대통령이 되겠다는 단호한 입장을 보였다. 힌덴부르크는 선서를 통해서 이러한 태도를 내비쳤는데, 그의 지지자들은 이러한 선서식을 잘못 이해하였다. 그는 옛 프로이센의 전통을 구현하고 있던 인물로, 일단 바이마르 공화국의 헌법에 충성을 맹세한 이상 그것을 끝까지 지킨다는 것이 그의 입장이었다. 바이마르 헌법을 두고 한 그의 선서는 이를테면 프로이센 병사가 야전근무규칙을 철저하게 준수했던 것과 같은 차원에서 행해진 선서였던 것이다. 어쨌든 이렇게 힌덴부르크가 새로운 질서를 그대로 받아들이게 되자 수많은 온건한 보수주의자들이 민주주의와 타협하는 것이 훨씬 용이해졌다.

그럼에도 새 대통령에게는 결정적으로 부족한 점이 한가지 있었다. 온갖 선의에도 불구하고 그에게는 정치적 식견이 없었고 그렇기 때문에 항상 정치적 조언자들이 필요했다. 게다가 80세가 넘는 고령이었던 그는 그만큼 정신력도 급격히 떨어졌기 때문에 조언자들에 대한 의존도는 더욱 높아졌다. 힌덴부르크를 둘러싸고 있던 조언자들은 공화국의 대통령을 보필하는 데 적합한 인물들은 아니었다. 옛 프로이센 군대의 동료들, 엘베강 동쪽의 상류토지귀족들이 그의 조언자들이었는데, 그렇지 않아도 편협했던 그들의 정치적 견해는 공화국에 대한 증오로 인해 한층 더 흐려져 있었던 것이다.

1924년부터 계속되어온 부르조아지 정당간의 연정시대도 1928년 5월 20일의 총선과 함께 끝이 났다. 상당한 표를 획득한 사민당이 당수인 헤르만 뮐러를 수상으로 해서 새로운 연정을 구성하고 다수의 주요장관

에베르트 대통령의 부고를 알리는 사진
라이히스바너 차이퉁, 1925년 3월 7일

"힌덴부르크를 뽑자"
1925년 공화국 대통령을 뽑기 위한
선거 포스터

직을 차지하였다. 새로운 연정은 슈트레제만의 국가인민당까지를 포함하는, 1923년의 대연정과 같은 스펙트럼을 가졌다. 얼핏 보면 국내정국이 안정되고 강화된 것처럼 보였지만, 대연정은 실제로는 가변적이고 깨지기 쉬운 상태였다. 조각이 발표되었을 때 당시 베를린의 어느 일간신문이 표현했던 것처럼 그것은 "지속적인 위기를 안고 태어난 내각"이었다.

실제로도 민주적 정당들이 가지고 있던 공통성은 이미 소진된 상태였다. 노후한 옛 전함을 대체하기 위한 순양함건조계획을 두고도 연정은 이미 거의 해체 일보직전에 있었다. 사민당의 각료들이 연정의 평화를 위해 부르조아지 정당 각료들의 제안에 동의했을 때, 그들은 좌파성향의 사민당 의원들이 국회에서 그들에게 반대표를 던지는 광경을 목도하는 수모를 당해야만 했던 것이다. 급격하게 증가하는 실업률, 파업의 증가,

거리에서의 소요와 투쟁 – 이 모든 것들은 내각의 협조체제를 완전히 망가뜨리고 각 정당에 대한 압박감을 가중시켰다. 각 당은 이러한 압박감을 내각의 각료들에게 전가시킴으로써 점점 더 성가시고 감당하기 힘들어지는 책임감에서 벗어나고자 하였다.

드디어 헤르만 뮐러의 내각장악력은 한계점에 도달하였다. 실업자 보험수당의 액수를 올리는 하찮은 문제로 야기된 연정 내의 갈등으로 인해 제국수상은 1930년 3월 27일에 사임하게 되었다. 이 연정의 붕괴와 함께 바이마르 공화국의 마지막 의회주의 정부도 끝이 났다. 제국의회의 사민당 의원이었던 율리우스 레버는 훗날 이렇게 기록하였다. "전후의 사정을 깊이 생각해보지 않고, 사민당의 지도부는 옛날의 저 친숙하고 편안했던 야당이라는 항구로 다시 뱃길을 돌리게 되었다. 소위 '대통령 하의 정부'라는 것이 헌법에 합당한 정부의 마지막 형태라는 사실에는 거의 생각이 미치지 못했다. 그들은 기회만 있으면 위협받는 민주주의니 파시즘의 위험이니 하는 말을 했지만, 그것은 단지 선전선동의 불을 지피는 바람에 지나지 않았다. 그들은 파시즘의 진정한 위험을 믿지 않았고, 야당으로 머무는 것만으로도 아무런 문제가 없다고 생각하였다."

민주공화제를 지지했던 정당들이 연정에 실패했다는 것은 공화국 정치의 전면적 붕괴를 말해주는 징후였다. 공화국의 모든 정당은 완전히 분열되어 내전상태에 있는 정당들 마냥 서로 대치하고 있었다. 1929년 5월 1일, 1920년 이래 처음으로 베를린 거리에서 다시 총격전이 발생하였다. 사민당 지도부 휘하의 경찰과 공산당시위대 사이에 무력충돌이 발생했던 것이다. 실업이 증가함에 따라 독일 공산당(KDP)을 지지하는 사람들의 숫자도 늘어났다. 그러나 독일 공산당은 모스크바의 지시에 따라 사민당을 "사회주의적 파시스트"당이라고 비난함으로써 스스로 고립을 자초하였다. 정치적 스펙트럼의 다른 끝에는, 이전보다 훨씬 더 민족주의적이 된 언론황제 알프레드 후겐베르크 당수 휘하의 독일 인민당(DVP)과 철모단(Stahlhelm)이라고 불리웠던 보수적 예비역단체가 존재했는데, 이 두 조직은 곧 극우민족주의 정치세력인 아돌프 히틀러의 민족사회주의 독일 노동자당(Nationalsozialistische Deutsche Arbeiterpartei: NSDAP)과

당신은 3代에 걸쳐 부역을 해야 한다!
영안(Young Plan)을 반대하는 국민투표에 참가를 촉구하는 선동 포스터, 1929년. 바이마르 헌법 제73조는 국민이 국민투표를 통해 직접 정책결정을 할 수 있는 길을 열어놓고 있다. 제국차원의 국민투표가 세 번 있었는데, 세 번 모두 저조한 투표율로 인해 무산되었다. 그 중의 하나가, 독일 전쟁배상금의 규모와 그 지불시기를 새로 규정하고 있는 영안을 두고 행해진 국민투표였다. 나치당과 국가인민당, 그리고 국가인민당 소속의 군대조직인 '철모단'은 이 안을 반대하는 국민투표를 제안하였다. '자유법'이라고 불리워진 이 안에 의하면, 베르사이유 조약에서 비롯하는 일체의 의무는 폐지되어야 하고 또 영안에 서명하는 각료들은 징역형을 받아야만 했다. 국민투표가 행해지는 경우가 다 그러하듯, 이 시기는 선동가들의 전성시기였다. 그럼에도 1929년 12월 22일에 실시된 국민투표에서 영안에 반대하는 안에 찬성한 투표자는 겨우 14%에 불과하였다. 그 안이 통과되기 위해서는 50%의 지지가 필요했다. 이 국민투표를 통하여 보수주의자들이 처음으로 나치주의자들과 정치적으로 연합함으로써 공화국에 반대하는 우파의 '민족통일전선'이 그 구체적 모습을 드러냈다.

제휴했다.

  나치당은 전후 뮌헨에 짧은 기간 동안 세워졌던 혁명정부가 붕괴하고 난 후 전개되었던 시민전쟁의 시대적 분위기 속에서 생겨났다. 나치당은 전적으로 이 당의 '지도자(Führer)' 아돌프 히틀러의 선동적이고 카리스마적인 재능에 의해 창시된 당이었다. 히틀러는 실제로 한 종파의 창시자였다. 그는 자신을 따르는 신도들의 믿음에 모든 것을 걸었고, 또 그들에게는 자신만이 진리의 고지자라는 믿음을 심어주었다. 하지만 그가 선전했던 메시지는 실제로는 전후의 정신적 분위기 속에서 떠돌아 다녔고 또 대중들에게 먹혀들어갔던 모든 이념과 이데올로기의 조야한 혼합물이었다. 민족사회주의라는 구호도 이미 세계대전 이전에 민족주의적 단체들이 '국제' 사회주의에 대항하기 위해, 자기들끼리의 결속을 위해 만들어낸 것이었다. 히틀러는 이 구호를 주로 노동자계급을 동원하기 위해 이용하였고 또 이와 병행하여 세계대전을 전후하여 중산층과 상류층의 청소년들 사이에서 확산되었던 일련의 낭만주의적 이념과 운동을 끌어들이기 위한 수단으로 사용하였다.

  '민족공동체(Volksgemeinschaft)'라는 모델은 본래는 카톨릭적이고 낭만적인 신분제국가이론에서 나온 것으로, 히틀러의 이 모델 사용은 독일 국민들에게 현대산업사회의 모든 계급적 갈등을 해결할 수 있으리라는 기대를 갖도록 하기 위함이었다. 반유대주의적 인종이론도, 유럽 중심부에서 거대한 독일 제국을 건설한다는 오랜 꿈의 뒤틀린 변형이라고 할 수 있는, 세계정치를 향한 독일인의 공격적 사명의식을 전파하기 위한 수단으로 사용되었다. 민족과 인종이라는 두 개념 역시 서로 맞물려 있었

다. 첫 번째 목표는 우선 독일 민족을 베르사이유 조약의 질곡으로부터 해방시키는 것이었는데, 이것은 모든 사회, 정치진영의 사람들이 원했던 요구이기도 하였다. 두 번째 목표는 이 첫 번째 목표가 일단 달성되면, '열등한 인종'의 희생 위에 '인종적으로' 우월한 독일 민족을 위한 '생활공간(Lebensraum)'을 정복하기 위하여 동쪽으로 영토를 확장시킨다는 것이었다.

그러나 히틀러가 대규모 청중을 동원할 수 있었던 주된 이유는 그의 정치적 프로그램이나 연설내용이 아니었다. 그것은 무엇보다도 대중연설가로서의 탁월한 능력 때문이었다. 그는 마치 햇빛을 끌어모으는 오목렌즈처럼, 자신의 청중들이 품고 있던 동경과 희망을 한곳에 모아, 이를 매혹적이고 암시적인 방법으로 구호화시킨 후 다시 국민들에게 투사시키는 데 성공하였다. 국가사회주의라는 구호가 성공을 거둔 것은 바로 이러한 이유 때문이었다. 그는 집단의식의 비합리적이면서도 전(前)의식적인 심연으로부터 사람들의 불안과 편견을 밖으로 끌어내어 그것을 자기 세계관의 의미로 다시 표현하였다. 이러한 면에서 보면, 나치당은, 사람들을 설득시키기 위해서는 오로지 이성적으로 표현된 정당강령을 내걸어야 한다고 믿었던 다른 모든 경쟁정당들보다 더 현대적이었다. 히틀러는 기존의 정당들이 등한시하거나 무시하였던 대중의 감정적 욕구를 매우 중요하게 생각하였고, 또 이를 정치적으로 이용할 수 있었던 것이다.

이렇게 해서 나치당은 바이마르 시대의 그 어떤 정당보다도 더 국민적인 정당이 되었다. 다른 정당들이 사회적, 경제적, 또는 종교적으로 규정된 특수한 지지층에 의존하고 있었다면, 나치당은 모든 사회계층과 직업을 망라한 폭넓은 지지층을 가지고 있었다. 물론 직업에 따라서는 그 구성비율에 약간의 편차가 있었다. 나치당에서 농민과 노동자가 차지했던 비율은 상대적으로 낮았던 반면(노동자의 비율은 점차 높아간다), 화이트칼라와 중산층이 차지했던 비율은 월등히 높았다. 물론 나치가 성공을 거두지 못한 계층이나 조직도 있었다. 특히 보다 오래된 제도와 신념체계가 그대로 존속하고 있던 조직에서는 그러했다. 사민당계열 노동운동의 핵심세력(나치당과 공산당을 지지했던 노동자들은 양당을 오가는 매우 유동적인 정치성향을 보였다), 신교를 믿는 경제력이 있는 중산층과 상층 부르조아지, 그리고 카톨릭의 전통이 강한 남서부 독일과 슐레지엔은 나치의 선전선동에 거의 영향을 받지 않았다. 하지만 히틀러 당은 결국 이런 곳까지 침투하는 데 성공하였다. 위에 언급한 그룹들이 속한 전통적 정당들이 청소년지지자들을 거의 갖지 못하고 있었다면, 나치당에는 소년, 소녀들이 무리지어 몰려들었다. 이러한 면에서 보면 히틀러 당은 종교적 현상이자, 국민정당의 성격을 지녔을 뿐만 아니라 일종의 청소년운동이기도 했다.

  1929년 10월 25일 뉴욕 증시에서 일어난 '검은 금요일'의 여파로 세계적 경제위기가 닥치면서 나치당에 기회가 찾아왔다. 이 경제위기는 특히 전반적 경제상황이 오랫동안 좋지 않았던 독일에 심대한 타격을 입혔다. 처음에는 단지 지나가는 일과성의 경기변동으로 보였던 것이 미증유의 파국적 상황으로 치닫게 되자 경제적 몰락과 정치적 급진화가 상호상승작용을 하면서 연쇄적인 악순환을 몰고왔다. 이러한 사실은 1930년 9월 14일의 총선의 결과에서 벌써 명백하게 드러났다. 나치당이 130석 확보라는 센세이셔널한 성공을 거두게 되자 외국투자가들의 독일 국내안전성에 대한 신뢰가 크게 흔들렸고, 또 이로 인해 그렇지 않아도 조금씩 빠져나가던 자본이 썰물처럼 한꺼번에 빠져나가는 양상을 보였다. 게다가 경제위기가 닥치면 언제나 그러한 것처럼 전세계에 관세장벽이 높아지면서, 독일이 의존해왔던 외국자본의 유입이 중단되었고 수출로부터 거두어들였던 세수도 급격히 감소하였다. 독일 경제는 수출에 크게 의존하고 있었기 때문에 그러한 현상은 생산과 고용 양쪽 모두에 파국적 결과를 초래하였다.

  일 년 사이에 실업률은 9%에서 16%로 치솟았다. 하지만 그것은 거대한 경기침체의 첫 단계에 불과했다. 1931년 중반에는 원활하지 못한 통화유동성으로 인해 최초의 은행파산이 일어났고, 이와 함께 모든 대기업이 소용돌이에 휘말렸다. 경제위기는 동시에 재정위기와 신용위기를 몰고왔다. 1932년의 독일 산업생산량은 1928년의 절반수준으로 떨어졌다. 같은 기간에 주가는 1/3로 곤두박질했고, 실업률도 1928년의 7%에서 1932년의 30.8%로 무려 4배 이상이나 증가했다.

히틀러의 연설을 경청하고 있는 청중
신문사진, 하인리히 호프만, 1923년
1923년 뮌헨에서 열린 나치의 군중집회에서 히틀러의 연설을 듣고 있는 군인들, 노동자들, 그리고 시민들의 모습이, 마치 히틀러의 눈에 잡힌 듯한 방식으로 포착되고 있다. 그의 연설문을 읽는 오늘날의 독자들로서는 당시 그의 연설이 청중들에게 얼마만한 영향력을 끼쳤는가를 이해하는 것이 결코 쉽지 않을 것이다. 그러나 이 청중들은 절망했거나, 궁지에 몰렸거나, 악령에 사로잡혀 있던 사람들이거나 아니면 기적과 새로운 자극을 애타게 갈구하는 사람들로서, 그들에게는 합리적 프로그램이나 논리적 의견 따위는 전혀 중요하지 않았다. 지도자(Führer)는 그들로부터 믿음과 헌신을 요구했고, 그 대가로 그들에게 의미로 가득찬 공동체 내에서의 보호와 안전을 약속하였다. 사람들이 히틀러에게서 찾고 또 발견한 것은 바로 그러한 것들이었다.(뒷면설명)

제3제국은 결코 오지 않을 것이다!
'철의 전선'이 만든 삐라, 1932년 1월

히틀러가 후겐베르크와 연합전선을 펴자 이에 대응하기 위하여 사회민주당과 이에 가까운 단체들이 '철의 전선'이라는 조직을 만들었다. 하지만 철의 전선은 비사회주의계열의 정치그룹으로부터 호된 비난을 받고, 따라서 흑, 적, 황의 연합적 저항조직이라기보다는 '붉은' 저항조직으로 남을 수밖에 없었다. 바이마르 공화국 연합전선의 분열 및 붕괴는 이처럼 위기의 시대에도 막을 길이 없었던 것이다. 그렇다고 '철의 전선'이 아무 일도 하지 않은 것은 결코 아니다. '철의 전선'이 벌였던 이른바 '투쟁을 위한 시위'는, 그것의 세심하게 연출된 화려함이나 장중함에 있어서 공화국 반대세력이 벌였던 행사에 조금도 뒤지지 않았다.

경제위기는 모든 유럽 국가를 엄습했지만, 특히 독일에 그 파괴적인 영향력을 끼쳤다. 그 이유의 하나는 바이마르 민주공화국 자체가 태어날 때부터 허약한 국가였기 때문이었다. 이 국가는 내전을 저지하기 위해 보조금을 지원하고 재분배정책을 통하여 유권자들의 환심을 사려고 노력하였다. 또 이 국가는 지원을 요청하는 모든 이익집단들의 소망을 다 들어줌으로써, 전쟁 이전보다 훨씬 많은 공적 자금을 지출하였다. 특히 사회분야의 공공지출이 엄청나게 증가하였다. 1929년 국민 일인당 조세부담률은 1913년에 비해 2배로, 그러니까 9%에서 18%로 늘어났던 반면, 같은 기간 동안 제국정부와 주정부, 지방기관이 일 년에 지출한 사회비용은 3억 3천 7백만 마르크에서 47억 5천 백만 마르크로 무려 13배나 증가하였다. 인기가 없던 바이마르 공화국 정부는 이런 식으로 재정적 지원을 공약함으로써 사회이익집단들의 환심과 충성심을 얻어내려고 하였다. 그러나 이러한 공약은 위기상황이 도래했을 때는 모두 지켜지지 않으면 안 되었다.

그러한 위기상황이 드디어 도래했다. '검은 금요일' 이후 산업국가들의 국민경제는 현대사에서 가장 혹독한 시련에 직면하였다. 은행이 파산하고 유럽의 공업생산량이 3년 사이에 절반수준으로 떨어졌으며 독일 노동인구의 1/3이 실업자로 전락하였다. 이러한 상황에서 정부는, 정부가 떠맡기로 했었던 일체의 사회비용을 모두 지불하지 않으면 안되었다. 독일 정부는 모든 문제를 한꺼번에 해결해야만 하는 이러한 압력을 도저히 견디어낼 수가 없었다. 영국의 경우에는 사정이 좀 달랐다. 영국 역시 독일 못지 않게 혹독한 경제적 상황에 처해 있었지만, 국가가 져야 할 부담을 사회전체가 골고루 짊어졌기 때문에 국가의 기본체제는 큰 상처를 입지 않고 그대로 살아남을 수 있었다. 이에 반해 바이마르 공화국

은 다양한 사회집단들이 일시에 내건 기대와 요구의 압력에 못이겨 무릎을 꿇었다. 국민의 대다수가 바이마르 공화국의 헌법을 준수하느냐 그렇지 않느냐 하는 여부는 부의 분배와 관련되는 사회적 갈등을 국가가 해결할 수 있느냐, 없느냐의 여부에 달려 있었다. 때문에 사회복지를 앞세운 국가가 자신의 의무를 다하지 못하는 상황에서는 이 국가의 헌법은 처음부터 실패한 것이나 다름없었다. 독일에서의 의회민주주의는, 광범위한 사회정책을 통하여 안정되고 강력한 국가를 만들려고 노력하는 와중에,

이를테면 자기가 딛고 일어서려던 디딤돌을 스스로 잃어버리면서 좌초하였다.

　　의회 내의 정치세력들도 이러한 상황에서 무력했다는 것이 곧 드러났다. 1930년 7월 제국의회의 다수파가 재정적자를 축소하기 위하여 제출한 축소예산안을 거부하자, 중앙당 소속의 제국의회 의원으로서 새로 수상이 된 브뤼닝(Heinrich Brüning 1885-1970)은 헌법 제48조에 의거해 비상수단을 사용하였다. 바이마르 공화국 헌법 48조는 국가의 위기 시에는 국회와 상의하지 않고도 대통령이 긴급명령(Notverordnung)을 선포할 수 있도록 규정한 조항이었다. 이 조처로 인해 헌법사의 새로운 장, 아니 옛날의 장이 또다시 펼쳐졌다. 왜냐하면 의회가 배제되고, 국가 원수 한 사람만의 신임을 받는 정부가 존재함으로써 독일은 사실상 19세기의 군주제헌법으로 되돌아갔기 때문이었다. 이러한 경우 힌덴부르크

히틀러식 경례의 의미
주간지의 표지, 존 하트필드,
1932년 10월 16일

맑스와 레닌이 세계사의 전개과정을 두고 쓴 시나리오에는 반맑스주의적인 '혁명적' 운동의 등장은 예견되지 않고 있었다. 그렇기 때문에 나치즘 운동은 정통 좌파들에게는 설명할 수 없는 현상으로 머물렀다. 몽타쥬 창시자의 한 사람으로 알려지고 있는 하트필드의 이 몽타쥬 그림이 주장하고 있는 독점자본과 히틀러의 결탁은 실제로는, 하나의 환상이었다. 히틀러의 자본은 대자본가의 지갑 속이 아니라 사람들의 머리 속에 들어 있었던 것이다.

대통령은 '대리황제'가 되고 헌법 48조는 '대리헌법'이 되는 것이다. 하지만 대리헌법이었던 헌법 48조는 한동안은 그런대로 잘 기능하였다. 특히 예산안이나 재정정책을 집행하기 위해 신속한 조처를 취해야 한다든가, 점증하는 좌우익의 가두폭력을 진압하기 위해 강력한 국가권력을 동원할 필요가 있을 때에는 이 긴급명령이 큰 도움이 되었다.

그러나 위기의 시대에는 강경정책은 인기가 없기 마련이다. 브뤼닝의 정책은 특히 인기가 없었는데, 왜냐하면 주로 정부공공지출의 급격한 삭감을 통한 그의 디플레이션 정책은 실업자의 수를 훨씬 더 증가시켰기 때문이었다. 그런데도 수상은 이러한 엄청난 사회적 부담을 감수하였는데, 그 이유는 이를 통해 독일의 배상금지불문제를 완전히 매듭지을 수 있다고 생각했기 때문이었다. 다시 말해 그는 이러한 경제정책을 통하여 배상금을 지불하겠다는 의지와 지불능력 사이의 엄청난 격차를 보여줌으로써 연합국이 배상금요구를 철회해주기를 바랬던 것이다. 어느 면에서 보면 브뤼닝의 경제정책은 그의 외교정책을 수행하기 위한 수단에 불과했고 또 이를 통해 실제로 성공을 거두기도 했다. 1931년 말 연합국 위원회가 독일이 배상금지불능력이 없다는 사실을 확인함으로써 배상금지불의 종식을 예고한 것이다. 1932년 6월 드디어 로잔 회의를 통해 그 사실이 정식으로 결의되었다. 게다가 1932년 2월부터 제네바에서 개최된 국제군축회의는, 독일에게 다른 강대국과 동등한 위치에서 무장을 할 수 있는 권한을 승인하였다. 1932년 5월 31일 브뤼닝은 대통령이 자신을 수상직에서 해임하자, "골인 지점까지는 100m밖에 남지 않았는데"라고 아쉬움을 표시하기도 했는데, 이러한 그의 심정도 전혀 근거가 없는 것은 아니었던 것이다.

브뤼닝이 실각한 데는 여러 가지 이유가 있었다. 우선 농업분야의 경우, 특히 심각한 부채에 시달리고 있던 엘베강 동쪽의 토지소유자들은 정부로부터 충분한 지원을 받지 못하고 있다고 생각하였다. 그리고 군부 역시 브뤼닝 정부가 단행한 나치 돌격대(SA) 금지법을 탐탁치 않게 여겼는데, 왜냐하면 그들은 자신들이 계획하고 있던 재무장을 위해 나치당의 '빼어난 인적 자원'을 활용할 계획이었고, 나치 돌격대의 금지법은 군부

힌덴부르크를 뽑자 – 히틀러를 뽑자!
1932년 대통령 선거에서 나치당이 내건 포스터

1932년 봄에 제국대통령 힌덴부르크의 임기가 만료되었다. 새로운 선거를 앞두고 대통령후보를 내세우는 문제를 놓고 정당간에 기묘한 연합이 이루어졌다. 전쟁 베테랑들의 조직이었던 '철모단'은 그들의 명예의장이었던 힌덴부르크 대신 이 조직의 의장 투에스터베르크를, 나치당은 히틀러를, 그리고 공산당은 탤만을 입후보로 내세웠다. 이러한 상황에서 힌덴부르크는 어쩔 수 없이, 1932년부터 그가 일정한 거리를 두어왔던 바이마르 연정세력에 의존하지 않으면 안되었다. 1932년 4월 10일에 있었던 제2차 결선투표에서 그는 히틀러와 탤만과 겨루어 53%의 지지를 얻어 대통령에 당선되었다. 히틀러도 37%의 표를 얻었는데, 이는 그가 선거기간 중 공화국의 정치가에게 쏟아부었던 반유대주의적인 신랄한 비방이 효과를 거두었기 때문이었다.

의 이해와 상충된다고 생각했기 때문이었다. 거기에다 힌덴부르크 대통령까지도 수상이 인기가 없다는 것을 정확히 간파하고 있었다. 브뤼닝을 사임시킨 후 힌덴부르크는 국민들 사이에서 거의 알려지지 않았고 의회 내에서도 미미한 역할밖에 하지 않았던 중앙당 의원 프란츠 폰 파펜(Franz von Papen 1879-1969)을 수상으로 임명하였다. 주로 귀족과 대토지소유자들로 구성된 파펜의 내각은 그 구성원들이 지닌 타이틀로 인해 '남작들의 내각'으로 불리워졌는데, 1932년 7월 1일에 출범한 이 내각은 이전 내각보다 훨씬 더 인기가 없었고 여론의 지지도 받지 못했다. 나치당을 통해 의회의 지지세력을 확보하기 위하여 그는, 나치 돌격대 금지법을 철회하고 제국의회를 해산하라는 히틀러의 요구를 들어주었다. 또 파펜은 프로이센 의회를 장악하려는 계획도 세우고 있었다. 흑, 적, 황의 프로이센 정부는 1932년 3월에 실시된 주의회 선거에서 상당히 많은 표를 잃었지만 여전히 집권하고 있었고 나치와 공산당의 가두소요를 저지하기 위해 강경한 조치를 취하고 있었다. 파펜은 1932년 7월 20일에 대통령으로 하여금 긴급명령권을 발동해 자신을 프로이센을 관리하는 제국최고책임자로 임명하도록 하고는 오토 브라운 주정부수상과 그 밖의 주장관들을 축출하고 프로이센 내각을 해체시켰다. 제국 내의 힘의 역학상 중요한 역할을 담당했던 프로이센의 행정부와 경찰은 이렇게 하여 제국행정부의 수중에 들어가게 되었다.

1932년 7월 31일에 실시한 총선의 결과는 선동과 소요가 판치는 국내정세의 분위기를 그대로 반영하였다. 나치당은 유권자의 지지율을 거의 두 배로 높여 230개의 의석을 확보함으로써 제1당으로 부상한 반면, 부르조아지 블럭 정당들은 참패를 면치 못했다. 이제는 공산당과 나치당

WIR WÄHLEN HINDENBURG!

Albert Grzesinski,

Dr. Bernhard Weiss,

Georg Bernhard,

Dr. h. c. Hirtsiefer,

Dr. Magnus Hirschfeld,

Otto Hörsing,

Dr. Bell,

Dr. Rudolf Hilferding,

Minister Stegerwald,

Crispien,

Wir wählen Hitler!

Hermann Göring,

Alfred Rosenberg,

General v. Epp,

Hauptmann Röhm,

General Litzmann,

Gregor Strasser,

Hans Schemm,

Graf Helldorff,

Dr. Goebbels,

Dr. Frick,

Schau Dir diese Köpfe an, und Du weißt, wohin Du gehörst!

WIR WÄHLEN HINDENBURG (우리는 힌덴부르크를 뽑는다)
Wir wählen Hitler! (우리는 히틀러를 뽑는다)
Schau Dir viele Köpfe an, und Du weißt, Wohin Du gehörft!
여기에 나오는 사람의 면면을 보시오, 그러면 당신이 어디에 속하는지 알게 될 것이오.

이 절대다수를 차지하게 된 것이다. 이 두 당은 이러한 유리한 상황을 이용해서 서로 손을 잡고 정부가 취하는 조처에 대해 사사건건 사보타쥬를 했다. 그러면서도 두 당은 연정을 구성하지는 못하였다. 파펜은 새로 선출된 의회가 불신임안을 통해 자신을 실각시킬지도 모른다는 위험을 사전에 방지하기 위하여 의회소집 첫날 또다시 의회를 해산시켰다. 새로운 선거일정이 잡히자 일련의 정치적 폭력이 전국을 휩쓸었다. 1932년 11월 6일에 실시된 재선거 결과 역시 이렇다할 변화를 보이지 않게 되자(나치당의 득표율이 감소함으로써 일말의 희망이 보이긴 했지만), 힌덴부르크 대통령은 드디어 국가 내에서 실질적 권력을 장악하고 있던 국방장관 쿠르트 폰 슐라이허(Kurt von Schleicher 1882-1934)를 수상에 임명했다.

슐라이허는 국내의 모든 정치세력을 망라하는 전선을 구축하려는 계획을 추진했는데, 물론 이는 거의 가망이 없는 계획이었다. 우선 모든 정당 소속의 노동조합을 결집하여 자기 정책을 지지하는 폭넓은 세력을 구축하고 그 다음으로는 나치당의 내부를 분열시킨다는 것이 그의 복안이었다. 후자의 계획을 위해 그는 나치당 조직의 책임자였고 나치당 내에서 막강했던 히틀러의 경쟁자 슈트라서(Gregor Strasser)를 물밑 접촉을 통해 자기편으로 끌어들이려고 했다. 하지만 슐라이허의 계획은 실패했다. 사민당의 지도부는 노동조합 지도자들이 슐라이허와 협상을 벌이는 것을 허용하지 않았고, 미리 낌새를 챈 나치당은 슈트라서의 반란기도를 전격적으로 무산시켜버렸다. 결국 슐라이허는 힌덴부르크를 움직여 다시 의회를 해산시키려 했지만, 힌덴부르크는 헌법 48조에 의거한 통치에 이미 지쳐있는 상태였다.

힌덴부르크는 또다시 파펜에게 의회의 지지를 받는 정부를 구성하도록 위임하였다. 파펜은 우익강경파인 인민당 당수 후겐베르크와 협상을 벌였고 그 다음에는 히틀러를 만났는데, 히틀러는 자신이 제국수상직을 맡는다는 조건 하에 연립내각에 참여할 의사가 있음을 내비쳤다. 그리고 그는 힌덴부르크와 파펜의 보수적 친구들을 각료로 임명하는 데도 동의하였다. 그때까지 전권을 위임받든가 아니면 일체 아무런 협조를 하지 않겠다던 히틀러의 태도에 비하면, 그의 이러한 태도는 온건하고 합리적인 것으로 보였다. 마침내 파펜과 힌덴부르크는 히틀러의 요구조건을 수락하였다.

　　　힌덴부르크는 마지막까지 히틀러를 수상으로 임명하는 데 주저했지만, 결국에는, 히틀러 주도하에서 '국가적 힘을 결집하는' 정부를 세워야 한다는 그의 조언자들의 의견을 뿌리칠 수가 없는 입장이었다. 히틀러는 이전의 수상후보자들과는 달리 긴급명령이라는 비상조치법에 의한 통치를 요구하지 않았고, 그 대신 제국의회를 위해 '마지막으로' 새로운 선거를 실시해야 한다고 주장하였다. '마지막으로' 치르는 선거라는 말에는 이중의 의미가 숨겨져 있었다. 즉 재선거를 치르게 되면 나치당과 인민당이 압도적 다수를 차지하게 될 터이고, 그러면 히틀러-후겐베르크 내각은 의회 내의 압도적 다수의 지지를 받을 수 있을 것이라고 생각했던 것이다. 이러한 히틀러의 생각은 힌덴부르크를 안심시켰다. 내심 그는, 히틀러는 대통령이 신임하는 보수적 인사들에 의해 둘러싸이게 될 것이고, 헌법파괴 일보직전까지 가는 상황에서 끊임없이 평형을 유지해야 하는 일, 즉 대통령 긴급명령에 의한 정부에 책임을 져야 하는 부담으로부터 벗어날 수 있을 것이라고 생각했던 것이다. 그럼에도 그는 마지막까지 주저하였다. 그러나 슐라이허가 그에 대한 쿠데타를 계획하고 있다는, 의도적으로 날조된 소문이 돌자 드디어 그는 마지막 결심을 굳혔다. 이제는 히틀러 이외에는 다른 대안이 없다는 것을 확신하게 되었던 것이다. 1933년 1월 30일 힌덴부르크는 히틀러를 수상으로 임명하였고, 이로써 바이마르 공화국의 마지막을 알리는 조종(弔鐘)이 울렸다.

11장

대독일의 망상

1933년 1월 30일 저녁, 바이마르 공화국이 멸망했다는 사실을 의심하는 사람은 아무도 없었다. 하지만 미래의 전망을 두고 사람들은 제각기 다른 생각을 하고 있었다. 열광적인 흥분에 들떠 있던 것은 나치의 추종자들뿐이었다. 그들은 이날을 마치 메시아가 재림한 양 축하하였다. 이에 반해 일반여론은, 신속하게 가동된 새 정부의 선전기구가 기대했던 바와는 달리 차분하고 가라앉아 있었다. 당시 베를린 주재 영국 대사는 "언론은 히틀러씨의 수상임명을 거의 철학적인 차분함으로 받아들이고 있고, 주민들 역시 이에 냉담한 반응을 보이고 있다"라고 보고하고 있다.

한때 의회 내에서 민주적 연합세력을 구축했던 정당들도 위험을 저지하기 위해 함께 뭉칠 생각을 하지 않았다. 사민당 지도부도 당시의 상황을 비스마르크가 반사회주의자법을 만들 때와 비교하면서, 상황이 더이상 악화되지는 않을 것이라고 판단했다. 또 히틀러의 보수적 지지자 역시 앞날에 대해 낙관적인 전망을 하고 있었다. 그들은 보수주의적 각료들이 히틀러를 둘러싸고 있기 때문에 그를 콘

1933년 뉘른베르크 나치 전당대회에서 거행된 나치 돌격대(SA)의 퍼레이드
에른스트 볼베르, 1933년

매년 9월 초 뉘른베르크에서 열렸던 나치 전당대회에서, 나치가 만들어내려고 노력했던 '민족공동체'는 피부로 느껴지는 하나의 체험이 되었다. 이 대회에서 있었던 각종 회의나 토론모임은 부차적인 것이었고, 대회의 중심은 어디까지나 세심하게 연출된 군중행진과 퍼레이드, 연창(連唱)하는 구호, 전사자 기념의식, 무력시위였다. 화가 에른스트 볼베르는 이러한 의식의 본질적인 측면을 포착하는 데 성공하고 있다. 개별적 인간의 모습은 보이지 않고, 개개인은 기하적으로 묘사된 거대한 갈색 군대제복 속에서 한 개의 점으로만 나타나고 있다. 거의 기계적인 이 패턴에서 식별될 수 있는 유일한 인물로 부각되고 있는 것은 총통이다. 총통인 히틀러는 핏빛 붉은색의 나치 당기(Hakenkrenz) 아래에서 군중의 연호(連呼)를 유도하는 제스처를 하고 있다.

트롤하는 것이 가능하다고 생각했다. 파펜은 어떤 지기(知己)에게 "무슨 걱정인가? 나는 힌덴부르크의 전적인 신임을 받고 있네. 두 달 안에 우리는 히틀러를 코너로 몰아 그를 끽소리 못하게 할걸세"라고 말하기도 했다.

당시의 이러한 일반적인 사태판단과 태도를 이해하기 위해서 우리가 염두해두지 않으면 안 되는 것은, 당시 사람들에게는 나치 정권을 제대로 판단할 만한 경험이 전혀 없었다는 점이다. 2차 세계대전과 아우슈비츠는 아직도 미래의 어둠 속에 놓여 있었고, 히틀러의 정치 프로그램이 담긴 『나의 투쟁』을 읽었던 극소수의 사람들도, 그것을 그리 심각하게 받아들이지 않았다. 우리의 일반적 경험이 말해주듯, 이데올로기적 기본원칙의 선언과 실제의 정치적 행동 사이에는 커다란 간극이 있게 마련이다. 그런데다 어떤 정권이 권위주의적 정권으로 바뀌어지는 것은 종종 일어나는 일이기도 했다. 1930년 이후 사람들은 의회가 정치를 거의 통제하지 못하고 있다는 사실에 익숙해 있었고 또 유럽 여러 나라를 둘러보아도 사정은 대동소이하다는 것을 알고 있었다. 대부분의 유럽 국가들을 독재자들이 지배하고 있었고, 프랑스의 인민전선처럼 국내사정이 다른 나라에서도 국내정국이 불안정해서 민주주의를 옹호할 입장이 아니었다. 또 경제공황을 겪으면서 민주정부의 가능성이 이미 거의 소진되었다는 느낌과 이제는 강력한 지도자가 나타날 때가 되었다는 분위기가 국민들 사이에 널리 퍼져 있었다.

이탈리아의 무솔리니가 많은 사람의 눈에는 그런 강력한 지도자로 비쳐졌다. "베를리너 타게블라트"의 편집국장이었던 자유주의자 테오도르 볼프는 물론 사회주의자 쿠르트 힐러까지도 공공연하게 이 독재자를 찬양할 정도였다. 그런데 한 가지 점에서 여론은 히틀러를 완전히 잘못 평가했는데, 그것은 곧 그가 정치가가 아니라 이데올로그였고 혁명가였다는 점이었다. 유럽 정치의 전통적 범주들은 그에게는 생소한 것이었고 또 아무런 의미도 없는 것이었다. 그가 궁극적으로 추구한 목표는 단 한 가지, 곧 열등민족의 희생 위에 우월민족의 세계패권을 확립한다는 것이었다. 때로는 전술적 고려로 인해 그의 의도가 베일 뒤에 가려지기도 했지만, 이러한 궁극적 목표에서 그가 눈을 뗀 적은 한 번도 없었다.

이 목표를 달성하기 위해 히틀러는 나치의 지배를 철옹성으로 만들어야 했고 또 나치당의 영향력이 전 독일에 미치도록 해야만 했다. 우리가 흔히 히틀러의 '권력장악'이라고 일컫는 것은 실제로는 1년 반에 걸쳐 진행된 일련의 과정이었다. 히틀러가 취한 첫 번째 조처는 독일 정치 내의 개별적 단위들, 즉 개별적 정당들과 각 주(州)들을 제거하는 것이었다. 1933년 2월 27일 발생한 제국의사당의 방화사건은 아마도 계획된 나치의 도발행위가 아니라 어떤 무정부주의자의 단독범행일 가능성이 높다. 그러나 그 사건의 정확한 원인은 그 뒤에 따른 사건의 결과에 비하면 별로 중요하지 않다. 이 사건 뒤에 공포된 '민족과 국가를 위한 비상조치법'은 그때까지 형식적으로 존속해왔던 바이마르 헌법의 기본인권을 무효화시켰고 또 합법성이라는 명목으로 반정부인사를 추적하고 탄압할 수 있는 지속적 비상사태의 법적 근거를 제공하였다. 나치의 돌격대(Sturmabteilung: SA)는 이미 1월 말부터 거의 독자적으로 자신들과 정치적 견해를 달리하는 모든 사람들에게 테러를 가하고, 그들을 '비공식' 강제수용소로 끌고가, 거기에서 그들을 고문하고 살해한 바 있었다. 돌격대는 스스로를 제2의 경찰이라고 자임하였다.

이런 공포분위기 속에서 1933년 3월 5일 모든 당이 참가하는 마지막 선거가 실시되었다. 그런데 이러한 상황 속에서도 나치당은 43.9%의 득표율밖에 얻지 못하였다. 다시 말해 나치당이 선거를 통해 국민의 과반수를 획득하는 일은 한 번도 일어나지 않았던 것이다. 물론 훗날 전체주의 독재체제라는 특수조건 아래 실시된 국민투표에서는 90% 이상의 득표율을 올리긴 했지만, 그런 선거결과는 독재체제 아래서는 통상적으로 있게 마련인 것이다.

1933년 3월 23일 히틀러는 이미 공산당의원이 배제된(독일 공산당은 제국의사당 방화사건을 계기로 금지되었다) 새로운 제국의회에 '전권위임법'을 상정하였다. 그는 이 법을 통해, 제국의회나 제국참의원(Reichsrat)의 참여나 동의없이 법률을 공포할 수 있는 권한을 정부가 갖도록 함으로써 의회나 국가헌법기관을 유명무실화하고자 하였다. 정당들

불굴의 신념

기념 포스터, 1933년

히틀러가 성공을 거둔 가장 큰 이유 중의 하나는, 다른 정당들이 별로 심각하게 고려하지 않았던 대중의 감정과 그들의 불만을 효과적으로 이용할 수 있었다는 점에 있었다. "이 지상에서 거대한 변혁을 일으킬 수 있는 추진력은 어느 시대를 막론하고 대중을 지배하는 과학적 인식이 아니라, 대중을 사로잡는 뜨거운 열정과 때로는 대중을 앞으로 몰아부치는 히스테리였다. 광범위한 대중을 휘어잡으려는 자는 누구나 그들의 가슴을 열 수 있는 열쇠를 가지고 있어야만 한다. 그 열쇠는 객관성, 즉 허약성이 아니라 의지와 힘이다"
(히틀러의 『나의 투쟁』에서)

은 자신들의 정치적 생명에 종지부를 찍게 될 그 법안을 두고 단안을 내려야만 했다. 그러나 사민당을 제외한 모든 정당들은 나치의 반(半)강제, 반(半)회유에 못이겨 결국 그 법안에 찬성하였다. 사민당 의원들은 테러 행위에 가까운 압력에도 불구하고 '전권위임법'에 결연히 반대했다. 당시 사민당 당수였던 오토 벨스는 나치의 돌격대가 의사당에서 소란과 난동을 벌였음에도 이에 아랑곳없이 민주주의의 죽음을 애도하는 용감한 연설을 하기도 하였다.

사민당 계열의 자유노동조합이 새 정권과 새로운 관계를 모색하려는 노력이 실패하면서, 노조활동이 금지되었고, 한 달 후인 1933년 6월에는 사민당도 해산되었다. 사민당의 많은 간부들은 집단수용소로 끌려갔고, 그들 중 많은 수가 살해되었다. 부르조아지 정당들은 자진해서 나치에 협조하는 길을 택했다. 다시 말해 이들 정당들은, 당시 나치의 특수용어처럼 국가의 모든 제도와 이념을 '하나로 획일화하는 정책(Gleichschaltung)'에 동조하였다. 1933년 중반경 독일에는 이제 단 하나의 당, 곧 아돌프 히틀러 당만이 존재하게 되었다. 그리고 독일 역사의 가장 오래된 유산이라고 할 수 있는 독일의 주들(Länder)이 몇 달 사이에 거의 쿠데타에 가까운 전격적 조처에 의해 신속하고도 잔인한 방식으로 제거되었다. 각 주의 수상자리를 이제는 중앙정부 내무부 소속의 제국 지방장관(Reichsstatthalter)이 차지하게 되었다. 이렇게 해서 혁명적 통일국가가 하나의 현실이 되었다.

그러나 권력장악은 걸림돌이 되는 경쟁자들을 제거하는 일뿐만 아니라 국가의 권력기구를 완전히 장악하는 것을 의미하였다. 국가권력을 떠받치고 있던 두 개의 기둥은 관료집단과 군부였다. 1933년 4월 7일 '직업공무원 정비법'이 공포되면서 마음에 들지 않는 공무원들, 이를테면 민주주의자, 자유주의자, 특히 모든 유태인들이 공직에서 해고되고, 그 대신 나치 당원이 그 자리를 차지하게 되었다. 그러나 제국의 군부를 정리하는 일은 그렇게 쉽게 이루어지지 않았다. 소수의 젊은 장교들을 제외한 군부는 히틀러와 그의 당에 의심의 눈초리를 보내거나 적대적인 태도를 취하기까지 하였다. 나치의 상스럽고 거들먹거리는 '천민적' 행태가 보수적 장교들의 마음에 들지 않기 때문이었다. 특히 나치당 내의 군대조직이라고 할 수 있는 돌격대가 이들의 비위를 거슬렸다. 나치의 돌격대는 점점 더 목소리를 높여가며, 부르조아지와 보수적 국가기구의 요새를 이른바 '장검(長劍)의 밤'을 통해 공략하는 제2의 혁명이 이루어져야 한다고 주장하였다. 또 그들은 자신들이 나치 국가의 실질적 군대가 되어야 한다는 요구를 내세웠다. 이러한 요구는 국가안전을 책임지는 유일세력으로 자부하던 제국군부의 입장에서 보면, 뻔뻔하기 이를 데 없는 월권행위였다.

그런데 공교롭게도 바로 이 점에서 군부 지도부의 이해관계가 히틀러의 이해관계와 겹치는 양상을 보였다. 히틀러는 제국군부라는 권력수단이 돌격대의 그것보다 훨씬 더 쓸모가 있다는 것을 간파하고 있던 현실주의자였을 뿐만 아니라, 나치 돌격대의 대장이었던 룀(Ernst Röhm)

빛을 지나 암흑으로
노동자 일러스트레이션 신문의 표지,
프라하, 1933년 5월 10일 발행

"노동자 일러스트레이션 신문"은 주로 지식인들을 독자로 하는 바이마르 시대의 주간지로서 독일 공산당에 가까웠다. 몽타쥬 창시자의 한 사람인 하트필드가 관여한 이 신문은 나치가 집권하자 곧 발행처를 베를린에서 프라하로 옮겼다. 포토몽타쥬의 뒷면에는 제국의사당이 화염에 싸여있고, 앞면에는 불타는 책더미 옆에서 나치의 선전상인 괴벨스(1897–1945)가 특유의 연설 포즈를 취하고 있다. 이 신문이 발행되던 바로 그날, 베를린 오페라 하우스 광장과 그 밖의 다른 대학도시들에서는 학생회가 주동이 되어 책이 불살라졌다. 이때 불살라진 책들은 주로 바이마르 문화의 성가(聲價)를 드높였던 책들과 '더 이상 용납될 수 없는' 유태 지식인들의 '퇴폐적이고 파괴적인' 책들이었다. 이 책들은 '청소'의 대상이 되어 화염 속에 내던져졌다.

의 야심과 과도한 혁명적 열의를 내심 두려워하고 있던 터였다. 드디어 제국의 군부는 1934년 6월 30일 이른바 룀-쿠데타 사건에 개입하여 돌격대를 제거하는 데 큰 공을 세웠고, 룀과 그 밖의 다른 히틀러 반대세력의 암살에도 깊이 관여하게 되었다. 슐라이허와 브레도프와 같은 선배장군들이 암살당했음에도, 제국의 군부는 침묵을 지켰는데, 이는 군 지도부가 벌써 이 시기에 이 불법적 국가의 공모자가 되고 있음을 보여주는 것이었다. 일련의 정치적 암살의 선풍이 휩쓸고 간 다음, 당시의 헌법학 교수였고 나치의 대표적 이론가였던 칼 슈미트(Karl Schmitt)가 이 불법적 국가의 원칙을 "지도자는 법을 수호한다"라는 명제로 공식화하였다. 이로써 독재자의 자의적 의지가 국가의 최고법으로 격상되었던 것이다.

그러나 히틀러의 목표는 국가기구를 장악하는 것만으로는 완전히 달성될 수 없었다. 전체주의적 독재국가를 확고한 기반 위에 올려놓기 위해서는 사람들의 마음을 지배해야만 했다. 자유주의적, 민주주의적, 사회주의적 지식인들과 예술가들은 추적, 박해당했고, 집단수용소로 사라지거나, 아니면 망명을 강요당했다. 그들의 저서는 공개적으로 불태워지고, 그림과 음악은 '비독일적' 혹은 '퇴폐적'이라는 이유로 매도당했다. 1933년 9월부터는 독일 문화계의 상당부분을 요젭 괴벨스(Joseph Goebbels)가 조종하기 시작했다. 그는 나치 국가에 봉사한다는 명목 하에 '제국문화원(Reichskulturkammer)'을 따로 만들어 문화계 전반을 관리하였다. 하지만 전쟁이 발발할 때까지는 비타협적인 작가나 예술가들이 숨쉴 수 있는 공간이 그래도 남아 있었다.

사람들의 마음을 장악하려는 나치의 시도는 계속되었다. 마음에

DURCH LICHT ZUR NACHT

Also sprach Dr. Goebbels: Lasst uns aufs neue Brände entfachen, auf dass die Verblendeten nicht erwachen!

아리안족의 전형적 모습
전시용 포스터, 1935년

국가사회주의(나치)는 인종에는 우열이 있다는 이데올로기에서 출발하고 있다. 다시 말해 동일한 골격과 체형을 가진 여러 인종 그룹들이 있는데, 그 중에서 아리안족이 가장 우수한 인종이고, 유태인은 인종의 스펙트럼에서 가장 하위에 속했다. 그런데 아리안족이 정작 어떤 모습을 띠어야 하는지에 대해서는 정확히 알지 못했다. 다만 하나 확실한 것은, 아리안족에 속하는 스칸디나비아인이나 영국인들도 있지만, 오로지 독일인들만이 '순수한 아리안 혈통'을 이어받고 있으며, 그렇기 때문에 유일하게 세계를 지배할 자격을 갖추고 있다는 점이다. '독일 인종의 순수성'을 지키고 관리하는 최고책임자라고 스스로 자부하고 있었던 인물은 한때 가금사육업에 종사했던 나치 친위대 대장 하인리히 히믈러였다. 그는 검은 제복을 입은 자신의 친위대원들을 '게르만 종족의 기사단'이라고 불렀고, 이들의 결혼까지도 엄격한 심사를 거쳐 '긍정적'이라는 판정을 받은 여자들하고만 하도록 하였다.

들지 않는 교수와 강사들은 강단에서 쫓겨나고, 때로는 망명을 강요당했다. 반면 적지 않은 수의 교수들은 이와는 달리, 한때 일상의 정치와 일정한 거리를 두고 있던 교육의 장을 서둘러 갈색권력자들의 처분에 내맡겨버렸다. 이와 유사한 양상이 교회 내에서도 전개되었다. 신교 내에 나치의 인종적·민족적 이데올로기와 지도자(Führer)원칙에 동조하는 '독일 기독교회' 운동이 일어나 번성하였다. 이 운동에 반대하는 운동도 곧 일어났는데, 그것이 곧 1934년 바르머에서 열린 신교총회에서 결성된 고백교회(告白敎會, Bekennende Kirche)였다. 고백교회를 중심으로 하는 신교저항운동은 나치의 핍박과 체포·구금에 조금도 굴하지 않고 시종일관 나치에 반대하는 입장을 보였다. 한편 카톨릭 내에서도 새 정권에 동조하는 성직자가 적지 않았다. 특히 1933년 7월 20일 교황청과 히틀러 사이에 종교협약이 체결되고 난 이후에 더욱 그러하였다. 하지만 카톨릭 내에서도 점차 저항의 움직임이 커져 갔는데, 특히 나치의 안락사계획이 알려지고 이에 대해 교황청이 1937년 "심각한 우려를 표명하며"라는 교황의 교서를 발표하자, 이 저항의 움직임은 그 절정에 도달하였다.

반정부지식인들을 침묵시키려던 시도가 여의치 않았을 경우에는 국가의 테러기관이 직접 개입하였다. 이러한 국가적 차원의 테러와 관계하고 있었던 이름은 하인리히 히믈러(Heinrich Himmler)와 라인하르트 하이드리히(Reinhart Heydrich), 그리고 SS라는 약자의 나치 친위대였다. 나치 친위대(Schutzstaffel)는 나치당 내의 소수 엘리트 정예부대로 출발하여 나중에는 제3제국의 경찰권력이 되었고 또 이를 통해 테러와 숙청을 전담하는 무소불위의 권력기구가 되었다. 베를린의 프린츠─알브레히

Bilder deutscher Rassen 1

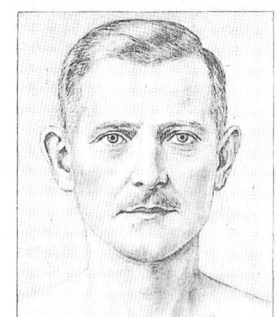

Formen: Großwüchsig, schlank, langköpfig, schmalgesichtig; Nase schmal; Haar wellig.

Nordische Rasse

Farben: Sehr hell, Haar goldblond, Augen blau bis grau, Haut rosig-weiß.

Formen: Sehr großwüchsig, wuchtig; langköpfig, breitgesichtig; Nase ziemlich schmal; Haar wellig oder lockig.

Fälische Rasse

Farben: Hell, Haar blond, Augen blau bis grau, Haut rosig-weiß.

Formen: Kleinwüchsig, schlank; langköpfig, mittelbreitgesichtig; Nase ziemlich schmal, Haar wellig oder lockig.

Westische Rasse

Farben: Sehr dunkel, Haar schwarz, Augen schwarz, Haut hellbraun.

독일 종족의 여러 모습 1

첫째줄. 북구 계열의 독일 종족
둘째줄. 라인-베스트팔렌 계열의 독일 종족
셋째줄. 지중해 계열의 독일 종족

트가(街)에 이러한 SS의 총본부건물이 있었다. 행정사무실과 고문실, 그리고 무엇보다도 비밀경찰(Gestapo: Geheime Staatspolizei)본부 및 제국안전본부가 들어 있는 이 총본부에서부터 나치 친위대의 그물망이 경찰서로부터 집단수용소의 음침한 세계에까지 마수의 손길을 뻗치고 있었다. 또 SS는 나중에 친위대 무장병력의 핵심이 되는 친위대 직속의 특수부대와 히틀러의 인종정책을 직접 실천에 옮기는 책임을 맡고 있던 인종 및 집단이주본부까지 관할하고 있었다. 바로 이 총본부에서부터 나치체제의 모든 반대세력, 즉 정치적, 이데올로기적 반대세력은 물론이고 인종적 반대세력, 그 중에서도 특히 유태인에 대한 투쟁전략이 수립되고 실천으로 옮겨졌다.

암흑이냐 광명이냐 하는 식의 마니교적 이분법에 바탕한 나치의 인종 이데올로기 혹은 교조적 원칙은 구원과 빛을 가져다주는 '아리안족'과는 정반대되는 하나의 적대 그룹을 필요로 했다. 그것이 곧 유태인들이었다. 천여 년에 걸친 유럽 역사에서 유태인들은 하나의 종족으로 특정한 그룹을 형성하고 있었고 또 모든 악과 비정상적인 것을 체현하고 있다고 생각되었으며 또 이로 인해 오랫동안 사회의 아웃사이더 위치에 있었다. 이러한 유럽 역사의 전통에서 볼 때, 유태인을 하나의 희생 그룹으로 삼는 일은 그리 어려운 일이 아니었다. 하지만 유태인박해가 처음부터 수미일관되게 계획된 것은 아니었다. 그것은 국내외의 정치적 상황과 사태의 진전에도 달려 있었다. 그러나 유태인박해는 히틀러 정권이 언제나 추구했던 최후의 이데올로기적 목표의 하나였음은 분명하다. 나치당의 테러 및 선전행위는 괴벨스의 연출 하에 행해진 1933년 4월 1일의 유태인상점 불매운동에서 시작해, 1938년 11월 9일의 이른바 '제국 수정(水晶)의 밤'의 난동에 이르기까지 계속되었다. 특히 '수정의 밤'(Kristallnacht)'에는 유태인의 상점, 주택, 유태 교회당이 파괴되고 대학살이 행해졌다. 수많은 상점의 쇼윈도우의 유리창이 파괴되었다는 데서 유래한 '수정의 밤'은, 이 사건의 의미를 완곡하게 또는 시니컬하게 표현하기 위해 붙여진 이름이었다. 실제로는 괴벨스를 위시한 나치당의 조종에 의해 조직된 이 사건을 나치당은 마치 '아래에서부터' 자연발생적으로 일어난 사건인 것처럼 꾸몄다.

이같은 방식과 병행하여 나치당은 '위로부터'의 새로운 법률이나 국가적 조처를 통해 유태인을 박해하였다. 나치는 1933년 4월 7일 이미 '직업공무원 정비법'을 통하여 유태인 공무원을 공직에서 추방하였고, 1935년 5월 21일에 제정된 '방위법'을 통해서는 유태인을 '독일 국민에 봉사하는 명예로운 의무'로부터 제외시켰다. 독일 유태인들이 시민으로서 누릴 수 있는 최소한의 권리마저 박탈당한 것은 1935년 9월 15일에 제정된 '뉘른베르크법'을 통해서였다. 이 법은 정치적 권리나 관직을 받기 위해서는 당사자가 아리안족 혈통임을 증명해야 한다는 조항을 삽입함으로써, 유태인의 시민권을 박탈하였고, 유태인과 비유태인 사이의 결혼도 금지시켰다. 법치주의 국가를 변형, 왜곡시킨 이러한 법안들은 그 후 독일 유태인들에게 끊임없이 가해진 탄압과 차별행위의 법적 근거를 마련해 주었다.

박해와 폭력이 나치정권의 한 면이었다면 다른 면은 사람들을 유혹하고 매료시키는 것이었다. 나치당은 처음부터 사회의 각 분야나 계층을 세심하게 배려하였다. 독일의 사회 그룹, 정치적 이해, 집단적 소망치고 나치당에 의해 어떤 식으로든 지원이나 혜택을 받지 않는 분야가 거의 없을 정도였다. 노동자 계층은 아우토반 건설과 같은 일자리 창출, 실업의 감소, 노동자 복지의 향상, '기쁨을 통한 힘'이라는 슬로건 아래 진행된 대규모의 여가선용 프로그램 등에 의해 깊은 인상을 받았다. 소매상들은, 정부가 그들의 증오의 대상이었던 대형백화점에 높은 세금을 부과함으로써 이득을 얻었고, 수공업자들은 신규 마이스터 면허증을 엄격하게 규제하는 정부의 시책을 지지하였다. 농부들은 농산물보호관세와 국내농산물의 가격상승을 환영하였고, 기업가들도 노동자의 경영권참여 배제, 임금협상의 폐지, 특히 군수산업분야에서 늘어나는 정부발주사업 등에 의해 호경기를 맞게 되었다. 이런 식으로 모든 직업과 신분계층, 그리고 단체 등에 골고루 혜택이 주어졌다. 이렇게 거의 모든 독일 국민은 어떤 식으로든 물질적인 면은 물론이고, 정신적인 면에서도(어쩌면 이 점이 더 중요했을지도 모른다) 큰 득을 보았다.

나치가 성공을 거둘 수 있었던 사실상의 핵심적 요인은 내적인 데 있었다. 냉철하고 합리적인 민주주의 체제와는 달리 나치 독재체제는 사람들의 마음을 만족시켜주었다. 여기에는 전통에 대한 호소가 큰 역할을 하였다. 예컨대 1933년 4월 21일 나치에 의해 조직된 '포츠담의 날' 행사에서는 새로 구성된 정부의 혁명적 나치 당원과 힌덴부르크를 위시한 프로이센—보수주의자들의 결합이, 즉 통치세력의 결합이 프리드리히 대왕의 정신을 기린다는 계획적이고도 효과적인 연출을 통해 공개리에 과시되었다. 다른 하나의 예는 해마다 베스트팔렌주의 뷔케베르그에서 열리는 추수감사절행사였는데, 나치는 이 행사를 통해 농촌문화의 전통과 풍습을 화려하게 펼쳐보임으로써 농촌중류층의 환심을 사고 또 그들을 새로운 국가에 묶으려고 하였다.

정치의 연출, 정치적 구호를 화려한 무대로 옮기는 일, 일상의 일을 의미있는 상징과 함께 섞는 일 — 그 어떤 정권도 이러한 기술을 나치 정권 만큼 완벽하게 구사하고 활용한 적은 일찍이 없었다. 1936년 베를린 올림픽에서부터 해마다 뉘른베르크에서 열리는 나치 전당대회에 이르는 모든 행사에서 사용된 기술들, 즉 치밀하게 조직되고 연출된 군중들을 압도하는 매스 퍼레이드, 종교의식을 방불케하는 제의적 행사들, 해방과 구원의 느낌을 주는 마력적인 의식들, 이런 의식들은 '민족은 위대하다' 라는 엄청난 체험과 '민족은 하나다' 라는 민족공동체의식을 불러일으켰고, 이러한 느낌은 참가자들에게 지울 수 없는 깊은 인상을 심어주었다. 심지어 영국 대사 네빌 핸더슨 경조차도 이러한 행사가 주는 마력적 힘에서 완전히 자유로울 수가 없었다. 뉘른베르크 나치 전당대회를 참관하고 쓴 보고서에서 그는 '퍼포먼스의 장엄함과 아름다움'을 찬탄하고 있고, 또 조명의 효과를 두고는 "마치 자신이 얼음으로 지어진 대사원 안에 있는 느낌이다"라고 적고 있다.

수십 개의 대공(對空) 스포트라이트가 만들어내는 '얼음으로 지어진 대사원'은 다른 어떤 상징보다, 군중의 감정에 호소하는 나치 선전효과의 이중적 성격을 잘 보여주고 있다. 즉 최첨단의 조명기술을 사용한 초현대식 기술과 대사원이라는 태고적 양식이 결합되고 있는 것이다. 이

제국 아우토반
포스터, 1936년

바이마르 공화국 말기에 이미 미국의 모델에 따라 고속도로 건설이 계획되었다. 그러나 함부르크–프랑크푸르트–바젤을 잇는 건설계획은 세계경제공황으로 더이상 진척되지 못하고 중단되었다. 나치 정권은 이 계획을 다시 적극적으로 추진함으로써, 아우토반 건설은 일종의 스펙타클과 같은 사업이 되었고, 엄청난 고용창출효과를 가져왔다. 이 사업에 12만여 명의 노동자들이 투입되었고, 더 많은 일자리를 만들어내기 위해 기계장비의 사용을 의도적으로 기피하기도 하였다. 아우토반의 군사적, 전략적 가치는 일반적으로 알려진 것처럼 그렇게 크지 않았다. 1936년부터는 이 사업의 규모도 현저히 줄어들었는데, 그것은 군수산업이 많은 노동력과 자원을 필요로 했기 때문이었다.

러한 대조는 제3제국의 전형적인 자기 표현양식이었다. 한쪽에서는 아우토반, 메르세데스 벤츠의 최신 모델, 저렴한 국민보급형 라디오, 폴크스바겐, 세계최초의 제트 프로펠러 비행기 등이 있었는가 하면, 다른 쪽에는 게르만 신화, 나치 엘리트의 교육이 행해졌던 튜톤 기사단의 성, 하지나 동지에 행해진 불꽃놀이축제 등이 있었다. 초현대식 기술과 죽은 자의 혼을 불러내는 초혼굿이 어우러져 한판의 축제가 되었다.

국민의 대다수가 히틀러 정권을 인정하고 지지한 데에는 이 정권이 거둔 거듭되는 외교적 성공이 커다란 기여를 하였다. 이러한 성공은 불행했던 이전의 민주적 정권과는 극명한 대조를 이루는 것이었다. 그런데 일반여론은 제3제국의 이러한 외교적 활동 뒤에 숨겨져 있던 진정한 외교목표에 대해서는 거의 알지 못했다. 히틀러는 수상취임 첫날부터 전쟁을 원했고 또 이를 통해 베르사이유 조약을 갱신하려고 했을 뿐만 아니

총통에게 봉사하는 청소년
포스터, 1939년

1936년 '국가청소년'에 관한 법률에 의해 '히틀러 청소년단(Hitler-Jugend)'이 공식적으로 출범한 이래 나치 정권은 청소년들이 품고 있던 공동체에 대한 동경과 모닥불(캠프파이어) 낭만주의를 교묘히 이용하였다. 1940년부터 모든 소년, 소녀들은 히틀러 유겐트나 '독일 소녀동맹'에 의무적으로 가입해야만 했다. 1935년 나치 전당대회에서 히틀러는 히틀러 유겐트의 과제를 다음과 같이 설명하였다. "어린 소년들(11-14세)은 '소년단'에, 청소년은 히틀러 유겐트에 들어가게 될 것이고, 나이가 들면 돌격대나 친위대 그 밖의 다른 단체에 가입하게 될 것이다. 또 이들은 언젠가는 '근로봉사대'의 일원이 되고, 마지막에는 이 모든 조직생활을 통해서 얻어진 경험을 가지고 민족의 병사로 성숙해갈 것이다."

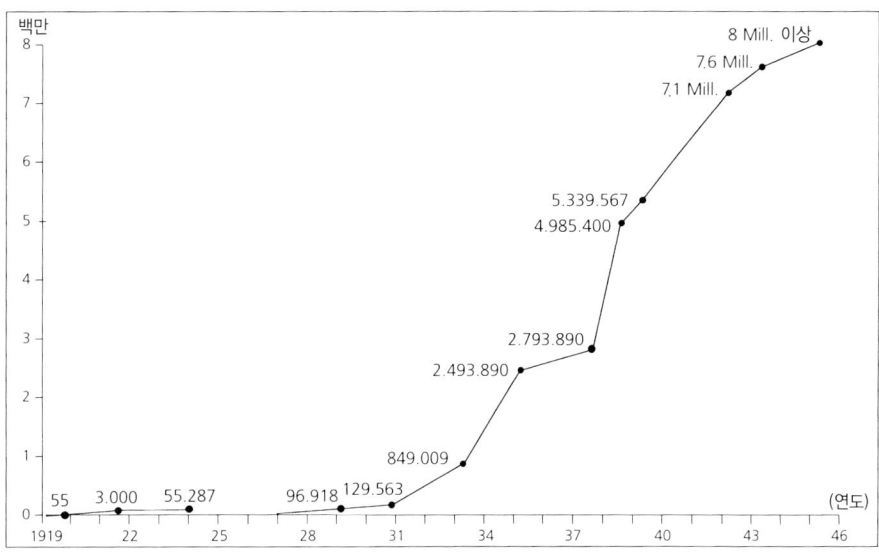

1919–1945년 사이 나치 당원 수

나치당은 모든 계층을 아우르는 구성성분이나 급격히 늘어난 당원 숫자를 통해 점차 하나의 국민정당으로 성장하였다. 도표에 보이는 곡선은 시대적 전환점을 그대로 반영하고 있다. 히틀러 쿠데타가 실패한 1923년에는 당원 증가율이 주춤했다가, 1928년 이후의 경제위기 때는 점차 상승하였으며, 1933년 나치 정권장악 이후에는 급격한 상승세를 보이고 있다. 1938년 오스트리아 합병 이후의 가파른 상승세는 1942년까지 지속되지만, 그 이후에는 증가율이 이전보다 둔화되었다. 1945년 독일 성인 다섯 명 중 한 사람은 나치 당원이었다.

라 독일 민족의 생활공간을 확장하고 아리안족에 의한 세계제패를 추구하였다. 수상으로 임명되고 난 4일 후에 그는 이미 제국군부의 지휘관들 앞에서 아무런 숨김도 없이 "동쪽에서 새로운 생활공간을 정복하고 또 그곳을 인정사정 볼 것 없이 게르만화해야 한다"는 자신의 계획을 밝혔다. 유감스럽게도 히틀러의 이러한 선언에 장군들이 어떤 반응을 보였는지에 대해서는 우리들에게 알려진 것이 없다. 전술적으로 매우 영리하게 히틀러는 독일이 한편으로는 외교적으로 다른 나라와 화해할 용의가 있음을 넌지시 암시함으로써 '권력장악'에 대해 비판적이고 적대적인 반응을 보였던 서방 민주주의 국가의 우려와 적의를 누그러뜨리고, 다른 한편으로는 전쟁준비에 박차를 가하였다.

　　　　1935년 1월에 실시된 자르(Saar) 지방의 국민투표에서 그곳 주민들이 제국으로 다시 편입하기로 결정했고, 1935년 1월 18일에는 양국의

해군함대의 규모를 정하는 독일과 영국 사이의 협정이 체결되었다. 이 두 사건을 통해 히틀러는 성공적인 정치가로서의 면모를 과시했고, 서방 강대국들은 한 걸음 뒤로 물러날 태세가 되어 있다는 인상을 보여주었다. 이러한 인상은, 히틀러가 1935년 3월 16일 베르사이유 조약을 파기하면서 일반병역의무제도를 도입하고 독일의 재무장을 시작하면서 한층 더 굳어졌다. 일 년 후에는 제국군대가 비무장지대인 라인란트를 점령하였는데, 이에 대해 영국과 프랑스는 통상적인 외교적 항의 외에 이렇다 할 만한 조처를 취하지 않았다. 그리고 같은 해에 독일과 이탈리아 사이에 "베를린–로마 주축동맹"이, 독일과 일본 사이에는 반코민테른 조약이 체결되었는데, 이 두 동맹은 명백히 반소비에트 노선을 지향하였다.

하지만 히틀러가 바라마지 않았던 독일의 영국 접근은 성공하지 못했다. 그 첫 번째 이유는 당시 런던 주재 독일 대사였고 나중에 제국의 외무장관이 된 요하임 폰 리벤트로프(Joachim von Ribbentrop)가 노골적으로 반영(反英)정책을 추구하였고, 두 번째 이유는 독일과 일본의 동맹정책으로 인해 동아시아에서의 영국의 이익이 위협을 받았으며, 세 번째 이유는 독일이 스페인 내전에 개입함으로써(이 전쟁을 통해 독일은 주로 자체의 공군전투능력을 미리 시험하였다) 독일과 영국과의 관계가 냉각되었기 때문이었다. 다른 한편 독일 외무부는, 영국이 유럽 내의 갈등에 빠져 들어가지 않으려고 얼마나 노심초사하고 있는가를 예의주시하고 점검했으며, 그래서 히틀러는 영국을 고려의 대상에 넣지 않고도 자신의 영토확장계획을 수월하게 치룰 수 있다는 자신감을 갖게 되었다.

1936년부터 곧 다가올 전쟁에 대한 준비가 본격적으로 착수되었다. 전쟁계획을 적어 둔 메모에 의하면 히틀러는 4년 후에 전쟁을 치를 수 있도록 그 동안에 독일 경제가 완전히 전쟁수행능력을 갖추어야 한다고 생각했다. 이때부터 독일의 경제계획과 생산은 실제로 전쟁준비에 총집중되고 있었다. 하지만 1937년 5월에 있었던 외무장관과 3군 지휘관들과의 모임에서 히틀러의 동유럽 확장계획은 저항에 부딪히기도 하였다. 이 모임에서 행한 히틀러의 연설은 "호스바흐 회의록"에 기록되어 있는데, 여기에서 외무장관 노이라트는 히틀러 외교정책의 위험성을 지적하였고,

반유태적 내용이 담긴 아동용 도서
엘비라 바우어, 뉘른베르크(슈트르머 출판사), 1936년

나치의 인종적 반유태주의는 이전의 형태보다 더 철저하고 광범위하였다. 종교적 차원에서 행해졌던 이전의 반유태주의만 해도 최소한 개종의 가능성을 허용하였고, 문화적 차원의 반유태주의 역시 동화의 가능성을 열어두고 있었다. 이에 반해 히틀러의 반유태주의는, 도저히 변화시킬 수 없는 유태인의 특성을 전면에 부각시켜 유태인 전체를 하나의 열등인종으로 낙인찍었다. 조상 중에 유태인이 한 사람이라도 있으면 예외없이 유태인으로 머물러야 했으며, 그럼으로써 나치의 편집광적인 망상의 집단제물이 되었다. 히틀러는 사회의 모든 분야에서 유태인들이 '분해하고 파괴하는(zersetzen)' 짓을 일삼고 있으며, 그를 불안하게 만든 현대사회의 모든 병폐의 일차적 책임이 유태인들에게 있다고 생각하였다. 바로 이런 이유 때문에 그는 유태인들은 "인간공동체에서 별도로 분리되어야 한다"고 주장하였다. 뉘른베르크에서 출간되었던 나치 선동잡지였던 '슈트르머(Stürmer)'는 대중에게 반유태주의적 이데올로기를 주입시키기 위하여 유치하고 잔인한 수법을 동원하였다. 이 잡지의 발행인은 그림이 들어 있는 어린이도서를 출간하면서 "푸른 들판의 어떤 여우도 믿지 말고 유태인의 어떤 맹세도 믿지 말라"는 책제목을 달고 있다.

총사령관 프리취는 히틀러의 군사적 확장계획을 과연 독일의 경제적, 군사적 능력이 감당할 수 있을까하는 요지의 발언을 하였다. 이 두 명의 비판자는 일 년 후, 보다 말 잘 듣는 인사로 대치되었다.

　　1938년 3월 12일 제국국방군(Reichswehr)은, 영국과 이탈리아가 개입하지 않으리라는 확실한 예상을 하고, 오스트리아로 진격했다. 오스트리아와의 합병은 독일 국민과 대다수 오스트리아 국민 사이에 열렬한 환호를 받았다. 1866년 바울 교회의 자유주의자들과 1919년 바이마르 국민의회의 사회민주주의자들이 원해 마지않았던 대독일의 꿈이 드디어 하나의 현실, 즉 악몽과도 같은 현실이 되었다. 하지만 이 끔찍한 현실을 처음 감지했던 사람들은 오스트리아 유태인, 자유주의자, 카톨릭 교도들, 사회주의자들과 같은 일부의 국민들뿐이었다. 이들 중 제때에 망명하지 못했던 사람들의 운명은 곧 짙은 어둠 속에 휩싸이게 되었다.

　　오스트리아 합병(Anschluß)의 성공은 히틀러에게 서방 강대국들을 두려워할 필요가 없다는 것을 보여주었다. 합병 성공 2주 후인 1938년 3월 28일에 히틀러는 이미 체코도 병합해야겠다고 작정했다. 그리고 이틀 후 그는 군부에 체코를 격파할 준비를 하라는 명령을 내렸고, 침공 일자가 공식적으로 1938년 10월 1일로 정해졌다. 서방 국가들의 저항은 이번에도 미미했고, 고작 외교적 항의를 전달하는 수준에 머물렀다. 1938년 9월 29일 뮌헨에서 있었던 회의에서, 영국과 프랑스, 이탈리아는 전쟁을 피하기 위해 독일계 주민이 살고 있던 체코의 주데텐(Sudeten)지방을 합병하겠다는 독일의 요구를 수락했다. 그 다음 날 영국 수상 체임벌린과 히틀러 사이에 조인된 영·독 불가침조약은, 히틀러가 이제는 타협의 내용에 만족할 것이며, 옛 독일의 식민지를 다시 되돌려주겠다는 이른바 '식민지유화책'의 제안을 흡족하게 받아들일 것이라는 믿음을 서방 여론에 심어주었다.

　　그러나 그러한 믿음은 히틀러의 생각과는 너무 거리가 먼 것이었다. 히틀러는 체임벌린과 평화를 운위하는 바로 그 시기에 이미 영국을 겨냥한 'Z 계획'이라는 함대건설을 진행시키고 있었다. 1939년 3월 15일 독일 군대는 체코를 점령하였고, 이를 통해 서방 민주주의 국가들과 히틀러 독재정권 사이에 맺어졌던 외교적 협정이 아무런 쓸모가 없다는 것을 여실히 보여주었다. 그때서야 비로소 영국은 다시 정신을 차리고 폴란드의 독립을 보장하는 협약을 맺는다든가 일차 세계대전 이전의 영·러 동맹을 다시 복원하는 등의 대응책을 강구하였다. 하지만 소련에 대해 말하자면, 히틀러가 앞질러 선수를 쳤다.

1939년 8월 23일 독일 외무장관 리벤트로프와 스탈린 사이에 협약이 맺어졌는데, 그것이 곧 두 나라가 서로 침범하지 않는다는 독·소 불가침조약이었다. 이 조약의 비밀의정서에서 히틀러와 스탈린, 이 두 독재자는 동구를 분할하여 두 개의 영향권에 편입시킨다는 데 합의하였다. 분할선은 폴란드의 중앙을 따라 그어졌고, 히틀러는 자신의 목표에 거의 도달했다고 믿었다. 그는 서방 강대국들이 폴란드를 분할하려는 그의 계획을 저지하리라고는 예상하지 못하였다. 히틀러가 폴란드 분할을 통해 의도했던 것이 무엇인가를 눈치챘던 사람은 당시 국제연맹이 파견했던 단치히의 고등판무관 칼 야콥 부르크하르트(Carl Jacob Burckhardt)였다. 그는 히틀러를 만나고 난 후에 쓴 보고서에서 히틀러의 발언을 인용하면서, 그가 원했던 것은 러시아를 정복하는 것이 모두 다였으며, 만약 서방이 무모하게도 러시아를 지원한다면 자신은 러시아와 협약을 맺어 서방을 치고 난 후에, 곧 이어 소련을 공격하겠노라는 계획을 거리낌없이 자신에게 표명했다고 적고 있다. 부르크하르트의 보고에 의하면 히틀러가 이 말을 한 것은 1939년 8월 11일의 일이었다.

1939년 9월 1일 독일군은 폴란드를 침공하였고, 17일 후에는 소련의 붉은 군대가 폴란드 동부 국경선을 넘어왔다. 그러나 일반국민의 반응은 1914년과는 사뭇 대조되는 것이었다. 거리의 일반시민들은 물론 갈색 제복을 입은 나치당 의원들의 분위기까지도 무겁고 침울하였다. 이 군사적 모험이 좋은 결과를 가져오리라고 믿었던 사람은 극소수에 지나지 않았다. 서방 강대국들이 개입하지 않을 것이라는 예상과는 달리, 이들 국가들은 조금도 물러서지 않고 독일에 선전포고를 하였다. 이렇게 해서 2차 세계대전이 발발하였다. 이 전쟁은 히틀러의 전쟁야욕에 의해 의도적으로 촉발되었고, 스탈린의 공모에 의해 가능하게 되었으며, 독일 전쟁정책에 너무 늦게 손을 쓴 서방 강대국들의 소극적 저항 때문에 막을 수가 없었다. 전쟁기간 동안 모든 참가국들에 의해 저질러진 온갖 만행과 범죄적 행위에도 불구하고, 우리가 언제나 염두해두어야 할 것은, 전쟁 발발의 결정적 책임은 독일쪽에 있으며, 비록 그 정도는 작지만 그래도 일단의 책임은 소련의 지도부에도 있다는 점과, 서방 국가들은 정당한 방어전쟁을 수행했다는 점이다.

독일은 소련군의 폴란드 진격에 도움을 받아 5주만에 폴란드를 완전히 정복하였다. 독일과 소련은 부크강을 따라 정복한 지역을 양분하였다. 폴란드의 서쪽 부분은 나치 친위대(SS)와 비밀경찰(Gestapo)이, 폴란드의 동쪽 부분은 소련의 '국내문제 인민위원회(NKWD)'가 지배하기 시작했고, 그러는 사이 제국은 군사력을 서유럽 쪽으로 집결시켰다. 영국과 프랑스가 계획하고 있던 전략을 앞질러 독일 군대는 먼저 1940년 4월 9일에 덴마크와 노르웨이를 점령하였다. 그럼으로써 독일은 양국보다 한 발자국 앞서 독일의 북쪽 날개를 확보하고, 대서양으로 직접 나갈 수 있

독일 병사를 위한 파리 안내책자
파리, 1940년
1940년 6월 22일 프랑스에 대한 독일의 '전격전(Blitzkrieg)'이 휴전협정으로 끝이 났다. 독일은 22년 전 일차 대전의 휴전협정이 체결되었던 꽁삐엔 숲에서 조인식을 가졌다. 이 이후 북프랑스와 베네룩스 3국은 독일의 군사점령통치를 받게 되었고, 아직 점령되지 않았던 프랑스 지역은 페땡 원수의 친독 정권에 의해 통치되었다. 독일의 점령지 사령관의 손에 놓이게 된 파리는 독일 병사들에게 너무나 매력적인 도시여서 수많은 병사들이 이곳으로 모여들었다. 그래서 결국 제국국방군 지도부는 병사들의 파리 여행을 엄격하게 제한하는 조처를 취했다.

아파트와 다세대 주택의 현관에 붙여진 나치당의 게시판

에나멜 칠이 된 얇은 판자, 1933년 이후. 나치 하의 독일에서는 국가, 당, 국민이 혼연일체가 되어야만 했다. 나치당은 당원은 물론이고 전 국민을 함께 묶는 거대한 조직망을 구축하였다. 1939년 나치당은 국가의 기존 행정구역인 36개의 주와 지방을 대체하기 위하여 당 차원에서 조직된 40개의 가우(Gau)라는 행정구역을 새로 만들었다. 이 가우 아래에는 지역단위와 당 세포조직이 있었고, 이 당조직의 맨 아래에는 50가구를 한 단위로 묶는 블럭이 있었다. 블럭의 경비 및 당 세포의 책임자는 자기들에게 주어진 권한으로 정권에 대한 주민들의 일거수 일투족을 일일이 감시하였고, 당 노선에서 조금이라도 벗어나는 사람들은 고발조치하였다. 그들은 당의 요원이자 동시에 경찰로서의 역할을 담당하였다.

는 통로를 획득하였다. 그리고 5월 10일에는 네덜란드, 벨기에, 프랑스에 대한 침공이 시작되었다. 국방부의 수뇌부를 포함한 모든 전쟁전문가들의 예상을 뒤엎고 히틀러의 서부 전선전략은 대성공을 거두었다. 이로 인해 그는 이제 독일에서 최대의 인기를 누렸을 뿐만 아니라 장교단 내 반대세력의 불평이나 비판을 완전히 잠재움으로써 군사분야에서 거의 절대적인 권위를 갖게 되었다. 아직도 독일 내에서 나치 정권에 저항을 시도하고 있던 세력들은 낙담하지 않을 수 없었다.

　다음의 전쟁목표는 영국의 정복이었다. 히틀러는 계속해서 영국이 한 발자국 뒤로 물러서기를 바랬고, 그래서 영국에 공습을 개시했을 때에도 내키지 않은 마음으로 명령을 내렸다. 영국의 공습은, 공군사령관 괴링이 그의 지도자에게 장담했던 것과는 달리 그렇게 성공적으로 전개되지 못했다. 그런데 히틀러의 주요목표는 어디까지나, 그가 1940년 7월 30일 군 수뇌부장군들에게 밝혔듯이 러시아와 전쟁을 수행하는 것이었다. 영국을 정복하기 힘들고, 영국이 항복할 기미를 전혀 보이지 않게 되자 히틀러는 그의 본래 전략을 바꾸었다. 본래 계획대로라면 먼저 영국을 굴복시켜 평화협상 테이블로 끌어들이고, 그리고 난 후에 소련전을 치룰 생각이었지만, 이제는 이 계획을 바꾸어 먼저 러시아를 정복하고 난 후에, '대륙을 겨냥하고 있는 단검'을 영국으로부터 빼앗아야 한다고 주장하였다. 이 전략은 나폴레옹이 1812년 모스크바에서 영국을 격파해야 한다고 생각해서 저질렀던 치명적 실수의 재판이었다. 게다가 이러한 전략적 사정은 무솔리니가 독자적으로 감행했던 그리스 침공으로 더욱 복잡하게 되었다. 전쟁이 곧 교착상태에 빠지게 되자 이탈리아를 지원하기 위해 독일 병력의 상당한 부분이 이 지중해 전선에 투입되어야만 했던 것이다.

      1940년 11월 12일 소련 외무부장관 몰로토프가, 핀란드에서 터키에 이르는 지역을 소련의 영토로 삼으려는 요구를 제기하기 위하여 베를린에 왔다. 이를 계기로 히틀러는 자신이 오랫동안 품어왔던 소련 침공계획을 실행에 옮겨야 할 필요성을 다시 확인하였다. 더이상 시간을 끌 여유가 없다고 느낀 그는 1940년 12월 18일에 드디어 소련을 침공하기 위한 이른바 '바바로사 작전'을 수행하기 위해 '지령 제21호'를 발표하였다. 히틀러는 1942년이 되면 미국이 전쟁에 참전할 것이라고 예상하고 있었고, 그때까지는 모든 군사작전을 완전히 종결할 작정이었다. 폴란드와 프랑스에 대한 작전의 성공으로 미루어 보아 소련도 몇 주 안에 굴복시킬 수 있을 것이라고 그는 믿고 있었다. 그렇게 하여 히틀러는 동쪽 경계선을 아르항켈스크항(港)으로부터 카스피해(海)에 이르는 선으로 잡고, 그 동쪽 장벽(Ostwall) 내에 식민제국을 건설하여 그 주인이 되고, 또 중동과 북아프리카 지역을 요새화함으로써, 자신의 대제국이 들어설 거대한 유럽 대륙을 앵글로색슨족의 침략으로부터 차단할 수 있다고 생각했다. 그리고 독일의 지배 하에 자급자족적이고 안정적으로 블록화된 유럽 대륙을 일단 확보하면, 미국에 대한 '세계전격전(Weltblitzkrieg)'을 치룰 예정이었다. 이러한 경우에는 동맹국 일본이 특별한 역할을 하게 될 것이라고 히틀러는 생각했다. 그런데 이때 일본에 대한 인종적 유보는 당분간은 전략적인 필요 때문에 일단 부차적인 문제로 접어두었다.

1941년 6월 22일 '바바로사 작전', 즉 대소전이 시작되었다. 붉은 군대는 공격대형의 전술을 사용하면서 진격했지만 독일군에 기습당하면서 전 군단이 항복하였다. 이 초반의 대승리로 군 수뇌부와 히틀러는 독일이 짧은 기간 안에 승리를 거둘 수 있다고 믿었다. 그래서 군수물자 생산의 역점도 육군에서 해군으로 옮겨져 다가올 영국 및 미국 대항전을 준비하기 시작하였다. 하지만 1941년 가을부터 동부 전선의 진격속도가 느려지면서, 겨울의 초입에 들어서자 모든 전선이 꼼짝달싹도 할 수 없는 교착상태에 빠지게 되었다. 또다시 히틀러의 전략은 빗나갔던 것이다.

일본이 진주만을 기습공격한 3일 후인 1941년 12월 11일, 히틀러는 미국에 선전포고를 하였다. 독일 탱크 부대의 선봉대가 모스크바 바로 앞에서 진격을 멈춘 상태인데도 그가 대미 선전포고를 한 주된 이유는, 일본을 계속 전쟁에 묶어두고 일본이 미국과 단독 평화협정을 체결하는 것을 저지시키기 위해서였다. 미국의 참전은 처음에는 전세에 별다른 영향을 끼치지 못하였다. 1942년의 전반부에는 히틀러 사령부 내에서 전쟁에 이길 수 있다는 일말의 희망이 다시 고개를 쳐들었다. 일본군도 싱가포르를 점령하였다. 1942년 중반 독일군은 코카서스 산맥의 정상에 서 있었고, 북아프리카의 롬멜 군단은 영국을 격파하고 알렉산드리아 몇 킬로 앞까지 진격하고 있었다. 독일 잠수함(U-Boot)의 공격으로 인해 연합국 수송선의 소실은 그 절정에 다다르고 있었다. 독일의 힘은 최대의 영토확장을 과시하고 있었다.

독일의 유럽 점령은 제국국방군과 나치 친위대의 지배를 의미하였다. 제국군부에 의해 점령된 서유럽 지역의 경우에는 어느 정도 고전적 스타일의 통치가 이루어지고 있었다. 하지만 여기에서도 게쉬타포와 하이드리히가 지휘하는 나치의 정보기관인 보안대(SD)가 파르티잔 추적과정에서 또 유대인과 집시를 체포·구금하는 과정에서 국제법에 위배되는 잔혹한 행위를 일반시민들에게까지 자행하였다. 이에 비해 나치 친위대가 지배한 동구 지역의 경우는, 만약 전쟁에서 독일이 승리한다면 주민들에게 기다리고 있는 것이 무엇인가를 유감없이 보여주었다. 폴란드에서는 인종 이데올로기를 행동으로 옮길 수 있는 기회가 주어졌다. 폴란드의 상

층계급은 체계적으로 살해되고, 수백 만의 유태인들은 그들이 지녔던 집과 재산을 몰수당한 채 추방당했고, 이들의 재산은 동구에 살고 있던 독일 계열의 주민들에게 다시 분배되었다. 이로 인해 엄청난 규모의 민족대이동이 시작되었는데, 이는 1945년 종전 후의 민족이동을 미리 앞지르는 것이었다. 이와 비슷한 일이 소련 점령지역에서도 일어났다. 이 지역의 제국국방군은 서방 점령지역에서 행했던 것보다 더 빈번하게 국제법에 위배되는 전쟁행위를 자행했을 뿐만 아니라, 그들을 지원하기 위해 투입된 나치의 보안대는 소련의 요직인사(인민위원)를 눈 하나 까딱하지 않고 처단하였고, 유태인들을 처음부터 체계적으로 추적하고 박해하였다. 그들은

당신이 이 표지를 보게 되면…
전단, 1941년
"뤼 르와얄 거리에서 생전 처음으로 노란 색깔의 다윗 별과 마주쳤다. 다윗 별을 착용한 세 명의 처녀들이 손에 손을 잡고 내 앞을 지나갔다. 다윗 별 배지는 어제 교부된 것이다. 그런데 그것을 받은 사람들은 배지에 대한 대가로, 옷 한점을 받은 것처럼 자신들의 의류보급 카드에서 전표를 하나 떼어주어야 했다. 나는 이 사건을 나 개인사의 입장에서도 하나의 결정적 전환이 일어났던 날로 여기고 있다. 또 그 사건은 그 후에도 계속 나에게 영향을 끼쳤다. 이 광경을 직접 목격했던 나는 갑자기, 내가 제복을 입고 있다는 사실을 새삼 발견하고는 당혹감을 감출 수가 없었다."(에른스트 윙어, 『光線』 중에서, 1942년 6월 7일)

또한 소련의 전쟁포로들을 마구간같은 형편없는 막사나 열악한 생활환경 속에 밀어넣음으로써 그들의 대부분이 살아남을 수 없도록 만들었다.

독일 주민의 입장에서 보면, 전쟁 동안 일상생활은 일차 세계대전 때와는 달리 결코 굶주림을 의미하지는 않았다. 1944년까지는 심각한 식량부족사태가 일어나지 않았는데, 그것은 주민의 식량을 조달하기 위해 점령적대국가들이 무자비하게 수탈당했기 때문이었다. 하지만 나치 정권의 전체주의적 성향은 전쟁을 통해 더욱 강화되었다. 그 결과 공적 삶의 영역이 군사화되고, 사적 영역이 철저하게 조직화되었으며 사회계층간에는 일종의 수평화가 이루어지게 되었다. 나치 정권은 또한 식량배급제를 도입하면서 사람들 간의 시기심과 계급적 차이를 자기들에게 유리하게 이용할 줄 알았다. 민족공동체적 연대감에 대한 호소, 모든 '민족동지'들을 어떤 당이나 국가조직에 편입시키는 일, 집단주택의 경비나 반목하는 이웃을 통한 감시체제, 공습이 증가하자 방공호에서 이루어졌던 공동생활─이 모든 것들은 주민들을 점점 더 수평화시키고 하나가 되게 만들었다. 수백 만의 사람들이 하나같이 국민보급형 라디오를 통해 나치의 슬로

건을 들었고, 수백 만의 사람들이 배급되는 생필품을 타기 위해 줄을 섰다. 또 수백 만의 사람들이 전쟁으로부터 관심을 돌리기 위해 라디오나 영화관을 통해 제공되는 밋밋한 오락 프로그램을 매일처럼 접하게 되었다. 이제 개인들에게 남은 것이라고는 사적인 영역으로의 침거뿐이었다. 그들은 외부와는 완전히 벽을 쌓고, 꼭 해야만 하는 일에만 자신을 국한시킴으로써 살아남을 방도를 찾으려고 하였다.

그러는 동안 나치 정권은 독일의 원대한 미래를 설계하고 있었다. 전쟁의 한복판에서 제국의 수도를 완전히 다시 건설한다는 계획이 시작되었다. 완전한 승리를 거두고 난 후에는 옛 베를린을 대신하여 게르마니아라는 거대한 세계제국의 수도가 세워질 예정이었다. 그리고 나치 정권은 유럽을 가로질러

유럽에서 학살된 유태인들
괄호안의 숫자는 유태인 전체 희생자 수를 나타내고, 백분율을 표시하는 숫자는 각 나라의 전체 유태인구 수에서 희생된 유태인이 차지하는 비율을 나타내고 있다.

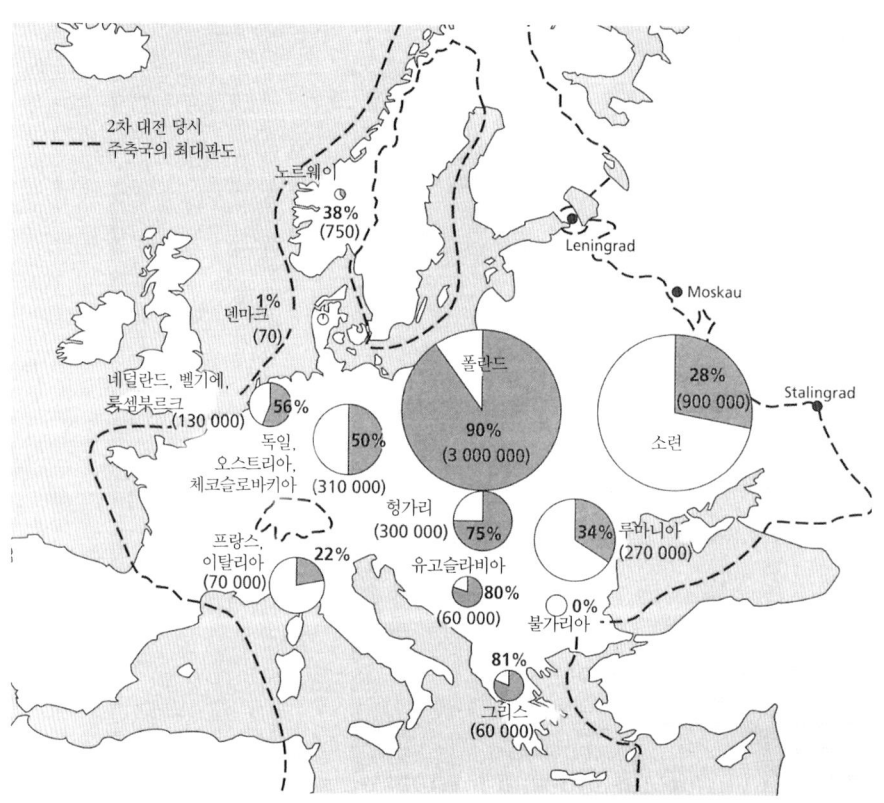

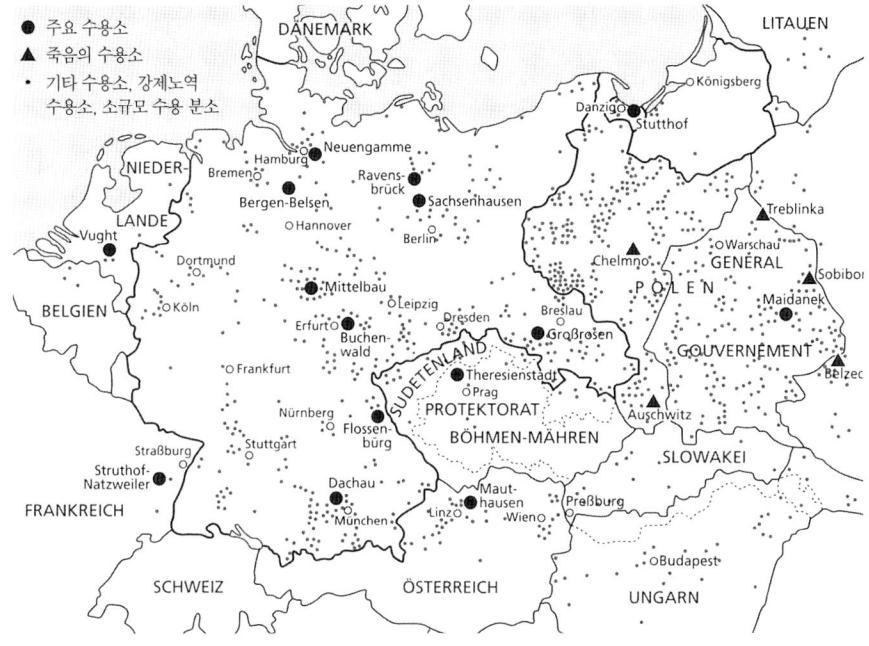

제 3 제국의 수용소

우랄 산맥에까지 이르는 광궤철도망을 건설할 계획이었는데, 그때까지의 철도는 새로 건설될 철도에 비하면 어린애 장난감에 지나지 않을 정도였다. 나치 친위대의 건축가들은 아프리카와 드네프르강 근처에 죽은 자를 위해 거대한 기념물을 세울려고 했는데, 이 기념물은 동시에 '국경요새'의 역할을 하기로 되어 있었다

하지만 나치 정권의 주된 목표는 무엇보다도 그들의 공언된 적, 즉 유럽 유태인을 체계적으로 말살하는 것이었다. 히틀러는 이미 1939년 1월 제국의회에서 "세계대전이 일어난다면 그 결과는 유럽 내 유태인의 완전한 파괴가 될 것이다"라고 공언하였다. 히틀러의 전쟁은 유럽이 오랜 옛날부터 익히 알고 있던 헤게모니 전쟁이 아니었다. 그것은 일종의 인종전쟁이었다. 히틀러의 견해에 따르면, 인종적으로 우월하고 동질적인 민족들만이 영원한 제국을 세울 자격이 있었다. 그런데 이러한 계획의 가장 큰 걸림돌이 되는 것이 곧 아리안족의 불구대천의 원수인 유태인과 그들의 '분해하고 파괴하는(zersetzen)' 본성이라고 생각하였다. 또 그는 바이마르 공화국과 서구의 민주주의 국가는 상당할 정도로 이러한 유태인

세 사람의 모습
펠릭스 누스바움, 1944년

화가 펠릭스 누스바움(1904-1944)은, 벨기에가 독일군에 점령당하고 있던 기간동안 친구의 도움으로 숨어 살 수 있었다. 이 그림에서 그는 자기 자신을 정통 유태교도로 묘사하고 있다. 수염도 깎지 않고 기도할 때의 긴 옷을 입고 있으며, 유태인들의 모자를 쓰고 있다. 러시아 전선의 전황을 보여주고 있는 지도 앞에서 그는 두려움을 떨쳐버리기라도 하듯 손을 들고 있다. 전면에 보이는 소년은 박해의 상징인 다윗 별과 점령 벨기에에서 발행된 신문을 앞에 두고 무엇인가를 곰곰이 생각하고 있다. 그리고 이들 두 사람 사이에 있는 여자는 말없는 고통을 구현하고 있다. 누스바움 가족은 그 은신처가 발각되면서 1944년 7월 31일 마지막 수송열차에 태워져 아우슈비츠로 보내졌다. 그들은, 수용소책임자가 가스 살인 중지명령을 내리기 직전인 1944년 10월 가스실에서 살해되었다.

의 타락된 본성에 희생되어, 마치 건강한 신체를 좀먹는 박테리아 마냥 건강한 민족공동체가 유태인에 의해 분해되고 파괴되고 있다고 믿었다. 히틀러의 눈에 비친 소련은 이보다 더 심해서, 소련은 철두철미 유태적인 것에 의해 침투된 나라며 나머지 다른 나라들을 오염시키는 전염병의 진원지나 다름없었다. 히틀러의 이 병적 논리에 의하면, 유태인들을 건강한 독일 민족공동체로부터 제거하고, 러시아를 위시한 동구의 광대한 영토에서 인종적으로 우세한 독일인이 생활공간(Lebensraum)을 확보해야 하는 것은 너무나도 당연한 논리적 귀결이었다. 이렇게 되면 이 생활공간에서 독일인들은 당연히 주인의 역할을 하게 될 것이고, 이를테면 열등인종인 슬라브인들은 식민지노예로서 역할을 하게끔 되어 있었다. 그의 이러한 정신병리학적인 논리에 따르면 세계전쟁은 유태인을 박멸하기 위해 치루어질 수밖에 없던 전쟁이었던 것이다.

따라서 독일 지도부의 일차적 목표는, 히틀러의 많은 보수적 참모들이 믿었고 또 오늘날까지도 많은 사람들이 그렇게 믿고 있는 것처럼 2차 대전을 통해 1차 대전의 결과를 갱신하려고 했던 것이 아니었다. 또 그들의 목표는 고전적 유럽 외교정책의 의미에서 정치적 패권을 장악하거나 부존자원과 시장을 위해 경제공간을 정복하거나 아니면 전쟁행위를 통해 국내의 긴장을 방출시키려고 한 것도 아니었다. 유럽사에서 지금까지 알려진 전쟁에 대한 어떤 공식도 2차 대전에서 저질러진 독일인의 행동에는 적용되지 않는다. 오히려 이들의 전쟁목표나 행위에서 궁극적으로 문제가 되었던 것은, 히틀러의 말을 빌리면 나치에 의해 통치되는 유라시아라는 대(大)공간에서 "철천지 원수인 유태-볼세비즘에 맞서 최후의 결전을 벌이는 것"이었다.

그렇게 때문에 소련과의 전쟁 이전에 일어났던 모든 것은 대(對)소련전을 치루기 위한 전략적 준비작업에 불과했다. 폴란드 공격은 독일군이 동부로 진격하기 위해 길을 트기 위한 것이었고, 프랑스 공격은 소련과의 전쟁을 대비해서 서부 전선의 배후를 비워두기 위한 것이었으며, 영국과의 외교적 타협을 위한 노력은 세계를 사이좋게 분할하기 위한 것이었다. 폴란드가 정복되자마자 독일인들은 곧장 수백 만의 유태인들을 따로 분리하여 폴란드 대도시의 게토에 몰아넣었으며, 독일에 거주하는 유태인들에게는 유태인임을 표시하는 완장이나 배지를 달고 다니도록 강요하였다. 이러한 조치들 역시 다음에 취해질 조치, 즉 '바바로사 작전'으로 시작된 대(對)소련 전쟁과 함께 치루어질 조치의 준비단계에 불과했다. 한마디로, 유태인을 체계적으로 무자비하게 근절시키는 것은 독일 세계통치권을 수립하기 위한 전제조건이었던 것이다.

나치는 이미 오래 전부터 대량학살의 경험을 가지고 있었다. 1939년 10월부터 안락사 프로그램이 가동되어 그 사이 대략 80,000여 명의 정신지체장애자들이 총살당하거나 가스나 주사를 통해 학살된 바 있었다. 이 처리방법이 이제는 유태인들에게 확대적용되었다. 히틀러가 '유태문제(Judenfrage)'의 '최종해결(Endlösung)'을 명령한 것은 1941년 여름쯤으로 추정된다. 그 정확한 시기를 두고는 논란이 많은데, 그 이유는 히틀러가 기록된 문서를 통해 훗날 이 일의 장본인으로 드러나는 것을 피하기 위해 이 범죄적 지시를 구두로 내리는 경향이 있었기 때문이었다.

약 반년 간에 걸친 기술적, 행정적 준비단계를 거치고 난 후 이 계획에 참가했던 담당부서의 기관장들이 1942년 1월 20일 베를린 반제(Wannsee) 호수가의 어느 빌라에서 회동을 갖고 조직의 문제를 두고 마지막 조율을 하였다. 그런데 이 회의 이전에도 조직적 대량학살이 이미 진행되고 있었다. 나치의 보안대는 전쟁이 시작되자마자 벌써 러시아에서 대량총살형을 시작하고 있었고, 1941년 가을부터는 첫 안락사 전문팀이 첼름노 수용소에 도착해서, 노동력이 없다고 생각되는 유태인 10만명을 '특별분리처리' 한 바 있었다. 1941년 10월부터는 벨첵 수용소에서 본격적으로 살인이 시작되었고, 아우슈비츠에서의 '가스살인'은 1942년 1월부터 시작되었다.

산업공정 처리방식의 대량학살을 담당했던 모든 조직은 처음부터 위장과 기만의 수법을 통해 자신들의 계획을 비밀리에 추진하였다. 안락사 프로그램에 대해 카톨릭 교회가 항의를 제기한 이후부터 나치 정권의 극악무도한 범죄행위는 극도의 보안 속에 진행되었다. 그럼에도 불구하고, 유럽 유태인에 대한 민족대학살은 수많은 관계부서와 조직, 단체 등과 이와 연루된 수많은 사람들의 직접적 혹은 간접적 도움없이는 결코 가능하지 못했을 것이다. 비록 전쟁 동안에 자행된 유태인 학살의 규모와 세부적 사항은 자세히 알려지지 않았지만, 유태인 학살을 공공연한 사실로 만들 만큼의 정보와 구체적 증거는 독일 주민들 사이에 충분히 존재했었다. 유태인들이 강제적으로 끌려가는 장면은 중인환시(衆人環視)리에 펼쳐졌고, 동쪽으로 수송되는 유태인의 모습도 많은 사람들에 의해 목도되었으며, 러시아 전선에서 휴가나온 수많은 병사들이 직접 체험했던 집단총살형의 이야기도 듣고 있었다. 최소한 독일 국민들은 무슨 일이 일어나고 있었던가를 어렴풋하게는 알고 있었다. 하지만 익숙해진 심리적 방어기제와 자기방어적 합리화가 죄의식이나 경악심보다도 더 강했던 것이다.

12장

제3제국의 종말과 새로운 시작(1942-1949)

1933년에서 1942년에 이르는 10여 년간은 독일 제국의 힘이 거의 수직적인 상승곡선을 그리며 뻗어나갔던 시기였다. 대부분의 독일인들이 그렇게 생각했고, 많은 외국관찰자들의 눈에도 그렇게 보였다. 독일은 마치 급격히 부상해서 강력한 빛을 발하면서 폭발하듯 사라져 버리는 초신성(超新星)처럼 그 세력을 확장하였다. 그러나 그렇게 강력한 에너지도 그 사이 완전히 다 소진됨으로써, 별은 이제 하나의 차갑고 검은 작은 돌덩어리로 오그라들었다. 1942년 말에서 1943년 초의 겨울동안 전쟁의 양상이 크게 바뀌면서 제3제국의 전쟁수뇌부는 그들의 전략을 순전히 방어전에 한정시켰다. 사실 이러한 전환은 이미 1년 전에 시작되고 있었다. 1941년 12월 독일군이 모스크바를 바로 눈앞에 두고 진퇴양난의 곤경에 처하게 되자, 전쟁의 국면은 독일에게 불리하게 전개되었던 것이다. 하지만 그때만 해도 전쟁에 참가했던 사람들조차 그러한 변화를 제대로 눈치채지 못하고 있었다. 그러나 1943년 2월 독일 제6군단이 스탈린그라드에서 항복을 하고 난 이후에는, 독일 내의 일반 주민들까지도 승리를 거두는 것은 점점 더 요원한 일이 되어버렸고, 이제는

살인자는 우리들 가운데 있다.
영화 포스터, 1946년

이 영화는 볼프강 슈타우데가 감독하여 만든 전후 최초의 독일 영화로, '독일영화사(DEFA)'에 의해 만들어져 소련 점령당국의 검열을 받고 상연되었다. 이 영화는 전쟁범죄를 어떻게 처리해야 할 것인가 하는 문제를 도덕적, 실제적 차원에서 다루고 있다. 뉘른베르크 군사재판에 내려진 판결을 포함해서 서방 3국 점령지역에서 전쟁범죄와 반인륜적 행위로 유죄판결을 받은 사람은 5,025명에 달했고, 그 중에서도 486명은 사형이 집행되었다. 소련 점령지역에서는 45,000에 달하는 재판이 행해졌고, 그 중의 많은 재판은 합법적인 테두리를 벗어나 행해지기도 하였다. 그 밖의 다른 나라에서도 대략 60,000명이 나치 전범으로 유죄판결을 받았다.

패배에 패배를 거듭하는 길밖에 없다는 것을 서서히 깨닫게 되었다.

이 기간동안에 독일 전쟁 수뇌부는 '유럽 요새'라는 개념을 고안했지만, 이 구상 역시 이미 때가 늦은 것이었다. 설령 그 방안이 일찍 나왔다 하더라도 그것이 성공을 거두었을 지는 여전히 알 수 없는 일이다. 소련에 맞서기 위해 대대적인 프로파간다를 통하여 전 유럽지역으로부터 지원병을 모집하려고 했지만, 이 계획 역시 이렇다 할 만한 성공을 거두지는 못하였다. 유럽 각국의 국민들, 그 중에서도 특히 독일 군대를 통하여 자국의 민족해방을 기대했던 소련 내의 비러시아 민족들은, 새로 군림하는 독일 군대가 스탈린의 앞잡이들보다 그 잔혹성에 있어 조금도 뒤지지 않는다는 사실을 금방 알아차렸다. 또한 동맹국들과 연합전선을 펼쳐 전쟁에 승리를 거두고자 했던 독일군의 계획도 좌절되었다. 독일의 동맹국들은 독일로부터 하나씩 떨어져나갔다. 이들 국가들은 전쟁에서 발을 빼거나 상대진영으로 넘어가 독일의 적국이 되기 시작하였다. 이러한 상황에 직면한 히틀러는, 한때의 동맹국들을 점령하지 않을 수 없었다. 이렇게 하여 1943년 9월에는 이탈리아가, 1944년 3월에는 헝가리가 독일군에 의해 점령당하였다.

게다가 이 '유럽 요새'에는 지붕이 없었다. 1942년부터 영국은 독일의 도시와 산업시설에 융단폭격을 가하기 시작했고, 1년 후에는 영미 연합국의 공군이 독일 상공의 제공권을 장악하였다. 1942년 4월 북독의 로스톡이 완전히 파괴되고 난 이후부터 독일의 프로파간다는 '테러 공격'이라는 표현을 썼는데, 이 표현은 영미 공습전략의 의도를 정확히 반영하는 것이었다. 그도 그럴 것이 영미가 이러한 공습을 통하여 일차적으로 노렸던 것은 독일의 군사잠재력을 파괴하는 것이 아니라 독일 국민들의 사기를 떨어뜨리는 것이었기 때문이다. 아무튼 영미 공습의 본래의도는 부분적으로 성공을 거두긴 했지만, 그 인명피해와 물질적 손실은 엄청난 것이었다. 이 폭격으로 50만 이상의 주민이 목숨을 잃었고, 400여 만의 가옥이 파괴되었다. 대도시의 주민들은 도시를 떠나 피난을 가야만 했다. 대성당과 궁전, 유서깊은 도시의 중심지역이 화염에 휩싸임으로써 독일 문화유산의 상당부분이 소실되었다. 이 공중폭격으로 인해 독일인의

폭격으로 파괴된 드레스덴
사진, 1946년

일상생활은 완전히 변모되었다.

그렇다면 연합국들이 원했던 것은 무엇이었을까? 연합국의 폭격기들이 독일 도시들을 잿더미로 만들고, 그러면서 독일의 공군이 서부 전선이나 영국 공습에서 자행했던 파괴를 (연합국 측이 행한 파괴는 독일측이 행한 파괴와 비교가 되지 않을 정도로 그 규모가 컸다) 앙갚음하고 있는 동안, 연합국들은 일련의 회담을 통하여 이

12장 | 제3제국의 종말과 새로운 시작 **295**

미 전후의 유럽질서에 관한 방안을 하나씩 구체화하기 시작하였다. 이 회담들에서 연합국들이 가장 중요하게 생각했던 것은, 영국수상 처칠의 말대로, "독일, 그 중에서도 특히 프로이센이 세 번째로 우리를 다시 공격하는 것을 막는 것"이었다. 1943년 1월 미국 대통령 프랭클린 루즈벨트는 처칠과 함께 카사블랑카에서 독일이 무조건 항복해야 한다는 원칙에 합의하였다. 뒤이어 1943년 11월 테헤란에서는 루즈벨트와 처칠 이외에도 스탈린이 참가하는 3자 정상회담이 개최되었는데, 이 회담의 결과로 소련은 유리한 입장을 갖게 되었다. 즉 이 회담에서 연합국은 폴란드의 서부 국경선을 오데르강(江)까지 확장시키고, 그 대신 폴란드 동부 국경선의 상당한 부분을 소련이 차지하며, 또 동프로이센의 북쪽 지역을 소련에 떼어준다는 데 합의를 보았던 것이다. 테헤란 회담이 끝난 몇 주 후에는 장차 독일 점령지역에 그어질 경계선이 확정되었다. 그러나 전후의 독일 문제가 최종적으로 결정된 것은 반히틀러 연맹의 주요국가들이 참석한 1945년 2월의 얄타 회담에서였다. 이 회담에서 연합국들은 독일과 오스트리아를 분할점령하고 베를린과 그 주변지역을 따로 떼어내어 분할통치하며, 프랑스를 제4의 점령국가로 인정하는 등에 합의하였다. 그러나 분할점령은 독일에만 한정되지 않았고, 중부 유럽 및 동부 유럽의 대부분 국가들도 연합국들의 이해관계에 따라 분할되었다. 물론 연합국들은 분할이라는 말의 사용을 극도로 자제하였다. 하지만 2차 대전의 종결은 옛 유럽의 종말을 뜻하게 될 터였고, 또 앞으로의 유럽은 미소 양대 세계 세력 사이에서 완충지대의 역할을 담당하게끔 되어 있었다.

얄타에까지 이르는 길은 서방 연합국들과 소련 사이의 이견과 갈등의 연속이었지만, 서방 연합국측은 목전에 당면하고 있던 독일의 위협 앞에서 확실한 공동의 승리를 위하여 소련의 독재자에게 거듭 양보할 수밖에 없었다. 그리고 서방 정치가들의 머리 속에는, 역사적으로 늘상 있어왔던 러시아와 독일의 동맹관계가 다시 복원되지 않을까 하는 두려움이 존재했으며, 또 그러한 두려움은 이미 전쟁 발발 직전에 체결되었던 히틀러 스탈린 조약에 의해 확인되었던 바이기도 했다. 그렇지만 당시 히틀러가 실제로 품고 있던 소망을 보면 그러한 두려움은 괜한 걱정이었는지도 모른다. 물론 독재자 히틀러가 적의 연합전선이 와해되기를 바랐던 것은 사실이다. 하지만 그는 베를린 전쟁수뇌부 지하 벙커에서 자살하기 며칠 전까지만 해도 독일이 영국과 손을 잡고 소련을 무찌를 수 있으리라는 망상에 사로잡혀 있었던 것이다.

군사적 패배가 거듭될수록 독일 국민들에게 가해지는 나치 정권의 압박도 가중되었다. 스탈린그라드 패배 이후 국민들 사이에 확산되기 시작한 패배감을 만회하기 위해 괴벨스는 대규모 군중집회를 개최하였다. 특히 1943년 2월 18일 베를린 스포츠 팔라스트에서 열린 군중집회의 연설을 통하여 괴벨스는 국민의 애국심과 결사항전의 의지를 고취시키려 하였다. "여러분은 전면전을 원합니까?"라는 괴벨스의 물음에, 엄선되어 차출된 청중들은 열광적인 환호로 응답했고, 집회는 절정에 달했다. 이같은 정치선동과 병행하여 대국민 테러 행위도 더 강화되었다. 예컨대 1944년 8월 22일의 '뇌우(雷雨)작전'을 통해서는 5,000여 명에 달하는 바이마르 공화국 시절의 정치가와 고급공무원들이 체포되어 강제수용소로 보내졌는데, 그 중에는 콘라드 아데나우어와 전후 사민당 당수였던 쿠르트 슈마허도 포함되어 있었다. 나치 정권은 군부에도 통제를 강화하였다. 소련 붉은 군대의 정치장교를 그대로 본딴 '나치 지도장교' 제도를 도입함으로써 나치 정권은 제국 국방군 내에 남아 있던 나치 저항세력의 마지막 보루마저 제거하였다. 독일을 42개의 새로운 행정구역(Gau)으로 나누고 각 구역의 단체장을 나치 당원으로 채우고, 또 이 단체장들에게 '제국 국방위원'이라는 직함을 부여함으로써 국방군에 대한 당의 우위가 국민들에게도 자명한 사실이 되었다. 한편 '전면전'을 향한 사태진전이 그 정점을 이룬 것은, 1944년 11월에 결성된 국민돌격대(Volkssturm) 조직이었는데, 국민 예비군 성격을 띤 이 조직에는 16세에서 60세에 이르는 전투능력이 있는 모든 남자가 망라되었다.

나치 정권은 외부로부터 뿐만 아니라, 내부로부터도 위협을 느꼈다. 물론 독일 국내에 나치 정권에 대항하는 하나의 통일된 저항세력이 존재했던 것은 아니다. 따라서 오늘날의 시점에서, 그 당시의 저항운동이 어떠했으며, 그 저항운동이 어떻게 시작하여 어떤 형태로 진행되었던가

이번엔 베를린까지 간다
프랑스에서 발행된 미국 포스터,
1944년 여름

연합국의 입장에서 보면 2차 세계대전은 1차 세계대전이나 과거의 독일, 혹은 프로이센과 벌였던 싸움의 연장이었고, 나치즘은 '프로이센 정신'이나, '독일적 본성'의 당연한 귀결로 간주되었다. 그렇기 때문에 연합국들은 이번만큼은 베를린까지 진격해서 아예 그곳에 머무는 것이 필요하다고 생각하였다. 그들의 목표는 독일을 해방하는 것이 아니라, 적대국가로서의 독일을 영원히 점령하는 것이었다. 그래서 미군의 참모본부는 미점령군에게, 1947년까지 그 효력을 발휘했던 훈령 1067호를 내려 연합국의 주된 목표는 독일이 다시는 세계평화의 위험이 되지 못하게 하는 것이라고 못박고 있다.

를 정확히 가름하기란 결코 쉬운 일이 아니다. 나치 정권에 개인적으로 비협조적인 태도를 보인 사람, 나치에 반대하는 입장을 취한 사람, 나치에 적극적으로 저항했던 사람, 히틀러 암살음모에 직접 가담한 사람 등이 있었지만, 이러한 여러 부류의 사람들 사이의 경계는 매우 유동적이었다. 나치당에 가입하기를 거부했던 사람이 꼭 나치에 저항했던 것도 아니었고, 반대로 나치당에 가입했던 사람들 중에서도 나중에 가서는 반나치쪽으로 기울어진 사람도 있었다. 독재체제 아래에서 이루어지는 사람들의 행동은 단순한 흑백논리의 잣대로는 좀처럼 재단하기가 힘든 법이다.

비록 히틀러-스탈린 조약이 지속되었던 기간 동안은 저항운동을 잠시 중단하긴 했지만 그래도 처음부터 나치 정권에 적극적인 투쟁을 전개했던 사람들은 공산주의자들이었다. 공산주의자들에 의해 주도된 대표적 저항세력은, 고위관리였던 아르트 폰 하르나크와 육군중위였던 하로 슐체-보이젠을 중심으로 한 '붉은 회당(Rote Kapelle)'이었는데, 이들은 1942년에 적발되어 처형되었다. 사회민주당 주도의 저항운동은, 망명기간 동안의 사민당 조직 자체가 그랬듯 분열되어 있었고, 그렇기 때문에 전반적으로 큰 성과를 거두지 못하였다. 그럼에도 많은 사민당 당원들이 생명의 위험을 무릅쓰고 독재에 항거하다가 목숨을 잃었는데, 그 중에는 율리우스 레버와 아돌프 라이히바인 같은 인물들도 있었다.

하지만 전체주의적 정권은 그 본질상 시민들에 의해서가 아니라 오직 권력 내부에 있는 사람들에 의해서만 흔들릴 수 있는 것이다. 주로 보수적인 국가관과 기독교적 윤리관을 지녔던 일단의 고위관리와 군장교들이 전(前)라이프치히 시장 괴르델러, 전 이탈리아 대사 하셀, 전 육군참모부장 베크 장군을 중심으로 저항 그룹을 결성하였다. 또 나중에는 이 저항 그룹에, 헬무트 몰트케 백작과 바르텐부르크 백작이 주축이 된 기독사회주의자들의 모임인 크라이자우회(會)가 합류하였다. 이 저항 그룹들이 향후의 독일을 위해 내놓았던 프로그램은, 우리가 잘 알고 있는 본(Bonn) 기본법의 정신이나 가치에 비추어보면, 비록 반동적은 아닐지라도 복고적으로 보일 수도 있을 것이다. 그들이 구상했던 미래상은 바이마르 공화국의 민주주의보다는 오히려 비스마르크적 국가전통에 더 가깝다. 이러한 사고방식은 그들의 외교정책에도 그대로 반영되었기 때문에 연합국측의 입장에서는 이 그룹들 역시 나치 정권에 조금도 못지 않게 위험하게 비추어졌다.

그런데 이러한 상황판단은 분명 하나의 중대한 오해였다고 할 수 있다. 왜냐하면 그로 인해 실질적으로 히틀러에 저항할 수 있던 독일의 유일한 저항세력이 연합국측의 지원을 받지 못하는 상황이 초래되었기 때문이다. 이들 저항 그룹들을 평가할 때 가장 결정적인 것은 그들의 정치적 프로그램이 아니라 어떠한 희생을 감수하고라도 히틀러와 나치 정권에 대항하겠다는 그들의 각오였다. 그들이 히틀러에 저항했던 것은 어떤 개인적 목적이나 사욕을 위한 것이 아니라 윤리적인 동기 때문이었다. 군부 저항세력의 주요 멤버였던 트레스코프는 이렇게 말하였다.

무슨 희생을 치르고서라도 암살계획은 실천에 옮겨져야만 한다. 이 계획에서 중요한 것은 어떤 실제적 목적이 아니라 독일의 저항운동이 전 세계와 역사 앞에서 결정적인 행동을 실제로 감행했다는 사실 그 자체이다. 이 사실에 비하면 그 밖의 다른 모든 것들은 부차적인 것에 지나지 않는다.

하지만 1944년 7월 20일에 감행된 암살시도는 실패로 끝이 났다. 클라우스 폰 슈타우펜베르크 대령이 동프로이센 사령부였던 '이리의 요새'에 설치해두었던 폭탄은 히틀러에게 가벼운 상처만 입혔을 뿐이고, 베를린의 거사자들 역시 독재자의 생존소식이 전해지기 전에 권력기구의 핵심요직을 접수하는 데 실패하였다. 나치 정권은 거사에 직접 참가했던 사람들뿐만 아니라 거사계획과는 무관한 가족들에게도 무시무시한 피의 복수를 감행했다. 한때 히틀러를 권좌에 올려놓는 데 일조한 그룹이 프로이센의 보수주의자들이었다면, 그들의 동료들이 저질렀던 1933년 1월의 치명적 실수를 교정하려고 노력했던 사람들 역시 프로이센의 보수주의자들이었다. 그들은 상상하기 힘들 정도의 야만적인 수법으로 고문당하고 살해되었다. 때마침 전쟁이 끝남으로써 158명의 직접참가자와 그 가족들은 가까스로 죽음을 면할 수 있었다.

프로이센의 귀족들이 시민계층은 물론, 과거의 정치적 적수였던 노동자, 사회주의자, 노조간부들과 손을 맞잡고 끝까지 나치 정권에 대항해 싸웠다는 사실은 1945년 이후의 모든 독일 정치, 사회집단에 하나의 공통된 척도를 마련해주었다. 그 척도는 다름이 아니라 인간의 존엄성을 지키는 것을 모든 공동체의 최고원칙으로 삼는다는 것이었다. 1944년 7월 20일의 이 거사에 참가했던 사람들이 남긴 유산이 있다면, 그것은 전후 독일 연방공화국의 모든 계층의 정치적 목표를 하나로 묶는 원칙, 즉 인간의 존엄성을 수호한다는 공동의 원칙이었다.

그러는 동안 서방 연합국들이 시실리와 이탈리아 침공에 뒤이어 1944년 6월 6일에는 노르망디 상륙작전에 성공함으로써 제3의 전선이 생겨났다. 여러 전선에서 동시에 전쟁을 수행하게 되자 독일이 동원할 수 있었던 전쟁물자는 완전히 바닥이 났고, 이로써 독일의 패배는 거의 기정

사실이 되다시피 하였다. 비슷한 상황에 처했던 1918년 10월에는 루덴도르프가 전쟁의 패배를 있는 그대로 인정함으로써 그나마 제국의 국가적, 영토적 실체만은 지켜낼 수 있었다면, 히틀러의 경우에는 전혀 사정이 달랐다. 히틀러는 독일이 완전히 파멸하는 한이 있더라도 마지막까지 싸우겠다는 의지를 굳히고 있었다. 그의 정신나간 논리에 따르면, 만약 독일이 전쟁에 패한다면 그것은 곧 독일 민족이 그 적들보다 나약하다는 증거가 되고, 그렇다면 독일 민족은 마땅히 멸망되어야만 했다.

서쪽에서는 한동안 이른바 '기적의 병기'라고 불린 V-1, V-2가 독일에 다시 한번 승리를 가져다 줄 수 있지 않을까 하는 일말의 희망을 불러일으키기도 하였다. 반면 동쪽에서는 러시아의 전쟁 메카니즘이 메멜강(江)과 카르파텐 산맥 사이에서 이미 지칠 대로 지쳐버린 독일 동부사단을 짓밟고 지나갔고, 그곳의 독일계 주민들도 소련군이 진격하기 전에 서둘러 피난길에 나섬으로써 피난민의 행렬이 독일쪽을 향해 장사진을 이루고 있었다. 이러한 상황 속에서 히틀러와 그의 추종자들은 즉결심판 및 처형, 최후의 일각까지 싸우라는 결사항전의 명령 등을 통하여 자국 국민들에게까지도 전쟁을 벌이고 있었다. "우리는 미국, 영국, 러시아인들에게 단지 폐허만을 남겨놓을 것이다"라는 그들의 표현에서 보듯이 그들은 독일 국민들에게 끝없는 희생과 파멸을 강요하고 있었다. 다행히도 목숨을 걸면서까지 이른바 "네로 명령"이라는 초토화작전의 계획을 저지시켰던 일군의 시장들과 군부장교들이 있었고, 이들의 노력 덕분으로 독일은 그나마 완전한 파괴에서는 벗어날 수 있었다. 따라서 전쟁의 종언과 이에 뒤이은 연합국의 독일 점령은 집단수용소의 수감자들뿐 아니라 독일 국민 전체에게도 해방을 뜻하는 것이었다. 물론 종전과 함께 개인적으로 겪어야만 했던 운명 때문에 모든 국민들이 다 그런 해방감을 느낀 것은 아니었지만 말이다.

실제로도 종전은 해방의 의미만을 담고 있었던 것은 아니었다. 그도 그럴 것이 1945년 5월 7일 랭스에서 독일군이 무조건 항복한다는 문서에 서명하고 그 다음날부터 효력을 발휘함으로써 기정 사실화된 독일의 군사적 패배는, 나치로부터의 해방인 동시에 독일 민족국가의 멸망을

보다 큰 희생
아돌프 라이히, 1943

이 그림은 전쟁기념으로 세워졌던 뮌헨 루드비히가(街)에 있는 '승리의 문' 앞의 겨울풍경을 보여주고 있다. 왼쪽에는 히틀러 유겐트 소속의 소년 둘이 겨울나기 구제 캠페인을 위해 모금을 하고 있다. 그 옆에는 두 명의 여자가 다리가 절단된 병사를 쳐다보고 있고, 뒤쪽으로는 전쟁 미망인이 유모차를 끌고 있다. 이 그림이 던지고 있는 메시지는 이중적이다. 한편으로 이 그림은 히틀러의 말, 즉 "기부를 해야 할지를 망설이고 있는 사람이 있다면 주위를 한번 살펴보라. 그러면 자기보다 훨씬 더 큰 희생을 치른 사람을 보게 될 것이다"라는 말을 그림으로 옮겨놓은 것처럼 보이기도 하지만, 다른 한편으로는 그림에 묘사되고 있는 전쟁 희생자들의 모습이 거의 불온하게 여겨질 만큼 절망적으로 보이기도 한다. 실제로 이 그림은 '패배주의적'이라는 비난을 받았다.

뜻하는 것이었기 때문이다. 이러한 심대한 역설을 두고 망명역사가였던 한스 로트펠스는 "독일의 애국자들은 전쟁이 끝나면 그들에게 돌아올 것이라고는 아무것도 없다는 것을 잘 알고 있었지만 그래도 독일이 항복하게 될 순간을 학수고대하지 않을 수 없었다"고 표현하고 있다.

종전 후 독일 국민들 앞에 닥쳐온 것은 끝난 전쟁의 결과를 짊어지고 가야 하는 고단한 삶이었다. 독일쪽에서 죽은 사람은 5백5십만 명 정도였는데, 이는 일차 대전 사망자 숫자의 세 배에 달하는 수치였다. 이것은 분명 엄청난 숫자였지만, 연합국측의 희생자에 비하면 오히려 적은 수였다. 폴란드에서만 6백만, 소련에서는 2천만 명이 목숨을 잃었다. 독일로 끌려왔던 570만 명의 러시아 전쟁포로 중에서 살아남은 사람은 2백만이 채 되지 않았다. 전쟁 중의 폭

Achtung! Schlesier!
Ich suche meine Angehörigen:
Herrn Theodor Kameko (Vater)
Frau Ida Kameko (Mutter)
Fräulein Olga Kameko (Schwester)
zuletzt wohnhaft in Zobten, Bez. Breslau, Strehlenerstr.29
sowie Fräulein Elfriede Hoffmann und Mutter
aus Frankenthal bei Neumarkt.
Wer weiß etwas?
Nachrichten erbittet: Walter Kameko
LEIPZIG W31
Jahnstr. 45 Ir. bei Hille.

사람을 찾습니다!
손으로 쓰여진 벽보, 1945년

이 벽보는 전쟁통에 소식이 끊긴 가족이나 친척을 찾기 위해 만들어진 수많은 벽보 중의 하나이다. 1945년 여름은 독일 역사상 그 어느 때보다도 사람들이 어디론가 이동을 하고 있던 시기였다. 폭격을 당한 사람들은 거처할 집과 식량을 구하기 위하여 도시에서 시골로 몰려들었다. 소련군이 진격하기 전에 미리 도망 온 사람들의 행렬이 장사진을 이루었고, 폴란드와 체코슬로바키아로부터 추방당한 사람들의 숫자도 부지기수였다. 수많은 병사들이 전쟁터에서 집으로 가는 귀향길에 올랐거나 포로수용소를 탈출하려고 시도하였다. 거기에서 나치 강제수용소에서 살아남은 70만의 사람들과 유럽 전역에서 나치 강제노역에 복무했던 420만의 사람들이 풀려남으로써 거리는 그야말로 이동하는 사람들의 물결로 넘쳐났다. 전쟁이 끝날 무렵에는 기존 철도의 90%가 제기능을 발휘하지 못했다. 전쟁, 감금, 도주, 강제추방 등으로 뿔뿔이 헤어진 가족들은 도무지 장래를 기약할 수 없는 형편이었다.

격으로 수많은 가옥이 파괴되었고, 그 중에서도 특히 베를린과 서부 독일 도시들의 피해가 가장 극심했다. 생활필수품과 의복도 모자랐지만, 가장 부족했던 것은 식량이었다. 시기와 지역에 따라 차이는 있었지만, 전후의 일인당 식량 평균 소비량은, 지속적인 허기를 면하는 데 필요한 최소 식사량의 1/3에서 2/3에 불과했다. 이의 결과로 전염병이 창궐하는가 하면 범죄도 만연했는데, 그도 그럴 것이 적나라한 생존이 문제가 되는 상황에서는 일생생활에서 허용되는 것과 허용되지 않는 것 사이의 경계가 불분명한 경우가 허다하기 때문이다.

게다가 대규모의 피난과 추방으로 인해 독일인의 일상생활 환경에도 전면적인 변화가 일어났다. 소련군이 서쪽으로 진격함에 따라 독일인들의 피난행렬이 시작되었고 폴란드와 동구 여러 지역에서 살았던 독일계 주민들이 강제추방되었다. 그리고 전후에는 독일 자체가 분단됨으로써 이러한 변화는 더 가속화되었다. 종전을 전후한 몇 년 사이에 피난을 했거나 추방을 당한 사람들의 숫자는 천2백만 명을 넘었다. 그것도 이 혼란 와중에 사망한 사람들을 뺀 숫자이다. 유럽 역사상 그 유례를 찾아보기 힘든 대규모의 민족이동 과정에서 무려 2백만이 희생되었던 것이다. 독일인들이 살아야 할 영토의 크기는 중세 후기 수준으로 축소되었고, 동유럽에서 5백 년 넘게 살아왔던 독일인들의 역사와 문화가 완전히 말살되었다. 그나마 남아 있던 독일 영토 내에서도 모든 것이 뒤죽박죽이 되거나 심하게 파괴되었고, 전통적인 사회환경 역시 무너져버렸다. 그러나 이 모든 것에 못지 않게 심각했던 것은, 폭력정권과 전쟁, 그리고 이제서야 비로소 아무런 여과없이 알려지게 된 강제수용소 집단학살의 참상이 독일인의 집단의식 속에 파고들어 생겨난 모랄의 파괴였다.

　　　그리고 독일이 과연 하나의 국가로 존재할 수 있을까의 여부도 확실하지 않았다. 하지만 그러한 문제는 대다수의 독일 국민들에게는 거의 상관이 없었다. 그들에게는 하루하루를 살아가는 일상의 생존문제가 초미의 관심사였다. 종전을 전후한 독일의 정치적, 법적 공백은 1945년 6월 5일에 발표된 전승 4대국의 공식선언에 의해 끝이 났다. 이 선언에 따르면, 앞으로는 전승 4대국이 독일에서의 최고통치권을 넘겨받게 되고 공동으로 독일을 통치하도록 되어 있었다. '베를린 선언'으로 불리워지는 이 문서는 점령 3국의 언어로 먼저 작성된 다음, 마지막에 독일 국민이 알아볼 수 있게끔 독일어로 쓰여졌는데 이 선언은 연합국들이 전쟁기간 동안 여러 차례의 회담을 통해 결정된 사항을 공식적으로 확정하는 것이었다. 4대 점령국의 최고 사령관들로 구성된 연합국의 통제위원회가 베를린에 그 본부를 두고 독일 정부를 대신하는 최고 통치기구가 되었다. 이 통제위원회가 독일 전체의 문제를 관할했다면, 4대 전승국은 각자가 점령하는 지역 내에서 독자적으로 지배, 통치할 수 있었다. 베를린은 그 특수한 위치와 중요성에 비추어 특별지역으로 인정하여 4개 점령지역으로 나누었으며, 이 도시에 주둔했던 4대 전승국의 사령관들이 공동으로 통치했다.

　　　보다 세부적인 사항들은 1945년 7월 반히틀러 진영의 3대 강국 정상들이 회동한 포츠담 회담에서 결정되었다. 포츠담의 세실리 궁에서 열렸던 이 회담에서 미국 대통령 트루만, 영국 수상 처칠, 그리고 소련의 독재자 스탈린은 오데르-나이세 강을 독일과 폴란드의 임시국경선으로 정하고, 이 강을 중심으로 동쪽 지역은 폴란드가, 서쪽 지역은 소련이 점령한다는 데 합의하였다. 그 밖에도 이들 3국 수뇌들은 오데르-나이세강 동쪽과 체코슬로바키아, 헝가리 지방에 살고 있던 독일인들을 추방하기로 정식 결정하였는데, 실제로는 이러한 추방은 벌써 진행되고 있던 중이었다.

　　독일 자체의 처리문제를 두고는 이들 3국은 "독일의 군국주의와 나치즘을 발본색원함으로써 독일이 두번 다시 이웃국가나 세계평화를 위협하는 일이 없도록 해야 한다"는 데 합의하였다. 이 목적을 달성하기 위해 그들은 또한 독일을 완전히 무장해제하고, 일체의 군수산업시설을 철거하며, 모든 나치당원을 공직에서 물러나게 하고 독일의 정치생활을 민주적 토대 위에 재구축한다는 등의 조치에도 합의하였다. 그런데 이러한 합의 속에서는 독일이 하나의 경제적 통일체로 남아야 한다는 점을 특별히 명시하고 있지만, 전승 4대국이 제각기 자국의 점령지역에서 독자적으로 배상금을 뽑아내려고 했기 때문에 단일한 경제단위라는 원칙은 처음부터 삐걱거렸다. 그것은 마치 '민주적 기초 위에서의 정치생활'이라는 문구가 서방측과 소련측에서 서로 다르게 해석, 적용되었던 것과 같은 차원에서 이루어졌다. 이렇게 포츠담 선언에 담긴 합의내용은 각 전승국의 이해관계에 따라 자의적으로 해석될 수 있는 소지를 지니고 있었다.

　　1945년 11월 20일, 과거 나치의 전당대회가 개최되었던 뉘른베르크에서 독일의 주요 전쟁범죄자와 반인륜적 범죄를 저지른 자들에 대한 전범재판이 시작되었다. 연합국 합동의 군사재판으로 진행된 이 재판과정의 법적 근거를 두고는 논란의 여지가 있었고, 또 오늘날에도 이에 대한 논란이 계속되고 있지만, 그러나 우리가 염두에 두지 않으면 안 되는 것은 당시 피고인석에 앉아 있었던 사람들을 단죄하기 위해서는 기존의 독일 형법만으로도 그 처벌이 가능했고, 또 이러한 재판을 통해 독일인들이 전쟁이나 집단수용소에서 저질렀던 범죄행위가 조금도 꾸밈없이 있는 그대로 만천하에 밝혀졌다는 점이다. 그리고 긴 안목에서 보면 이 전범재판이 끼친 가장 유익한 결과는, 일차 세계대전 후 독일인들이 그랬던 것처럼 '등 뒤에서 찔렸다'라든가, '배신당했다'든가 하는 식의 이야기에 빠져들거나 도피할 수 있는 여지를 완전히 차단했다는 점이다.

　　과거의 책임을 둘러싼 문제는 독일 국민 개개인이 모두 감당해야만 했던 문제이기도 하다. 포츠담 회담의 결정에 따라 모든 독일 성인은 누구나가 '탈(脫)나치화' 과정을 겪어야만 했다. 이 과정은 점령지역에 따라 제각기 다른 방식으로 진행되었지만, 가장 엄격하게 탈나치화 과정이 시행된 곳은 미국 점령지역이었다. 그것은 민주주의의 이념과 제도를 전파하는 데 가장 투철한 소명의식을 가졌던 나라가 미국이었기 때문이다. 예를 들면, 미국 점령당국은 131개 항목에 달하는 설문지를 통해 독일 국민들의 정치성향이나 태도를 조사했는데, 이런 식의 조사는 수많은 오류와 판단착오를 낳을 수밖에 없었다. 왕년의 나치당원을 심문하는 재판의 판결 역시 자주 자의적이라는 인상을 주었기 때문에 이미 검증된 반파시스트들에게까지도 항의와 원성을 불러일으켰다. 게다가 처리해야 할 재판건수가 너무 많았기 때문에 나치에 가담한 정도가 경미한 사람부터 심리가 진행되었다. 그러는 사이 냉전이 격화되고 탈나치화에 대한 관심이 줄어들자, 정작 죄과를 치러야 할 전범들이 아무런 처벌도 받지 않고 그냥 넘어가는 경우도 빈번하였다. 이런 식의 처리방식이 독일 국민의 민주화에 아무런 도움을 주지 못한 것은 너무나도 당연하다. 마찬가지로 전쟁보상금을 받아내기 위하여 연합국들이 독일 공장의 기계나 설비시설을 해체시켜 자기 나라로 실어나르는 식의 전쟁배상금 정책도 독일 국민을 민주화하는 데 아무런 도움을 주지 못했다. 그러지 않아도 매우 힘든 경제적 곤궁에 처해 있던 독일 국민들에게 그러한 식의 배상금 징수방식은 자신들의 일자리를 빼앗는 행위로밖에 여겨지지 않았던 것이다.

그래도 다른 한쪽에서는 정치활동이 다시 활기를 띠었다. 그런데 이때의 정치활동은 우선은 지방적 차원에서 재개되었다. 처음에 점령국 사령부에 의해 임명되었던 시장과 지방행정 책임자들은 1946/47년부터는 선거를 통해서 합법적으로 정치 일선에 서게 되었다. 전후에 정치활동을 한 사람들의 대부분은 이미 바이마르 공화국 시절에 활동했던 정치가들로서 그들은 옛날의 당을 모태로 해서 지역 사정에 따라 다시 당을 재건하였다. 쿠르트 슈마허(Kurt Schmacher 1895-1952)는 하노버에서 사민당을 재건하였고 테오도르 호이스(Theodor Heuss 1884-1963)와 라인홀트 마이어(Reinhold Maier 1881-1971)는 자유민주당(자민당, FDP)을 결성했다. 바이마르 시절의 자유주의 정당이었던 독일 인민당과 독일 민주당을 계승한 자민당은 초창기에는 주로 남서부 독일에서 성공을 거두었다.

이에 반해 기독교민주연합(기민당, CDU)은 완전히 새로 결성된 당으로서 기독교와 중산시민계층을 두루 포괄하는 국민정당의 성격을 띠었다. 이 기민당은 나치에 저항했던 경험을 바탕으로 하여 교파에 따라 나누어졌던 과거 정당 시스템의 종파주의를 극복하려고 하였고, 또 기독교 계열의 노동조합원에서부터 자유주의자와 온건보수주의자들을 아우르고자 하였다. 기민당은 그 초기부터 라인-베스트팔렌 지방을 중심으로 하는 정치 그룹에 의해 주도되었고 이 그룹의 리더는 바이마르 시대의 쾰른 시장이었던 콘라드 아데나우어(Konrad Adenauer 1876-1967)였다. 그런데 쾰른 중심의 기민당 그룹이 추구했던 당의 주도권은 야콥 카이저가 이끄는 베를린 기민당 그룹에 의해 도전을 받았고, 이러한 상황은 대부분의 다른 정당들도 크게 다르지 않았다. 하노버에 본부를 두었던 사민당 지도부 역시 오토 그로테볼이 이끄는 베를린 사민당과 팽팽한 긴장관계를 유지하고 있었고, 자유민주당 또한 바이마르 시절에 내무부 장관을 지냈던 빌헬름 퀼츠의 주도 아래 결성된 베를린 중심의 독일 자유민주당(LDPD)에 의해 당 주도권의 도전을 받고 있었다.

지방의 당 지도부와 베를린 당 지도부 사이의 이러한 갈등의 원인은 우선 베를린이 제국의 수도로서 갖고 있었던 상징성이 여전히 큰 효력을 발휘했기 때문일 것이다. 그 다음으로 들 수 있는 원인은, 소련이 다른 점령지역에 뒤지지 않기 위해 자국의 점령지역인 베를린에서 일찍부터 정당을 결성하도록 독려했기 때문이다. 물론 소련은 제일 먼저 독일 공산당(KPD)을 장려했고, 이 당의 우두머리 발터 울브리히트(Walter Ulbricht 1893-1973)도 전쟁이 끝나기 며칠 전 이미 모스크바를 떠나 베를린에 돌아와 있던 터였다. 울브리히트도 처음에는 전 독일을 대표하는 시민적 정치 리더십을 만들어내려고 하였다. 그는 처음부터 사회주의나 공산주의를 바탕으로 한 일방적 통치체제를 요구하지는 않았던 것이다.

그렇지만 일종의 인민전선 정부를 수립하려던 그의 구상은 수포로 돌아갔다. 소련 점령당국은 독일 공산당이 사민당이나 다른 시민정당

사민당과 독일 공산당의 합당대회
사진 몽타주로 만든 포스터, 1946년 4월 21-22일

전쟁이 끝난 후 오토 그로테볼을 수반으로 하는 베를린 사민당의 지도부는, 노동자계급의 통일을 이끌어내기 위해서는 독일 공산당과 긴밀히 협력하는 것이 역사적으로 필요할 뿐만 아니라, 당연한 일이라고 생각하였다. 하지만 빌헬름 피크와 발터 울브리히트의 독일 공산당 지도부는 이에 선뜻 응하지 않고, 자신들이 국민 대다수의 지지를 받을 수 있을 것이라고 믿고 있었다. 그러나 1945년 11월 헝가리와 오스트리아의 총선에서 공산당이 참패하자 소련 점령 당국은 사민당과 독일 공산당이 합당하도록 종용하였다. 그렇게 해서 1946년 4월 21일과 22일 양일간 합당대회를 치르고 난 후 독일 사회주의 통일당(SED)이 공식적으로 창립되었다. 합당에 반대했던 수많은 독일 사민당 당원들은 체포, 구금되어 강제수용소로 보내졌고, 그 중의 대다수가 그곳에서 목숨을 잃었다.

들에 비해 훨씬 인기가 낮다는 사실을 알게 되었고, 그래서 정당관련 정책을 곧 변경하였다. 1945년 10월 독일 공산당은 사민당과의 합당을 요구하기 시작하였고, 오토 그로테볼 주도 하의 베를린 사민당 중앙위원회도 소련의 강력한 압력을 받게 되었다. 소련의 이러한 정책에 반기를 들었던 사민당의 일부 간부들은 쥐도 새도 모르게 사라져서 다시 돌아오지 않았고, 다른 간부들은 시베리아 수용소나 아니면 새로운 환경에 맞게 개조된 나치 집단 수용소 부켄발트에 감금되어 있다가 한참이 지난 후에야 풀려났다. 공산당과 사민당의 합당문제를 놓고 단 한번의 투표가 베를린에서 사민당 당원들에 의해 시행되었지만, 그들의 82%가 두 당의 통합에 반대표를 던졌다. 그럼에도 소련은 자국의 점령지역 내에서 1946년 4월 22일 통합전당대회를 열어 두 당의 합당을 성사시켰다. 이렇게 해서 태어난 것이 바로 독일 사회주의 통일당(SED)이었고, 이 당은 소련에 종속된 레닌식의 간부정당으로 급속하게 성장하였다. 그사이 서방 3국의 점령지구와 소련 점령지구 사이의 균열과 대립은 점차 더 분명한 양상을 띠었다. 양 진영은 독일의 분단을 두고도 서로 상대방에게 책임을 전가시켰지만, 이러한 상호비난은 실제로는 아무런 의미가 없는 것이었는데, 왜냐하면 서방 연합국과 소련 사이의 대립과 갈등은, 이미 일차 세계대전 이후부터 시작된 양 진영의 점증하는 세계정책 대립의 피할 수 없는 결과였기 때문이다. 실제로는 일차 대전 후에 노골화되기 시작한 이 양 진영의 대립은 히틀러 통치하의 독일이라는 공동의 적과 싸우느라 일단 주춤했을 따름이었다. 양 진영의 이러한 대립을 더욱 악화시킨 것은 소련의 대(對)유럽 정책이었다. 소련은 대전 후의 압도적인 군사적 우위를 이용하여 지리적, 전략적으로 중요한 지역을 확보하고,

위성국가로 둘러싸인 안전지대를 마련하고자 하였다. 이렇게 해서 이란과 터키, 그리스에 이르기까지 소련의 이해와 영미의 이해가 충돌되는 것을 시발점으로 해서 소련 블럭과 서방 블럭이라는 전 세계적 차원의 대결 구도가 형성되었다.

    그런데 이러한 대결구도의 냉전체제가 점령 치하의 독일에서만큼 직접적으로 그 영향력을 드러낸 곳도 없을 것이다. 1946년 7월 미국이 독일 국민들의 물품유통을 원활하게 하기 위해서 포츠담 합의문에 의거해서 4개 점령지역을 하나의 경제지역으로 통합해야 한다고 요구했을 때, 소련은 이를 미국의 경제적 제국주의를 확장하기 위한 의도된 조처라고 규정하면서 그 요구를 거부하였다. 미국 역시 소련의 독일 정책을 전 독일을 소련의 영향권에 편입시키려는 시도로 간주하였다. 그래서 미국 지도부는 전 독일 분단의 위험을 무릅쓰고라도 서방 점령지역의 통일을 추진하기로 결정하였다. 미국과 영국의 독일 정책에 전기를 마련해준 것은 당시 미국 국무장관 제임스 번즈가 1946년 9월 6일에 스튜트가르트에서 행한 연설인데, 이 연설에서 그는 독일 국민들에게 하루빨리 반공(反共) 민주국가를 세울 것을 촉구하였다. 1947년 1월 1일에 미국과 영국의 점령지역이 합쳐져서 '2개 지역(Bizone)' 이라는 단일한 경제지역이 생겨났고, 1949년 4월 8일에는 프랑스 점령지역도 가담해서 '3개지역(Trizone)' 이 형성됨으로써 독일 연방공화국의 경제적 기초가 마련되었다. 이처럼 독일이 분단구도로 고착될 기미를 보이자 이러한 상황을 막기 위해 바이에른 주정부는 1947년 6월 6일 독일의 주정부 대표들을 뮌헨으로 초청했지만, 이 회담은 회의가 시작되기도 전에 의사일정 문제에 대한 이견 때문에 무산되었다.

그렇지만 그런 문제들은 소수 정치가들의 관심사였을 뿐 평범한 대다수 독일 국민들은 전혀 다른 걱정거리를 안고 있었다. 그들에게 가장 시급했던 문제는 경제적 곤궁과 매일매일의 식량조달이었다. 전시경제로 인해 통화량은 엄청나게 불어났지만 정작 살 수 있는 물품은 턱없이 부족했기 때문에 암시장이 극성을 부렸고, 대부분의 독일 국민들은 살아남기 위해서라도 암시장을 들락거려야 했다. 돈이 많거나 좋은 교환물건만 있으면 이곳에서 무엇이든지 다 구입할 수 있었다. 그런데 이 때에는 담배가 대체화폐로서 중요한 역할을 하였고, 특히 '미제 담배' 만 있으면 빵이나 버터 등을 얼마든지 살 수 있었다. 돈도, 바꿀 물건도 없던 사람들은 시골로 가서 식량을 사 모으거나 형편이 좀 나은 친구들에게 도움을 청했다. 그것도 여의치 않은 사람들은 미국의 자선단체가 보내온 구호품에 의존했다. 1946년부터 독일로 답지된 구호품 덕분에 수십만의 독일 국민들이 굶주림을 면할 수 있었다.

미국은, 정도의 차이는 있지만 전 유럽에 퍼져 있던 심각한 경제난을 우려의 눈으로 바라보았다. 미국무성의 고위관리들은 이러한 경제적 어려움이 공산주의의 확산을 조장하지 않을까 두려워하였다. 그래서 나온 것이 곧 '마샬 플랜' 이었다. 1947년 6월 5일 신임 국무장관 조지 마샬은 전 유럽 국가들에게 차관, 식량, 원료를 제공하겠다는 원조계획을 발표하였다. 소련 세력권 아래 있던 국가들은 이 원조계획을 즉각 거부했지만, 서부 독일을 포함한 서유럽 전체의 경제재건을 위해서는 엄청나게 큰

하나의 기치 아래 함께 나아가는 유럽
포스터, 로테르담, 1950년경

1946년 말에서 47년 초에 이르는 겨울 동안 유럽의 경제상황은 그야말로 참담한 것이었다. 그런데 같은 기간에 공산주의자들은 동유럽에서 그들의 입지를 굳히고 있었고, 프랑스에서는 연정에 참가하고 있었으며, 이탈리아에서는 정권을 잡기 직전에 있었다. 그리고 그리스에서는 시민전쟁이 다시 불붙고 있었다. 이러한 상황에 직면해서 미국 정부는 공산주의의 세력확장을 저지하는 쪽으로 외교방향을 바꾸었다. 공산세력 차단정책의 일환으로 미국무장관 조지 마샬은 1947년 6월 5일 그의 이름을 딴 '마샬 플랜'을 공포했다. 이 계획은 유럽 전체를 대상으로 했지만 실제로는 패전국 독일이 이 계획의 핵심국가였다. 동유럽 국가들은 소련의 압력 때문에 이 계획에 참가하는 것을 거부하였다. 이 포스터는 총 125억 달러가 소요되었던 마샬 플랜, 즉 유럽 재건 프로그램을 홍보하기 위해 만든 것이다.

도움이 되었다. 그런데 서부 독일 점령지역을 마샬 플랜에 편입시키고 상품공급량과 통화유통량의 관계를 정상화시키기 위해서는 화폐의 근본적 개혁이 필요했다.

그래서 1948년 6월 20일과 21일 사이에 서부 점령지역 내에서 화폐개혁이 단행되었고, 이와 동시에 '2개 지역(Bizone)'의 경제책임자였던 루드비히 에어하르트(Ludwig Erhard 1891-1977)가 자신의 책임 하에 생산과 가격의 통제를 대폭 풀겠다는 것을 공식적으로 선언하였다. 이 조처가 있고 나자 하루아침에 암시장이 자취를 감추었고, 그때까지 창고에 가두어두고 내놓지 않았던 물품들이 상품진열장을 가득 메우게 되었다. 이에 대한 대응조처로서 소련도 자체의 점령지역 내에 독자적 화폐개혁을 단행하면서, 이 화폐개혁 조처가 동베를린뿐만 아니라 서베를린에도 확대적용되기를 바랬다. 하지만 서방 3대국은 자신들의 점령지역인 서베를린에 독일 마르크, 즉 DM통화를 도입하였다. 소련은 1948년 6월 24일 베를린을 완전 봉쇄함으로써 서방 3대국의 그러한 조처에 대응하였다.

"베를린을 포기하는 것은 서부 독일뿐 아니라 서유럽 전체를 잃게 되는 것을 의미합니다"라는 영국 외무장관 어네스트 베빈의 상황인식은 서방측의 베를린 정책을 결정하는 기조가 되었고, 서방측은 세계역사상 유례가 없는 최대규모의 베를린 공중보급작전(Luftbrücke)을 시행하였다. 모스크바까지 놀랄 정도의 이 공중작전이 지속된 11개월 동안 거의 20만이나 되는 비행횟수를 통하여 150만 톤이 넘는 식량, 석탄, 건축자재들이 베를린으로 공수되었고, 2, 3분마다 비행기가 서베를린 점령당국이 관할하는 3개 공항 중의 하나에 도착했다. 그것은 실로 엄청난 인원과 조직력이 동원된, 역사상 전무후무한 대규모 공중보급작전이었다. 베를린 봉쇄와 이에 대응하는 공중보급작전이 진행되는 동안 베를린은 이제 완전히 서베를린과 동베를린으로 나누어지게 되었다. 자유선거에 의해 구성되었던 베를린 시정부는, 1948년 가을 공산주의자들의 쿠데타에 의해 시정부 청사로부터 쫓겨나게 되었고, 그래서 서베를린 쉐네부르크 지역으로 시청사를 옮겨야만 했다. 한편 사민당의 에른스트 로이터가 이끌던 서베를린 시정부가 소련의 베를린 봉쇄라는 난관을 성공적으로 극복해가는 동안, 소련측도 이에 대응하기 위해 동베를린에 독자적인 시정부를 수립하였다. 동베를린 시정부의 수반은 바이마르 공화국 대통령의 아들인 프리드리히 에베르트(SED)였다. 이렇게 해서 독일 수도 베를린은 정치적으로 완전히 분단되었다.

한편 베를린 사건을 둘러싸고 벌어진 인간적, 정치적 드라마에 관심이 쏠린 독일의 국민여론은 베를린 분단뿐 아니라 독일 전체가 분단을 향해 마지막 발걸음을 내딛고 있다는 것을 거의 눈치채지 못하였다. 1948년 7월 1일에 서방 3국 점령지역의 군정사령관들이 서부 독일 주정부 수반들에게 '프랑크푸르트 문건'을 건네주었는데, 서방측은 이 문건을 통해 헌법을 제정하기 위한 제헌국회의 소집을 요구하였고, 또 향후 독일 정부와 서방 점령국 사이의 관계를 규정한 규약을 통보하였다. 독일 역사에서 자주 그래왔듯이 이때도 또다시 독일의 여러 주들(Länder)이 공통의 국가조직, 즉 중앙정부를 수립하는 데 중요한 역할을 하였다. 그렇지만 각 주정부 수반들은 서부 독일만을 가지고 하나의 최종적 국가를 만든다는 것에 대해서는 반대하는 입장을 취했다. 따라서 서부 독일 내에서 단독국가가 수립된다면 그것은 향후 독일 전체의 국가수립을 전제로 한 임시정부의 성격을 띠어야만 했다. 그렇기 때문에 새로 제정될 헌법도 헌법이 아니라 '기본법(Grundgesetz)'으로 불려야만 했다.

이러한 기본원칙에 바탕하여 주정부 수반들이 바이에른 헤렌킴제 궁에 모여 기본법의 초안을 작성하였고, 이 초안은 다시 각 주의회 대표들로 구성된 의회 협의회에 제출되었다. 1948년 9월 1일 드디어 이 의회 협의회가 본의 동물박물관에서 개최되었다. 박제된 두 마리 기린의 투명한 유리알 안구가 지켜보는 가운데 진행된 이 회의는 나중에는 자리를 옮겨 그 근처에 있는 교육 아카데미에서 기민/기사련 연합의 의장이었던 아데나우어의 주도 하에 본 기본법에 관한 토의를 계속하였다. 이러한 과정을 거쳐 이 기본법은 서방 3국 점령군 사령부의 동의를 얻어 1949년 5월 23일에 드디어 공포되었다.

그렇지만 독일 연방공화국의 수립과 함께 독일이 장기적인 분단의 길로 들어서고 있다는 것을 눈치챈 사람이 그 당시에는 거의 없었다. 아데나우어 자신도 1949년 5월 8일 기본법의 마지막 투표를 앞둔 의회 협의회의 대표들을 독려하면서 "우리는 지금 십계명을 채택하는 것이 아니라, 단지 과도기적으로만 효력을 발생하게 될 법을 채택하는 것입니다"라고 말할 정도였다. 그래서 사람들은 이렇게 생겨난 독일 연방공화국을 하나의 통일된 민족국가가 다시 형성될 때까지 잠정적으로 위탁을 받아 통치하는 일종의 임시정부로 이해하였다. 이보다 앞서 1948년 10월 22일에 동베를린에서 공포된 헌법 역시 이와 별반 다르지 않았다. 통일사회당(SED)이 지배하는 독일 인민대표자회의에서 채택된 동독 헌법과 이에 의거하여 1949년 10월 7일에 수립된 독일 민주공화국(DDR) 역시 독일 민족국가 수립을 독일 국민이 앞으로 추구해야 할 하나의 당면과제로 간주하였다.

TOUROPA
Fernexpress

DER ELEGANTE FERIENZUG MIT LIEGEBETT FÜR JEDEN GAST

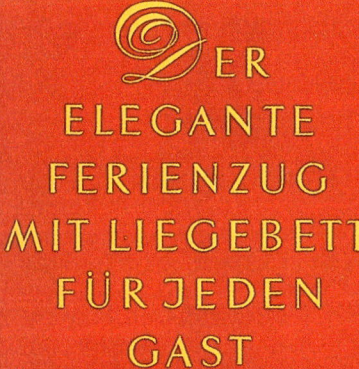

Prospekte in Ihrem Reisebüro

13장

분단국가 (1949-1990)

두 개의 독일 국가가 세계정치의 앞마당 역할을 하게 되었다. 이와 함께 '독일 문제'도 전혀 다른 모습을 띠게 되었다. 유럽 중앙에 하나의 독일이 있는 대신 1949년부터는 두 개의 독일이 존재하게 되었다. 그것도 두 세계패권국가의 위험스러운 접경지역에 위치하게 되었고 또 그러한 이유 때문에 한쪽에서는 미국, 다른 쪽에서는 소련의 특별한 관심과 고려의 대상이 되었다. 이러한 양상은 냉전시기의 두 독일 국가들에게 두드러지게 나타나긴 했지만, 실제로는 많든 적든 간에 유럽의 모든 국가들에게도 해당되는 것이었다. 따라서 이때부터는 전통적인 유럽 내에서의 공동행동이나 협력체제는 침묵하게 되었다. 한 진영이 다른 진영에게 가하는 압력으로 인해 유럽의 각 국가들은 개별 진영 내부에서 서로 뭉쳐 공동의 캠프를 형성하게 되었고 그럼으로써 그때까지 추구해왔던 한 국가의 절대적 독자성을 옛날처럼 주장할 수 없게 되었다.

이러한 경향은 핵의 시대가 시작됨으로써 한층 더 강화되었다. 1945년 8월 6일에 히로시마에 원자폭탄이 투하되고 1949년 8월에는 소련이 원폭실험에 성공하게 되자 한 국가의 주권이라는 것도 새롭게 정의

휴가용 특급열차 '투어로파', 독일 연방 철도를 이용하라는 광고 포스터, 1954
2차 대전 이후 독일인들은 좋은 음식과 좋은 집을 갈망하였다. '식탐 풍조'와 '가구장만 풍조'가 지나간 이후 1950년대에는 여행 붐이 일기 시작하였다. 독일인들은 파괴되고 음침한 나라를 빠져나와 햇빛 많은 남유럽의 풍광을 즐겼다. 거대 여행사에 의해 조직된 수십만의 관광객들이 스페인의 섬인 마요르카 해변이나 이탈리아의 아드리아해 해변으로 몰려들었다. 그들은 몸이 벌겋게 될 정도로 몸을 태웠기 때문에 이탈리아인들은 이들을 '튜톤 바베큐'라고 불렀다. 독일 관광객들의 이러한 모습은 나치의 "기쁨을 통한 힘" 운동이 꿈꾸었던 것을 무색케 하였다.

되었다. 이때부터는, 특히 위기의 순간에는 오로지 핵을 보유한 국가만이 진정한 행동의 자유를 가지고 있는 것처럼 보였으며, 유럽 국가들의 주권이라는 것도 기껏해야 두 초강대세력의 핵우산과 안전보장에 의해 파생되는 정도에 불과했다. 이들 헤게모니 세력은 자신들의 이해지대에 핵우산을 펼치고는, 핵우산 아래에 있는 국가들의 정치적, 이데올로기적, 경제적 조건과 상황을 좌지우지하다시피 하였다. 다시 말해 전통적으로 있어왔던 개별적 국가의 자결권에 대한 요구가, 군사적, 이데올로기적, 경제적 측면에서 세계를 지배하게 된 양극체제의 정치와 겹쳐지게 되었던 것이다. 스탈린은 이미 1945년 봄에 유고 공산주의자들과의 어느 대화에서 이러한 상황을 다음과 같이 표현하고 있다. "이 전쟁은 과거의 전쟁과는 다르다. 어떤 세력이든지 한 지역을 차지하게 되면, 그 세력은 그 지역에 자신들의 사회적 체제까지도 강요하려고 한다. 다시 말해 모든 세력은 자신들의 군사력이 미치는 한에 있어서, 자신들의 시스템을 주입하려고 하는 것이다. 그 밖의 다른 방식은 있을 수가 없다."

유럽의 분할은 이렇게 해서 2차 대전으로부터 생겨난 세계평화를 유지하기 위한 전제조건이었다. 양대진영이 현존하는 경계와 세력권을 상호 인정하는 한도 내에서만 초강대국 사이의 불안정한 균형이 유지될 수 있었다. 분단된 독일은 이러한 세계질서를 떠받치는 중요한 기둥이었으며, 베를린은 이 세계 안전구조물의 주춧돌 역할을 하였다. 만약 그 구조물이 붕괴하게 되면 제3차 세계대전을 촉발시킬 수도 있을 터였다. 바로 이러한 이유 때문에 독일은 나뉘어져 있으면서도 역설적으로 통일되어 있었다. 한편으로 독일은 서로 대립하는 블록에 속했던 두 개의 국가로 분할되었지만, 다른 한편으로는 2차 세계대전의 4대 전승국은 독일 전체에 대해 그들이 통치권을 가지고 있다는 사실에 큰 가치를 두고 있었다. 바로 이런 이유 때문에 소련 점령군은 1980년대까지도 동독 내에 주둔하고 있던 소련 병력을 '독일 주둔 소련군'이라는 명칭으로 불렀는데, 동독 정부는 이러한 명칭을 못마땅하게 생각하였다. 따라서 독일 정책에 대한 모든 문제라든가 독일 내에서의 군대 주둔문제에 대해 마지막 발언권을 쥐고 있었던 것은 전승 4대국이었고, 이로 인해 분단된 두 독일 국가의 주권은 제한될 수밖에 없었다.

　　상황이 아무리 변하더라도 상황의 기본구도에는 아무런 변화가 없었다. 팽팽한 긴장상태에 있던 양대세력 사이의 독일은 언제나 군사력이 집결하는 지역이었고, 전쟁 발발시에는 군사적 결전장이었으며 종전 이후에는 전쟁방지와 이해조정을 위한 전략적 협상이 행해지던 외교적 각축장이었다. 이러한 상황은 30년 전쟁이 끝난 후 중부 유럽에서 독일이 처했던 상황이기도 했다. 우리가 익히 알고 있는 이러한 독일적 상황이 새로운 모습을 하고 다시 등장하였던 것이다.

　　1949년 9월 21일 세 명의 서방 점령국 사령관들이 독일 연방공화국의 수상을 자기들 쪽으로 오게 해서는 신공화국 정부의 수반에게 정식으로 점령조례(占領條例)를 건네주려고 하였다. 점령국과 피점령국 사이의 관계를 정하는 이 조례에는 본 기본법에 우선하는 점령국들의 주권이 명시되어 있었다. 점령국과 신생공화국 사이의 관계를 명확히 하기 위해 연합국측 세 명의 대표들은 자신들의 좌석은 붉은 카페트 위에 배치한 반면, 독일 대표단은 카페트 밖에 자리를 배정해놓았다. 그런데 이 의식이 있기 며칠 전에 콘라드 아데나우어가 새로 선출된 독일 연방의회에서 가까스로 다수표를 얻어 수상으로 선출되었다. 아데나우어 내각은 기민당(CDU), 자민당(FDP)과 하노버 중심의 농민정당인 독일당(이 당은 나중에 기민당에 흡수되었다)을 포괄하고 있었지만, 쿠르트 슈마허 주도하의 사민당(SPD)은 일단 야당으로 출발하였다. 이처럼 선거를 통해 민주적 정통성을 확보한 새 연방수상 아데나우어는 점령군 사령관들이 자신을 아랫사람 취급하듯이 대하는 것을 따를 의사가 전혀 없었고 그래서 곧장 금지된 카페트 위로 걸어 올라갔다. 연합국측은 아데나우어의 이러한 제스처를 떨떠름한 표정을 지으면서 그대로 받아들였다. 아무튼 새로운 독일 연방수상은 처음부터 자신이 운신할 수 있는 행동공간을 최대한 활용할 것임을 명백히 했던 것이다.

　　하지만 외교적 관점에서는 이러한 행동공간의 폭이 너무 좁았고 아데나우어도 이 점을 잘 알고 있었다. 새로 수립된 정부정책을 발표했던 1949년 9월 20일의 첫 의회연설에서 그는 자신의 우선 목표는, 전승국들

독일이 3분(分) 되었다고? 절대로 아니다!
철판에 새겨져 에나멜을 칠한 것, 독일 통합 촉진기관, 1960

동독과 소련은 1952년 이래 두 독일 국가를 동등한 자격을 가진 국가로, 그리고 오데르-나이세 강 국경선을 최종적인 국경선으로 간주했지만, 서독의 관점에서 볼 때는 독일은 1937년 12월 31일의 국경선 안에, 다시 말해 베르사이유 조약과 슐레스비히, 상부 슐레지엔, 자르 지방의 국민투표에 의해 정해진 영토 안에 존재하는 것이었다. 이것은 또한 1944년 11월 14일 연합국들에 의해 런던에서 인정되었던 독일 영토의 정의이기도 했고, 포츠담 회의에도 반영되었으며, 나중에는 본 기본법 116조에도 들어가게 되었다. (물론 이 116조는 '평화적 조약을 통한 해결' 이라는 유보조항을 달고 있기는 하다) 그러나 서독 정부는 1972년 '동방조약' 이 발효된 이래로 '1937년의 국경선' 이라는 말의 사용을 계속 기피하였다. 기본법 전문에 있는 재통일을 촉구하는 부분도 같은 해에 체결된 양독 기본 조약 이후에는 역사적으로 이미 낙후된 것으로 간주되었다.

소련 인민으로부터 배운다는 것은 승리를 배우는 것을 의미한다.
포스터, 라이프치히 1951

서방 통합정책은 한국전쟁 기간 동안에 가속화되었다. 동독의 프로파간다는 배의 메타포로 이에 대응하고 있다. 왼쪽에는 물이 새는 서방의 해적선이 보이는데, 이 해적선의 찢어진 깃발에는 마샬 플랜, 북대서양 조약기구, 서방 블록이라는 문구가 쓰여 있다. 그리고 처칠, 드골, 프랑코, 프랑스 외무장관 슈망이 배 밑바닥으로부터 헛되이 물을 퍼내고 있고, 나치 제복을 입은 아데나우어는 이미 물에 빠져 허우적거리고 있다. 이 형편없이 작은 배는 거대한 소련 증기선에 의해 깔려 있고, 증기선 갑판 위에는 평화의 깃발 아래 소련 블록의 영웅적 인물상들이 당당히 서 있다.

13장 | 분단국가 **319**

에 의해 대표되는 무력한 독일 연방공화국을 가능한 한 빨리 '서유럽 세계'에 편입·통합시키고 나아가서는 독일의 주권과 군사적 안정, 그리고 행동의 자유를 다시 회복하는 것이라는 점을 강조하였다. 문화적, 정신적인 면에서도 분단 국가인 서독은 철저하게 서유럽에 통합되어야 했는데, 왜냐하면 그래야만 동과 서를 왔다갔다하는 전통적인 독일 외교정책의 위험성을 배제할 수 있고 또 소련의 그늘에서 벗어날 수 있다고 생각했기 때문이다. 아데나우어가 추구했던 서방과의 탄탄한 유대는 또한 독일과 프랑스간의 오랜 적대관계를 극복하고 독일을 신뢰할 만하고 예측가능한 정치 파트너로 만든다는 목적도 가지고 있었다. 독일 연방공화국의 초대 수상은 그러한 확실한 입장을 통해서만 독일의 재통일이 가능할 수 있다는 점을 확신하였다. 또 그 길만이 유일한 독일 문제의 해결방안이라고 생각하였다.

　　세계정치는 아데나우어가 구상한 목표에 유리하게 전개되었다. 냉전은 1950년 6월 25일 공산 북한이 남한을 침공하자 뜨거운 전쟁으로 변하였다. 한국전쟁은 서방세계의 지도자들에게는, 크레믈린이 제3차 대전으로 이어질 수도 있는 전 세계적 공격을 개시한 신호탄으로 여겨졌다. 독일을 영구히 비군사화한다는 것은 연합국측이 추구한 가장 중요한 전쟁목표의 하나였지만, 이제는 그러한 목표가 낡은 것처럼 보였고, 더구나 동독에 벌써 오래 전부터 '입영 인민경찰'이라는 위장된 명칭으로 이미 군대가 존재하고 있었던 상황에서는 더욱 그러하였다. 바로 그 위장군대가 북한의 선례에 따라 공격 계획을 세우고 있지 않다고는 어느 누구도 장담할 수가 없는 형편이었다. 이러한 상황에서 프랑스, 이탈리아, 베네룩스 3국 그리고 서독으로 구성된 초국가적 성격의 서유럽 군사공동체인 "유럽 방위공동체(EVG)"를 결성하는 것이 하나의 대응방안처럼 보였다. 1950년 5월에 서독 정부는 이미 서독군을 창설하기 위한 계획을 몰래 진행하고 있던 터였다. 이 방위공동체를 결성하기 위한 협상은 길고도 힘난했으며, 협상에 참가한 모든 국가에서도 저항이 있었다. 게다가 독일이 다른 참가국들과 동등한 권리를 갖고 참가할 수 있는 조약체결을 끝까지 주장했던 아데나우어의 고집 때문에 협상의 진행은 더욱 어려웠다.

서독이 무조건적으로 서방에 통합하는 길을 택하는 데 모든 사람이 찬성했던 것은 아니었다. 여당인 기민당과 야당인 사민당에 이르는 모든 주요 정당에는, 서방 블록과의 속박을 끊고, 약간의 주권을 희생하는 한이 있더라도 냉전의 적대국들 사이에서 중립적 노선을 취하는 통일된 독일의 길을 택해야 한다고 주장하는 정치가들도 있었다. 1952년 봄 드디어 이들에게 절호의 기회가 찾아온 것처럼 보였다. 스탈린이 연합국과 서독에 보낸 여러 차례의 메시지를 통해 전승 4대국의 통제 하에 두 개의 독일을 하나의 중립적 독일로 통합하자는 제안을 해왔던 것이다. 그리고 중립적 독일은 엄격하게 제한된 병력을 보유할 것과 '평화를 사랑하는 민주적 정당들'(물론 소련이 이해하는 식의)에 의한 민주국가를 건설할 것을 제안하였다. 서방 강대국들은 스탈린의 제안을 거부하였고 서독 정부 역시 아무런 유보없이 이들의 거부에 가세하였다. 서독 정부가 무조건 스탈린의 제안을 거절했던 이유는, 동서 사이를 왔다갔다하는 허약한 하나의 통일 독일보다는 서독의 서방 블럭과의 통합이 더 중요하다고 굳게 믿었기 때문이다. 하지만 그 당시 본 정부가 설령 다른 생각을 가지고 있었다 하더라도 워싱턴, 런던, 파리에서 내려졌던 다수의 결정을 바꾸지는 못했을 것이다.

바로 이때가 독일 통일을 위한 절호의 기회를 놓친 때일까? 이에 대해서는 오늘날까지 논쟁이 계속되고 있지만, 이 논쟁은 소련의 공식문서가 완전히 공개되고 그럼으로써 그 당시 소련의 진정한 의도가 무엇이었는지 밝혀지기까지는 끝나지 않을 것이다. 하지만 그 당시 연합국측이 내렸던 결정은 정확한 가정에 기반했을 가능성이 높다. 다시 말해 메시지를 통한 당시 소련의 외교공세는 서독이 서방의 안보 및 경제 공동체에 가입하기 직전의 몇 달 사이에 집중적으로 이루어졌고 또 모든 정황으로 보아 스탈린의 목표는 십중팔구 서독의 서방통합과 유럽 방위공동체의 창설을 마지막 순간에 저지하려고 한 데 있었다고 보아야 할 것이다. 이렇게 보면 서독의 정치가들이, 전 독일의 중립화를 통하여 독일 통일을 이룰 수 있는 절호의 기회를 포착하는 데 실패했다고 말할 수는 없을 것이다. 실제로 그들은 그러한 가능성을 처음부터 갖고 있지 않았다.

유럽 방위공동체(EVG) 조약은 1952년 3월 26일에 체결되었지만 2년 후에 프랑스 의회가 이 조약의 비준을 거부하는 바람에 실패하고 말았다. 프랑스 의원들의 대다수는 이 조약이 프랑스의 주권을 너무 침해하는 것이라고 생각했던 것이다. 하지만 서독의 서방 동맹체제로의 통합은 이미 거스를 수 없는 시대의 추세였다. 1955년 5월 5일에는 '파리 조약'이 발효되었는데, 이 조약의 가장 중요한 내용은 독일의 '북대서양 방위기구(NATO)'에의 가입을 규정하는 조항이었다. 나토는 이미 1949년 4월 4일에 미국의 주도 아래 영국, 프랑스, 아일랜드, 노르웨이, 덴마크, 이탈리아, 포르투칼, 베네룩스 3국이 모여 결성한 군사동맹체로서, "회원국의 어느 한 나라나 여러 나라가 공격을 받을 때 그것을 회원국 전체에 대한 공격으로 간주한다"는 것과 이러한 일이 발발하면 상호 군사원조를 제공한다는 것을 주요내용으로 하고 있었다. 그리고 1952년에는 위에서 언급한 나라 말고도 그리스와 터키가 회원국으로 가입하였다.

1955년의 나토 가입을 독일의 관점에서 보면, 나토 회원국이 된다는 것은 안전의 보장을 의미했을 뿐만 아니라 이 시기에 거의 동시에 발효된 '독일 조약'에서 서방 강대국들에 의해 이미 인정받은 주권을 다시 회복하는 것을 의미했다. 물론 이때의 주권이라는 것은 제한된 것이었는데, 왜냐하면 독일땅에 군대를 주둔시킬 수 있는 권리와 같은 독일 관련 정책의 최종적 행사권은 여전히 전승국들의 수중에 있었기 때문이고 그 밖에도 서독은 핵무기를 포함한 일련의 전략 무기 시스템을 구축하는 것을 포기해야만 했기 때문이다. 당시의 연합국측은 서독의 나토 가입을 약간은 다른 각도에서 보았다. 나토 사무총장이었던 이스마이 경의 표현에 따르면 동맹체의 목적은 유럽에 "미국인들을 끌어들이고, 러시아인들을 몰아내며, 독일인들을 눌러두는 것(to keep the Americans in, the Russians out, and the Germans down)"이었다.

그것은 사람들이 20세기 역사를 통해 배웠던 교훈이기도 하다. 다시 말해 좀처럼 예측하기 힘든 중부 유럽의 세력인 독일을 순화시켜 믿을 만한 파트너로 만들기 위해서는 독일을 국가공동체로부터 배제시켜서도 안 되고 굴욕감을 주어서도 안 된다는 것을 20세기 역사를 통해 배웠던

**공산주의의 마수는 안 된다.
그래서 기민당이다.**
연방의회 선거의 선거벽보, 1949

소련 공산주의로부터 느끼는 위협은 한국전쟁과 소련지역 내에서 일어났던 정치적 억압과 인권유린 등을 보면서 피부에 와 닿는 절실한 경험이 되었고, 이러한 경험은 서독의 서방통합에 상당할 정도로 기여하였다. 이로부터 공산주의에 대한 주민들의 두려움을 당리당략적으로 이용하는 경향이 생겨났다. 이로 인해 연정과 야당 사이의 관계가 극도로 악화되었다.

것이다. 1919년 평화질서에 결정적 오류가 있었다면, 그것은 독일을 그렇게 다루지 않았다는 점일 것이다. 당시와는 달리 이제는 독일을(당분간은 서독에 한정되지만) 서방 공동체에 묶어, 어떠한 정치적 상황의 변화가 오더라도 이 결속을 지키는 것이 가장 중요하였다. 이러한 결속은 군사적 측면에서 뿐만 아니라 경제적, 정치적 측면에서도 그대로 적용되는 것이었다. 서유럽의 결속은 20세기에 겪었던 유럽인들의 파국적 상황의 경험으로부터 비롯되었고, 또 경제적, 군사적, 정치적 유대의 강화를 통해서만 고립된 민족적 정치에서 벗어날 수 있다는 인식의 산물이었다.

1946년 12월 16일 윈스턴 처칠이 취리히에서 행한 연설에서 독일과 프랑스의 파트너쉽에 기초한 '유럽 합중국'의 창설을 요구했을 때(이러한 생각은 그 당시에만 해도 충격적인 것이었다), 그는 영국을 아직 제외시키고 있었다. 처칠의 이러한 구상은 고전적인 영국 외교정책의 기조, 즉 '힘의 균형' 정책의 정신에서 나온 것으로서, 그는 유럽 대륙에 동맹체제를 구축하여 영국의 문 앞에서 벌어지는 불안정한 유럽의 정치상황을 안정시키고, 영국은 해외식민지의 경영에만 전념하려고 생각하였다. 하지만 50년대가 지나면서 영국과 프랑스의 식민제국은 붕괴되었고, 유럽의 세계지배도 끝이 났으며, 이제는 전적으로 자신들에게만 의존하게 된 유럽은 미국과의 동맹 속에서 남은 힘을 모두 뭉쳐야만 겨우 자신들의 목소리를 낼 수 있다는 사실이 분명해졌다. 1951년에 창설된 '석탄과 철강을 위한 공동시장', 즉 몬탄유니온(Motanunion)은 유럽의 경제적 통합을 위한 첫걸음이었다. 몬탄유니온이라는 이 경제공동체에 의해 프랑스, 독일, 네덜란드, 벨기에, 룩셈부르크에서 생산되는 석탄과 철강이 공동관리되었다. 이 공동체에 참가한 6개국은 곧 '유럽 경제공동체(EWG)'를 결성하였고, 1957년 3월 25일에는 원자력의 평화적 이용을 위한 '유럽원자력공동체(EURATOM)'가 생겨났다. 이러한 일련의 공동체 결성과정을 거치면서 마지막으로 형성된 것이 오늘날 우리가 보는 유럽 연합(EU)이다. 유럽 연합은 여러 위원회, 협의회, 사무총장과 사무국 관리들로 이루어진 거대한 상부조직과 스트라스부르크에 유럽 의회를 두고 있다.

오늘날의 관점에서 보면, 이러한 기구들이 생겨났던 초창기의 세계는 이미 먼 옛날의 일이 되어버렸고, 유럽 통합의 첫걸음을 내디뎠을 때의 희망에 가득 찬 파토스와 민족적 독자성을 포기하면서까지 유럽 연합에 기꺼이 참여하려고 했던 열의 역시 오늘날의 우리들 눈에는 선뜻 이해가 가지 않는다. 하지만 유럽 통합 초창기의 이러한 열의로 유럽은 커다란 변화를 겪게 되었다. 이러한 변화를 단적으로 보여주었던 한 예는 1963년 1월 22일 아데나우어 수상과 프랑스 대통령 드골(1890-1970)이 독·불 공동협력에 관한 조약을 체결한 후, 독·불 전쟁의 피로 얼룩진 상파뉴에서 양국군대를 공동사열하는 장면이었다. 불구대천의 원수가 몇 년 사이에 운명공동체가 된 것이다. 수세기에 걸친 얽히고 설킨 양국의 관계 속에서 이러한 발전은 유럽 역사의 일대전환을 의미하는 것이었다.

서방 국가공동체가 2차 대전 이후 서독을 받아들였다는 것은 그 이후의 독일에 커다란 영향을 끼쳤다. 처음부터 미국이 아데나우어 정부를 지원함으로써, 독일의 신생 민주주의는 국내정치적으로도 상당한 신망을 얻게 되었다. 민주주의자라는 것이 독일 역사상 처음으로 성공을 의미하게 되었다. 어디까지나 추정이지만, 만약 최초의 독일 민주주의 국가였던 바이마르 공화국이, 그러니까 에베르트나 슈트레제만, 브뤼닝 같은 정치가들이 2차 대전 이후처럼 서방의 호의를 누릴 수 있었다면 독일의 역사는 전혀 다르게 발전했을지도 모른다. 아무튼 2차 대전 이후 서독 민주주의의 성공은 부분적으로 서방측의 적극적 후원과 호의에 힘입고 있었고, 이에 덧붙여 '경제기적'도 물론 이러한 성공에 큰 몫을 담당했다.

그러나 경제적 붐에 대한 전망이 처음부터 그렇게 밝았던 것은 아니었다. 1949/50년 겨울 동안만 해도 바이마르 시절 최악의 해를 연상시킬 만큼 실업이 만연하였고, 1939년 이래 지속되었던 생필품배급제 역시 1950년 3월에 가서야 끝이 났다. 그런데 한국전쟁의 결과로 전 세계적인 경제 붐이 일어났고, 이 덕분에 서독 경제도 상당한 성장을 하게 되었다. 전쟁 중 못다한 소비재에 대한 욕구가 폭발적으로 증가하였고, 전쟁의 파괴와 전후 산업시설 해체로 인해 위축되었던 산업계도 최신 생산설비에 상당한 자본을 투자하였으며, 마샬 플랜은 이에 필요한 자금을 공급하였다. 그리고 한국전쟁 기간 동안 서독의 가장 중요한 무역경쟁국이었던 미국과 서유럽 국가들이 군수물자 생산에 산업설비를 총가동하는 동안 서독 수출품은 세계시장에 침투할 수가 있었다. 그 밖에도 노동조합이 정부 수립 초기에 임금인상 요구를 자제한 것도 큰 효력을 발휘했다. 이 시기의 임금상승률은 국민총생산 성장률보다 약간 낮았지만, 그럼에도 노동자의 임금은 해마다 평균 5%씩 증가하였다. 그들 역사상 최대의 패배를 겪고 나서 독일인들은 경제적으로 최대의 번영을 구가하였다.

서독 정부는 이러한 경제적 번영으로 생긴 부의 운용공간을 이용하여 거의 혁명적인 방식으로 사회정책 분야에 손을 대었다. 1950년의 '연방 원호법'을 통해서는 3백만 명의 전쟁피해자들이 도움을 받았고, 1952년의 '고통 분담법'을 통해서는 전쟁, 추방, 재산몰수 등으로 재산상의 피해를 입었던 사람들에게 물질적 보상을 해줌으로써 국민들 사이에 역사상 유례없는 재산변동이 일어났다.

연방 실향민법, 경영협의체 규칙법, 연방 손해배상법, 연금 개혁, 병이 났을 때도 임금을 계속 지불하는 법적 장치, 자녀수당—한 마디로 오늘날 우리가 알고 있는 독일 복지정책의 제도적 장치는 아데나우어 시대, 다시 말해 경제가 무한히 성장할 것이며 언제나 복지국가의 재원을

충당할 수 있으리라고 굳게 믿었던 시대에 그 연원을 두고 있다.

독일 민주주의의 내적 안정은 50년대의 '경제기적' 및 사회정책과 깊은 관련이 있다. 서독의 총인구는 4천7백만 명이었고, 여기에 동유럽의 독일 지역, 체코, 헝가리에서 추방된 천만 명이 포함되고, 나중에는 동독에서 넘어온 3백만 명의 피난민이 추가된다. 극좌나 극우와 같은 과격정당들이 존재하긴 했지만, 이들 정당들은 경제부흥과 이로 인한 도도한 민주화의 물결 속에서 이렇다 할 만한 기회를 잡지 못했다. "본은 바이마르가 아니다"라는 말은 50년이라는 기간 동안에 한 민족이 이해할 수 없을 정도로 변모한 것을 설명하는 데 안성맞춤인 표현이었다. 1933년 3월의 선거에서 무려 2천만이나 되는 유권자들로 하여금 공산당이나 나치당에 표를 찍게 했던 바이마르 공화국의 열정과 광신, 그리고 간질병적 발작증세는 이제 빗물이 땅 속에 스며들 듯 사라져버렸다.

고통분담법에 대한 가이드
팜플렛, 바이로이트 1955
1952년 5월 16일 사민당과 독일 공산당의 반대를 무릅쓰고 통과된 고통 분담법은 독일 역사상 가장 큰 규모의 재산 재분배를 가져다 주었다. 1949년 화폐개혁 당시 5,000마르크를 초과하는 재산을 가진 모든 서독 사람들에게는 총액의 5%에 해당하는 세금이 부과되었고, 이 금액은 30년 동안에 분할 납부할 수 있었다. 이렇게 해서 1983년까지 모아진 1,260억 마르크는 피난이나 추방, 전쟁의 파괴 등으로 입었던 손실을 보상해주기 위해 쓰여졌다. 이 법은 피난민들이나 추방된 사람들이 서독에서 새출발하거나 서독 사회에 통합되도록 하는 데 크게 기여했다.

그 대신 등장한 본 공화국은 밋밋하고, 이성적이며, 따분할 정도로 냉철하였으며 놀라울 정도의 안정성을 보여주었다. 콘라드 아데나우어와 그의 성공적인 경제장관이 선거 때마다 내걸었던 두 가지의 구호는 '모든 사람을 위한 풍요'와 '실험없는 안정적 정치'였다. 시민들은 정치에 이미 진력이 난 상태였고(사회학자들은 전후의 독일인들을 '회의하는 세대'라고 진단하기도 하였다), 그렇기 때문에 사적인 영역으로 물러나서 행복을 찾으려 하였으며, 자기 집이나 딱정벌레 모양의 폴크스바겐, 스페인의 마요르카 섬으로의 여행에 돈을 쓰고는 국가의 일은 본 수상관저인 샤움부르크 궁의 노(老)정치가에게 아예 일임해버렸다.

이에 비해 전후 독일 세대의 문학그룹이었던 47그룹에서부터 주간지 『슈피겔 *Spiegel*』이나 『차이트 *Zeit*』와 같은 여론주도지의 편집자에 이르는 서독 문화계 대표자들의 대다수는 서독이라는 국가에 대해 소외되거나 제외되고 있는 것처럼 느껴졌는데, 왜냐하면 그들의 눈에는 서독은 답답하고 물질주의적이며 복고적으로 보여졌기 때문이다. 문화인들의 이러한 느낌은 결코 새로운 것이 아니었다. 바이마르 공화국의 문화계나 카이저 시대의 아방가르드 역시 자신들을 시대에 비판적이고 저항하는 사람들이라고 생각하였고, 또 지식 엘리트와 권력 엘리트 사이의 근본적 대립은 유럽 모더니즘의 근본 특징인 것처럼 보였던 것이다. 그런데 오늘날의 시점에서 되돌아 볼 때 징녕 놀라운 사실이 하나 있다면, 그것은 서독의 문화적 현상의 대부분이 바이마르 공화국의 그것과 비교해 볼 때 매우 빈약하고 아류적인 느낌을 주고 있다는 점이다. 시인 파울 첼란과 소설가 귄터 그라스와 같은 소수의 예외도 있기는 하다. 그러나 이 예외적 인물들에서도 하나 눈에 띄는 점은 이들의 대부분이 동구 쪽에서 서독으로 이주해 온 사람들이라는 점이다.

또다른 독일 국가, 즉 독일 인민공화국(DDR)은 서독과 같은 튼튼하고 활기찬 성공 모델에 비견될 만한 그 어떤 것도 제시하지 못하였다. 동독은 소련 세력권의 최전방에 위치하고 있었고, 또 스탈린과 그 후계자들에 의해 그들의 시스템을 떠받쳐주는 전략적 지주로 간주되었다. 이렇게 보면 동독 정부의 수립은 서독 정부수립에 대한 단순한 반동 이상의 의미를 갖는다고 보아야 할 것이다. 동독의 초대 국가수반은 공산주의자 빌헬름 피크(Wilhelm Pieck, 1876-1960)였고, 정부수반은 한때 사회민주주의자 였던 오토 그로테볼(Otto Grotewohl, 1894-1964)이었으며, 이 두 사람은 모두 나중에 사회주의 통일당(SED)의 멤버가 되었다. 하지만 막후에서 영향력을 행사했던 '소련 친구들'을 일단 제외한다면, 실질적 권한을 가졌던 사람은 정부수반의 제1권한대행자였던 발터 울브리히트(1893-1973)였는데, 그는 당과 국가의 모든 주요 요직을 차례차례 물려받았다.

동독의 정당성은 처음부터 허약하였다. 처음에는 사회주의를 건설한다는 약속으로 잠자고 있던 이상주의를 크게 일깨우긴 했지만, 거기에는 자유선거도, 경제적 성공도 빠져 있었다. 소련식 모델이 사회적, 정치적 삶의 모든 영역에서 판을 치고 있었고, 당중앙위원회의 정치국을 정점으로 하는 사회주의 통일당은 국가와 사회 전반을 통제하고 국가계획경제를 주도하였다. 모스크바의 모델에 따라 1950년에 군사적으로 조직된 국가안보성은 국가 전체를 촘촘한 스파이망으로 뒤덮고 '국가반역자들'을 애매모호한 죄목이나 아무런 법적 근거없이 체포하였다. 공적 삶의 이러한 군사화는 동독의 국가인민군이 필요로 하는 이상으로 진행되었고 또 국가를 우상화하는 동독의 끝없는 제의적 행사가 그랬던 것처럼 주민들을 정치적으로 획일화시켰다. 동독의 주민들은 열심히 일했지만 그들의 생활수준과 생산품의 질은 서방수준에 훨씬 미치지 못하였다. 국가소유 공장의 생산수준과 엘베강과 오데르강 사이의 농업생산량은 2차 대전 이전의 수준을 훨씬 밑돌고 있었다. 그럼에도 동독은 유럽 경제공동체에 대응하기 위해 동구진영 국가들이 만든 '상호경제협의회(RGW)', 즉 우리가 흔히 코메콘(COMECON)이라고 부르는 동구경제공동체 내에서는 가장 성공적인 나라로 간주되었다.

　　1952년 6월에 개최된 동독의 제2차 공산당회의는 '점차 치열해지는 계급투쟁' 상황 속에서 '사회주의의 승리는 역사적 필연'이라는 인식 하에 사회주의가 건설되어야 한다는 노선을 선언하였다. 이로 인해 교도소는 자의적인 법의 판단에 의한 희생자로 넘쳐났고, 농업은 강제집단화되었으며, 중산층은 실질적으로 파괴되었다. 거기에다 일방적인 중공업 우선정책에 따라 물가가 앙등하였고 산업노동자에게 부과된 의무생산량도 10% 증가하였다. 울브리히트의 이러한 과격한 노선은 소련의 입장에서도 너무 위험한 것처럼 보였다. 이같은 강제조처들은 1953년 6월 모스크바의 지시에 따라 황급히 철회될 수밖에 없었다.

　　노동계급의 지도자들은 모든 것을 다 생각하였지만, 단 하나 노동자 자체만은 생각하지 못하였다. 노동조건이나 의무작업 할당량이 조금도 개선되지 않았던 노동자들이 드디어 봉기하였다. 첫 번째로 파업에 들어간 노동자들은, 당시 사회주의의 쇼윈도를 만들기 위해 동독 당국이 국가위신을 걸고 벌였던 '스탈린 거리' 건설현장의 노동자들이었다. 1953년 6월 17일에 일어났던 건설노동자들의 파업은 급속하게 동독의 다른 산업도시로 확산되었다. 이 파업은 처음에는 보다 나은 경제적, 사회적 조건에 대한 요구로 출발하였지만, 이러한 분위기는 곧 사회주의통일당 정권에 대한 일반적인 적대감으로 바뀌었다. 그들은 동독에서도 서독의 정당들을 허용하라는 주장과 함께 점령지역을 제거하고, 자유, 비밀선거를 실시하라고 요구하였다. 파업은 국가적 규모의 봉기로 변하였고, 동독 정권은 소련 탱크의 지원을 통해서 이 봉기를 진압하고 겨우 권력을 유지할 수 있었다. 이 사건이 남겼던 온갖 쓰라림에도 불구하고 이 봉기가 완전히 실패한 것만은 아니었다. 국민과 정부 모두가 상대방의 약점과 강점을 알게되었고, 동독의 지도층 역시 그들의 한계가 무엇이며, 그리고 당의 독재체제가 계속 살아남기 위해서는 국민의 물질적 욕구를 충족시켜 주는 것이 얼마나 중요한가를 배우게 되었다. 그 밖에도 전 세계인들 앞에서, 위기의 순간에 소련 탱크가 굴러가지 않으면 동독의 지배체제는 공중분해될 수밖에 없다는 점을 봉기는 분명히 보여주었다.

그리고 역시 분명해진 것은, 동독이 서독과 직접 경쟁해서는 이길 승산이 없게 되었다는 사실이다. 또한 서독의 서방 안보조직과의 유대가 돌이킬 수 없는 기정사실이 되어버리자 소련은 벌써 1955년에 입장을 바꾸어, '독일 문제'는 사회정치적 체제를 달리하는 두 개의 독일 국가를 존속시킴으로써 영구히 해결될 수 있다는 새로운 이론을 전개하였다. 이로써 서방과의 통합을 통한 독일의 재통일은 이제 실현 불가능한 것이 되어버렸다. 이러한 변화에 맞추어 동독에서도 통일정책에 변화가 왔다. 정치, 경제분야의 경쟁에서 서독보다 열세에 있다는 것을 명확히 인식하고 있던 동독은 현재의 여건이나 전망 아래에서는 독일의 재통일을 거부하였다. 이러한 상황을 두고 보면, 동독이 1974년 이후부터는 공식적으로 스스로를 "사회주의 국가"(Staat) 내에 존재하는 '사회주의 정부'라고 선언하고 적어도 서독에 사회주의 체제가 들어서기 전까지는 서독을 포함하는 단일민족공동체의 존재를 전적으로 거부했던 것은 너무나 당연한 일이었다.

하지만 실제로는 서베를린의 휘황한 불빛은 동독 주민들에게 거의 마력적인 매력과 견인력을 발휘하였고, 이로 인해 경계선을 넘어 탈출하는 사람의 행렬이 줄을 이어 1961년까지는 동베를린 인구수에 맞먹는 165만 명의 동독인이 서독으로 넘어왔다. 소련은 계속해서 그렇게 많은 사람들이, 레닌의 표현을 빌리면 '제 발로 투표하는' 것을 그대로 용납할 수가 없었다. 사람이나 노동력의 상실보다 더 위험했던 것은 '현존하고 있는 사회주의'가 날마다 겪게 되었던 체면의 손상이었다. 1958년 10월, 크레믈린의 새로운 지배자로 등장한 후르시초프는 서방 연합국이 베를린에서 철수하고 또 동독을 경유하는 베를린 통로에 대한 통제권을 단념할 것을 요구하였다. 이에 대응해서 케네디 대통령의 미국 정부는 베를린을 위한 세 개의 기본원칙을 제시하였다. 즉 주민의 자유, 서방 연합군의 지속적 주둔, 그리고 공중, 수로, 철도, 아우토반을 통한 베를린 통로의 확보가 곧 그것이다. 베를린을 둘러싼 신경전이 극에 달하자 드디어 1961년 8월 13일 동독 병사들과 제복을 입은 준군사요원들이 밤사이에 서베를린을 빙 둘러싸는 가시철조망과 참호를 설치하였다. 그로부터 몇 주 후에는 베를린 중심부를 가로질러 거대한 콘크리트 장벽이 세워졌다. 장벽이 설치된 이후 서베를린으로 탈출하려는 사람은 누구나 경계보초병이 쏘는 총알세례 속에서 자신의 목숨을 내거는 모험을 감수해야만 했다.

    베를린 장벽은 여러 가지 부정적 영향을 끼쳤지만, 그래도 상황을 명확히 해주는 역할을 하였다. 베를린 장벽의 건설은 베를린이 가졌던 법적, 정치적 지위의 일방적 침범을 의미하였지만, 연합국측은 전쟁을 감수하면서까지 그것을 저지할 수가 없었다. 세계를 핵전쟁의 문턱에까지 몰고 갔던 1962년의 쿠바 위기는 이러한 상황을 더욱 명확히 해주었다. 서로의 세력권을 건드리지 않는 것—바로 이것이 평화의 대가였던 것이다. 이때부터 세계정치의 일상적 주제는 대결이 아니라 긴장완화였다. 소련에 대항하는 미국의 가장 충실한 동맹국이었던 서독은 재통일과 독일의 유일대표권을 주장해온 터였기 때문에, 양대세력의 화해가 모색되던 이 시기에 와서는 점차 하나의 걸림돌이 되었다. 동베를린과 외교관계를 맺는 나라와는 국교를 단절하겠다는 서독의 할슈타인 독트린도 이제는 마지막 난관에 봉착했다. 특히 아랍 국가들은 본으로부터 받는 것보다는 소련의 원조에 더 큰 기대를 걸었기 때문에 서독과의 외교관계를 단절하는 한이 있더라도 동독을 승인하려고 하였다.

    국내정치에서도 변화의 징후가 나타났다. 1963년 10월에는 '노인(Der Alte)'으로 불리워졌던 노수상이 물러남으로써 아데나우어의 시대도 끝이 났다. 그의 후계자는 '경제기적의 아버지'로 대중적 인기가 높았던 루드비히 에어하르트(Ludwig Erhard)였는데, 그는 1965년 9월 19일의 연방의회 선거에서 승리하였다. 기민당은 바이에른주의 자매정당인 기독사회연합(기사련, CSU)과 합쳐 연방의회에서 절대 과반수에 4표가 모자라는 승리를 하였다. 반면 연정 파트너였던 자민당은 기존의석의 4

분의 1을 잃었고, 야당인 사민당은 카리스마적인 수상 후보 빌리 브란트(Willy Brant 1913-1991)의 주도 아래 상당한 의석을 더 확보하였다. 그러나 에어하르트는 선거에서의 승리를 지속적인 정책으로 연결시키는 데 성공하지 못하였다. 그가 선거에서 승리할 수 있었던 것은 무엇보다도 유권자들에게 엄청난 양의 사회정책적 선물을 약속했기 때문이다. 하지만 재정지출이 사회생산보다 더 빠르게 증가하고, 경기하강으로 인해 재정적 어려움이 가중되자 한때 더 많은 소비를 선거구호로 내걸었던 에어하르트는 이제는 절약을 설교하는 입장이 되지 않으면 안 되었다. 그의 설교는 전혀 먹혀들지 않았고, 재정적자를 함께 떠맡을 생각이 없었던 자민당이 연정을 탈퇴하자 에어하르트도 곧 사임하였다. 1966년 10월 27일 연정은 붕괴되었다.

그 뒤에 등장한 정부는 쿠르트 게오르그 키징어(Kurt Georg Kiesinger 1904-1994)를 수상으로 하는 기민/기사련과 사민당의 대연정이었다. 3년 남짓 지속된 과도적 성격을 띤 이 대연정 정부는 비록 경기침체를 극복하고 새로운 경제정책을 통하여 경기상승을 촉진하는 등 경제적 측면에서는 성공을 거두었지만, 연정의 구성세력이 너무 이질적이어서 계속 지속될 수가 없었다. 특히 독일 정책과 동방 정책을 두고 사민당과 자민당은 모스크바, 워싱턴, 파리로부터 오는 긴장완화의 신호를 따르고 유럽과 독일의 분단이라는 '현실'을 그대로 받아들이는 바탕 위에서 동독과 '정상화된 동반관계'를 맺어야 한다는 외교적 입장에 상당한 의견접근을 보았다. 키징어 정부 역시 이같은 방향으로 나아가 루마니아 및 유고슬라비아와도 외교관계를 맺어 할슈타인 독트린을 폐기하고, 모스크바와의 직접 대화를 시도하기도 했다. 또 내각은 1967년 5월 동독 정부의 서한을 받아서 이에 답장을 하기로 결정을 내리기도 하였다. 그러나 이 새로운 현실주의적 외교노선은 기민당의 정치가들, 특히 기사련 지도부 입장에서는 너무 지나친 것이었다. 연방수상 키징어는 상충되는 사안들을 일단 '제껴두는' 방식으로 중구난방의 내각을 한동안은 함께 묶을 수 있었다.

그러나 난관에 봉착했던 것은 동방정책이나 독일 정책뿐만 아니라 국가라는 배 전체가 좌초된 것처럼 보였다. 60년대에 들어서면서 서독의 정치적, 문화적 분위기는 근본적으로 변하기 시작하였다. 전후에 성장한 세대의 눈에는 부모들의 가치는 낡고 의심스러운 것으로 보였다. 그것은 50년마다 되풀이되는 독일 역사의 전형적인 세대갈등으로서, 이러한 세대갈등은 이미 '3월 전기'와 세기말, 그리고 바이마르 공화국 시절에도 있어왔던 터였다. 다시 한번 젊은 세대는 부모세대의 태도나 사고방식을 도저히 참을 수가 없다는 것을 알게 되었다. 그들의 눈에는 부모들은 사무적일 정도로 합리적·이성적이고, 아무런 꿈도 없이 언제나 현실타협적이며, 실현 가능한 한계의 범위를 좀처럼 벗어나지 않는 것처럼 보였다. 젊은 세대의 독일인들은 자신들이 성장해온 환경의 사회적 분위기, 정신적 풍토에 가차없는 비판을 가했다. 아데나우어 시대의 실용주의, 서독 초창기의 복고적 토대, 그런 토대 위에서 나치 시대의 경력을 계속 이어간 관료, 법관, 외교관, 경제적 성공의 이면에 도사린 문화적 정체, 수십 년간 터부시되고 비방되어 온 좌파 및 급진이론, 전쟁기간과 전쟁 직후에 겪었던 물질적, 심리적 박탈감을 보상이라도 하듯 마구 빠져드는 물질만능주의―이 모든 것들이 이들의 근본적 비판의 대상이 되었다.

    마치 20세기 초에 유럽 산업화의 충격이 뒤늦게 찾아와서 급진적 삶의 방식에 관한 논의가 본격화된 것처럼, 60년대 초에도 나치 시대의 끔찍함과 그 죄악상이 한 세대가 지난 후에야 뒤늦게 자각되는 것처럼 보였다. 도덕적 분노의 강력한 파도가 서독 사회 전반을 휩쓸었다. 그 중에서도 특히 식자층, 이를테면 지식인, 대학생, 오피니언 리더, 교사, 교수, 저널리스트들이 자신들의 부모가 실행하지 못했던 저항을 뒤늦게라도 해야 한다는 강력한 욕구에 휩싸였고, 또 그렇게 해야만 독일의 최근사가 저질렀던 죄의 업보로부터 자신들이 벗어날 수 있다고 느꼈다.

    1967년 6월 2일 이란 국왕의 베를린 방문을 반대하는 데모에서 한 대학생이 경찰의 총에 맞아 죽자, 도덕적으로 한껏 고양된 반파시즘의 기치를 내걸고 저항의 물결이 전 독일을 휩쓸었다. 시위자들은 '굳을대로 굳은 사회구조'를 쳐부수고, 자유주의적 독일 민주주의의 제도가 '일상적 파시즘'의 보루라는 사실을 폭로하며, '가면을 뒤집어쓴 기득권층'의 정체를 밝혀 이를 계몽된 '대항 엘리트'로 교체해야 한다고 주장하였다. 여러 해 동안 대학과 그 밖의 장소에서 지식인 중심으로 결성된 비정치권 세력인 '원외 야당(APO)'의 시민전쟁을 방불케 하는 시위 및 소요가 계속되었다. 동유럽에서는 이미 한물 간 것으로, 또 냉소적 경배의 대상으로 격하되었던 맑스와 레닌이 자유주의적 서구에서는 짧은 기간 동안 제2의 중흥기를 맞이하였다. 그러나 혁명의 불길은 점화되지 않았는데, 왜냐하면 맑시즘이 새로운 사회주의 사회의 견인세력이 되리라고 희망했던 노동자층이 혁명을 통해 '족쇄'에서 풀려나는 것보다는 잃는 것이 훨씬 더 많다고 생각하였고, 또 모택동식의 중국 모델에 따라 서독에서 문화혁명을 이루겠다던 꿈도 어딘가 그로테스크하고 현실과는 동떨어진 것이었기 때문이다. 70년대 초반에 와서는 '원외 야당'은 수많은 정치 분파로 급격히 와해되었고, 그 중의 일부는 70년대 후반의 '평화운동'이나 녹색운동으로, 다른 일부는 지하 테러그룹으로 흡수되었다.

하지만 국내의 근본 분위기는 변화했다. 1969년 9월 28일에 실시된 연방의회 선거가 이를 잘 보여주었다. 이 선거에서 집권여당인 기민당과는 반대로 변화하는 당이라는 이미지를 심어주었던 사민당은 당 역사상 한번도 있어본 적이 없는 40% 경계선을 처음으로 넘어서는 득표율을 획득하였다. 사민당 당수 빌리 브란트와 자민당 당수 발터 쉘이 연정구성에 합의하였다.

1969년부터 1982년까지 지속된 브란트와 헬무트 슈미트를 수상으로 하는 사민당과 자민당의 연립정부 시대는 이를테면 아데나우어 시대를 보완하면서 서로가 짝을 이루는 시대라고 파악할 수 있다. 아데나우어의 서방 통합정책에 브란트의 동방 정책(Ostpolitik)이 뒤따랐다. 그리고 그의 동방 정책이 겨냥했던 것은 서독과 동구 블럭 국가들 사이에 긴장을 완화하고, 양자의 관계를 정상화하며 지속적인 유럽의 분단상황 속에 있는 서독의 평화를 보장해주는 협정의 틀 안에 편입시키는 것이었다. 국내적으로는 브란트는 '실험보다는 안정'이라는 아데나우어의 슬로건 대신 '보다 많은 민주주의를 위한 시도'라든가 개혁과 문화적 개방과 같은 것을 정책적 대안으로 제시하였다. 이 시기에 학교나 교육분야에 내려진 많은 결정들이 비록 문제의 여지가 많고 너무 이데올로기적으로 보이긴 했지만, 그래도 이러한 정책들은 커다란 성공을 거두었다. 아데나우어의 '복고적'인 공화국에서 멀리 비켜서 있던 비판적, 좌파적, 자유좌파적 성향의 지식인들은 이제 70년대의 변화된 여론풍토 속에서 정신적 지배권을 갖게 되었다. 아데나우어와 브란트는 서독의 역사에서 언제나 함께 속해 있으며, 그들이 이룩한 성과는 서로 보완적이었다. 이런 면에서 이 두 사람은 동전의 양면과 같은 존재라고 할 수 있다.

'신동방 정책'을 처음 시작한 것은 독일인들이 아니라 초강대국들이었다. 미국 대통령 리처드 닉슨과 소련 외무상 안드레이 그로미코는 베를린을 둘러싼 긴장은 협상을 통해 완화되어야 한다고 선언하였고, 1970년 3월 26일에는 4대 전승국 대표들이 베를린 조약을 협상하기 위해 연합국 통제위원회 본부에 모였다. 1971년 9월 3일에 드디어 협상이 마무리되었고, 이를 통해 동독에 둘러싸인 섬과 같은 서베를린의 상황이 상당히 호전되었다. 설령 그 당시에 기민당이 집권하고 있었더라도 이 신데탕트의 추세를 거역하지는 못했을 것이다. 그러나 브란트 정부는 강대국들의 제안을 그대로 따르고 또 모스크바 및 바르샤바와 불가침 조약을 맺는 데 훨씬 더 적극적이었다. 마치 아데나우어가 한때 그것이 옳은 길이라는 것을 확신했기 때문에 서방 연합국들이 원했던 독일의 서방 통합을 그대로 받아들였던 것처럼, 브란트 역시 그것이 절실하게 필요하다고 스스로 믿었기 때문에 미국의 동맹국들이 원했던 소련 블록 및 동독과의 화해를 강력하게 추진했던 것이다.

이처럼 소련 및 동구권 국가들과 맺었던 '동방 조약'을 두고 연방의회에서 논쟁이 벌어졌는데, 이 논쟁은 1972년 3월 22일에 그 정점에 이르렀다. 이 날의 논쟁은 독일 의회사를 장식하는 빛나는 순간으로서, 1848/49년에 독일 문제를 두고 바울 교회에서 벌였던 국민의회의 장시간에 걸친 열띤 논쟁과 비견될 만하다. 수십 년 만에 처음으로 의원들은 독일은 과연 무엇이며 그 미래는 어떻게 되어야 할 것인가 하는 문제를 두고 갑론을박을 전개하였다. 연정측 당 소속연사들이 동서의 정상화가 독일에 가져다줄 여러 가지 기회를 높이 평가하였다면, 기민당측의 야당인

사들은 여러 가지 위험성을 강조하였다. 그러나 정작 이 논쟁의 중심을 이루고 있었던 것은 외교관을 서로 교환하거나 동유럽과의 관계를 어떻게 설정해야 하는가 등의 문제가 아니라 유럽 내에서 독일의 장래가 어떤 모습을 띠어야 하는가 하는 문제였다. 야당인 기민당의 주장대로 "1937년의 국경선 내"에서의 독일 재통일이 최우선시되어야 하는가? 물론 이 주장은 동구와 맺었던 조약에 비추어보면 거의 실현성이 없는 것처럼 보였다. 아니면 연정측의 주장대로, 비록 재통일에 대한 독일의 희망을 일단 접어두는 한이 있더라도 전 유럽의 평화와 긴장완화에 더 우선권을 주어야 하는가? 아직도 독일의 통일을 기대할 수 있을까? 아니면 그러한 목표는 이미 물건너간 것일까?

이처럼 독일의 장래를 두고 있을 수 있는 여러 측면들이 논의되었다. 그런데 독일의 장래를 두고 벌인 논쟁 속에서 자연스럽게 독일의 과거 역사에 대한 여러 가지 해석이 나왔다. 이 해석들 중에서도 서로 다른 네 가지의 중요한 역사적 견해가 논쟁을 지배하였다.

첫 번째는 야당의원 바이체커의 견해로서 그는 모든 독일 정치는 1871년에 비스마르크가 만들었던 것과 같은 독일 민족국가를 다시 복원하는 데 그 목표를 두어야 한다고 주장하였다. 그는 프랑스 역사학자 어네스트 르낭의 유명한 정의를 빌어, "민족(Nation)은 공동의 과거와 미래, 언어와 문화, 의식과 의지, 정부와 영토가 한데 합쳐진 하나의 총괄개념입니다. 독일 민족이 저지른 모든 잘못과 시대정신의 온갖 오류에도 불구하고 그래도 공동의 의지와 의식으로 독일 민족개념을 우리들에게 깊이 심어주었던 것은 1871년의 독일 통일이었습니다. 오늘날의 우리들이 스스로를 독일인으로 느끼고 있는 것도 바로 이점 때문입니다. 지금까지 그 어떤 다른 것에 의해서도 우리의 이러한 민족개념과 민족감은 대치되지 않았습니다"라고 말하였다.

두 번째는 바이체커의 이러한 주장을 정면으로 반박하는 견해였다. 사민당의 한 연사는 국가(Staat)와 민족(Nation)의 차이를 지적하면서, 비스마르크 국가에서는 민족의 대다수가 억압받았다고 주장하였다. 따라서 그의 견해에 의하면, 독일의 과거역사에 의거해서 독일의 장래를 만들어 나가려고 하는 사람들은 모름지기 독일 농민전쟁, 계몽주의, 노동운동, 히틀러 저항운동에서 민족의 기본방향을 설정해야 한다는 것이다.

세 번째는 주로 남부 독일의 연사들이 펼쳤던 독일 역사에 대한 시각이다. 그들의 견해에 따르면, 독일은 실제로는 프로이센, 바이에른, 뷔르템부르크, 작센-코부르크-고타, 함부르크와 그 밖의 많은 지역들로 구성된 하나의 묶음에 지나지 않고, 그것도 독일 역사상 훨씬 나중에 와서 그나마 짧은 기간 동안 하나의 민족국가로 합쳐졌을 뿐이라는 역사인식을 전개하였다.

네 번째는 사회민주주의자 카를로 슈미트(Carlo Schmid)의 견해인데, 그는 독일 민족국가는 역사적으로 주어진 것이긴 하지만, 그러나 공동체의 형식으로는 이미 극복되어진 것으로서 유럽이라는 국가로 나아가는 도상의 전단계에 불과하다고 주장하였다.

당분간은 카를로 슈미트가 최종적 발언을 한 것처럼 보였다. "동방 조약"에 뒤이어 1972년 12월 21일에는 두 독일 국가 사이에 독·독 기본조약이 체결되었다. 이 조약은 두 독일 국가의 존재를 인정한다는 데서 출발해서, 양 국가 사이의 '선린우호 관계'를 다짐하고 양국의 현존하는 국경선은 침범될 수 없다는 점을 명백히 했다. 그리고 그 후 곧 두 독일 국가는 동등한 자격으로 UN에 가입하였다. 비록 양측이 기본조약에서 '민족문제를 위시한 기본적 문제들'에 대해 '서로 다른 입장'을 강조했지만, 실제로는 독일 문제에 대한 마지막 해결책이 찾아진 것처럼 보였다.

그러나 상황은 그렇게 전개되지 않았다. 정치가, 학자, 언론인들이 보기 드물게 입을 모아 경쟁하다시피 두 독일의 존재와 그들 사이에 그어진 경계는 역사에서 통상적으로 있을 수 있는 정상적인 것이고, 나치 시대의 오만방자한 행동에 대해 치루어야 하는 대가이며, 세계평화를 위해서는 어쩔 수 없이 감내해야 하는 희생이라는 등의 주장을 펼치고 있는 사이에 베를린 장벽이나 국경 장벽에서는 계속해서 보초병의 총탄세례나 자동감지 폭탄, 지뢰 등에 의해 수많은 동독인들이 피를 흘리며 죽어갔던 것이다. 동독 정부는 UN 인권조약에 보장된 여행의 자유를 비준하긴 했지만, 국외로의 여행자유권을 행사하려던 동독 사람들은 온갖 괴롭힘과

당원 수첩의 교부
한스 므로친스키, 1953년

1952년 동독의 정치구조가 확고한 자리를 잡게 되자 발터 울브리히트는 제2차 사회주의 통일당(SED) 당대회에서 사회주의 건설이 '계획대로' 진행되고 있다고 선언하였다. 그러나 실제로는 그것은 새로운 이념이 실현되었다는 것을 의미한 것이 아니라, 낙후된 소련의 스탈린식 시스템에 동독이 적응했다는 것을 의미했다. 이 공산당 전당대회는 스탈린 동지의 저작을 '보다 철저하게' 학습할 것을 결의하였다. 동독의 당지도부는 스탈린의 개인숭배 말고도 당간부를 육성하는 데 집중적 노력을 기울였다. 비판과 자아비판, 그리고 당기관에 의한 위로부터의 통제 등은 당의 권력을 공고히하는 데 유효한 수단이 되었다.

친척들에 대한 차별대우, 그리고 금고형을 받을 각오가 되어 있어야만 했다. 동독의 저항세력들은 양독의 기본조약과 헬싱키 유럽 안보협력회의(KSZE)의 결의문에 고무되어 인권과 자유여행권의 조속한 실현을 촉구하였다. 하지만 동독 저항세력들의 이러한 요구는 새로 시작된 두 독일 국가의 실용적인 화해정책에 오히려 걸림돌이 되었다. 이에 비해 브란트의 독일 정책 자문역을 맡았던 에곤 바아르가 이미 1963년에 내놓았던 '접근을 통한 변화'라는 대독 정책방안은 훨씬 더 현실적인 성격을 띠고 있었다. 이 방안은 동독 공산정권은 제거될 수 없고 단지 변화될 수 있을 뿐이라는 것과 동독과의 관계에서 중요한 것은 일단 동독 정권을 안정시키는 것이

모든 사람들이 날씨 이야기를 하지만 우리는 아니다.
사회주의 독일 학생연맹의 포스터, 베를린 1973.
1960년대가 지나면서 본격화된 서독 대학생들의 정치화는 '위기에 처한 교육'과 권위주의적인 전통적 대학구조에 대한 비판으로부터 시작되었다가 '제3세계', 베트남 전쟁에 대한 논쟁을 거치면서 과격화되었다. 그리고 이 학생운동은 1967년 6월 2일 이란 국왕이 베를린을 방문했을 때 한 대학생이 경찰의 발포에 의해 죽게 되자 반부르조아적인 행동주의로 급변하였다. 처음 얼마간은 '사회주의 독일 대학생연맹(SDS)'이 이 학생봉기를 주도하였는데, 이 연맹은 생경한 맑시즘의 어휘를 자유자재로 구사했을 뿐만 아니라 이 포스터에서 보듯이 독일 연방철도의 광고문구를 패러디화해서 급소를 찌르는 유머와 재치도 갖고 있었다.

고 그래야만 동독 정권이 자체의 존재적 불안에서 벗어나 동독 주민들에게 더 많은 자유를 허용할 것이라는 내용을 그 골자로 하고 있었다.

실제로 그 당시에는 동독과의 교류에서 자유 및 민주의 기본적 원칙을 일단 접어두고 약간은 마키아벨리적인 '현실주의 정책'을 쓰려는 경향이 있었는데, 그러한 경향은 그 나름의 타당성을 가지고 있었다. 그도 그럴 것이 이와 같은 방식을 통하여 서독 정부의 돈으로 동독의 감옥에 있던 수만 명의 정치범들이 석방될 수 있었고, 양국간의 여행규제 조처를 상당히 완화시킬 수 있었기 때문이다. 1974년에는 동독의 안보성이 연방수상 주위에 침투시킨 간첩사건이 발각됨으로써 브란트 수상이 사임하는 사태가 발생하였다. 하지만 이 센세이셔널한 사임조차도 공식적인 양독관계의 기조를 바꾸지는 못하였다. 1969년에서 1982년까지 지속되었던 사민당과 자민당의 연정이 무너지고 1982년 9월 17일 헬무트 콜을

슈트트가르트 작가회의, 신문 사진, 1970

연방수상인 빌리 브란트가 1970년에 독일 작가 귄터 그라스, 하인리히 뵐, 베른트 엥겔만 등과 함께 작가회의에 참석하고 있는 모습이 보이는데, 독일의 정부 수반이 작가 및 시인들과 나란히 앉아 있는 장면은 그 전에는 한 번도 있어 본 적이 없었다. 70년대 초반에는 소수의 문학적 엘리트의 도덕적 사명감이 변화된 정치 분위기와 서로 만나게 됨으로써 지적 엘리트와 정치적 엘리트 사이의 새로운 통일을 이루어 내려는 경향이 생겨났다. 많은 관찰자들이 볼 때 빌리 브란트는 정신과 권력의 새로운 통일을 구현하고 있던 핵심인물이었다.

수상으로 하는 기민당과 자민당의 새 연정이 들어섰지만, 이 연정 역시 독일 문제에 대한 기존의 견해에 아무런 영향을 끼치지 못했다. 1987년에는 동독의 국가평의회 의장이자 사회주의통일당의 당서기였던 에리히 호네커가 서독을 공식방문하였다. 덤덤할 정도로 진지한 표정을 짓고 서독 연방군(Bundeswehr)의 의장대를 공동사열하는 호네커와 콜의 모습은 신문사진을 통해 전 세계에 알려졌고 또 이러한 모습은 중부 유럽의 관계가 이제는 정상적이고 안정적인 기반 위에 서 있다는 것을 알리는 일종의 신호였다.

정치와 역사에서는 잠정적인 해결보다 더 오래 지속되는 것도 없고, 반대로 지속적으로 보이는 상황보다 더 깨지기 쉬운 것도 없는 법이다. 독일의 통일은 양국의 수상과 평의회 의장이 악수를 하기 이전에 이미 하나의 현실이 되어가고 있는 중이었다. 독일 통일로 나아가는 동서냉전의 긴 여정에서 그 반환점이 어디에서 시작되었는지를 잘라 말할 수는 없겠지만, 백러시아의 숲속 어디쯤엔가 반환점이 있었을 것이다. 미국의 첩보위성은 1976년 이래 이 지역 어딘가에서 소련의 초현대식 이동 중거리 미사일이 설치되어 있다는 것을 알아내었다. 그런데 우려할 만한 점은, 이 미사일이 미국이 아니라 유럽을 겨냥하고 있었다는 사실이었다. 비전의 정치가였던 전임 수상 브란트와는 달리 냉철하고 정확히 계산하는 실용주의 정치가였던 당시의 수상 헬무트 슈미트는 이 미사일이 무엇을 뜻하는지를 금방 간파하였다. 서방 정치가들 중에서 이 사실을 제일 먼저 간파한 정치가의 한 사람이었던 슈미트 수상은 이 미사일로 인해, 미국의 핵우산이 유럽 국가들에게는 무력해질 수가 있고, 미국의 안전이 위협받지 않고서도 유럽 내에서의 전쟁이 가능하며, 유럽과 미국이 전략적으로 차단됨으로써 유럽이 정치적, 군사적으로 소련의 협박을 받을 수도 있다는 것을 알게 되었다. 당시 소련의 국가수반이자 당서기였던 브레

즈네프는 일종의 이중전략을 구사하고 있는 것처럼 보였다. 즉 그는 외교적으로는 친선과 우호의 베일을 쓰고 있으면서 실제로는 전략적 세력균형에 새로운 위협요소를 구축하는 전략을 쓰고 있었던 것이다. 1979년 12월 말경에 소련은 아프카니스탄을 침공했는데, 이 침공으로 소련에 대한 서방측의 불신은 더욱 깊어졌다. 소련의 이러한 이중전략에 대한 나토의 대응책 역시 이중적 차원의 미사일을 설치하자는 결의문이었다. 즉 소련 미사일에 상응하는 규모의 중거리 미사일을 서유럽에 배치함으로써 미국의 거대한 핵우산 말고도 또 하나의 유럽적 핵우산을 설치한다는 전략을 세웠던 것이다.

　　　서방측의 이러한 대응책을 두고 유럽 내에서, 그 중에서도 특히 독일에서 반대여론이 들끓어 올랐다. 독일에 서유럽 미사일을 배치하는 데에 격렬히 반대하면서 생겨났던 '평화운동'은 수십 만의 평화주의적 시민들을 동원하였고, 이 운동에는 집권연정의 일부 세력도 동참하였다. 자신의 당 내에서조차 위상이 흔들리게 된 현실주의자 헬무트 슈미트가 수상직에서 물러날 수밖에 없었던 이유 중의 하나도 바로 이러한 미사일 설치를 둘러싼 국내여론 때문이었다. 1982년 수상 불신임안을 통해 수상이 된 기민당 당수 헬무트 콜은 상당한 여론의 저항에도 불구하고 새로운 미사일 설치를 관철시켰는데, 이는 그가 이룬 공적 중의 하나였다. 평화운동 역시 하나의 공적을 이루었다고 할 수 있는데, 왜냐하면 평화운동을 통해 독일이 이제는 더이상 호전적이고 공격적이지 않다는 사실을 전 세계에 보여주었기 때문이다. 아무튼 미사일 설치와 평화를 위한 결연한 자세는 서로 잘 어울리는 것이었으며, 또 이 양자는 모스크바를 향해 보내는 오해의 여지가 없는 분명한 신호였다.

여기에다 또 하나의 사태가 전개되었다. 새로 대통령이 된 레이건 하의 미국 정부는 더이상 미사일을 둘러싸고 소련과 밀고 당기는 싸움을 할 생각이 없었고 그 대신 새로운 군비경쟁의 신호탄을 쏘아 올렸다. 당시 미국은 미사일 방어 시스템을 개발 중이었는데, 이 시스템의 주요목적은 미국을 핵공격으로부터 안전하게 방어하는 것이었다. 레이건이 노렸던 분명한 의도는 소련으로 하여금 무한정 군비경쟁을 하도록 함으로써 소련을 파멸시킨다는 것이었다. 서구의 지식인 서클에서는 대체로 이러한 레이건의 의도에 격분하여, 백악관에 있는 왕년의 영화배우를 우스운

원자력 발전소요? 아니요, 됐습니다!
라인-마인-네카 강 지역에 사는 주민들이 결성한 시민운동 그룹의 포스터, 프랑크푸르트 1980

70년대와 80년대를 지나면서는 유럽에 깊은 가치의 변화가 일어났다. 기술과 경제발전에 대한 지금까지의 예찬이 문명에 대한 일종의 염세주의로 바뀐 것이다. 그런데 이러한 가치의 전환은 그 어느 곳보다도 독일에서 가장 분명하게 나타났다. 곳곳에서 자발적 시민운동이 일어나서 원자력 발전소, 공항, 아우토반의 건설을 반대하고 인구조사마저 저지하였다. 지금까지 유럽에서 국가권력에 가장 순종하는 모델처럼 보였던 독일인들이 국가의 권위를 이처럼 전투적으로 거부함으로써 세계를 놀라게 했다.

사람으로 치부하였다. 그러나 레이건의 정면대결 정책은 예기치 못한 성공을 거두었다. 즉 소련은 군비경쟁에 모든 것을 걸었고, 또 그것을 극단으로까지 몰고갔기 때문에 급기야는 소련의 경제가 붕괴하게 되었던 것이다. 언제 끝날지 모르게 지리하게 계속되면서 엄청난 경비를 쏟아붓게 했던 아프카니스탄 전쟁은 결국 소련의 경제를 완전히 파멸시켰다.

이러한 파국적 상황으로부터 하나의 결론을 끌어내는 용기와 지혜를 가졌던 인물은 1985년에 권력을 장악한 새로운 공산당 서기장 미하일 고르바초프였다. 소련의 사정에 비추어 보면 젊은 축에 속했던 이 공산당 서기장으로부터 세계는 두 개의 러시아 단어를 배우게 되었는데, 그 하나는 위로부터의 구조개혁을 뜻하는 '페레스트로이카(Perestroika)'였고, 다른 하나는 정치의 투명성을 뜻하는 '글라스노스트(Glasnost)'였다. 그가 추구했던 것은 효율적인 경제를 건설하고, 보다 대중의 요구에 부응하는 정치를 펼치며, 현대적 국가를 만들어서 20세기가 끝날 무렵에는 전 소련을 젊고 역동적으로 만든다는 것이었다. 실제로 많은 점에서 그는 성공을 거두었다. 그러나 과거의 수많은 개혁가들이 그랬던 것처럼, 고르바초프 역시 체제를 현대화하기 위해 절대주의적이고 권위주의적인 지배의 빗장을 풀자마자 이로 인해 생겨난 사태의 역동성을 도저히 제어할 수가 없었다. 1789년에 프랑스의 국가재정을 정비하기 위해 개혁에 착수했지만 결국에는 프랑스 혁명을 촉발시켰던 프랑스의 재무장관 네케르의 경우처럼 고르바초프 역시, 본래는 개혁을 하려고 했지만 결과적으로는 소련을 공중분해시켰던 것이다. 변화된 소련의 분위기는 동구인들이 눈치챌 정도로 곧바로 동구 전역에 확산되었다. 체코슬로바키아의 '카르타77(Charta77)', 폴란드의 '자유노조(Solidarnosc)'와 같은 저항 그룹들이 여론을 등에 업고 점차 전면으로 나섰다. 이들은 정부당국이 옛날과 같은 억압정책을 사용하는 데 주저하거나 조심하고 있다는 것을 알게 되었다. 헝가리 같은 곳에서는 집권하고 있던 공산주의자들이나 아니면 적어도 그 중의 일부가 그들이 지녔던 자유주의적이고 다원주의적인 성향을 다시 발견하고는 고르바초프의 개혁정책을 모방하기 시작하였다.

폴란드를 시발로 유럽의 동구권 국가들이 차례차례 소련으로부터 떨어져나갔다. 동구의 붕괴가 이처럼 급속도로 진전된 것은 대중매체와 깊은 관계가 있었다. 혁명은 역사상 처음으로 거리에서가 아니라 텔레비전 안에서 일어났다. 프라하의 시위는 드레스덴이나 바르샤바에서 벌어졌던 시위에서와 똑같은 영상을 보여주었는데, 왜냐하면 프라하 사람들은 텔레비전으로 보았던 드레스덴의 시위영상을 머리에 두고 시위를 벌였고, 드레스덴의 시위대 역시 앞서 보았던 바르샤바의 영상에 따라 행동했기 때문이다.

사건들이 재료를 제공하였고, 이미지들이 대상을 만들어냈으며, 혁명은 텔레비전을 통해 진행되었다. 그 밖의 다른 모든 것은 단지 결과로서만 나타났다. 바로 이러한 점이, 왜 혁명이 그렇게 엄청난 속도로 빨리 진행되었고 그리고 과거의 혁명과는 사뭇 다르게 전혀 피를 흘리지 않았는가 하는 것을 설명해주고 있다. 한마디로 시위대는 권력의 중심부가 아니라 텔레비전의 골든 아워를 점령했던 것이다.

그럼에도 불구하고 동독은 몇 달 동안은 주민들 속에서 들끓고 있는 불만에도 아랑곳하지 않고 부서지는 파도 위에 우뚝 서 있는 바위처럼 보였다. 동독만은 난공불락이라고 생각했던 사람은 에리히 호네커를 중심으로 하는 동독의 지배집단만은 아니었다. 특히 호네커는 "사회주의가 가는 길은 황소도 나귀도 막을 수 없다"고 말하면서 소련이 붕괴되어 가고 있는 조짐을 아예 모른 척하였고 모스크바에는 유약한 사람들과 배신자들이 판을 치고 있다고 생각하였다. 서독 주민들 역시 동독 주민들 사이에 점증하는 불안과 소요를 희망적이 아니라 우려의 시각으로 바라보았다. 어느 누구도 소련이 자신들의 서쪽 최전초기지를 순순히 내주리라고는 상상하지 못했다. 많은 사람들은 아직도 1953년 6월 17일에 있었던 동베를린 건설노동자들의 시위를 생생하게 기억하고 있었다. 또 얼마 전에는 '천안문 광장'에서 시위를 감행했던 자유주의적 데모대를 무자비하게 진압했던 중국 지도부에 동독 정치국원이었던 에곤 크렌츠가 축하를 하고 돌아왔다는 사실도 사람들은 잘 알고 있었다. 그와 비슷한 일이 라이프치히나 베를린에서 머지 않아 일어나지 말라는 법도 없었다.

동독 공산당 지도부가 그런 일을 벌일 수 있다고 두려워했던 것은 잘못된 판단이 아니었을지 모른다. 그러나 소련의 속셈을 두고 예상했던 사람들의 이런저런 추측은 잘못된 것이었다. 고르바초프는 동독 공산당이 그 특유의 독일적 고집과 완고함으로 스스로 무덤을 파고 있다는 것을 잘 인식하고 있었다. 게다가 폴란드가 동구 진영의 대열에서 이탈하고 난 후부터는 소련과 동독에 주둔하고 있던 '소련군 서부 군단' 사이의 연결고리가 끊어진 상태였다. 이제 소련 지도부에게 남은 것이라고는 뒤로 물러나서 자신들의 국경선을 다시 정비하고 공고히하는 것뿐이었다. 소련은 자신들의 파괴적인 국내적 모순을 극복하기 위하여 자신들만의 안전한 피난처로 퇴각할 준비를 하고 있었던 것이다. 소련은 또한 부유한 서방국가들이 동유럽이 살아남을 수 있도록 하는 책임을 떠맡게 될 것이고 그 밖에도 소련군이 철수하는 데 대해 물질적 보상을 해줄 것이라고 가정하고는 서쪽 최전방에 있는 국가들을 유럽에 풀어줄 마음의 준비가 되어 있었다.

    1989년 가을 드레스덴, 베를린, 라이프치히에서 '우리가 국민이다'라는 구호가 수십만의 시위행렬 속에서 울려퍼졌고, 그 구호는 곧 '우리는 한 민족이다'라는 구호로 변하였다. 당황한 동독의 보안당국은 시위를 진압하는 데 필요한 군사적 엄호를 요청하기 위해 동독 주재 소련 대사에게 달려갔지만, 전혀 예기치 못한 일이 벌어졌다. 소련이 그러한 요청을 거절했던 것이다. 이로써 동독 사회주의 통일당의 지배도 종말을 고했다. 동독 정권에 최후의 일격을 가한 것은 헝가리 동지들로서, 그들은 밀물처럼 밀려드는 동독 탈주자들의 압력에 못 이겨 서방으로 나아가는 국경선을 개방했다. 이러한 상황에서 호네커를 둘러싸고 있던 사람들에게 남은 길이란 무엇이었던가? 1989년 11월 9일 저녁, 드디어 동베를린에서 서베를린으로 넘어오던 베를린 장벽의 통과초소들이 문을 열었다. 두 독일 국가의 통일은 피할 수 없는 것이었고, 그로부터 1년도 채 되지 않아 독일 통일은 완성되었다.

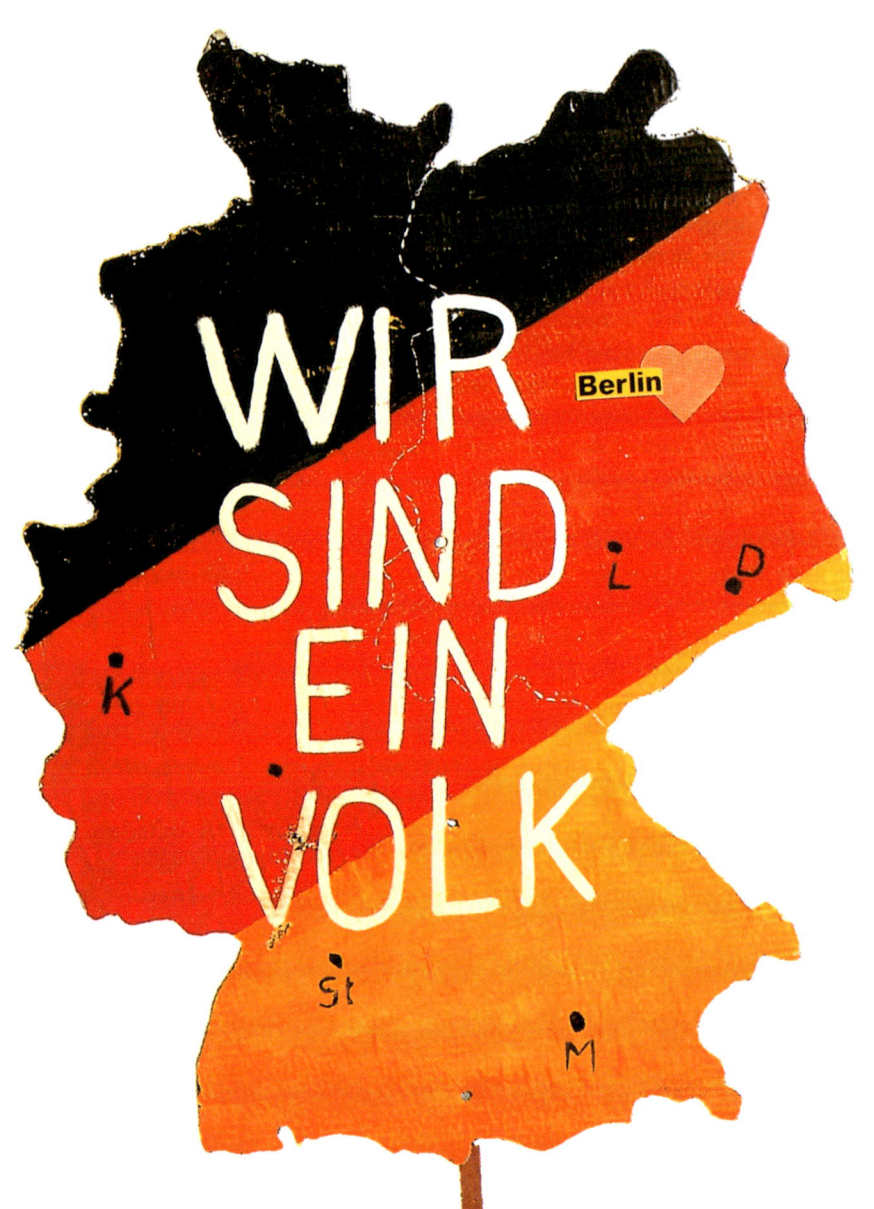

14장 에필로그

독일이라는 조국은 무엇인가?

베를린 장벽이 무너지고 난 이후 베를린 중심부에 위치하고 있는 옛 제국의사당으로부터 옛 프로이센 지방의회 건물까지 산책을 하는 사람이라면 누구나 통일 이전과는 다른 낯선 광경을 목도하게 될 것이다. 이전에는 베를린 장벽을 따라 난 좁은 길을 걸어가기만 하면 되었다. 하지만 그 장벽이 사라진 오늘날 파리 광장에서 포츠담 광장을 가로질러 라이프치히 광장을 걷다보면 우리는 마치 초현실주의 그림에서나 봄직한 풍경에 둘러싸여 있다는 느낌을 갖게 될 것이다. 사방에 넓게 펼쳐진 황무지, 여기저기에 서 있는 옛 건물과 폐허의 잔해, 그리고 발 밑 어디엔가 묻혀 있는 히틀러 지하 벙커로 이어지는 땅굴들—이 모든 것들이 통일 후 베를린 중심부에 낯설고 황량한 초현실주의적 풍경을 만들어내고 있다. 통일 후 이 도시의 중심부에 들어서게 될 정부 청사들과 대형 상업건물들을 건립하기 위해 크레인과 각종 건설기구들이 마치 스페인의 무적함대처럼 이곳저곳에 포진하고 있다. 브란덴부르크 지역의 모래땅 위에 뿌리를 내리게 될 이 새로운 도시가 앞으로 어떤 모

우리는 한민족이다.
파페의 그림, 1989년 가을

1989년 11월 초 수십만의 인파가 라이프치히, 드레스덴, 동베를린의 거리로 쏟아져 나왔다. 처음에 그들이 외친 구호는 '반(反)폭력'이었지만, 이 구호는 곧 "우리가 국민이다"라는 구호 속에 파묻혀버렸다. 이때까지만 해도 동독 국민들은 아직은 동독 체제 내에서 국가를 개혁하고 독일 사회주의 통일당(SED) 정권을 타도하자는 목표를 지향했다. 그러던 것이 1989년 11월 9일 베를린 장벽이 개방되자 "우리는 한민족이다"라는 구호로 바뀌면서 동독 국민의 대다수는 "또다른 동독" 대신 독일 전체의 통일을 외치기 시작했다. 수많은 동독인들은 통일을 통해 자신들의 생활수준을 서방수준으로 향상시키길 기대했고 또 일부의 동독인들은 소련에서의 상황이 변하면 독일 통일을 이룰 수 있는 절호의 기회를 놓쳐버릴까 두려워하였다. 동독인들의 이러한 기대감과 상황인식은 독일의 통일과정을 상당할 정도로 가속화시켰다.

습을 하게 될지는 아직도 예측하기가 힘들다. 이곳에는 아직 다져진 길도 없고 방향을 가리키는 도로표지판도 없다.

열려진 상태로 펼쳐지고 있는 베를린 중심부의 이 새로운 공간은 통일 후 독일 사람들이 갑자기 처하게 된 정신적 풍경과 여러 면에서 닮아 있다. 이제 와서 우리는 비로소 안정적으로 보였던 전후 독일의 삶이 얼마나 아늑하고 편안했던가를 새삼 깨닫게 되었다. 그 동안 독일 및 유럽의 과거와 미래를 두고 벌여온 지적 논쟁도 일정하게 주어진 세력판도 속에서 행해졌다. 전후 세계질서에서 진정한 변화가 있었다면, 그 변화는 단지 제3세계로부터 왔을 뿐이다. 전후 유럽의 세력판도를 결정했던 것은 지구 북반부의 양대 세력이었다. 세계의 헤게모니를 장악했던 미소 양국은 마치 하나의 병 속에 갇혀 있는 두 마리의 전갈처럼 서로가 서로를 견제하면서 상대방을 꼼짝 못하게 하고 있었다. 두 개의 독일은 이 양대 세력의 중간에 끼어 있었고, 이중적 의미에서 이러한 상황으로부터 벗어날 수가 없었다. 첫째, 동서독은 미소 냉전의 최전방에 위치하고 있었고, 둘째, 전후 질서를 가능하게 했던 역사의 장본인이 바로 독일이었기 때문에 독일인들은 그러한 전후 상황에 대한 책임을 면할 수가 없었다.

독일이 처했던 이러한 입장 때문에 독일의 과거와 미래에 대한 전망 또한 특수한 성격을 띨 수밖에 없었다. 독일 민족국가의 역사는 끔찍한 충격과 치욕 속에 끝이 났다. 일부 독일인들은 독일의 미래는, 오늘날의 유럽 공동체와는 때로는 거의 관계가 없는, 그들이 이상적으로 꿈꾸었던 하나의 유럽에 있다고 생각했고, 다른 독일인들은 자신들이 살고 있는 지방과 고향의 목가적인 이상향 속에 독일의 미래가 있다고 생각하였다. 전통적으로 맺어왔던 독일민족 내부의 유대관계를 독일 연방공화국의 헌법과 이에 바탕한 연방적 '헌법애국주의(Verfassungspatriotismus)'로 대치해야 한다는 주장도 제기되었지만, 이러한 주장은 몇몇 사려깊은 지식인들의 머리 속에만 존재하는 차가운 실재에 불과하였다. 지난 40여 년간 독일의 과거를 두고 벌였던 수많은 논쟁을 통해 폭넓은 합의를 얻어낸 것이 하나 있다면 그것은 곧 독일의 민족국가는 역사에 의해 이미 시험과 검증을 받았고 또 부적합한 것으로 판명되어 거부되어야 할 모델이라는 것이었다.

그런데 이러한 사실에 급격한 변화가 왔다. 그러한 변화는 너무 느닷없이 또 전혀 예상치 못한 방식으로 왔기 때문에 우리는 이 변화가 뜻하는 바가 무엇인지를 아직도 제대로 파악하지 못하고 있다. 다시 말해 유럽과 세계질서의 변화 속에서 하필이면 바로 독일인들이 그들의 민족국가를 건설할 수 있는 두 번째 기회를 맞이하게 된 것이다. 수십 년에 걸쳐 비록 공식적으로는 독일 정책의 기본목표가 독일의 재통일이라는 말을 천명하고, 온갖 수사학을 동원해 이를 강조해왔지만, 정작 어느 누구도 새로운 독일 국가가 어떤 구체적 성격과 모습을 띠어야 할지를 생각해보지 않았고 또 그러한 국가를 진정으로 원했던 사람도 실제로는 거의 없었다. 이러한 상황에서 갑자기 통일을 맞이한 독일인들은 마치 베를린 중심부의 히틀러 벙커 위를 산책하고 있는 사람들마냥 넓게 펼쳐진 황야 위에 서 있는 자신들의 모습을 발견하고 있다. 앞을 내다보기 힘든 이러한 상황에서 우리가 취할 수 있는 하나의 확실한 방법은 역사적 경험을 길잡이로 활용하는 것이다. 역사를 되돌아보면, 오늘날의 상황과 비견되는 역사적 시기가 한때 존재했었다. 즉 유럽의 미래가 불투명한 상태에서, 프랑스인들이 흔히 '독일 국가들(les Allemandes)'이라고 복수로써 표현했던 말의 의미처럼, 독일의 여러 국가들이 다시 결합해 유럽 속에서 하나의 독일을 만들려는 역사적 상황이 19세기에 이미 존재했던 것이다. 다시 말해 오늘날 우리들이 처한 상황은, 19세기의 재현이며, 더 정확히 말하면, 나폴레옹 제국이 몰락한 직후부터 비인 회의를 통해 유럽적 세력균형이 다시 확고하게 자리를 잡기 이전까지의 상황의 재현이라고 할 수 있다.

그 당시 독일 국가라는 이념은 프랑스 민족주의와의 대결 속에서 독일어를 사용하던 중부 유럽 지역에 널리 확산되어 있었고, 나폴레옹에 대항하는 해방전쟁의 와중에서 대중의 열광적인 지지를 받으면서 직접 피부로 느낄 수 있는 하나의 현실로 다가와 있었다. 이러한 현실은 곧장 프랑스인들과 영국인들이 가졌던 근대적 민족국가를 갖고 싶다는 소망으로 이어졌다. 하지만 독일인들이 바라마지 않았던 근대적 민족국가의 건설이라는 목표는 쉽게 이루어지지 않았다. 그들의 목표는 손에 잡힐 듯 가까워 보이다가도, 프로이센과 오스트리아가 쟁투를 벌이고, 개별국가들과 그 통치자들이 자국의 이익추구에만 혈안이 되고, 그리고 무엇보다도 다른 유럽 국가들이 압력을 행사함에 따라 또다시 뒷전으로 밀려나면서 독일의 민족국가 건설은 요원한 일이 되고 말았다.

그리고 이 밖에도 이른바 '독일 문제'라는 것이 계속 하나의 골칫거리로 남아 있었다. 즉 독일의 기본체제는 어떻게 구성되어야 하며, 독일의 경계선은 어디까지이고 독일의 과제가 무엇이며 유럽 내에서 독일이 담당해야 할 역할은 무엇인가 하는 등의 문제가 모두 불명확한 상태로 남아 있었던 것이다. 1871년 프로이센의 무력을 빌어 세워진 연방 제후들의 연합체 성격을 띠었던 '소독일'은 거의 우연의 산물이었다. 소독일의 통일이 가능했던 이유는 무엇보다도 유럽 강대국의 협조체제가 잠정적으로 불협화음을 일으켰고, 또 독일의 양쪽날개 세력이었던 영국과 러시아의 관계가 크리미아 전쟁으로 인해 서로 소원해졌기 때문이었다. 이렇게 보면 1871년의 독일 통일이 처음부터 미리 예정되어 있었다고 단정지어 말할 수는 없을 것이다.

그렇다면 역사가 다시 한 바퀴 돌아 오늘날의 우리가 그때와 같은 상황에 있는 것은 아닐까? 즉 우리의 뒤에서는 양대 헤게모니 체제가 무너지고 우리의 앞에서는 새로이 재편된 유럽 속에서 독일인들이 무슨 역할을 담당해야 할지 알 수 없는 불투명한 상황이 전개되고 있는 것은 아닐까? 그렇다면 독일인들의 민족적 야망이 오직 이웃 유럽 국가들의 희생 위에서만 충족되는, 19세기와 같은 국면이 다시 재현되는 것일까? 그래서 과거에 그랬던 것처럼 민족문제를 생각하는 사상가, 이를테면 철학자나 특히 역사학자들이 전면에 나서 과거역사로부터 독일만의 일방적인 민족적 이념을 이끌어내거나 신화를 만들어냄으로써, 독일인들이 담당해야 할 역할에 대해 위험스럽기 짝이 없는 새로운 신념이나 특별한 자의식을 만들어내고 있는 것을 아닐까? 독일 역사는 끝없이 반복되어야 하는 것일까?

만약 그렇다면 지난 세기의 독일 역사가 겪었던 희망과 좌절, 무위한 시도와 파국적 결과를 우리들의 미래에 투영시키고, 첫 번째 독일 민족국가의 비극적 종말로부터 미래 독일에 어두운 진단을 내리는 사람들의 생각이 옳을 수도 있을 것이다. 또 과장되고 공격적인 민족주의에 언제나 쉽게 빠져드는 독일인들의 편향성 (이러한 편향성은 실제로 독일인들의 좀처럼 변하지 않는 민족적 특성처럼 보이기도 한다)에 대한 오래된 두려움은 우리 모두가 잘 알고 있는 터이기도 하다.

하지만 이러한 두려움은 근거가 없는 것이다. 독일인들이 걸어왔던 특수한 길과 독일인들만이 어떤 역할을 해낼 수 있다고 생각했던 특별한 자의식은 이제 그 끝에 도달하였다. 왜냐하면 독일 역사를 이끌어 오던 끈질긴 역사적 연속성에 급격한 단절이 여러 면에 걸쳐 일어났고 또 이와 함께 19세기와 20세기 전반부에서 거의 발작적으로 상승된 파괴적인 민족주의를 통해 독일의 정치문화를 파국으로 내몰았던 결정적 전제조건들이 이제는 제거되었기 때문이다.

적어도 몇 가지 관점에서 오늘날 독일의 상황은 과거의 역사와 차별성을 보이고 있다. 첫째, 독일 민족국가는 역사상 처음으로, 르낭(Ernst Renan)이 프랑스의 국가체제를 두고 말했듯이, '현재에서 최종단계의 성취'를 체험하고 있는 국가가 되었다. 한때 니체는 '독일인들은 과거와 미래에 살고 있을 뿐 아직 현재를 가지지 못하고 있다'고 말한 바 있다. 이 말은 얼마 전까지만 해도 그 효력을 잃지 않고 있었다. 잘 알다시피, 19세기 초반 독일에서 민족국가라는 이념이 생겨난 이래 민족과 국가는 언제나 동떨어져 있었다. 초기의 독일 민족주의자들은 독일의 주도 아래 보헤미아와 북부 이탈리아를 포함하는 광대한 영토인 중세제국을 복원할 수 있으리라는 꿈을 꾸었다. 그 후의 독일인들은 비스마르크의 소독일 국가를, 대독일 제국을 건설하기 위해 미리 내는 일시불쯤으로 간주하였고, 때가 오면 대독일 제국을 완전히 자기소유로 만들 수 있다고 생각하였다. 바이마르 공화국은 베르사이유 조약을 수정하고 일차 세계대전 이전(1919)의 독일 동쪽 경계선을 회복하려는 투쟁의 와중에서 극심한 갈등과 분열을 체험하였고, 부분국가였던 서독 연방정부는 2차 세계대전 발발 이전의, 즉 1937년의 경계선을 복원하는 것을 정치의 지상과제라고 선언하였다.

바꾸어 말하면, 어떤 주어진 계기에 의해 생겨난 국가의 외형적 형태도 결코 만족스럽거나 충분한 것이 되지 못했던 것이다. 그것은 언제나 잠정적 해결책이거나 아니면 유토피아로 나아가는 도정에서 거쳐 지나가는 단계 정도에 지나지 않았다. 하지만 독일인들이 민족국가 건설에 관해 꿈꿨던 유토피아는 폭력을 통해 이루어질 수 있거나 아니면 아예 이루어질 수 없는 성질의 것이었다. 독일의 민족주의 및 정체성의 추구가 거의 노이로제적인 성격을 띠고 그 모습을 드러낸 것도 바로 이러한 이유 때문이다. 하지만 독일 역사가 겪었던 그러한 상황은 이제 끝이 났다. 1990년 10월 3일 독일 통일이 정식으로 선포된 이후 독일 연방공화국은 우리가 생각할 수 있는 독일 국가의 유일한 외형적 형태가 되었으며, 시민들이 생각할 때에도 이와 경쟁할 수 있는 어떠한 합법적 국가형태도 존재하지 않게 되었다. 한때 에른스트 모리츠 아른트가 던졌던 질문, 즉 '독일이라는 조국은 무엇인가'라는 질문이 이제 의문의 여지가 없는 항구적인 해답을 찾게 된 것이다.

둘째, 독일인들은 그들의 역사상 처음으로 통일과 자유라는 두 가지를 모두 소유하게 되었다. 근대가 시작된 이래 이 양자를 동시에 갖는 것은 불가능한 것처럼 보였다. 통일과 자유 중에 그 하나를 얻었거나, 아니면 얻었던 그 하나도 기껏해야 매우 왜곡된 형태를 띠었을 따름이다. 1990년 당시의 동서독 정부에 의해 체결된 '독일 통일에 관한 조약'에 따라 서독 헌법의 전문(前文)은 변경되어야만 했다. 통일과 자유를 완성하도록 독일 국민들에게 촉구하는 전문 대신에, "이로써 이 헌법은 전 독일 국민들에게 그 효력을 발생한다."라는 문장이 쓰여지게 되었다.

헌법에 이와 같은 문장이 쓰여졌다는 것은, 독일인들의 정체성이 민족적 전통에 의해 규정되어야 하느냐 아니면 헌법을 충실히 따르느냐에 따라 규정되어야 하느냐 하는 논쟁, 즉 '3월 전기(Vormärz)'에서부터 시작되어 1980년대 중반의 이른바 '역사가 논쟁(Historikerstreit)'에까지 이어진 해묵은 논의에 종지부를 찍게 되었음을 의미한다. 앞으로는, 독일 민족국가가 헌법에 명시된 민주적 제도나 기구를 담는 기본적 틀이 될 것이다. 그리고 통일과 자유 역시 앞으로는 하나가 될 것이다.

셋째, 독일인들은 이웃 나라들의 반대를 무릅쓰고 통일을 이루어 낸 것이 아니라 독일 역사상 처음으로 그들의 동의를 받아 하나로 합쳐지게 되었다. 통일된 독일은 이제는 더이상 유럽 평화를 위협하는 국가로 인식되지 않을 것이다. 물론 독일 역사의 어두운 시기를 기억하거나 유럽 대륙의 중심부에 경제적으로나 인구규모의 면에서 엄청나게 커진 통일된 독일을 우려의 눈으로 보는 사람들도 있을 것이다. 그러한 시각은 역사적으로 그럴 만한 근거가 있고 또 충분히 이해할 만하다. 하지만 대부분의 유럽인들은 독일이 유럽 체제의 필수 불가결한 구성요소이고 또 장래에는 강대국으로서의 역할을 담당하게 되리라는 사실을 그대로 받아들이고 있다. 이러한 사정에는 그럴 만한 분명한 이유가 있다. 독일은 경제적, 군사적, 정치적 분야에서 유럽의 여러 나라와 이미 강한 법적 구속력을 지닌 동맹관계를 맺고 있고 또 이러한 결속관계는 다시 돌이킬 수 없는 성질의 것이다. 이로부터 우리가 얻게 되는 결론은 너무나 명백한데, 즉 독일과 유럽의 이익을 위해서는 유럽의 통합과정이 앞으로도 계속 추진되어야 하며, 이를 통해 독일의 권력이 유럽 여러 민족공동체에 위협이 될 수 있는 상황이나 세력판도가 두번 다시 생겨나지 않도록 해야 한다는 것이 바로 그것이다.

넷째, 독일인들은 그들의 역사상 처음으로 다시 되돌릴 수 없을 정도로 서방 세계와 깊은 연관관계를 맺고 있다. 동독이 무너지는 과정에서 동독인들은 경제적 질서의 측면에서뿐만 아니라 정치문화의 측면에서도 서방 세계에 속하고 싶다는 점을 전세계에 보여준 바 있다. 그것은 새로운 상황이었다. 역사적으로 독일은 두 개의 정치문화권으로 나누어져 있었다. 한때는 로마의 북방 경계선인 리메스(Limes)를 두고 나누어져 있었고, 그후에는 마인강과 엘베강을 경계로 해서 나누어져 있었다. 다시 말해 독일은 대체로 르네상스와 계몽주의의 전통을 지녔던 라틴화된 서구 부분과 게르만 요소와 슬라브 요소가 뒤섞인 동구 부분을 동시에 포함하고 있었다.

현대가 이룩한 정치적 성과들, 이를테면 국민주권, 의회주의, 인권 등은 서구의 전통에 속했다. 그러나 독일의 적으로 나타난 나폴레옹의 모습은 서구의 전통에 매우 부정적인 영향을 끼치기도 하였는데, 왜냐하면 독일은 '코르시카의 괴물', 나아가 프랑스와 서구 일반에 대항하면서 자체의 정체성을 발전시켜왔고, 또 이로 인해 국민적 감정이 들끓어 오르는 위기상황이 닥쳐올 때마다 대규모의 반 서구적 반감이 표출되곤 했기 때문이다. 그 결과, 서구적 정치 문화와 이에 소속된 제도와 규범을 통틀어 거부하는, 정치적으로 매우 심각한 영향을 끼친 국민감정이 생겨나게 되었다.

      2차 세계대전 후 서독이 서방과의 군사적, 정치적 동맹을 통해 성공적으로 서구에 통합되고 경제적으로 이른바 '라인강의 기적'을 이루어 냄으로써 비로소 독일은 진정한 의미에서 서구의 한 부분이 될 수 있었다. 이러한 과정을 더욱 가속화시키고 더욱 공고히 만든 것은 서독의 민주적 제도가 누렸던 상당한 정도의 안정과 서구 문화, 그 중에서도 특히 영미의 대서양 문화를 그 세세한 부분까지 받아들이려고 했던 독일인들의 마음가짐이었다. 오늘날 독일에서 서구의 의회민주주의를 위시한 여러 제도들을 거부하고, 정치적, 문화적, 경제적으로 아직도 독일의 특수한 길을 갈 수 있고 가야 한다는 꿈에 매달리고 있는 사람들은 극소수에 불과하며, 그들의 정치적 승산 역시 거의 없다고 보아야 할 것이다.

      이 모든 점을 고려해볼 때, 오늘날의 우리는 독일 역사상 전혀 다른 새로운 상황에 놓여 있고, 이 새로운 상황은 독일 및 유럽의 역사와 미래에서 국가 및 국가의 의미가 무엇인가에 대한 새로운 성찰과 사고를 하는 것을 가능하게 할 뿐만 아니라 그것을 촉구하고 있음을 알 수 있다. 이제 와서 더 분명해진 것은, 18세기 말에 미국의 독립혁명과 프랑스 혁명의 여파로 태동했던 근대적 민족국가가 독일에서는 대체로 잘못 평가되었다는 사실이다. 이러한 잘못된 평가는, 비스마르크에서 히틀러로 이어지는 독일 최초의 민족국가 건설이라는 시도가 파국적으로 끝나버렸다는 것을 체험했던 전후 서독인들의 역사적 관점에서 보면 전혀 놀라운 일이 아닐 것이다. 그러나 다른 측면에서 보면, 전후의 서독인들이 민족국가를 과거지사로 치부하고 통합된 유럽으로 나아가는 도정에서 다른 유럽 사람들보다 몇 발짝 앞서 갔다는 자긍심을 가졌던 것도 사실이다. 그것은 이를테면 이솝 우화에 나오는 여우와 신 포도의 이야기를 연상시키는 대목이기도 하다.

이제 우리는 또다시 독일 국가의 통일된 정부를 갖게 되었다. 그것이 내적으로 다져지기 위해서는 아직도 많은 시간과 인내가 요구될 것이다. 바로 이러한 시점에서 이 새로운 국가가 꼭 필요로 하는 것은 민족적 유대감이다. 이를 통해서만이 그 동안 독일인들이 겪었던 심각한 내적 갈등과 분열을 가까운 시일 내에 극복할 수 있을 것이다. 그리고 서쪽과 북쪽의 이웃 나라들을 보더라도 19세기 이후 오로지 민족국가만이 민주적 제도에 하나의 안정적 형식과 틀을 마련해줄 수 있었다는 사실을 확인할 수 있을 것이다. 민족국가에 고별사를 하거나 민족국가 폐지론을 펴는 것은 아직은 시기상조이다. 민주적 선거에 의해 합법성을 갖는 민족국가에 상응하는 유럽적 차원에서의 제도가 정착되지 않는 한, 민족국가를 대신할 어떠한 대안도 가까운 시일 내에는 기대하기 힘들 것이다. 범유럽적인 국가체제가 생겨난다고 하더라도 수많은 행정적 과제들은 여전히 국가적 차원에서 해결되어야 할 것이다. 지난 150여 년 동안 서방의 여러 민족국가들은 변화를 거듭하면서 주권과 자율성의 일부를 잃어버리기도 했고, 자국 국민들에게 절대적 충성을 하라는 요구를 부분적으로 포기하기도 하였다. 이러한 면에서 보면 민족국가가 과거에 비해 그 중요성을 잃어버린 것은 사실이지만, 그렇다고 민족국가 자체가 필요 없게 된 것은 결코 아니다.

통일된 독일 국가의 두 번째 건국은 첫 번째보다는 훨씬 유리하고 행복한 여건 속에서 이루어졌다. 이러한 낙관론을 정당화하는 것은, 이번에는 독일과 유럽과의 유대가 훨씬 더 견고하기 때문에 어떤 문제가 생기더라도 유럽 여러 나라와의 긴밀한 관계 속에서 또 서방 세계의 정상적인 상황의 범위 안에서 문제를 해결하게 될 것이라는 점이다. 물론 그렇다고 경제적, 정치적 문제가 갑자기 닥쳐와서 심각한 국내적 분열이나 날카로운 논쟁이 일어나지 않으리라는 보장은 없다. 그러나 여러 조짐으로 보건대, 그러한 논쟁이 과거에서 보는 것처럼 고통스러울 정도로 극단적인 양상을 띠지는 않을 것이다. 특히 과거의 위기상황에서 보았던 것처럼 반민주주의적인 세력이 엄청난 호응을 얻는 상황은 다시 재현되지 않을 것이다.

지난 150여 년 동안 유럽 중심부에서 만연했던 정치적 동요나 문화적 불건전성의 중요한 원인이 완전히 사라졌거나 아니면 감소되고 있는 오늘날의 시점에서, 민주적 제도의 지속적 안정성에 대한 전망은 밝을 뿐만 아니라, 앞으로 이루어질 독일 문제를 둘러싼 공적 토론의 관점과 톤도 이전보다는 훨씬 차분하고 보다 많은 여유를 갖게 될 것이다. 다시 말해 독일 문제를 둘러싼 독일 내에서의 토론도 서유럽 국가들에서 민족국가를 두고 벌이는 논쟁이나 토론과 별로 큰 차이가 없이 전개될 것이다. 그처럼 오랫동안 독일인들과 유럽인들에게 불안을 안겨주었던 '독일 문제(Deutsche Frage)'가 드디어 그 해답을 찾게 된 것이다. 이제야 우리는 독일이란 무엇이며, 독일은 무엇이 될 수 있고 또 무엇이 되어야 하는가 하는 문제를 분명히 알게 되었다.

역자후기

하겐 슐체(Hagen Schulze)의 『짧은 독일 역사 Kleine Deutsche Geschichte』(1996년)는 다음과 같은 몇 가지 특징을 갖고 있다.

첫째, 이 책은 독일의 통일 이후에 쓰여진 독일 통사(通史)로서 독일 역사의 시작부터 통독까지의 독일 역사 전반을 서술하고 있다. 독일 통일 이전에도 통사적으로 쓰여진 독일사가 간혹 있기는 했지만 그것들은 대체로 밋밋한 사실 나열 위주의 역사서술이거나 아니면 일관된 역사적 시각을 결하고 있었다. 이러한 사정에는 여러 가지 요인이 있을 수 있겠다. 우선 학문의 전문화와 세분화로 인해 특정한 시기나 주제에 천착하는 서구 학문의 일반적 경향 때문에 한 나라의 역사를 전체적으로 조감하는 것은 큰 용기를 필요로 한다. 전후 독일에서 엄청난 양의 개별적 역사 연구가 이루어졌지만 한 학자에 의해 단행본 형식으로 쓰여진 역사저술이 거의 없었던 것은 바로 이러한 이유 때문이다. 하지만 이 보다 더 중요한 요인은, 20세기의 독일 역사와 관련된 복잡다단한 문제와 독일의 분단으로 인한 분단의식 때문에 독일 현대사를 하나의 정리된 관점에 의해 서술하기가 쉽지 않았기 때문이다. 그것은 마치 한반도의 현대사나 역사 전체를 서술하는 역사저술이 통일이 되기 전까지는 좀처럼 나오기 힘든 것과 같은 맥락이다.

둘째, 이 책은 독일 민족국가(Nationalstaat)의 성립 및 전개과정, 그리고 이와 결부된 문제점들을 추적하고 독일이라는 실체는 과연 무엇이며 민족국가로서의 독일이 나아갈 수 있는 가능성과 나아가야만 하는 당위성이 무엇인가를 독일 역사 속에서 수미일관되게 추적하고 있는데, 이 책이 전체적으로 일관성과 통일성을 유지하고 있는 가장 큰 이유는 바로 이러한 문제의식 때문이다. 오랫동안 역사적으로 하나의 통일된 민족국가를 갖지 못하였고 또 현대에 와서는 뒤늦게 형성된 독일 민족국가가 심한 굴절을 겪을 수밖에 없었던 역사적 상황을 비교적 냉철하고 객관적으로 서술함으로써 이 책은 독일 민족국가의 역사적 발전과정과 그 문제점을 파악하려는 일반 독자들에게 커다란 도움을 줄 것이다. 그리고 남북의 분단을 극복하고 민족국가의 정체성을 확립해야만 하는 우리의 역사적 상황에서도 이 책은 한국의 독자들에게도 많은 시사점을 제공해줄 수 있을 것이다.

셋째, 이 책은 유럽 역사라는 넓은 지평에서 바라본 독일 역사이다. 이러한 시각은 유럽사를 전공한 저자의 학문적 세계와도 관계가 있겠지만, 이보다는 2차 세계대전 이후 오늘날까지 이어지는 유럽 통합이라는 유럽 정치의 전개과정과 이러한 유럽 정치의 판도 내에서 독일의 민족국가적 문제를 해결하려고 노력하였던 서독의 전후 정치적, 지적 엘리트들의 정치적, 정신적 발전과정과 더 깊은 관련이 있을 것이다. 유럽 통합이라는 정치적 테두리 내에서 독일 역사의 오랜 숙제인 '독일문제'를 해결하고 장래 독일 민족국가의 비전을 제시하고 있는 저자의 정치적 입장은 이 책을 관통하고 있는 하나의 기본적 시각이다. 이러한 시각은 보는 이의 관점에 따라서는 너무 낙관적이고 또 당위적이라는 느낌을 줄 수 있고, 그렇기 때문에 '독일 문제'에 오랫동안 시달려온 일부 서구 지식인들의 눈에는 약간은 회의적이고 미심쩍어 보이는 것도 사실이다. 그러나 유럽통합의 이념과 실제가 이미 상당한 구체성을 띤 현실이 되고 있는 오늘날의 상황에서는 유럽 지향적 현실인식과 정치태도는 일정한 타당성을 갖는다고 보아야 할 것이다. 그리고 얽히고 설킨 유럽적 관계 속에서 독일 역사가 전개되었다는 엄연한 사실을 염두에 두고 보면, 유럽 역사 속에서 독일 역사를 바라보는 것은 필요할 뿐만 아니라 유익한 일이다.

넷째, 이 책은 독일 정치문제에 대한 주된 관심에도 불구하고 독일 문화사 및 지성사 일반에도 깊은 관심을 보이고 있다. 90년대에 나온 서독 역사연구의 대표적 업적으로 손꼽히는 벨러(Hans-Ulrich Wehler)의 『독일 사회사』, 니퍼다이(Thomas Nipperdey)의 『독일사』가 사회사 혹은 문화사에 치중하고 있다면, 슐체의 이 독일사는 정치사의 성격을 강하게 띠고 있다. 하지만 그가 이 책에서 보여주고 있는 독일 문화사 및 지성사에 대한 관찰은 매우 예리하고 때로는 독창적이라는 느낌마저 준다. 상이한 역사적 발전에 따른 독일 여러 지역의 문화적 특성에 대한 통찰이라든가 바이마르 문화와 전후 서독의 문화에 대한 해석 등은 매우 인상적이다. 독일이나 유럽의 문화사나 지성사에 관심이 있는 역자에게 이 책이 매우 흥미롭게 읽혀진 것은 아마 이러한 이유 때문일 것이다.

마지막으로, 이 책은 그림이나 포스터 등을 통해 역사적 내용의 이해를 돕고 있다. 여기에서 사용된 그림과 그림의 설명은 이 책의 상당한 부분을 이루고 있을 뿐만 아니라 그 자체가 또 하나의 텍스트가 되고 있다. 그림 혹은 시각적 자료를 활용한 책의 구성은 여러 면에서 많은 장점을 가지고 있는 것처럼 보이는데, 왜냐하면 하나의 그림과 그것의 간결하고 정확한 설명은 전체의 역사적 내용을 구체적으로 또 압축적으로 보여주고 있기 때문이다. 독일의 역사에 비교적 생소한 일반 독자들에게는 이 책의 그림과 그 설명은 독일 역사를 보다 생생하게 이해하는 데 큰 도움을 줄 수 있을 것이다.

이 책을 번역하면서 역자는 독일어 원본 이외에도 영어 번역판(*Germany: A New History*, Harvard University Press, 1998)을 참조하였다. 그리고 역자는 가능한 한 책의 내용과 저자의 의도를 있는 그대로 전달하려고 노력하면서도, 우리 나라 독자들에게 잘 읽힐 수 있도록 본문의 내용을 첨삭하거나 보충하기도 하였고 또 언어적 측면에서도 정확하면서도 자연스러운 우리말이 되도록 노력하였다. 그리고 이 번역 작업에는 한양대학교 대학원생 정초균 군과 조연주 양의 헌신적 도움과 젊은 세대의 언어감각이 큰 몫을 하였다. 마지막으로 '知와 사랑' 출판사의 정성스러운 편집에도 감사를 드린다.

2000년 2월 반 성 완

독일사 연구에 필요한 참고문헌

독일 역사에 관해 더 많은 것을 알고 싶어하는 사람은 우선 엄청나게 많은 이 분야의 문헌 때문에 좌절감을 느끼기 십상이다. 수많은 문헌의 덤불에서 관심 있는 독자에게 길잡이가 될만한 책들을 소개하면 다음과 같다. 어쩔 수 없는 일이긴 하지만, 여기에 소개되는 책들은 모든 주제를 다 다루고 있는 것도 아니고, 모든 연구분야를 다 대표하는 것도 아니다. 모든 선별작업이 다 그러하듯이 다음의 책 선별에서도 필자의 주관이 어느 정도 작용하고 있을 것이다.

독일 역사에 대한 원전과 문헌을 찾으려는 사람은 제일 먼저 바움가르트(Winfried Baumgart)가 쓴 *"Bücherverzeichnis zur deutschen Geschichte"* 라는 책을 참고하는 것이 좋을 것이다.

독일 역사에 관한 보다 상세한 입문서로는 4권으로 된 겝하르트(Gebhart)의 *"Handbuch der deutschen Geschichte"* 가 있다.

사건을 간결하게 서술하고 있지만, 연구성과를 상세하게 기술하고 또 방대한 참고문헌을 소개하고 있는 책으로는 올덴부르크 출판사에서 나온 20권으로 예정되어 출간되고 있는 *"Grundriß der Geschichte"* 가 있다. 이와 비슷한 구성을 하고 있는 책에는 동일한 출판사에서 간행된 40권에 달하는 방대한 저작인 *"Enzyklopädie deutscher Geschichte"* 가 있다.

여러 권으로 되어 있으며 읽기 좋게 독일 역사를 전체적으로 서술하고 있는 저술은 대단히 많지만, 그 중의 몇 가지를 소개하면 다음과 같다.

Deutsche Geschichte (12권) Siedler 출판사
Propyläen Geschichte Deutschlands (9권) Beck 출판사
Deutsche Geschichte (10권) Vandenhoeck & Ruprecht 출판사

그리고 최근 200년 동안의 독일사를 다룬 책으로는 뮌헨(dtv)에서 나온 30권의 *Deutsche Geschichte der neuesten Zeit*가 있다.

그 밖에 독일 역사의 각 시대나 개별적 측면들을 다룬 단행본 형식의 책들을 시대별로 소개하면 다음과 같다.

(중세 Mittelalter)

Hartmut Boockmann, *Einführung in die Geschichte des Mittelalters*, München 1985
Ders., *Die Stadt im späten Mittelalter*, München 1986
Arno Borst, *Lebensformen im Mittelalter*, Frankfurt/M., Neuausgabe 1984
Philipp Dollinger, *Die Hanse*, Stuttgart 1989

Frantisek Graus, *Pest, Geisseler, Judenmord: Das 14. Jahrhundert als Krisenzeit*, Götingen 1987

Franz Hubmann, *Deutsche Könige, Römische Kaiser. Der Traum von Heiligen römischen Reich deutscher Nation, 800-1806*, Wien 1987

Hans K. Schulze, Grundstrukturen der Verfassung im Mittelalter, 2 Bde., Stuttgart 1985

(근대 초기 Früh Neuzeit)

Ilja Mieck, *Europäische Geschichte der Frühen Neuzeit*, Stuttgart 1977

Ernst Hinrichs, *Einführung in die Geschichte der Frühen Neuzeit*, München 1980

Geoffrey R. Elton, *Europa im Zeitalter der Reformation 1517-1559*, München 1982

Johannes Kunisch, *Absolutismus. Europäische Geschichte vom Westfälischen Frieden bis zur Krise des Ancien Régime*, Götingen 1986

Paul Hazard, *Die Krise des europäischen Geistes 1618-1715*, Hamburg 1939

Horst Möller, *Vernunft und Kritik. Deutsche Aufklärung im 17. und 18. Jahrhundert*, Frankfurt/M. 1986

Heinz Duchhart, *Gleichgewicht der Kräfte, Convenance, Europäisches Konzert*, Darmstadt 1976

Karl Otmar v. Aretin, *Das Reich. Friedensgarantie und europäisches Gleichgewicht 1689-1806*, Stuttgart 1986

Reinhart Koselleck, *Preußen zwischen Reform und Revolution*, Stuttgart 1987

(19세기 19 Jahrhundert)

Gerhart Ritter, *Staatskunst und Kriegshandwerk. Das Problem des "Militarismus" in Deutschland*, 4 Bde., München 1964 ff.

Thomas Nipperdey, *Deutshe Geschichte 1800-1866, Bürgerwelt und starker Staat*, München 1983

Ders. *Deutsche Geschichte 1866-1918*, Bd. I: Arbeitwelt und Bürgergeist, München 1990

Ders. *Deutsche Geschichte 1866-1918*, Bd. II: Machtstaat vor der Demokratie, München 1992

Klaus Hildebrand, *Das vergangene Reich. Deutsche Außenpolitik von Bismark bis Hitler, 1871-1945*, Stuttgart 1995

Gordon A. Craig, *Deutsche Geschichte 1866-1954. Vom Norddeutschen Bund vis zum Ende des Dritten Riches*, München 1980

(20세기 20 Jahrhundert)

Paul M. Kennedy, *The Rise of Anglo-German Antagonism 1860-1914*, London 1980

Fritz Fischer, *Griff nach der Weltmacht. Kriegszielpolitik des kaiserlichen Deutschland 1914-1918*, Düsseldorf 1961

Heinrich August Winkler, *Weimar 1918-1933*, München 1993

Francis L. Carsten, *Reichswehr und Politik 1918-1933*, Köln/Berlin 1996

Karl Dietrich Bracher, *Die Auflösung der Weimarer Republik*, Villingen 1971

Henry A. Turner, *Die Großunternehmen und der Aufstieg Hitlers*, Berlin 1985

Ernst Nolte, *Der Faschismus in seiner Epoche*, Köln 1963

Peter Hoffmann, *Widerstand -Staatsreich-Attentat. Der Kampf der Opposition gegen Hitler*, Berlin 1974

Andreas Hilgruber, *Deutsche Geschichte 1945-1982. Die "deutsche Frage" in der Weltpolitik*, Stuttgart 1985

(**사회경제사** Wirtschafts-und Sozialgeschichte)

Wilhelm Abel, *Massenarmut und Hungerkrisen im vorindustriellen Europa. Versuch einer Synopsis*, Berlin/Hamburg 1974

Fernand Braudel, *Sozialgeschichte des 15-18 Jahrhunderts*, 3 Bde., München 1968

Otto Brunner, *Sozialgeschichte Europas im Mittelalter*, Götingen 1987

Edith Ennen, *Frauen im Mittelalter*, München 1994

David S. Landes, *Der entfesselte Prometeus*, Köln 1973

Hans-Ulrich Wehler, *Deutsche Gesellschaftsgeschichte*, 4 Bde. München 1987 ff.

Knut Borchardt, *Die Industrielle Revolution in Deutschland*, München 1972

Harold James, *Deutschland in der Weltwirtschaftskrise 1924-1936*, Stuttgart 1988

Eric Lionel Jones, *Das Wunder Europa*, Tübingen 1991

(**전기** Biographien)

Heiko A. Obermann, *Luther. Mensch zwischen Gott und Teufel*, Berlin 1981

Karl Brandi, *Kaiser Karl V.*, Frankfurt/M. 1986

Theodor Schieder, *Friedrich der Große. Ein Königtum der Widersprüche*, Frankfurt/M. u. a. 1983

Kar Gutkas, *Joseph II*, Wien 1989

Jean Tulard, *Napoleon oder der Mythos des Retters*, Tübingen 1978

Heinz Gollwittzer, *Ludwig I. von Bayern. Eine politische Biographie*, München 1986

Lothar Gall, *Bismarck. Der weiße Revolrutionär*, Frankfurt/M./Berlin/Wien 1980

Hagen Schulze, *Otto Braun oder Preußens demokratische Sendung. Eine Biographie*, Franfurt/M./Berlin/Wien 1977

Joachim C. Fest, *Hitler. Eine Biographie*, Frankfurt/M./Berlin/Wien 1973

인명색인

가게른, 하인리히 폰 남작 Gagern, Heinrich Freiherr von(1799-1880) 136
게르비누스, 게오르그 고트프리트 Gervinus, Georg Gottfried(1805-1871) 138
고르바초프, 미하일 세르게이비치 Gorbatschow, Michail Sergejewitsch(1931-) 343, 345
골, 샤를 드 Gaulle, Charles de(1890-1970) 319, 324
괴르델러, 칼 Goerdeler, Carl(1884-1945) 299
괴링, 헤르만 Göring, Hermann(1893-1946) 284
괴벨스, 요셉 Goebbels, Joseph(1897-1945) 266, 270, 297
괴테, 요한 볼프강 폰 Goethe, Johan Wolfgang von(1749-1832) 94, 102, 104, 107, 111, 120
구스타프 2세 아돌프(스웨덴 왕) Gustav II., Adolf,(1594-1632) 75, 77
구스타프 4세 아돌프(스웨덴 왕) Gustav IV., Adolf,(1778-1837) 111
그라스, 귄터 Grass, Günter(1927-) 328, 340
그라울, 베르너 Graul, Werner 231
그레고르 1세(교황) Gregor I.(540-604) 36
그레고르 7세(교황) Gregor VII.(1019/1030-1085) 22, 29
그로미코, 안드레이 Gromyko, Andrei(1909-) 335
그로스, 게오그게 Grosz, George(1893-1959) 236
그로테볼, 오토 Grotewohl, Otto(1894-1964) 307, 308, 328
그로피우스, 발터 Gropius, Walter(1883-1969) 194, 235
그뢰거, 프리드리히 칼 Gröger, Friedrich Carl(1776-1838) 124
그뢰너, 빌헬름 Groener, Wilhelm(1867-1939) 217
그림, 야콥 Grimm, Jacob(1785-1863) 99
그림, 한스 Grimm, Hans(1375-1959) 237
나바라, 앙리 폰 Navarra, Heinrich von 74
나폴레옹 1세(프랑스 황제) Napoleon I.(1769-1821) 109-111, 113, 114, 116, 120, 121, 284
나폴레옹 3세(프랑스 황제) Napoleon III.(1808-1873) 149, 155, 156
나흐티겔, 구스타프 Nachtigall, Gustav(1834-1885) 200
노발리스 Novalis(1772-1801) 106, 107
노이라트, 콘스탄틴 폰 남작 Neurath, Konstantin Freiherr von(1873-1956) 276
누스바움, 펠릭스 Nussbaum, Felix(1904-1944) 288
니콜라이, 프리드리히 Nicolai, Friedrich(1733-1811) 103
니체, 프리드리히 Nietzsche, Friedrich(1844-1900) 196, 351

닉슨, 리처드 Nixon, Richard(1913-) 335
달만, 프리드리히 크리스토프 Dahlmann, Friedrich Christoph(1785-1860) 138
도미니쿠스 Dominikus(1170-1221) 64
되른베르크, 빌헬름 폰 후작 Dörnberg, Wilhelm Freiherr von(1768-1850) 117
드로이젠, 요한 구스타프 Droysen, Johann Gustav(1808-1884) 138
디드로, 데니스 Diderot, Denis(1713-1784) 101
디즈렐리, 벤자민 Disraeli, Benjamin(1904-1881) 179
디트리히 폰 베른 Dietrich von Bern 7
디트만, 빌헬름 Dittmann, Wilhelm(1874-1954) 218
라베, 빌헬름 Raabe, Wilhelm(1831-1910) 130
라살, 페르디난드 Lassalle, Ferdinand(1825-1864) 148
라우어, 니콜라우스 Lauer, Nikolaus 113
라우에, 막스 폰 Laue, Max von(1879-1960) 199
라이히, 아돌프 Reich, Adolf 302
라이히바인, 아돌프 Reichwein, Adolf(1898-1944) 299
라테나우, 발터 Rathenau, Walter(1867-1922) 226, 241
란츠베르크, 오토 Landsberg, Otto 218
랑, 프리츠 Lang, Fritz(1890-1976) 231
레나우, 니콜라우스 Lenau, Nikolaus 125
레닌, 블라디미르 일리이치 Lenin, Wladimir Iljitsch(1870-1924) 214, 308, 334
레마르크, 에리히 마리아 Remarque, Erich Maria(1898-1970) 236
레버, 율리우스 Leber, Julius 245, 299
레오 3세(교황) Leo III.(? -816) 16
레오폴트 1세(로마 황제) Leopold I.(1640-1705) 83, 86
레이건, 로날드 Reagan, Ronald(1911-) 342
렌바흐, 프란츠 폰 Lenbach, Franz von(1836-1904) 129
로르칭, 알베르트 Lortzing, Albert(1801-1851) 126
로물루스 아우구스툴루스(서로마 황제) Romulus Augustulus(475-476 재위) 13, 15
로소프, 오토 폰 Lossow, Otto von 227
로에스, 알렉산더 폰 Roes, Alexander von 56
로이드 조지, 데이비드 Lloyd George, David(1863-1945) 220
로이엔탈 Reuenthal 41
로타르(칼 대제의 손자) Lothar 17
로트펠스, 한스 Rothfels, Hans(1891-1976) 302
뢴스, 헤르만 Löns, Hermann(1866-1914) 237
룀, 에른스트 Röhm, Ernst(1887-1934) 265
루덴도르프, 에리히 Ludendorff, Erich(1865-1937) 212-

인명색인 **363**

215, 227, 301
루도프, 루드비히 Rudow, Ludwig 186
루돌프 폰 합스부르크 Rudolf von Habsburg(1218-1291) 25
루드비히 2세(바이에른 왕) Ludwig II. 196
루드비히 폰 바덴 Ludwig von Baden(1655-1707) 87
루드비히 폰 바이에른 Ludwig von Bayern(1315-1361) 49
루드비히(칼 대제의 손자) Ludwig 17
루소, 장-자크 Rousseau, Jean-Jacques(1712-1778) 101
루이 14세(프랑스 왕) Ludwig XIV.(1638-1715) 83, 86, 92, 107, 109, 167, 219
루이 18세(프랑스 왕) Ludwig XVIII.(1755-1824) 117
루이제 폰 작센-고타-알텐부르크 Luise Dorothea von Sachsen-Gotha-Altenburg(1710-1767) 101
루이제 폰 프로이센(왕비) Luise von Preußen (1776-1810) 113
루즈벨트, 프랭클린 Roosevelt, Franklin D.(1882-1945) 296
루터, 마르틴 Luther, Martin(1484-1546) 63, 64, 67, 68, 70-74, 99, 154
루터, 한스 Luther, Hans(1879-1962) 231
룩셈부르크, 로자 Luxemburg, Rosa(1870-1919) 216
룩테셴, 발터 폰 Ruckteschell, Walter von 203
뤼케르트, 프리드리히 Rückert, Friedrich(1788-1886) 126
르낭, 어네스트 Renan, Ernest(1823-1892) 336, 351
리버만, 막스 Liebermann, Max(1847-1935) 192
리벤트로프, 요하임 폰 Ribbentrop, Joachim von (1883-1946) 276, 279
리쉴리에 공작 Richelieu(1585-1642) 77
리스트, 프리드리히 List, Friedrich(1789-1846) 142
리프크네히트, 빌헬름 Liebknecht, Wilhelm(1826-1900) 148, 157, 196
리프크네히트, 칼 Liebknecht, Karl(1871-1919) 216
리히터, 루드비히 Richter, Ludwig 126
마르크, 프란츠 Marc, Franz(1880-1916) 195
마리아 테레지아 Maria Theresia(1717-1780) 92, 93
마리우스, 가유스 Marius, Gajus(BC156-BC86) 28
마샬, 조지 Marshall, George(1880-1959) 310, 311
마이, 칼 May, Karl(1842-1912) 237
마이네케, 프리드리히 Meinecke, Friedrich(1862-1954) 8
마이어, 라인홀트 Maier, Reinhold(1881-1971) 306
마이텐스, 마린 반(子) Meytens, Marin van d. J. 95
마카르트, 한스 Makart, Hans(1840-1884) 195
막스 엠마누엘 폰 바이에른 Max Emmanuel von Bayern 86
막스 폰 바덴 Max von Baden(1867-1929) 216, 239
막시밀리안 1세(로마 황제) Maxmilian I.(1459-1519) 54, 57, 96

만, 토마스 Mann, Thomas(1875-1955) 209, 235, 238
만스펠트, 에른스트 2세(폰 백작) Mansfeld, Ernst II. 77
만하이머, 발렌틴 Manheimer, Valentin 172
말러, 구스타프 Mahler, Gustav(1860-1911) 195
맑스, 빌헬름 Marx, Wilhelm(1863-1946) 231, 254
맑스, 칼 Marx, Karl(1818-1883) 181, 196, 334
메르크, 요한 크리스토프 Merk, Johan Christof 88
메테르니히, 클레멘스 벤첼 폰 후작 Metternich, Klemens Wenzel Fürst von(1773-1859) 123, 137
멘델스존-바르톨디, 펠릭스 Mendelssohn-Bartholdy, Felix(1809-1847) 117, 126
모제르, 프리드리히 칼 폰 Moser, Friedrich Carl von(1723-1798) 99
모츠, 프리드리히 폰 Motz, Friedrich von(1775-1830) 141
몰로토프 Molotow(1890-1980) 282
몰트케, 헬무트 야메스 폰 백작 Moltke, Helmuth James Graf von(1907-1945) 209
몰트케, 헬무트 폰 백작 Moltke, Helmuth Graf von(1800-1891) 154, 156
뫼리케, 에두아르트 Mörike, Eduard(1804-1875) 126
뫼저, 유스투스 Möser, Justus(1720-1794) 102
무솔리니, 베니토 Mussolini, Benito(1883-1945) 262, 282
무스타파(혹은 카라 무스타파) Mustapha, gennant Kara Mustapha(1934-1683) 85, 86
뮐러, 헤르만 Müller, Hermann(1876-1931) 219, 242
므로친스키, 한스 Mrozcinski, Hans 338
미라보 백작 Mirabeau(1749-1791) 222
바그너, 리하르트 Wagner, Richard(1813-1883) 195, 196
바르텐부르크, 페터 요크 폰 백작 Wartenburg, Peter Graf York von 299
바르트, 에밀 Barth, Emil(1900-1958) 218
바바로사☞ 프리드리히 바바로사
바아르, 에곤 Bahr, Egon(1922-) 338
바우어, 구스타프 Bauer, Gustav(1870-1944) 222
바우어, 엘비라 Bauer, Elvira 277
바울 Paulus 11, 67
바이체커, 리하르트 폰 Weizsäcker, Richard von (1920-) 336
바이틀링, 빌헬름 Weitling, Wilhelm(1808-1871) 133
바흐, 요한 세바스티안 Bach, Johan Sebastian (1685-1750) 195
발도르프, 안토니 Waldorp, Antonie 125
발렌슈타인, 알브레히트 벤첼 폰 Wallenstein, Albrecht Wenzel von(1583-1634) 74, 77
발루쉐크, 한스 Baluschek, Hans(1870-1935) 207
버질 Vergil(BC70-BC19) 11, 15
번즈, 제임스 Byrnes, James F.(1879-1972) 309

베네디티, 빈센트 백작 Benedetti, Vincent Graf 155
베렌스, 페터 Behrens, Peter(1868-1940) 194
베르너, 안톤 폰 Werner, Anton von(1843-1915) 167, 172, 192, 195
베른하르트, 루치안 Bernhard, Lucien 219
베버, 막스 Weber, Max(1864-1920) 199
베버, 칼 마리아 폰 Weber, Carl Maria von(1786-1826) 126
베벨, 아우구스트 Bebel, August(1840-1913) 148, 157, 178
베빈, 어네스트 Bevin, Ernest(1881-1951) 312
베아트릭스 폰 부르군트 Beatrix von Burgund(? -1184) 22
베크, 루드비히 Beck, Ludwig(1880-1944) 299
베토벤, 루드비히 반 Beethoven, Ludwig van (1770-1827) 126
벨, 요하네스 Bell, Johanes(1868-1949) 219
벨스, 오토 Wels, Otto(1876-1939) 264
벨커, 칼 테오도르 Welcker, Karl Theodor(1790-1869) 127
볼베르, 에른스트 Vollbehr, Ernst 261
볼크마르, 안토니 Volkmar, Antonie 143
볼테르 Voltaire(1694-1778) 92
볼프, 테오도르 Wolff, Theodor(1868-1943) 262
볼프람 폰 에셴바흐 Wolfram von Eschenbach (1170-1220) 41
뵈르네, 루드비히 Börne, Ludwig(1786-1837) 126
뵐, 하인리히 Böll, Heinrich(1917-1985) 340
부르크너, 안톤 Bruckner, Anton(1824-1896) 195
부르크마이어, 토마스 Burgkmair, Thomas 37
부르크마이어, 한스 Burckmair, Hans 57
부르크하르트, 야콥 Burckhardt, Jacob(1818-1897) 8
부르크하르트, 칼 야콥 Burckhardt, Carl Jacob (1891-1974) 280
부소니, 페루치오 Busoni, Ferruccio(1866-1924) 195
뷔르데, 파울 Bürde, Paul 136
뷜로우, 베른하르트 폰 백작 Bülow, Graf Bernhard von(1849-1929) 193, 201
뷜로우, 파울 Bülow, Paul 170
브라운, 오토 Braun, Otto(1872-1955) 225, 232
브라치올리니, 포기오 Bracciolini, Poggio(1380-1459) 59
브란트, 빌리 Brandt, Willy(1913-1992) 322, 334, 335, 339, 340
브람스, 요하네스 Brahms, Johannes(1833-1897) 195
브랑스, 세바스티안 Vrancx, Sebastian(1573-1647) 76
브레즈네프, 레오니드 Breschnew, Leonid(1906-1982) 341
브렌타노, 클레멘스 Brentano, Clemens(1778-1842) 106
브로이, 외르크(父) Breu, Jörg d.(1475-1537) 69

브뤼닝, 하인리히 Brüning, Heinrich(1885-1970) 240, 254-256, 324
브리앙, 아리스티드 Briand, Aristide(1862-1932) 234
블라입트로이, 빌헬름 Bleibtreu, Wilhelm 192
블뤼허, 겝하르트 레버레히트 후작 Blücher, Gebhard Leberecht Fürst(1742-1819) 8
비두킨트 폰 코르베이 Widukind von Corvey(925-973)
비르크홀름, 옌스 Birkholm, Jens 181
비르트, 요젭 Wirth, Joseph(1879-1956) 226
비비히, 클라라 Viebig, Clara(1860-1952) 237
비셔, 프리드리히 테오도르 Vischer, Friedrich Theodor(1807-1887) 138
비스마르크, 오토 폰 Bismarck, Otto von(1815-1898) 31, 150-158, 166, 169, 170, 177-186, 193, 200-203, 261, 336, 351, 354
빌란트, 크리스토프 마르틴 Wieland, Christoph Martin(1733-1813) 104
빌헬름 1세(독일 황제) Wilhelm I.(1797-1888) 23, 149, 150, 159, 167, 170, 185, 186, 219
빌헬름 2세(독일 황제) Wilhelm II.(1888-1941 재위) 182, 185, 186, 193, 196, 199, 202, 215
빔펠링, 야콥 Wimpfeling, Jacob(1450-1528) 61
샤를마뉴 대제 ☞ 칼 대제
샤이데만, 필립 Scheidemann, Phlipp(1865-1939) 217-219
성(聖) 프란시스 Franziskus 64
쇤베르크, 아놀드 Schönberg, Arnold(1874-1951) 195
쇼펜하우어, 아르투어 Schopenhauer, Arthur (1788-1860) 196
쉐델, 헤르트만 Schedel, Hertmann 33
쉘, 발터 Scheel, Walter(1919-) 334
쉬뢰딩거, 에르빈 Schrödinger, Erwin(1887-1961) 236
쉬츠, 하인리히 Schütz, Heinrich(1585-1672) 195
쉰켈, 칼 프리드리히 Schinkel, Karl Friedrich(1781-1841) 126, 189
쉴, 페르디난트 폰 Schill, Ferdinand von(1776-1809) 117
쉴러, 프리디리히 Schiller, Friedrich(1759-1805) 104, 107, 149
슈마허, 쿠르트 Schumacher, Kurt(1895-1952) 297, 306, 317
슈망, 로베르 Schuman, Robert(1810-1856) 319
슈미트, 루이스 Schmidt, Louis 174
슈미트, 카를로 Schmid, Carlo(1896-1979) 336
슈미트, 칼 Schmitt, Carl(1885-1985) 226
슈미트, 헬무트 Schmidt, Helmut(1918-) 334, 340, 341
슈베르트, 프란츠 Schubert, Franz(1797-1828) 126
슈빈트, 모리츠 폰 Schwind, Moritz von(1804-1871) 126
슈타우테, 볼프강 Staudte, Wolfgang(1906-1984) 293
슈타우펜베르크, 클라우스 솅크 폰 백작 Stauffenberg,

Claus Graf Schenk von 300
슈타인 남작 Stein(1757-1831) 115
슈탈, 마담 드 Stäel, Madame de(1766-1817) 103
슈테른베르크, 요젭 폰 Sternberg, Joseph von (1894-1969) 236
슈토르크, 빌헬름 Storck, Wilhelm 137
슈툭, 프란츠 폰 Stuck, Franz von(1863-1928) 192
슈툼, 에두아르드 폰 남작 Stumm, Eduard Freiherr von 188
슈트라서, 그레고르 Strasser, Gregor(1892-1934) 258
슈트라우스, 리하르트 Strauß Richard 195, 196
슈트레제만, 구스타프 Stresemann, Gustav 224, 227, 228, 232, 244, 324
슈트리겔, 베른하르트 Striegel, Bernhard(1460-1528) 56
슈펭글러, 오스발트 Spengler, Oswald(1880-1936) 236
슐라이허, 쿠르트 폰 Schleicher, Kurt von(1882-1934) 240, 258, 259, 266
슐레이만 3세 Süleymann III.(1642-1691) 87
슐리펜, 알프레드 폰 백작 Schlieffen, Alfred Graf von(1833-1914) 202, 204, 208
슐체-보이젠, 하로 Schulze-Boysen, Harro 299
스탈린, 요젭 Stalin, Josef(1879-1953) 279, 296, 298, 304, 316, 321
시저 Caesar(BC100-BC44) 13, 16, 30, 96, 111
실베스토르, 루이 드(子) Silvestre, Louis de d. J. (1675-1760) 81
심손, 에두아르트 폰 Simson, Eduard von(1810-1899) 159
아담, 오이겐 Adam, Eugen 164
아데나우어, 콘라드 Adenauer, Konrad(1876-1967) 233, 239, 297, 307, 317, 319, 320, 324, 331, 333, 335
아르님, 아힘 폰 Arnim, Achim von(1781-1831) 106
아르미니우스 혹은 헤르만(케루스커족 대장, BC16?-AD21?) Arminius oder Hermann 11
아른트, 에른스트 모리츠 Arndt, Ernst Moritz(1769-1860) 116, 352
아메드 2세 Achmed II. 87
아우구스투스(로마 황제) Augustus 16, 61, 109
아이헨도르프, 요젭 폰 남작 Eichendorff, Joseph Freiherr von(1788-1857) 125
아인슈타인, 알베르트 Einstein, Albert(1879-1955) 199
아인하르트 Einhard(770-840) 16
알렉산더 1세(짜르) Alexander I. Zar(1777-1825) 114
알브레히트 1세(로마 왕) Albrecht I.(1298-1308) 123
알쿠인 폰 요크 Alkuin von York(730-804) 16
앙리 폰 나바라 Heinrich von Navarra 75
얀, 프리드리히 루드비히 Jahn, Friedrich Ludwig (1778-1852) 117, 138
에디슨, 토마스 엘바 Edison, Thomas Alva(1847-1931)

174
에라스무스 폰 로테르담 Erasmus von Rotterdam (1466/69-1536) 63
에르츠베르거, 마티아스 Erzberger, Matthias(1875-1921) 216, 226
에베르트, 프리드리히(父) Ebert, Friedrich(1871-1925) 216-218, 225, 239, 242, 243, 324
에베르트, 프리드리히(子) Ebert, Friedrich(1894-1975) 312
에어하르트, 루드비히 Erhard, Ludwig(1891-1977) 311, 331, 332
엘러, 프리츠 Erler, Fritz(1868-1940) 212
엥겔만, 베른트 Engelmann, Bernt(1921-) 340
엥겔스, 프리드리히 Engels, Friedrich(820-1895) 196
오도아케르 Odoaker(430-493) 13
오르텐부르크, 카시미르 폰 백작 Ortenburg, Graf Casimir von 68
오스텐도르퍼, 미카엘 Ostendorfer, Michael(1490-1559) 54
오시에츠키, 칼 폰 Ossietzky, Carl von(1889-1938) 237
오이겐 폰 사보이엔 Eugen von Savoyen(1663-1736) 86
오토 1세(로마 황제) Otto I.(912-973) 20, 25, 27
오토 2세(로마 황제) Otto II.(955-983) 20
오토 3세(로마 황제) Otto III.(980-1002) 18, 20
오펜하임, 루이스 Oppenheim, Louis 221
오펠, 프리츠 폰 Opel, Fritz von(1899-1971) 239
요제프 2세(로마 황제) Joseph II.(1741-1790) 94
요하네스 23세(교황) Johannes XXII.(1370-1419) 48
요한 3세 조비에스키(폴란드 왕) Johann III.(1629-1696) 85, 86
요한 폰 셀리스버리(주교) Johann von Salisbury 29
울란트, 루드비히 Uhland, Ludwig 138
울브리히트, 발터 Ulbricht, Walter(1893-1973) 307, 328, 329
웰링턴, 폰 공작 Wellington, Herzog von(1769-1852) 117
위클리프, 존 Wyclif, John(1320-1384) 54, 64
윙어, 에른스트 Jünger, Ernst(1895- ?) 236, 237, 285
이스마이, 헤스팅 리오넬 경 Ismay, Lord Hastings Lionel(1887-1965) 322
이자베이, 잔 밥티스트 Iasabey, Jean Baptiste(1767-1855) 117
잔트, 칼 Sand, Karl 123
제들마이어, 한스 Sedlmayr, Hans 196
제엑트, 한스 폰 Seeckt, Hans von 226, 228, 240
제켄도르프, 루드비히 폰 Seckendorff, Ludwig von 98
지기스문트(로마 황제) Sigismund 45, 48, 49
지베링, 칼 Sebering, Carl 225
지벨, 하인리히 폰 Sybel, Heinrich von(1817-1895) 81

처칠, 윈스턴 Churchill, Winston(1874-1965) 296, 304, 319
체임벌린, 아루투어 네빌 Chamberlain, Arthur Neville(1869-1940) 279
첼란, 파울 Celan, Paul(1920-1970) 328
카로사, 한스 Carossa, Hans(1878-1956) 237
카르, 구스타프 리터 폰 Kahr, Gustav Ritter von (1862-1934) 227
카슬레 Castlereagh(1769-1822) 117
카우니츠, 벤첼 폰 Kaunitz, Wenzel von(1711-1794) 93
카울바흐, 빌헬름 폰 Kaulbach, Wilhelm von (1805-1874) 23
카이저, 게오르그 Kaiser, Georg(1878-1945) 196
카이저, 야콥 Kaiser, Jakob(1888-1961) 307
카타리나 2세(러시아 여황제) Katharina II.(1729-1796) 94
카프, 볼프강 Kapp, Wolfgang(1858-1922) 222, 224, 239
칸트, 임마누엘 Kant, Immanuel(1724-1804) 105, 106
칸트로비츠, 에른스트 Kantrowicz, Ernst 30
칼(샤를마뉴) 대제(로마 황제) Karl der Große(747-814) 14-17, 19, 26, 27, 30, 56, 96, 111, 109
칼 4세(로마 황제) Karl IV.(1346-1378) 40, 44, 45
칼 5세(로마 황제) Karl V.(1316-1378) 58, 61, 62, 66, 122, 154
칼 6세(로마 황제) Karl VI. 92
칼 폰 로트링겐 Karl von Lothringen 85, 86
칼 폰 앙조 Karl von Anjou(1226-1285) 25
칼(칼 대제의 손자) Karl 17
칼뱅, 요하네스 Calvin, Johannes(1509-1564) 70, 74
캄프, 아르투어 Kampf, Arthur(1864-1950) 210
캄프하우젠, 빌헬름 Camphausen, Wilhelm 158
캐스트너, 에리히 Kästner, Erich(1899-1974) 236
케네디, 존 F. Kennedy, John F.(1917-1963) 330
케르, 알프레드 Kerr, Alfred(1867-1948) 209
케텔러, 빌헬름 엠마누엘 폰 Ketteler, Wilhelm Emmanuel Freiherr von(1811-1877) 138
코린트, 로비스 Corinth, Lovis(1858-1925) 192
코체브, 아우구스트 폰 Kotzebue, August von (1761-1819) 123
콘라드 4세(로마 왕) Konrad IV.(1237-1254 재위) 25
콘라딘(콘라드 4세의 아들) Konradin(1252-1268) 25
콘스탄체(프리드리히 2세의 어머니) Konstanze (1154-1198) 24
콘스탄틴 대제(로마 황제) Konstantin der Große (300-337) 16, 17, 20
콜, 헬무트 Kohl, Helmut(1930-) 339-341
쾨르너, 테오도르 Körner, Theodor(1791-1813) 121
쾰러, 로베르트 Koehler, Robert 161
쿠르트-말러, 헤드비히 Courths-Mahler, Hedwig (1867-1950) 237
쿠벨스, 살바도르 마르티네즈 Cubells, Salvador Martinez 183
퀼츠, 빌헬름 Külz, Wilhelm 307
크라나흐, 루카스(子) Cranach, Lucas d. A.(1472-1553) 43, 64
크렌츠, 에곤 Krenz, Egon(1937-) 344
크로이처, 콘라딘 Kreuzer, Conradin(1780-1849) 126
클라우제비츠, 칼 필립 고트프리트 폰 Clausewitz, Carl Philipp Gottfried von(1780-1831) 213
클렌체, 레오 폰 Klenze, Leo von(1784-1864) 126
클롭슈톡, 프리드리히 고트립 Klopstock, Friedrich Gottlieb(1724-1803) 102
클림트, 구스타프 Klimt, Gustav(1862-1918) 195
키징어, 쿠르트 게오르크 Kiesinger, Kurt Georg (1904-1994) 332
키케로, 마르쿠스 툴리우스 Cicero, Marcus Tullius(BC106-BC43) 15
타키투스, 푸비우스 코르넬리우스 Tacitus, Pubius Cornelius(55-116) 59, 60
탈레랑 Talleyrand 117
텔만, 에른스트 Thälmann, Ernst(1886-1944) 237, 256
투르만, 해리 Truman, Harry(1884-1972) 304
트라얀(로마 황제) Trajan(53-117) 59
트레스코프, 한스-헤닝 폰 Tresckow, Hans-Henning von(1901-1944) 300
티르피츠, 알프레드 폰 Tirpitz, Alfred von(1849-1930) 201
티크, 루드비히 Tieck, Ludwig(1773-1853) 106
틸리, 요한 체르클라에스 폰 백작 Tilly, Johann Tserclaes Graf von(1559-1632) 77
파르치다, 요하네스 Parricida, Johannes 123
파울, 부루노 Paul, Bruno(1874-1968) 193
파울젠, 프리츠 Paulsen, Fritz 173
파페, 빌헬름 프리드리히 게오르그 Pape, William Friedrich Georg 185, 347
파펜, 프란츠 폰 Papen, Franz von(1879-1969) 256, 258, 259, 262
팔러스레벤, 아우구스트 하인리히 호프만 폰 Fallersleben, August Heinrich Hoffmann von (1978-1874) 127
페탱, 필립 Pétain, Philipp(1856-1951) 280
페르디난트 2세(로마 황제) Ferdinand II.(1619-1637?) 73, 74, 77
페슨 앙트왕 Pesne, Antoine(1683-1757) 89
포앙카레, 앙리 Poincaré Henri 226
폰타네, 테오도르 Fontane, Theodor(1819-1898) 196
폴츠, 요한 미카엘 Voltz, Johann Michael 116
푸펜도르프, 사무엘 폰 Pufendorf, Samuel von(1632-

인명색인 367

1694) 82
프란츠 1세(오스트리아 왕) Franz I. 117, 122
프란츠 2세(로마 황제) Franz II.(1792-1806 재위) 16, 109, 111, 170
프란츠 슈테판 폰 로타링겐-토스카나 (로마 황제) Franz Stephan von Lotharingen-Toskana 93
프로이트, 지그문트 Freud, Sigmund(1856-1939) 196
프리드리히 1세(프로이센 왕) Friedrich I.(1657-1713) 86, 90, 170
프리드리히 2세(로마 황제) Friedrich II.(1194-1250) 23-25, 30, 34
프리드리히 2세(프로이센 왕) Friedrich II.(1740-1786) 86, 91-93, 102, 104, 153, 185, 272
프리드리히 3세(로마 황제) Friedrich III.(1415-1493) 45
프리드리히 3세(작센 선제후-) Friedrich III.(1486-1525) 64
프리드리히 3세(프로이센 왕) Friedrich III. 90
프리드리히 바바로사(로마 황제) Friedrich Barbarossa(?1122-1190) 14, 22, 23, 25, 29, 33, 34
프리드리히 빌헬름 1세(프로이센 왕) Friedrich Wilhelm I.(1688-1740) 88, 114, 120
프리드리히 빌헬름 3세(프로이센 왕) Friedrcih Wilhelm III.(1770-1840) 170
프리드리히 빌헬름 4세(프로이센 왕) Friedrich Wilhelm IV.(1795-1861) 137, 141, 149, 159, 170
프리드리히 빌헬름(부란덴부르크 선제후) Friedrich Wilhelm(1620-1688) 82, 83
프리드리히 아우구스트 1세(작센 선제후) Friedrich August I. 81
프리치, 베르너 폰 남작 Fritsch, Werner Freiherr von(1880-1939) 278
플라텐, 아우구스트 폰 백작 Platen, August Graf von(1796-1835) 126
플랑크, 막스 Planck, Max(1858-1947) 199
플레스너, 헬무트 Plessner, Helmuth(1892-1985) 161
플렉스, 발터 Flex, Walter(1887-1917) 237
피두스(=칼 요한 회페너) Fidus(=Karl Johan Höppener),(1868-1948) 194
피셔, 에밀 Fischer, Emil(1852-1919) 199
피콜로미니, 에네아 실비오 Piccolomini, Enea Silvio 58
피크, 빌헬름 Pieck, Wilhelm(1876-1960) 308, 328
피트, 윌리암 Pitt, William(1708-1778) 94
피히테, 요한 고트립 Fichte, Johan Gottlib(1762-1814) 116
하르나크, 아른트 폰 Harnack, Arndt von 299
하르덴베르크, 칼 아우구스트 폰 Hardenberg, Karl August von(1750-1822) 115, 117
하르트만 폰 아우에 Hartmann von Aue 41
하름스, 베른하르트 Harms, Bernhard(1876-1939) 229

하버, 프리츠 Haber, Fritz(1868-1934) 199
하셀, 울리히 폰 Hassell, Ulrich von(1881-1944) 299
하아제, 후고 Haase, Hugo(1863-1919) 216, 218
하우프트만, 게르하르트 Hauptmann, Gerhart (1862-1846) 196
하이네, 하인리히 Heine, Heinrich(1797-1856) 126
하이드리히, 라인하르트 Heydrich, Reinhard(1904-1992) 268, 286
하이든, 요셉 Haydn, Joseph(1732-1809) 127
하이젠베르크, 베르너 Heisenberg, Werner(1901-1976) 235
하인리히 1세(작센 왕) Heirich I.(875-936) 20, 25, 26
하인리히 4세(로마 황제) Heirich IV.(1050-1106) 22, 29
하인리히 6세(로마 황제) Heirich VI.(1165-1197) 33
하인리히 7세(로마 황제) Heirich VII.(1275-1313) 25, 45
하인리히(사자후), 벨프 공작 Heinrich der Löbe, welfischer Herzog(1129-1195) 22, 33
하임, 게오르그 Heym, Georg(1887-1912) 196
하트필드, 존 Heartfield, John(1891-1968) 254, 266
헤르만(케루스커족 대장) Hermann 133
헤르베크, 게오르크 Herwegh, Georg(1817-1875) 161
헤스, 모제스 Hess, Moses(1812-1875) 133
헤커, 프리드리히 Hecker, Friedrich(1811-1881) 133
헬러, 루프레히트 Heller, Ruprecht 62
호네커, 에리히 Honecker, Erich(1912-   ) 340, 344, 345
호이스, 알프레드 Heuss, Alfred(1909-   ) 8
호이스, 테오도르 Heuss, Theodor(1884-1963) 306
호이징하, 요한 Huizinga, Johan(1872-1945) 53
호퍼, 안드레아스 Hofer, Andreas(1767-1810) 117
호프만, 하인리히 Hoffmann, Heinrich 249
홀바인, 한스(子) Holbein, Hans d. J.(1497-1543) 68
후겐베르크, 알프레드 Hugenberg, Alfred(1865-1951) 238, 245, 252, 258, 259
후르시쵸프, 니키타 Chruschtschow, Nikita(1894-1971) 330
후스, 얀 Hus, Jan(1370-1415) 49, 64, 66, 70
훔볼트, 빌헬름 폰 Humbolt, Wilhelm von(1767-1835) 104, 109
휘브너, 칼 빌헬름 Hübner, Carl Wilhelm 130
히믈러, 하인리히 Himmler, Heinrich(1900-1945) 268
히틀러, 아돌프 Hitler, Adolf(1889-1945) 214, 220, 227, 239, 246, 248, 252, 256, 258, 259, 261-266, 268, 270, 274-276, 278, 279, 281-284, 287, 289, 290, 296-298, 300-302, 308, 354
힌데미트, 파울 Hindemith, Paul(1895-1963) 235
힌덴부르크, 파울 폰 Hindenburg, Paul von(1847-1934) 208, 212, 242, 244, 254-259, 272
힐러, 쿠르트 Hiller, Kurt(1885-1972) 262

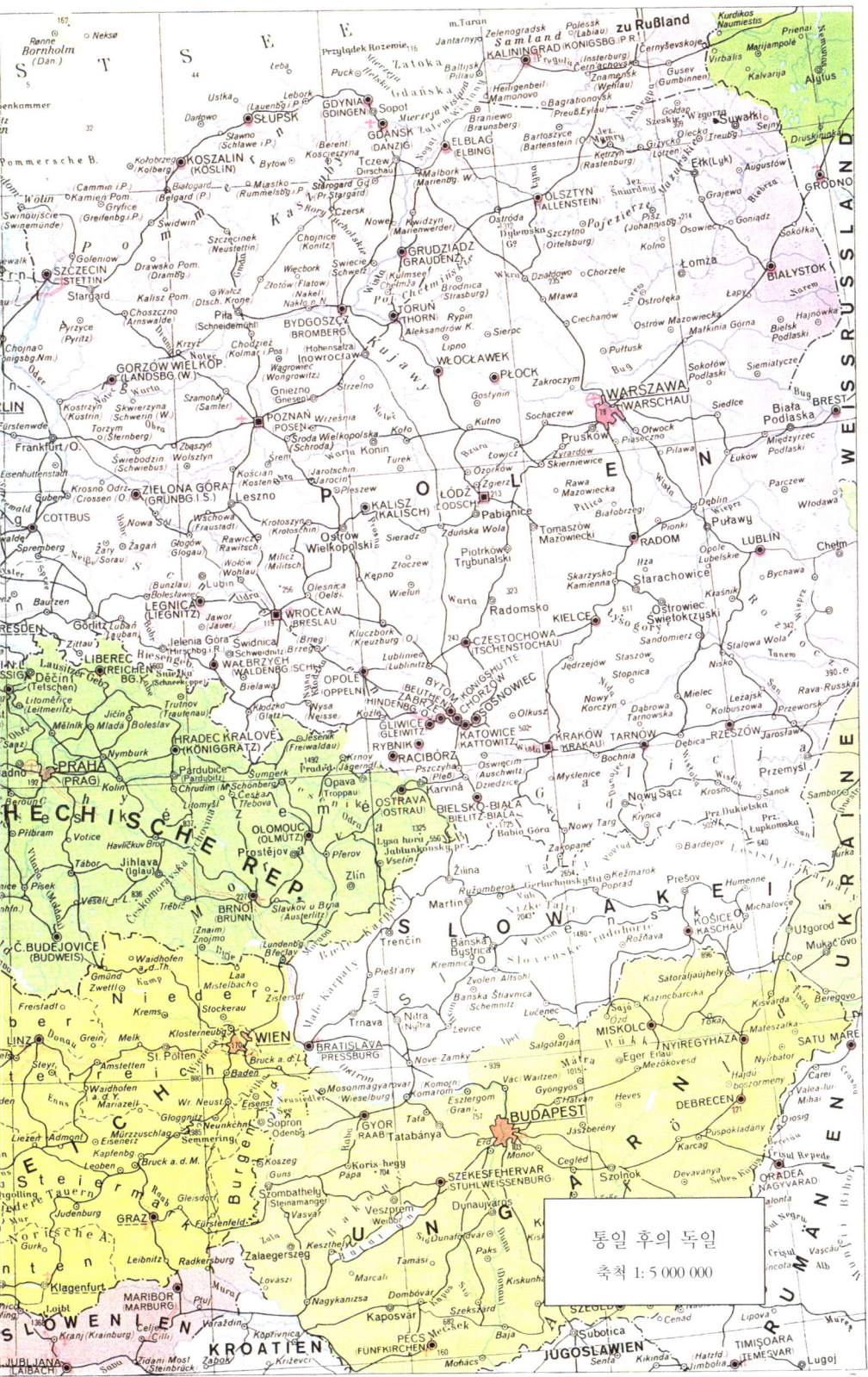